企业股权证券化与投融资交易涉税法律分析

基于财税、法律、资本市场三重视角

宋旻 陈立红 编著

法律出版社
LAW PRESS
北京

图书在版编目（CIP）数据

企业股权证券化与投融资交易涉税法律分析：基于财税、法律、资本市场三重视角 / 宋旻，陈立红编著. -- 北京：法律出版社，2025. -- ISBN 978-7-5244-0291-6

I. D922.287.4

中国国家版本馆 CIP 数据核字第 2025U9U010 号

企业股权证券化与投融资交易涉税法律分析
——基于财税、法律、资本市场三重视角
QIYE GUQUAN ZHENGQUANHUA YU TOURONGZI JIAOYI
SHESHUI FALÜ FENXI
——JIYU CAISHUI、FALÜ、ZIBEN SHICHANG SANCHONG SHIJIAO

宋　旻　陈立红 编著

责任编辑　朱轶佳
装帧设计　鲍龙卉

出版发行　法律出版社	开本　710毫米×1000毫米　1/16
编辑统筹　司法实务出版分社	印张　21.75　　字数　424千
责任校对　王语童	版本　2025年7月第1版
责任印制　胡晓雅	印次　2025年7月第1次印刷
经　　销　新华书店	印刷　北京盛通印刷股份有限公司

地址：北京市丰台区莲花池西里7号（100073）
网址：www.lawpress.com.cn　　　　　　　销售电话：010-83938349
投稿邮箱：info@lawpress.com.cn　　　　　客服电话：010-83938350
举报盗版邮箱：jbwq@lawpress.com.cn　　 咨询电话：010-63939796
版权所有·侵权必究

书号：ISBN 978-7-5244-0291-6　　　　　　定价：88.00元

凡购买本社图书，如有印装错误，我社负责退换。电话：010-83938349

序　言

一、写作的初衷

第一，希望有助于税收基本法的立法工作。

税法在中国法律体系中是一个特殊的存在。从税种角度看，所得税、增值税、消费税、土地增值税、资源税、车辆购置税、环境保护税、印花税、契税、关税、房产税、城镇土地使用税、车船税、耕地占用税、城市维护建设税、教育费附加及地方教育附加等均有相关的部门规章、法律法规等予以确立，貌似全面完整，但经济运行的复杂程度远超立法当初的想象，存在的空白还很多。例如，对法人、个人所得税，立法较为精细，但对合伙企业、无商事主体登记的财产法人如何缴纳所得税，立法空白较大，问题很多。从财务部、国家税务总局《关于个人独资企业和合伙企业投资者征收个人所得税的规定》（财税〔2000〕91号）施行至今，有关合伙企业所得税"透明体"的具体执行问题丛生，但至今未得到税务立法机关、有权解释机关进一步体系化的梳理和明确。又如，目前的资管行业纳税法律依据主要是财政部、国家税务总局1998年发布的《关于证券投资基金税收问题的通知》（部分失效），然而资管行业经过20多年的发展已经发生了翻天覆地的变化，2000年前后的税务文件所称的概念、定义一直未能与时俱进，已不符合行业实际情况。

目前的税务文件繁杂，亦存在诸多不合理、不公平的地方，税务机关出于自身目的机械执行，经常置纳税主体权益于失衡的状态。例如，国家税务总局于2014年发布的《股权转让所得个人所得税管理办法（试行）》第8条仅规定了转让方后续取得的与股权转让相关的各种款项（包括违约金、补偿金以及其他名目的款项、资产、权益等）均应当并入股权转让收入；然而转让方后续在股权转让合同履行过程中需退回的股权转让收入（如转让方支付的违约金、业绩未完成需退回的部分款项等），能不能抵减股权转让收入并实施退税处理，则没有规定。

在各地税务机关执法过程中，对税务机关更具效力的是各种批复、问答，但这种规范性文件的公开性、严肃性、体系性不够，且层级较低，加之各地税务机关对相关文件的理解不一致，导致经济主体对纳税行为无法形成非常明确的稳定预期；但随着金税系统的威力发挥，执法趋严，依法纳税的稳定预期已经成为纳税人的刚需，税收征管矛盾突出。国家税务总局自2008年起陆续设立12366纳税服务热线，作为面向社会公开受理纳税人涉税服务需求的热线电话号码，它的开通是国家税务总局规范纳税服务方式，提高纳税服务效率的重要举措。然而12366的留言查询显示，同样的问题在不同的区域咨询会得到不同的答案；即使在同样的区域，不同时间对内容一致的问题的回复也不一致。并且12366的回复不能作为纳税人依法纳税的依据。

另外，我国现行的税收征管体系对程序问题的规定不够明确，各地税务机关下发的相关文书不严谨、不准确。例如，为与2023年修订的《行政复议法》相衔接，积极发挥行政复议化解行政争议的主渠道作用，国家税务总局于2024年1月25日发布了《关于修订部分税务执法文书的公告》，修订了7个税务执法文书，分别是：(1)税务处理决定书；(2)催告书（申请人民法院强制执行适用）；(3)税收强制执行决定书（扣缴税收款项适用）；(4)扣缴税收款项通知书；(5)强制执行申请书；(6)税务行政处罚决定书（简易）；(7)社会保险费行政处罚决定书（简易）。然而，其对实践中纳税人最常见到的税务事项通知书（税务机关向纳税人、扣缴义务人通知有关税务事项时使用的税务文书。除法定的专用通知书外，税务机关在通知纳税人缴纳税款、滞纳金，要求当事人提供有关资料，办理留抵退税，处理异常增值税扣税凭证，变更检查人员，变更检查所属期，办理有关涉税事项时均可使用该文书）和责令限期改正通知书（纳税人、扣缴义务人违反税收法律、法规的规定，税务机关责令其限期改正时使用的税务文书）两个文书却未作出明确。

实务中，各地税务机关对于上述两种前序性文书的使用比较混乱。纳税人收到后可能难以正当维护合法权益，也不知如何应对。如果税务机关不能规范地使用税务事项通知书，往往会给相对人带来诸多困扰。例如，2024年6月13日，"维维股份"发布临时公告如下：原子公司"枝江酒业"被税务追缴税款，涉及所属期最早至1994年，涉及税款约8500万元。正如公众号"吾稽之谈"的文章中提到的，税务事项通知书是万能文书，其中的"事由""依据""具体内容"部分均可由税务机关自行发挥。同一事项有多种文书样式的现象是屡见不鲜。由此引发的疑问是：若是未申报的税款，被税务部门发现，但企业又没有补充申报，该如何追缴？正常的思路应该是先确定行为性质，是偷税则无限期追缴，不是偷税，最长追缴期限是5年；此处既然是基层分局作出的行政行为，就不是偷税，因为偷税得由税务稽查局认定处理（税务处理决定书），并且绝大多数情况下有罚款（税务处罚决定书），即使没有处罚也应有不予处罚决定书；既然不是偷税，为何追溯30年之久？是偷税又为何不按规定移交稽查处理处罚？

随着《民法典》2021年的施行、《公司法》2023年的重大修改，民商事领域的私法规范与税法衔接、协调的关系是怎么样的，在司法实践与税法实践中一直处于混沌状态，亟待立法部门给出原则性的答复。"税收法定""实质课税"等原则的运用，在各种税务执法文件、司法裁判文件中屡见不鲜，但具体这些原则的含义、运用前提为何，在何种情况下可以跳出法律字面适用,在理论、立法、司法上均无统一的观点。

各部门也在做出努力,如上海率先试行"税收事先裁定制度";税收基本法被列入第八届、第九届和第十届全国人大常委会立法规划,税收基本法(第六稿)和税收通则法(专家意见稿)先后提出,全国人大、国务院、税法学界均开展了大量起草、研究和论证工作。本书写作的目的之一,就是对资本交易中的涉税事项进行全面、细致、深入的讨论,提出诸多问题和建议,希望有助于税收基本法的立法工作。

第二,希望有助于企业提高企业股权证券化、投融资方面依法纳税预期的稳定性,有利于企业在开展资本交易活动之前进行合理、科学、合法的筹划。

笔者将经营活动中的交易分为两类,一类是日常经营活动中的交易;另一类是以股权为核心的资本交易。相应地,税法对这两大类交易行为有着两套不同的管制体系,虽然其中所得税对两类交易行为的规定存在重合,但税法对以股权为核心的各种行为的纳税有非常多的特殊规定。资本交易项下的涉税种类比较集中(主要是所得税、增值税、土地增值税、印花税、契税五类),但相关的规定散落各处,纷繁复杂。

笔者从事律师职业已逾25年,主要聚焦于公司、资本市场、税法,主要从事资本交易的法律服务。笔者从多年资本交易的法律服务实践中发现,一般交易的税法规定已为公众所熟知,但资本交易如何依法纳税、如何提前做合理税务规划比较冷门。因为资本交易发生频率较低,有股权资产证券化计划的企业不多,所以研究者较少,公众关注度较低;但资本交易一旦发生,便具有涉税金额巨大、对交易各方的经济利益影响极大的特点,确有研究价值。所以,笔者有了本书写作计划,希望借着笔者25年的资本交易法律服务经验,从律师、税务师、注册会计师相关专业的跨界视角,专门对资本交易的法律、财税、资本市场注意事项进行跨界、综合的研究,开展系统性的梳理和分析。而本书正是这一研究中以税务为主的成果呈现,希望能有助于提高企业股权证券化、投融资方面依法纳税预期的稳定性,有利于企业在开展资本交易活动之前开展合理、科学、合法的筹划。

第三,希望助力有志于结合法务、财税、资本市场三重视角的同行们在为企业提供资本交易法律服务时,能够更好地以一种差异化竞争的方式为客户提供更有价值的综合性解决方案。

企业开展的投融资交易均涉及股权或重大资产的变动,交易落地的税负成本必须要考虑进去,很多案例就是因为税负超过交易各方预计,所以无法完成交割。企业在首次发行股票(IPO)过程中经常会涉及股权结构顶层设计、基金投资人引入、股权激励、资产业务剥离、资产重组等行为,也必须考虑税负问题,否则很可能会大大增加企业成本而导致IPO计划搁浅。目前市面上聚焦于企业资本市场规划、投融资的全流程税务合规、规划的专著比较少见,本书应当算作一次有益的尝试。希望本书能够为相关同行们提供一定的工具价值。

资本市场的法律服务是以合规为本质的法律服务,在中后期申报阶段的服务是比较同质化的。而作为资本市场法定服务中介之一的律师又必须对所有合规性问题发表意见,所以律师如果能真正全面深度掌握税务知识,会非常显著地有助于为客户提供服务价值。

记得有一次笔者主办的一个 IPO 项目遇到了一个问题,即某外部顾问作为股权激励对象被纳入了持股平台。此前根据多个案例,非全职顾问如果符合激励条件,是可以作为激励对象的,但遭遇 IPO 政策收紧,交易所要求拟 IPO 企业清退该外部顾问。根据当初设定的激励方案,此种情况下清退,持股平台的普通合伙人应按照激励对象投资本息回购外部顾问的合伙份额。然而税务机关不认可这种事先约定的回购价格的公允性。客户的实际控制人认为税务机关的认定不公,现场咨询相关券商、会计师、律师应当如何妥善处理,有没有可以说服税务机关的理由和依据,却无人能回答(笔者当时正在外地出差)。客户质问:都是 IPO 中介机构中排名前几的专业从业者,我不信这种中途回购的情况只我一例,你们难道没有相关处理经验吗?为什么连个像样的说服理由和依据都提不出来?

还有一次,笔者协助一位在收购交易中对赌失败的被收购方向税务机关申请退税的过程中发现,阻碍税务机关作出退税决定的因素除法律依据不明之外,收购交易文件设计得模棱两可、收购时纳税计算和缴付存在瑕疵,也是导致退税障碍的重要原因。

对执业经历的反思和复盘让笔者意识到,写作本书用以与同行深入讨论如何为企业提供融合资本市场监管要求、法律、财务、税务的整体性解决方案和高附加值服务,十分有意义。而笔者也相信,这样的高价值的法律服务才能使同行走向差异化竞争的康庄大道。

二、本书内容概述

本书设定的读者使用场景分为以下三类。

第一类,是企业筹备股权证券化时(在我国主要指 IPO 企业)。筹备 IPO 的企业主要关注不同持股主体,持有股权、股份、股票(股权的三种演变阶段)的三个不同阶段会有何种不同的税负差别;一般筹备 IPO 的企业都需要引进各类投资、对员工进行股权激励、进行股改(从有限责任公司改制为股份有限公司),企业非常关心这些必备工作对股东、对拟 IPO 企业的税负规定是怎么样的,要如何提前规划才能让税负最优化;筹备 IPO 的企业也经常会伴随资产业务剥离重组等工作,通过资产或股权收购的方式实现外延式发展,或者以股权换取优质经营性资产,其非常关注这些方案应如何设计才能享受税收优惠政策。

第二类,是企业从事投融资活动时(如募集资金、投资前税务尽职调查、投资方式设计、投资风险控制方式等),均涉及税负成本考量。

第三类,是创业企业进行股权结构顶层设计时,或者企业有明确阶段性战略目标而需做股权结构调整时,都需先行了解持股主体在三个持股阶段的不同税负,还需要了解调整手段

序　言

所面临的税费成本情况。

为此,本书从一个企业具有中长期有对接资本市场规划的角度,分为四编介绍上述三类场景中的涉税法律分析。

第一编是主体,主要介绍、分析、讨论不同持股主体不同纳税事项。第一编共 5 个部分,依次讨论了居民个人、居民法人、合伙企业、无商事登记主体、非居民主体五种主体持有股权、股份、股票过程中的纳税事项。除系统性梳理了常见主体不同纳税方式、依据、税率外,还区分了股权三个阶段不同标的导致的税率、方式的变化,其中对很多常见但有争议的问题展开了深入讨论,也提出了笔者的观点或倾向性意见,提示读者处理这类有争议纳税事项时应注意的问题和风险。

第 1~4 部分作者为笔者,第 5 部分作者是笔者的同事即本书合著人陈立红律师。

第二编是资本运作行为,主要介绍、分析、讨论企业在开展资本市场规划过程中经常发生的各种行为。第二编共 6 个部分,分别讨论了企业开展增资、减资、股权激励、引进投资、设定对赌、进行改制、资产或业务收购、重组(如分立、合并、划转)行为时,相关的税务处理规定是怎样的,有哪些争议纳税事项,以及读者处理这类有争议纳税事项时应注意的问题和风险。

第二编 6 个部分的作者均为笔者,陈立红律师对内容提出了修改意见。

第三编是日常经营行为,主要介绍、分析、讨论企业的日常经营活动业务涉税事项。第三篇共 4 个部分,从销售、研发、关联交易、跨境贸易、平台业务开展等日常经营活动的角度讨论了主要的涉税事项以及关注重点,其中,笔者基于自身服务资本市场的经验,在本部分中同步列示申请上市监管机构对申请 IPO 企业的不同监管要求,进一步深层次讨论了涉税征管、IPO 监管规则之间的冲突、差异。

第三编 4 个部分的作者均为陈立红律师,笔者对内容提出了修改意见。

第四编是专题。专题一,即本书第 16 部分是股权证券化税务关注重点,整理和分析了 2022~2024 年 3 年间申请 IPO 的企业经常被证券交易所、证监会、税务机关等监管机构问到的税务合规性问题,并对企业在历史上有税务合规性瑕疵如何整改、如何回复监管质询的方法进行了总结。专题二,即本书第 17 部分以如何从法财税综合角度为企业提供跨界综合性服务为切入点,概述了在一般日常经营交易、资本交易两类商事活动中税务律师服务的重点,尤其详细分析和整理了企业开展资本交易需关注的税务问题。专题三,即本书第 18 部分分析了 2023 年《公司法》修订的相关变化对企业财税的影响。因为 2023 年修订的《公司法》内容变化很大,对企业及企业家(控股股东、董事、监事、高级管理人员)的影响非常大,其中对财税的影响反而不太受人关注,而《公司法》对所有公司是普适的,相信本书的读者有此需求。

第四编前两个专题的作者为陈立红律师,第三个专题为笔者所写。

三、本书的遗憾与不足

正如前所述，中国急需税法的系统化、法典化，税务合规的确定性是极为稀缺的。本书虽然对很多争议问题进行了深入的讨论，但没有提出系统性税法立法的建议。

笔者很想仔细讨论税法立法应当确立的基本原则，探讨税法与民商法的关系。但笔者在撰写时发现自身理论学习不足，虽然有很多想法和思考，尚不敢抛砖引玉。

以上问题留待笔者思考成熟后，希望有机会补录入本书后续的版本中。

是为序。

宋 旻

2024 年 6 月 30 日

本书高频法律文件全简称对照表

文件全称	文件简称
国家税务总局《关于股份制企业转增股本和派发红股征免个人所得税的通知》(国税发〔1997〕198号)	国税发〔1997〕198号文
财政部、国家税务总局《关于证券投资基金税收问题的通知》(财税字〔1998〕55号,部分失效)	财税字〔1998〕55号文
财政部、国家税务总局《关于个人转让股票所得继续暂免征收个人所得税的通知》(财税字〔1998〕61号)	财税字〔1998〕61号文
国家税务总局《关于原城市信用社在转制为城市合作银行过程中个人股增值所得应纳个人所得税的批复》(国税函〔1998〕289号)	国税函〔1998〕289号文
国务院《关于个人独资企业和合伙企业征收所得税问题的通知》(国发〔2000〕16号)	国发〔2000〕16号文
财政部、国家税务总局《关于个人独资企业和合伙企业投资者征收个人所得税的规定》(财税〔2000〕91号,部分失效)	财税〔2000〕91号文
国家税务总局《关于〈关于个人独资企业和合伙企业投资者征收个人所得税的规定〉执行口径的通知》(国税函〔2001〕84号)	国税函〔2001〕84号文
财政部、国家税务总局《关于开放式证券投资基金有关税收问题的通知》(财税〔2002〕128号,已失效)	财税〔2002〕128号文
国务院办公厅转发原国家经贸委、财政部、人民银行《关于进一步做好国有企业债权转股权工作意见的通知》(国办发〔2003〕8号)	国办发〔2003〕8号文
财政部、国家税务总局《关于规范个人投资者个人所得税征收管理的通知》(财税〔2003〕158号)	财税〔2003〕158号文
国家税务总局《关于办理上市公司国有股权无偿转让暂不征收证券(股票)交易印花税有关审批事项的通知》(国税函〔2004〕941号,已被修改)	国税函〔2004〕941号文
财政部、国家税务总局《关于个人股票期权所得征收个人所得税问题的通知》(财税〔2005〕35号,部分失效)	财税〔2005〕35号文
国家税务总局《关于纳税人收回转让的股权征收个人所得税问题的批复》(国税函〔2005〕130号)	国税函〔2005〕130号文
国家税务总局《关于个人股票期权所得缴纳个人所得税有关问题的补充通知》(国税函〔2006〕902号,部分失效)	国税函〔2006〕902号文
财政部、国家税务总局《关于企业所得税若干优惠政策的通知》(财税〔2008〕1号,部分失效)	财税〔2008〕1号文
财政部、国家税务总局《关于调整个体工商户、个人独资企业和合伙企业个人所得税税前扣除标准有关问题的通知》(财税〔2008〕65号,部分失效)	财税〔2008〕65号文

续表

文件全称	文件简称
财政部、国家税务总局《关于企业为个人购买房屋或其他财产征收个人所得税问题的批复》(财税〔2008〕83号)	财税〔2008〕83号文
国家税务总局《关于母子公司间提供服务支付费用有关企业所得税处理问题的通知》(国税发〔2008〕86号)	国税发〔2008〕86号文
财政部、国家税务总局《关于企业关联方利息支出税前扣除标准有关税收政策问题的通知》(财税〔2008〕121号)	财税〔2008〕121号文
财政部、国家税务总局《关于合伙企业合伙人所得税问题的通知》(财税〔2008〕159号)	财税〔2008〕159号文
国家税务总局《关于企业处置资产所得税处理问题的通知》(国税函〔2008〕828号,部分失效)	国税函〔2008〕828号文
国家税务总局《关于确认企业所得税收入若干问题的通知》(国税函〔2008〕875号)	国税函〔2008〕875号文
财政部、国家税务总局《关于股票增值权所得和限制性股票所得征收个人所得税有关问题的通知》(财税〔2009〕5号)	财税〔2009〕5号文
财政部、国家税务总局《关于企业手续费及佣金支出税前扣除政策的通知》(财税〔2009〕29号,部分失效)	财税〔2009〕29号文
财政部、国家税务总局《关于企业重组业务企业所得税处理若干问题的通知》(财税〔2009〕59号,已被修改)	财税〔2009〕59号文
财政部、国家税务总局《关于企业境外所得税收抵免有关问题的通知》(财税〔2009〕125号,部分失效)	财税〔2009〕125号文
财政部、国家税务总局、中国证监会《关于个人转让上市公司限售股所得征收个人所得税有关问题的通知》(财税〔2009〕167号)	财税〔2009〕167号文
国家税务总局《关于技术转让所得减免企业所得税有关问题的通知》(国税函〔2009〕212号,部分失效)	国税函〔2009〕212号文
国家税务总局《关于企业投资者投资未到位而发生的利息支出企业所得税前扣除问题的批复》(国税函〔2009〕312号)	国税函〔2009〕312号文
国家税务总局《关于股权激励有关个人所得税问题的通知》(国税函〔2009〕461号)	国税函〔2009〕461号文
国家税务总局《关于发布〈企业境外所得税收抵免操作指南〉的公告》(国家税务总局公告2010年第1号,部分失效)	国税2010年第1号文
国家税务总局《关于发布企业重组业务企业所得税管理办法的公告》(国家税务总局公告2010年第4号,部分失效)	国税2010年第4号文
国家税务总局所得税司《关于印发〈限售股个人所得税政策解读稿〉的通知》(所便函〔2010〕5号)	所便函〔2010〕5号文
国家税务总局《关于进一步加强高收入者个人所得税征收管理的通知》(国税发〔2010〕54号)	国税发〔2010〕54号文
国家税务总局《关于折扣额抵减增值税应税销售额问题通知》(国税函〔2010〕56号)	国税函〔2010〕56号文
财政部、国家税务总局、中国证监会《关于个人转让上市公司限售股所得征收个人所得税有关问题的补充通知》(财税〔2010〕70号)	财税〔2010〕70号文
财政部、国家税务总局《关于居民企业技术转让有关企业所得税政策问题的通知》(财税〔2010〕111号文)	财税〔2010〕111号文

续表

文件全称	文件简称
国家税务总局《〈中华人民共和国政府和新加坡共和国政府关于对所得避免双重征税和防止偷漏税的协定〉及议定书条文解释》(国税发〔2010〕75号,部分失效)	国税发〔2010〕75号文
国家税务总局《关于贯彻落实企业所得税法若干税收问题的通知》(国税函〔2010〕79号)	国税函〔2010〕79号文
国家税务总局《关于纳税人资产重组有关增值税问题的公告》(国家税务总局公告2011年第13号)	国税2011年第13号文
国家税务总局《关于企业所得税若干问题的公告》(国家税务总局公告2011年第34号)	国税2011年第34号文
国家税务总局《关于企业转让上市公司限售股有关所得税问题的公告》(国家税务总局公告2011年第39号)	国税2011年第39号文
国家税务总局《关于个人终止投资经营收回款项征收个人所得税问题的公告》(国家税务总局公告2011年第41号)	国税2011年第41号文
国家税务总局《关于切实加强高收入者个人所得税征管的通知》(国税发〔2011〕50号)	国税发〔2011〕50号文
国家税务总局《关于我国居民企业实行股权激励计划有关企业所得税处理问题的公告》(国家税务总局公告2012年第18号)	国税2012年第18号文
财政部、国家税务总局、中国证监会《关于实施上市公司股息红利差别化个人所得税政策有关问题的通知》(财税〔2012〕85号)	财税〔2012〕85号文
国家税务总局《关于企业混合性投资业务企业所得税处理问题的公告》(国家税务总局公告2013年第41号)	国税2013年第41号文
国务院《关于全国中小企业股份转让系统有关问题的决定》(国发〔2013〕49号)	国发〔2013〕49号文
国家税务总局《关于纳税人资产重组有关增值税问题的公告》(国家税务总局公告2013年第66号)	国税2013年第66号文
国家税务总局《关于企业所得税应纳税所得额若干问题的公告》(国家税务总局公告2014年第29号)	国税2014年第29号文
国家税务总局《股权转让所得个人所得税管理办法(试行)》(国家税务总局公告2014年第67号,已被修改)	国税2014年第67号文
财政部、国家税务总局、中国证监会《关于沪港股票市场交易互联互通机制试点有关税收政策的通知》(财税〔2014〕81号)	财税〔2014〕81号文
财政部、国家税务总局《关于促进企业重组有关企业所得税处理问题的通知》(财税〔2014〕109号)	财税〔2014〕109号文
财政部、国家税务总局《关于非货币性资产投资企业所得税政策问题的通知》(财税〔2014〕116号)	财税〔2014〕116号文
国家税务总局《关于非居民企业间接转让财产企业所得税若干问题的公告》(国家税务总局公告2015年第7号,部分失效)	国税2015年第7号文
国家税务总局《关于个人非货币性资产投资有关个人所得税征管问题的公告》(国家税务总局公告2015年第20号,已被修改)	国税2015年第20号文
国家税务总局《关于非货币性资产投资企业所得税有关征管问题的公告》(国家税务总局公告2015年第33号)	国税2015年第33号文

续表

文件全称	文件简称
国家税务总局《关于资产（股权）划转企业所得税征管问题的公告》（国家税务总局公告2015年第40号）	国税2015年第40号文
财政部、国家税务总局《关于个人非货币性资产投资有关个人所得税政策的通知》（财税〔2015〕41号）	财税〔2015〕41号文
国家税务总局《关于企业重组业务企业所得税征收管理若干问题的公告》（国家税务总局公告2015年第48号，已被修改）	国税2015年第48号文
国家税务总局《关于股权奖励和转增股本个人所得税征管问题的公告》（国家税务总局公告2015年第80号）	国税2015年第80号文
国家税务总局《关于有限合伙制创业投资企业法人合伙人企业所得税有关问题的公告》（国家税务总局公告2015年第81号）	国税2015年第81号文
国家税务总局《关于企业研究开发费用税前加计扣除政策有关问题的公告》（国家税务总局公告2015年第97号，部分失效）	国税2015年第97号文
财政部、国家税务总局、中国证监会《关于上市公司股息红利差别化个人所得税政策有关问题的通知》（财税〔2015〕101号，部分失效）	财税〔2015〕101号文
财政部、国家税务总局《关于将国家自主创新示范区有关税收试点政策推广到全国范围实施的通知》（财税〔2015〕116号）	财税〔2015〕116号文
财政部、国家税务总局、科技部《关于完善研究开发费用税前加计扣除政策的通知》（财税〔2015〕119号，部分失效）	财税〔2015〕119号文
财政部、科技部、国务院国资委《国有科技型企业股权和分红激励暂行办法》（财资〔2016〕4号，已被修改）	财资〔2016〕4号文
财政部、国家税务总局《关于全面推开营业税改征增值税试点的通知》（财税〔2016〕36号，部分失效）	财税〔2016〕36号文
国家税务总局《关于完善关联申报和同期资料管理有关事项的公告》（国家税务总局公告2016年第42号）	国税2016年第42号文
国家税务总局《关于营改增试点若干征管问题的公告》（国家税务总局公告2016年第53号，部分失效）	国税2016年第53号文
财政部、国家税务总局《关于完善股权激励和技术入股有关所得税政策的通知》（财税〔2016〕101号，部分失效）	财税〔2016〕101号文
科技部、财政部、国家税务总局《高新技术企业认定管理工作指引》（国科发火〔2016〕195号）	国科发火〔2016〕195号文
财政部、国家税务总局、中国证监会《关于深港股票市场交易互联互通机制试点有关税收政策的通知》（财税〔2016〕127号）	财税〔2016〕127号文
国务院国资委、财政部、中国证监会《关于国有控股混合所有制企业开展员工持股试点的意见》（国资发改革〔2016〕133号）	国资发改革〔2016〕133号文
国家税务总局《特别纳税调查调整及相互协商程序管理办法》（国家税务总局公告2017年第6号，部分失效）	国税2017年第6号文
国家税务总局《关于全民所有制企业公司制改制企业所得税处理问题的公告》（国家税务总局公告2017年第34号）	国税2017年第34号文

续表

文件全称	文件简称
国家税务总局《关于研发费用税前加计扣除归集范围有关问题的公告》(国家税务总局公告2017年第40号)	国税2017年第40号文
财政部、国家税务总局《关于资管产品增值税有关问题的通知》(财税〔2017〕56号)	财税〔2017〕56号文
国家税务总局《关于税收协定中"受益所有人"有关问题的公告》(国家税务总局公告2018年第9号)	国税2018年第9号文
国家税务总局《企业所得税优惠政策事项办理办法》(国家税务总局公告2018年第23号)	国税2018年第23号文
国家税务总局《企业所得税税前扣除凭证管理办法》(国家税务总局公告2018年第28号)	国税2018年第28号文
国家税务总局《关于明确中外合作办学等若干增值税征管问题的公告》(国家税务总局公告2018年第42号)	国税2018年第42号文
国家税务总局《关于创业投资企业和天使投资个人税收政策有关问题的公告》(国家税务总局公告2018年第43号)	国税2018年第43号文
国家税务总局《关于延长高新技术企业和科技型中小企业亏损结转弥补年限有关企业所得税处理问题的公告》(国家税务总局公告2018年第45号)	国税2018年第45号文
财政部、国家税务总局《关于创业投资企业和天使投资个人有关税收政策的通知》(财税〔2018〕55号)	财税〔2018〕55号文
国家税务总局《关于个人所得税自行纳税申报有关问题的公告》(国家税务总局公告2018年第62号)	国税2018年第62号文
财政部、国家税务总局、科技部《关于企业委托境外研究开发费用税前加计扣除有关政策问题的通知》(财税〔2018〕64号)	财税〔2018〕64号文
财政部、国家税务总局《关于延长高新技术企业和科技型中小企业亏损结转年限的通知》(财税〔2018〕76号)	财税〔2018〕76号文
中国人民银行、原中国银保监会、中国证监会、国家外汇管理局《关于规范金融机构资产管理业务的指导意见》(银发〔2018〕106号)	银发〔2018〕106号
财政部、国家税务总局、中国证监会《关于个人转让全国中小企业股份转让系统挂牌公司股票有关个人所得税政策的通知》(财税〔2018〕137号)	财税〔2018〕137号文
财政部、国家税务总局《关于实施小微企业普惠性税收减免政策的通知》(财税〔2019〕13号,已失效)	财税〔2019〕13号文
国家税务总局《关于国内旅客运输服务进项税抵扣等增值税征管问题的公告》(国家税务总局公告2019年第31号,部分失效)	国税2019年第31号文
国家税务总局《非居民纳税人享受协定待遇管理办法》(国家税务总局公告2019年第35号)	国税2019年第35号文
财政部、国家税务总局《关于个人取得有关收入适用个人所得税应税所得项目的公告》(财政部、国家税务总局公告2019年第74号)	财税2019年第74号文
最高人民法院《全国法院民商事审判工作会议纪要》(法〔2019〕254号)	《九民纪要》
国家税务总局《关于明确二手车经销等若干增值税征管问题的公告》(国家税务总局公告2020年第9号)	国税2020年第9号文

005

续表

文件全称	文件简称
财政部、国家税务总局《关于明确无偿转让股票等增值税政策的公告》（财政部、国家税务总局公告2020年第40号）	财税2020年第40号文
财政部、国家税务总局《关于广告费和业务宣传费支出税前扣除有关事项的公告》（财政部、国家税务总局公告2020年第43号）	财税2020年第43号文
财政部、国家税务总局《关于北京证券交易所税收政策适用问题的公告》（财政部、国家税务总局公告2021年第33号）	财税2021年第33号文
财政部、国家税务总局《关于权益性投资经营所得个人所得税征收管理的公告》（财政部、国家税务总局公告2021年第41号）	财税2021年第41号文
财政部、国家税务总局《关于进一步实施小微企业"六税两费"减免政策的公告》（财政部、国家税务总局公告2022年第10号，已失效）	财税2022年第10号文
财政部、国家税务总局《关于进一步完善研发费用税前加计扣除政策的公告》（财政部、国家税务总局公告2023年第7号）	财税2023年第7号文
财政部、国家税务总局、国家发改委、中国证监会《关于延续实施创业投资企业个人合伙人所得税政策的公告》（财政部、国家税务总局、国家发展改革委、中国证监会公告2023年第24号）	四部委2023年第24号文
财政部、国家税务总局《关于延续实施上市公司股权激励有关个人所得税政策的公告》（财政部、国家税务总局公告2023年第25号）	财税2023年第25号文
财政部、国家税务总局《关于先进制造业企业增值税加计抵减政策的公告》（财政部、国家税务总局公告2023年第43号）	财税2023年第43号文
财政部、国家税务总局《关于继续实施企业、事业单位改制重组有关契税政策的公告》（财政部、国家税务总局公告2023年第49号）	财税2023年第49号文
财政部、国家税务总局《关于继续实施企业改制重组有关土地增值税政策的公告》（财政部、国家税务总局公告2023年第51号）	财税2023年第51号文
财政部、国家税务总局《关于延续实施医疗服务免征增值税等政策的公告》（财政部、国家税务总局公告2023年第68号）	财税2023年第68号文
财政部、国家税务总局《关于上市公司股权激励有关个人所得税政策的公告》（财政部、国家税务总局公告2024年第2号）	财税2024年第2号文
财政部、国家税务总局《关于延续实施全国中小企业股份转让系统挂牌公司股息红利差别化个人所得税政策的公告》（财政部、国家税务总局公告2024年第8号）	财税2024年第8号文
财政部、国家税务总局《关于企业改制重组及事业单位改制有关印花税政策的公告》（财政部、国家税务总局公告2024年第14号）	财税2024年第14号文

注：文件简称排列规则为首先按照年限排列，其次按照文号由小到大排列。

目　录

第一编
主　体

1　居民个人持股涉税事项 / 003
2　居民法人持股涉税事项 / 027
3　合伙企业持股涉税事项 / 044
4　无商事登记主体持股涉税事项 / 064
5　非居民主体持股涉税事项 / 078

第二编
资本运作行为

6　员工股权激励涉税事项 / 099
7　增资与减资涉税事项 / 121
8　重组涉税事项 / 138
9　改制涉税事项 / 162
10　收购涉税事项 / 175
11　对赌涉税事项 / 192

第三编
日常经营行为

12　研发费用涉税事项 / 211

13　销售费用涉税事项 / 223

14　关联交易涉税问题 / 234

15　零工业务涉税事项 / 257

第四编
专　题

16　股权证券化税务关注重点 / 271

17　法财税结合的综合性律师服务在投资并购、资本市场中的作用和价值 / 284

18　《公司法》2023年修订对企业财税的影响 / 311

第一编　主　体

1 居民个人持股涉税事项

人们常常以个人名义直接投资于企业。在税法上,"居民个人"就是对自然人直接投资的持股税法主体的描述。本部分将对居民个人持股过程中以及股权处置环节的常见涉税场景以及对应纳税政策进行深入讨论。涉及个人通过减资或者注销的方式收回投资的内容,将在后续内容中详述。

持股的标的公司的法律性质发生变化,持股主体的涉税政策会随之发生转变。中国的公司除有限责任、股份有限两类之外,股份有限公司根据是否属于公众公司、是否属于上市公司的标准,还可以分为非上市非公众公司、非上市公众公司、上市公司三类。目前,A 股共有三家场内证券交易市场［深圳证券交易所(以下简称深交所)、上海证券交易所(以下简称上交所)、北京证券交易所(以下简称北交所)］以及一家全国性的场外证券交易所［全国中小企业股份转让系统(以下简称新三板)］。股票在新三板挂牌交易的股份有限公司,以及未在交易所挂牌交易但股东人数超过 200 人的股份有限公司,均作为非上市公众公司被监管;股票在场内交易所上市交易的股份有限公司,均作为上市公司被监管。对应在税收政策上,上市公司的股票属于金融商品,纳税政策比较清晰;而非上市公众公司的股票在新三板挂牌交易是否属于金融商品,在纳税政策上尚未达成统一认识,征税实践中经常出现矛盾。同时,国家税务总局对深沪交易所的纳税政策有专门规定,对北交所与新三板的规定又自成体系,与深沪交易所的纳税政策有所不同。

1.1 个人持有非上市非公众公司股权的涉税分析

1.1.1 个人获得非上市非公众公司分红、未分配利润转增股本 / 资本的纳税分析

境内公司分红分为三种情况:一是现金分红,即现金股利。二是未分配利润、盈余公积转增股本,在上市公司中又称"送红股"或者"股票股利",未分配利润、盈余公积转增股本本质上就是现金分红再投资的行为,与现金分红的纳税规定并无实质性差异。三是实物分红。实物分红,在税法上视同实物按公允值处置,计征增值税、企业所得税,再以实物公允值视同分

红金额征收股东所得税。

原则上,个人收到非上市非公众公司的分红,无论是现金分配还是股利分配,属于《个人所得税法》规定的居民个人从中国境内企业、事业单位、其他组织以及居民个人处取得的债权、股权等而对应取得的利息、股息、红利所得,应按每次收入额、按20%的税率缴纳个人所得税。

特别地,如若非上市非公众公司属于中小高新技术企业(在中国境内注册并实行查账征收、经认定取得高新技术企业资格,且年销售额和资产总额均不超过2亿元、从业人数不超过500人的企业),并将未分配利润、盈余公积转增注册资本/股本,按照财税〔2015〕116号文的规定,可享受所得税5年递延的优惠政策,即个人股东取得非"公开发行和转让市场"的中小高新技术企业以未分配利润、盈余公积转增的股本,一次缴纳个人所得税确有困难的,可自行制订计划,在5年内分期缴纳,并将有关资料报主管税务机关备案。

实务中,我们需要特别警惕"公私不分"与"长期挂账"视同分红的情形。税法上关于"视同分红"的依据源于财税〔2003〕158号文,具体包括以下三点。

一是消费性支出。个人投资者以企业资金为本人、家庭成员及其相关人员支付与企业生产经营无关的消费性支出,应认定为个人投资者的股息、红利所得,征收个人所得税。

二是长期不还的借款。在一个纳税年度内个人投资者从其投资企业借款,在该纳税年度终了后既不归还,又未用于企业生产经营的,其未归还的借款可视为企业对个人投资者的红利分配,计征个人所得税。需要注意的是,财税〔2003〕158号文所规定的长期不还的借款的挂账时间不等同于会计核算上的长期应收款的挂账时间,财税〔2003〕158号文所规定的长期不还的借款主要是指纳税年度终了时未归还的借款,而不是指挂账时间超过1年的借款。

三是财产性支出。个人投资者以企业资金为本人、家庭成员及其相关人员支付的购买汽车、住房等财产性支出,视为红利分配。值得注意的是,财税〔2008〕83号文进一步将财产性支出区分为两类情况:第一类是企业出资购买房屋及其他财产,将所有权登记为投资者个人、投资者家庭成员或企业其他人员;第二类是企业投资者个人、投资者家庭成员或企业其他人员向企业借款用于购买房屋及其他财产,将所有权登记为投资者、投资者家庭成员或企业其他人员,且借款年度终了后未归还借款。以上两类情况中不论所有权人是否将财产有偿交付企业使用,其实质均为企业对个人进行了实物性质的分配,应依法计征个人所得税。财税〔2008〕83号文规定的前述第二类情况的会计处理方式与财税〔2003〕158号文规定的长期不还的借款的会计处理方式是相同的,即在公司账面上均体现为对股东的"其他应收款",但二者在认定是否为"视同分红"的条件上是存在差异的。财税〔2003〕158号文规定了长期不还的借款被视同分红存在两项条件:其一,纳税年度终了时未归还的借款,其二,未用于企业生产经营;而财税〔2008〕83号文规定的第二类情况并无"未用于企业生产经营"的前提条件,只要是借款年度终了后未归还借款的,无论购买的财产是否交付企业使用,均被视同分红。

1.1.2 个人获得非上市非公众公司转增股本/资本的纳税分析

转增股本/资本的方式包括:一是未分配利润、盈余公积转增股本或者注册资本,即前文所述的分红方式之一,又叫作股票股利;二是资本公积转增股本或者注册资本。在此主要探讨后者。

根据《企业会计制度》第四章的规定,资本公积包括资本(或股本)溢价、接受捐赠资产、拨款转入、外币资本折算差额等。根据财政部《企业会计准则——应用指南》附件《会计科目和主要账务处理》中"所有者权益类"科目章节的规定,编号为4002的"资本公积"科目主要核算两项内容:一是企业收到的投资者出资额超出其在注册资本或股本中所占份额的部分;二是直接计入所有者权益的利得和损失。其二级科目体现为"资本溢价(股本溢价)"以及"其他资本公积"。编号为4001的"股本"科目明确,经股东会或类似机构决议,用资本公积转增资本,借记"资本公积——资本溢价或股本溢价"科目,贷记"股本"。

因此,资本公积形成的来源按其用途主要包括两类。

一类是可以直接用于转增资本的资本公积,即计入二级科目"资本溢价(股本溢价)"的部分,主要来源包括:(1)企业接受投资者投入的资本、可转换公司债券持有人行使转换权利、将债务转为资本等形成的资本公积;(2)与发行权益性证券直接相关的手续费、佣金等交易费用等。

另一类是不可以直接用于转增资本的资本公积,即计入二级科目"其他资本公积"的部分,主要来源包括:(1)采用权益法核算的长期股权投资,在持股比例不变的情况下,被投资单位除净损益以外所有者权益的其他变动;(2)以权益结算的股份支付换取职工或其他方提供服务的核算;(3)资产负债表日属于有效套期且满足运用套期会计方法条件的现金流量套期和境外经营净投资套期产生的利得或损失;(4)作为存货的房地产或者自用的建筑物转换的投资性房地产在转换日的公允价值与账面余额的差额调整等。

综合分析国税发〔1997〕198号文以及财税〔2015〕116号文、国税2015年第80号文的相关规定,笔者认为,判断将可用于转增资本的资本公积转增资本是否应当缴纳个人所得税,需要进一步细分资本公积的来源以及企业性质。具体如下。

一是股份制企业股票溢价发行收入所形成的资本公积转增股本不属于股息、红利性质的分配,对个人取得的转增股本数额,不作为个人所得,不征收个人所得税。

二是其余情况下的资本公积转增股本/资本(包括股份制企业除股票溢价发行收入外所形成的资本公积转增股本,有限责任公司投资者股权投资溢价所形成的资本公积转增资本)属于股息、红利性质的分配,除非另有规定,应当作为个人所得,征收个人所得税。

三是盈余公积、资本公积、未分配利润转增资本/股本,个人免征个人所得税的特殊情况。根据国家税务总局《关于个人投资者收购企业股权后将原盈余积累转增股本个人所得税问题的公告》(国家税务总局公告2013年第23号)的规定,股权收购前,被收购企业原账面金额中的"资本公积、盈余公积、未分配利润"等盈余积累未转增股本,而在股权交易时将其一并计入股权转让价格并履行了所得税纳税义务,股权收购后,企业将原账面金额中的盈余积累向个人投资者(新股东)转增股本,有关个人所得税问题区分以下情形处理:(1)新股东以不低于净资产价格收购股权的,企业原盈余积累已全部计入股权交易价格,新股东取得盈余积累转增股本的部分,不征收个人所得税。(2)新股东以低于净资产价格收购股权的,企业原盈余积累中,对于股权收购价格减去原股本的差额部分已经计入股权交易价格,新股东取得盈余积累转增股本的部分,不征收个人所得税;对于股权收购价格低于原所有者权益的差额部分未计入股权交易价格,新股东取得盈余积累转增股本的部分,应按照"利息、股息、红利所得"项目征收个人所得税。新股东以低于净资产价格收购企业股权后转增股本,应按照下列顺序进行,即先转增应税的盈余积累部分,然后再转增免税的盈余积累部分。

实务中,经常对前述个人所得税征免产生以下误区。

第一个误区,认为股份制企业所有的资本公积转增股本都不征收个人所得税。该误区形成的原因在于只看到了国税发〔1997〕198号文规定了"股份制企业用资本公积金转增股本不属于股息、红利性质的分配,对个人取得的转增股本数额,不作为个人所得,不征收个人所得税",而未看到国税函〔1998〕289号文关于"《国家税务总局关于股份制企业转增股本和派发红股征免个人所得税的通知》(国税发〔1997〕198号)中所表述的'资本公积金'是指股份制企业股票溢价发行收入所形成的资本公积金。将此转增股本由个人取得的数额不作为应税所得征收个人所得税。而与此不相符合的其他资本公积金分配个人所得部分,应当依法征收个人所得税"之规定;也未看到国税发〔2010〕54号文所重申的"加强企业转增注册资本和股本管理,对以未分配利润、盈余公积和除股票溢价发行外的其他资本公积转增注册资本和股本的,要按照'利息、股息、红利所得'项目,依据现行政策规定计征个人所得税"的政策。

第二个误区,扩大化解释国税发〔1997〕198号文关于"股票溢价发行"的范围,将非股份有限公司的资本溢价行为也扩大纳入股票发行的范围。1997年的会计核算制度里只规定了股份有限公司股票溢价产生资本公积的情形,未提及有限责任公司资本溢价产生资本公积的情形,直到2000年及以后的企业会计制度中才出现有限责任公司将超过注册资本的金额计入资本公积的会计处理规范。所以,从国税发〔1997〕198号文出台的背景、"股票溢价"概念名实相符的实质定义看,"股票溢价发行形成的资本公积"的不征税范围应只包含了股票溢价发行部分,而不含资本溢价形成的资本公积,因此"有限公司的资本公积转增股本不交税"的判断存在涉税风险。

那么，个人获得除股票发行溢价外的资本公积所转增的资本时，该如何缴纳个人所得税？

个人从股份有限公司获得的"非股票发行溢价形成的资本公积"转增股本，区分以下缴税情形。

一是若该股份有限公司属于上市或挂牌公司，则按有关股息红利的差别化政策即财税〔2015〕101号文（部分失效）、财税〔2012〕85号文、财税2024年第8号文执行，这一点细节后续还会分析。

二是若该股份有限公司属于非上市或非挂牌公司且属于中小高新技术企业（在中国境内注册并实行查账征收、经认定取得高新技术企业资格，且年销售额和资产总额均不超过2亿元、从业人数不超过500人的企业），根据财税〔2015〕116号文的规定，纳税人可自行制订计划在5年内分期缴纳，并将有关资料报主管税务机关备案。

三是若该股份有限公司既不属于上市、挂牌公司，也不属于中小高新技术企业，则个人应按每次收入额以20%税率，一次性缴纳个人所得税。

个人从有限责任公司获得资本公积转增股本的，区分以下缴税情形。

一是若有限责任公司属于中小高新技术企业（在中国境内注册并实行查账征收、经认定取得高新技术企业资格，且年销售额和资产总额均不超过2亿元、从业人数不超过500人的企业），则纳税人可自行制订计划在5年内分期缴纳，并将有关资料报主管税务机关备案。

二是若有限责任公司不属于中小高新技术企业，则应按每次收入额以20%税率，一次性缴纳个人所得税。

在企业筹备资本市场规划时，以上税收征管规则会导致一种极不合理的情况：个人投资者对尚未股改的拟上市公司（仍处于有限责任公司状态）实施溢价增资，增资完成后，处于有限责任公司状态的拟上市公司实施"股改"，用于转股的"溢价发行形成的资本公积"本身就源于个人投资者当初所付出的溢价，"股改"只不过是将支付的投资对价转换了会计核算科目，反而还要就此缴纳一笔个人所得税。因此，笔者认为，税务征管应从公平的角度出发，支持"有限责任公司资本溢价、股份公司的股票溢价转增股本的，均应免征个人所得税"。

1.1.3　个人转让非上市非公众公司股权的纳税分析

个人转让非上市非公众公司股权主要依从的是国税2014年第67号文。该文件对个人将股权转让给其他个人或法人的行为区分以下情形：出售股权；公司回购股权；发行人首次公开发行新股时，被投资企业股东将其持有的股份以公开发行方式一并向投资者发售；股权被司法或行政机关强制过户；以股权对外投资或进行其他非货币性交易；以股权抵偿债务等。上述情形均按照个人转让股权纳税，即以个人财产转让所得、收益的20%纳税。

1.1.3.1 纳税计算转让收入的公允性

税务部门以股权的公允价值作为参考,确认约定的股权转让价格是否作为征收的依据;如果股权转让价格明显偏低,除非有正当理由,税务部门将参考股权的公允价值核定纳税的股权转让收入。

根据国税 2014 年第 67 号文第 12 条的规定,下列情形视为股权转让收入明显偏低:(1)申报的股权转让收入低于股权对应的净资产份额或净资产公允价值份额(当标的公司持有的无形资产超过 20% 的看净资产公允值);(2)申报的股权转让收入低于初始投资成本或低于取得该股权所支付的价款及相关税费的;(3)申报的股权转让收入低于相同或类似条件下同一企业同一股东或其他股东股权转让收入的;(4)申报的股权转让收入低于相同或类似条件下同类行业的企业股权转让收入的;(5)不具合理性的无偿让渡股权或股份;(6)主管税务机关认定的其他情形。

实务中,税务机关认定的其他情形,主要包括在转让前后 6 个月之内发生过的增资或者股权转让价格,若有远高于本次转让价格的情形,则本次转让价格可能会被税务机关认定为明显偏低的转让收入。

而股权转让收入明显偏低的例外主要为国税 2014 年第 67 号文第 13 条规定的情形,即下述情形下的股权收入明显偏低可以视为有正当理由:(1)能出具有效文件,证明被投资企业因国家政策调整,生产经营受到重大影响,导致低价转让股权;(2)继承或将股权转让给其能提供具有法律效力身份关系证明的配偶、父母、子女、祖父母、外祖父母、孙子女、外孙子女、兄弟姐妹以及对转让人承担直接抚养或者赡养义务的抚养人或者赡养人;(3)相关法律、政府文件或企业章程规定,并有相关资料充分证明转让价格合理且真实的本企业员工持有的不能对外转让股权的内部转让;(4)股权转让双方能够提供有效证据证明其合理性的其他合理情形。

1.1.3.2 税务机关核定股权转让收入、确认核定股权投资成本的方式

国税 2014 年第 67 号文第 11 条规定,当申报的股权转让收入明显偏低且无正当理由;未按照规定期限办理纳税申报,经税务机关责令限期申报,逾期仍不申报;转让方无法提供或拒不提供股权转让收入的有关资料;以及发生其他应核定股权转让收入的情形时,主管税务机关可以核定股权转让收入。

根据国税 2014 年第 67 号文第 14 条的规定,如果税务机关决定核定股权转让收入,则应依次按净资产核定法、类比法,以及其他合理方式确认。

净资产法以标的公司净资产账面值或评估值为准(当土地、房屋、知识产权、探矿权、采矿权、股权等资产占企业总资产比例超过 20% 时,须提交评估报告),6 个月内再次发生股权转让且被投资企业净资产未发生重大变化的,主管税务机关可参照上一次股权转让时被投资企业的资产评估报告核定此次股权转让收入。

类比法，即参照相同或类似条件下同一企业同一股东或其他股东股权转让收入，或者相同或类似条件下同类行业企业股权转让收入核定。一般是参考6个月内发生的其他股权转让的价格。

个人转让股权的原值确认以个人提供完整准确的原值凭证为主，否则税务机关可按申报的股权转让收入的一定比例（15%）核定计税成本。对个人多次取得同一被投资企业股权的，转让部分股权时，应采用"加权平均法"确定其股权原值。在个人股权转让交易中，转让方为纳税义务人，而受让股权的一方（包括个人）是扣缴义务人，履行代扣代缴税款的义务。

1.1.3.3 其他复杂类税务征管问题

1. 注册资本认缴未实缴，0元转让或者1元名义价格转让未实缴股权的纳税问题

公司的注册资本认缴未实缴，即持股成本为0，股东以0元或者1元名义价格转让未实缴的股权，是否为明显低价？解决此问题需要根据标的公司的净资产实际情况进行分析。注册资本未实缴并不代表净资产为0，不代表公司股权的公允价值为0，也不代表公司发生了亏损，因为净资产在会计核算上包括了实收资本、留存收益、资本公积、盈余公积四大类科目，尤其是当部分股东可能已经完成实缴义务或者公司已经盈利时。因此，公司账面净资产高于实缴资本的情况可能包括：一是公司已经实现盈利，存在盈余公积以及留存收益；二是公司其他股东溢价投资或者其他原因形成资本公积。

在公司账面净资产高于实缴资本的股权转让实务中，部分人以股东未实缴而股东权利受限为由，认为股东以0元或者1元名义价格转让未实缴注册资本属于合理低价。《公司法》第210条规定，"有限责任公司按照股东实缴的出资比例分配利润，全体股东约定不按照出资比例分配利润的除外；股份有限公司按照股东所持有的股份比例分配利润，公司章程另有规定的除外"，该法第236条第2款规定，"公司财产在分别支付清算费用、职工的工资、社会保险费用和法定补偿金，缴纳所欠税款，清偿公司债务后的剩余财产，有限责任公司按照股东的出资比例分配，股份有限公司按照股东持有的股份比例分配"。这些规定意味着，没有实缴出资的股权对公司的留存收益无分红权、对剩余财产（包括资本公积在内）无分配权，那么其对应的"净资产值"即为0。这种主张能否得到税务机关认可呢？

在税务征管实务中，税务部门核定股权转让价格是否偏低，一般首先按照"（公司账面净资产＋公司总注册资本－公司实缴注册资本）×转让股东拟转让的股权比例－受让股东应当缴纳的剩余出资额"核算净资产法对应的价格，如果转让股东申报的收入低于净资产法对应的价格，且没有收入明显偏低正当理由，则视同低价转让。举例说明，假设A公司有甲、乙两个股东，甲持有60%股权，实缴出资60万元，乙持有40%股权，应出资未出资40万元；乙打算以0元转让其持有的40%股权，转让时A公司净资产账面值为70万元。税务部门由此核算未实缴出资的40%股权对应的净资产值应为4万元［（70万元＋100万元－60万元）×40%－40万元］。

税务机关认为：一是股东对公司完成实缴出资，是股东的法定义务，且该等义务并不因股权转让而终止；二是股东因未实缴出资而被限制股东的财产性权利其实是一种暂时状态，即若实缴出资到位，股东被限制的财产性权利即行恢复，因此，分红权以及剩余财产分配权是一种可期待性权利，股东将未实缴出资对外转让时，也将分红权以及剩余财产分配权的可期待性权利一并进行了转让，这种可期待性权利实际上是存在经济价值的。因此，在公司账面净资产高于实收资本的情形下，认为未实缴出资的股权所对应的净资产值为0不符合商业逻辑。反之，如果坚持认为公司净资产归实缴股东，当实缴股东对外转让实缴股权时，公司盈利所带来的净资产增值会导致实缴股东多缴税，而一旦未实缴股东实缴到位后，此前所形成的盈余公积（未实际分配的部分）所对应的分红权立即恢复，此时，受让前已实缴股权的股东并未实际在公司获得更多的利益，于此前已实缴股权的受让双方而言并不公平。

针对未实缴出资情况，2023年修订的《公司法》吸收并调整了最高人民法院《关于适用〈中华人民共和国公司法〉若干问题的规定（三）》中有关除名的规则后，引入了"失权"机制，即《公司法》第52条，"股东未按照公司章程规定的出资日期缴纳出资，公司依照前条第一款规定发出书面催缴书催缴出资的，可以载明缴纳出资的宽限期；宽限期自公司发出催缴书之日起，不得少于六十日。宽限期届满，股东仍未履行出资义务的，公司经董事会决议可以向该股东发出失权通知，通知应当以书面形式发出。自通知发出之日起，该股东丧失其未缴纳出资的股权。依照前款规定丧失的股权应当依法转让，或者相应减少注册资本并注销该股权……"该规定进一步明确，未实缴出资的股东失权是指其分红权以及剩余财产分配权的可期待性权利的最终灭失。依据《公司法》第52条，当被失权股东的股权被强制以0元对外转让时，此时0元转让应该说是公允的，对失权原股东而言，不存在收入明显偏低的情形。

2. 当个人与个人或个人与企业存在股权代持，显名股东转交相关利益给隐名股东的纳税问题

股权实际利益转交与代持还原存在重要区别，即代持还原是通过市场监督管理机构股东变更登记备案的程序交还股东所有权；股权实际利益转交仅为经济利益的直接转付，不涉及登记上的所有权变更。但就委托代持的实质性法律关系而言，二者仅是在交付的标的物上发生了财产形式的转换而已，并无实质性差异。

目前，针对显名股东与隐名股东之间转付股权收益如何纳税问题，明确且统一的税法征管政策体现于上市公司限售股代持转让以及企业间股票代持转让情形。针对上市公司限售股代持情形，主要依据国税2011年第39号文的规定，即"因股权分置改革造成原由个人出资而由企业代持有的限售股……企业转让上述限售股取得的收入，应作为企业应税收入计算纳税……依照本条规定完成纳税义务后的限售股转让收入余额转付给实际所有人时不再纳税……"而针对企业间股票代持情形，主要依据《国家税务总局稽查局关于2017年股权转让

检查工作的指导意见》(税总稽便函〔2017〕165号),即对企业之间代持股票转让的企业所得税征收,应按其法定形式确认纳税主体,以代持方为纳税人征收所得税,如委托方已将收到的转让款缴纳了所得税,且两方所得税又无实际税负差别的,可以不再向代持方追征税款。

除前述规定外,涉及其他主体性质的代持双方之间的所得纳税,并无明确且统一的政策性规定,各地税收征管实务操作也不一致,如国家税务总局厦门市税务局在公开回应股权代持下隐名股东所得税问题而发布的《关于市十三届政协四次会议第1112号提案办理情况答复的函》(厦税函〔2020〕125号)中,对隐名实际股东的纳税义务认定作出了回复,即"隐名股东为自然人的情形。《中华人民共和国个人所得税法》第二条明确了应当缴纳个人所得税的九种所得,显名股东将取得的税后股息红利所得、股权转让所得,转付给隐名股东(自然人),不属于法律规定应当缴纳个人所得税的所得。隐名股东为企业的情形。《中华人民共和国企业所得税法》第六条规定,企业以货币形式和非货币形式从各种来源取得的收入,为收入总额,包括其他收入;第七条、第二十六条,分别列明了法定的不征税收入和免税收入。据此,隐名股东(企业)从显名股东取得基于代持合同关系产生的所得,不属于法定的不征税收入和免税收入,应当按照企业所得税法规定缴纳企业所得税"。

根据对上述文件的理解,隐名股东为自然人时,所得税按显名股东身份缴纳,显名股东将股息所得、股权转让所得转交给隐名股东个人时,隐名股东无须再缴所得税。但当隐名股东是企业时,面临显名股东缴税后、相关利益转交给隐名股东时还须重复缴税的窘境。

3. 显名股东将股权还原给隐名股东(代持还原)的纳税问题

代持关系因其发生的原因大概可以分为两类:一类是隐名股东因各种原因不方便直接持有而委托显名股东代持;另一类是让与担保,即债务人因资金需求而向债权人借款,债权人出于保障自身资金安全的考虑,要求债务人将其所持公司股权登记至债权人名下,当债权人收回本息后再将股权归还债务人,即代持是基于债务人(隐名股东)将股权作为担保物交债权人(显名股东)代持,以确保债务的清偿。

在企业股权证券化过程中,根据《监管规则适用指引——关于申请首发上市企业股东信息披露》第1条的规定,"发行人应当真实、准确、完整地披露股东信息,发行人历史沿革中存在股份代持等情形的,应当在提交申请前依法解除,并在招股说明书中披露形成原因、演变情况、解除过程、是否存在纠纷或潜在纠纷等",即对拟上市企业而言,为保证股权清晰,拟上市企业必须还原历史上曾存在的股权代持。但在股权代持还原过程中,因税收相关法律法规对代持股权还原涉税问题未予明确规定,导致各地税务机关对代持股还原应否缴纳个人所得税的执法口径并不统一。在代持还原过程中,税务机关是否征收个人所得税,主要看究竟是采用形式课税原则还是实质课税原则。

如果采用形式课税原则,均视同股权转让,那么无论是直接转让还原,还是通过司法判决过户等,均应按股权公允值计税。国税 2014 年第 67 号文第 3 条所规定的"股权被司法或行政机关强制过户""以股权抵偿债务""其他股权转移行为"均属于应纳税的股权转让行为,均不能起到阻却税务机关将代持股还原定性为"股权转让"的效果,也不能对抗税务机关的检查和调整,无法产生合理避税的效果。表 1-1 中的案例即采取了形式课税原则,代持还原视同个人转让股权,缴纳个人所得税。

表 1-1 代持还原采用形式课税原则缴纳个人所得税的案例

公司名称	代持股双方关系	已缴纳个人所得税
盾源聚芯	自然人与公司	股权转让系股权代持还原,受让方未向转让方实际支付股权转让价款,转让方已结合当时公司净资产状况缴纳了个人所得税,税款由受让方最终承担
先锋精科	—	2020 年 12 月进行股权代持还原时,税务机关已核定了相关税款。转让方已按照税务机关的核定结果履行了申报义务,相关税款已由受让方自行缴纳完毕
金万众	—	孙某明(转让方)已根据当时公司净资产计算的股权转让收入(2,493,323.86 元)作为计税基础就该次股权转让缴纳个人所得税。 实际控制人孙某明已经出具承诺如下:如主管税务部门就发行人历史上股权转让相关个人所得税进行追缴或因相关方代扣代缴义务未及时、完整履行导致发行人承担责任的,将联系原转让方进行缴纳或敦促相关方完整履行代扣代缴义务及承担相应责任,如原转让方不同意缴纳或相关方未完整履行代扣代缴义务或承担相应责任的,孙某明则愿意以个人财产第一时间承担相关责任,对发行人进行相应补偿,确保不会损害发行人利益或对本次上市构成实质性障碍
京阳科技	—	韩某川、崔某历史上的股权代持关系真实,代持所涉及资金均系崔某本人的自有资金,代持解除的定价经协商同意,不存在纠纷,个人所得税已按时足额缴纳,解除代持时的转让价格为 4.14 元/股(对应公司整体估值为 10.76 亿元)。定价是公司以当时的净资产确定的
南京试剂	—	2019 年 4 月,该股权代持主要通过代持人将所代持股份卖出并在扣除个人所得税后将剩余款项支付给被代持人、代持人将认购款退回被代持人等解除清理,清理过程合法合规,并经双方确认均为真实意思表示,不存在纠纷或潜在纠纷
创耀科技	实际控制人与员工	实际控制人 Y 通过名义股东以代持方式实施股权激励。实际控制人 Y 通过向激励对象转让标的股权的方式进行激励,激励对象所持标的股权登记在名义股东名下,并由激励对象与名义股东签署《股权代持协议》。通过保荐机构、拨打发行人律师电话及现场咨询苏州工业园区税务局工作人员了解到,在税务征收实践中,一般不认可股权代持情形,税务部门通常以签订股权转让协议或股权转让办理变更登记时点作为纳税申报时点,即税务部门在实际税务征收过程中一般依据国税 2014 年第 67 号文第 20 条规定的"(二)股权转让协议已签订生效的"及"(四)国家有关部门判决、登记或公告生效的"两种情形认定股权转让的纳税申报时点。 截至 2020 年 9 月股权还原前,创睿盈层面实际控制人 Y 通过名义股东以代持方式进行股权激励而完成的历次股权转让并未进行工商变更登记、也未签署股权转让协议,故该等股权转让在股权代持还原签署相关股权转让协议并完成工商变更登记时进行纳税申报,并依法履行纳税义务的情形符合前述规定。 经核查公司提供的创睿盈层面股权还原的相关文件、相应的《完税证明》,2020 年 9 月,创睿盈层面进行股权还原并完成变更登记时,各名义股东均已就该等股权还原所涉股权转让行为履行了纳税义务。发行人及创睿盈非该等股权转让的受让方,无扣缴义务

续表

公司名称	代持股双方关系	已缴纳个人所得税
民爆光电	—	刘某优持有民爆光电12%的股权,系谢某华鉴于刘某优为其多年的合作伙伴、创业伙伴,且在公司发展过程中作出的贡献,将刘某优代其持有的12%股权作为对刘某优的激励。后因《优才计划》将公司20%股权激励给销售人员的安排,刘某优持有的12%股权同比例稀释后应为9.6%,2015年5月,刘某优将持有的2.4%股权转让给激励对象王某春。 上述代持还原的过程中各方均签署了相应《股权转让协议》并经深圳联合产权交易所见证,由民爆光电相应的股东会审议通过,且均已依法办理了相应变更登记手续,上述股权转让所涉及的个人所得税均已实际补缴。根据谢某华及刘某优出具的《确认函》《声明》及深圳市公证处出具的(2021)深证字第94421号《公证书》,谢某华与刘某优的上述代持法律关系已终止,不存在任何纠纷或潜在纠纷。上述股权转让均符合被代持人的意愿、基于双方真实的意思表示,不存在其他的利益安排,上述代持法律关系已终止,不存在任何纠纷或潜在纠纷或税务潜在风险

如果隐名股东和显名股东之间存在并能提供具有法律效力的身份关系证明,如属于配偶、父母、子女、祖父母、外祖父母、孙子女、外孙子女、兄弟姐妹以及对转让人承担直接抚养或者赡养义务的抚养人或者赡养人关系,即使将代持股还原视同股权转让,根据国税2014年第67号文第13条的规定,税务机关认可其实际未取得转让所得或取得所得偏低时,代持股双方也无须缴付个人所得税。表1-2为特殊身份代持还原股份不缴纳个人所得税的案例。

表1-2 特殊身份代持还原股份无须缴纳个人所得税的案例

公司名称	代持股双方关系	未缴纳个人所得税
佳驰科技	父子、兄弟	阙某勇与阙某飞之间本次股权转让主要是为了对股权代持情形进行清理、规范,解除梁某飞与阙某勇之间的代持关系、将股权还原至梁某飞持有,各方基于税收筹划考虑,采取符合《股权转让所得个人所得税管理办法(试行)》规定的亲属之间转让的方式进行代持还原,由阙某勇将其名义持有的佳驰科技204.00万元的出资额转让给其父亲阙某飞,后续由阙某飞转让至其弟弟梁某飞,以实现代持股权的还原。该次转让实际系基于还原代持股权而进行,受让方未实际支付股权转让价款,故不存在股权转让所得
丹耀光学	家庭成员	2021年5月,为调整家庭成员之间持股比例,袁某华将其持有的丹耀光学6.98万元出资额(对应1.46%股权)转让给袁某甲;袁某甲将其持有的丹耀光学6.98万元出资额(对应1.46%股权)、6.98万元出资额(对应1.46%股权)分别转让给袁某欣和袁某天。该转让无须缴纳个人所得税,不存在应缴纳而未缴税款
胜华波	亲属	2019年12月,为还原发行人的真实股权结构,王某虎根据王某胜的指示将其代王某胜持有的发行人3550.20万股股份过户给王某胜,该次转让完成后,王某虎与王某胜之间的代持关系解除。 为解除陈某林与王某胜、王某华、王某波之间的代持关系,同时避免因解除代持对应的股份过户发生额外税收成本,参照适用《股权转让所得个人所得税管理办法(试行)》关于近亲属之间股份转让相关个人所得税征缴政策的规定,陈某林于2019年12月将其名下的代持股份过户给其配偶王某球,王某球于2020年1月将其名下的上述代持股份分别过户给其兄弟王某胜、王某华、王某波

如果采用实质课税原则,代持股权的还原并非真正意义上的股权转让,股权代持双方系委托合同法律关系;因双方委托合同关系的解除,代持股权须变更至实际所有人名下,但在代持股权变更前后,实际所有权人未发生变更,代持股权仍由隐名股东控制、所有,名义股东与隐名股东均未获得经济利益。表 1-3 为按实质课税原则,认定代持还原无须缴纳个人所得税的案例。

表1-3 代持还原采用实质课税原则无须缴纳个人所得税的案例

公司名称	未缴纳个人所得税
金则利	发行人历史上股权代持还原所签署的《股权转让协议》,虽有约定变更股权的时间和方式,但该变更并非基于转让,而是源于双方解除之前的代持关系;目的在于名义股东将代持的股权合法登记至实际股东名下,即实现股权从名义股东向实际出资人的转化,使实际出资人成为公司的合法登记股东。股权代持关系解除后,经代持人与被代持人各方确认,以及发行人股东大会审议通过,发行人历史上股权代持及还原不存在任何代持人主张股权转让的意思表示,代持与被代持各方亦不存在股权转让的法律关系。2023 年 5 月 5 日,发行人取得了国家税务总局衡阳市高新技术开发区税务局出具的专项证明:发行人历史沿革中存在的与股权代持相关的股权变更过程不涉及个人所得税的缴纳,且不存在税收方面的违法违规行为。保荐机构和发行人律师对公司的股权代持情况履行了全面的核查程序,经查阅发行人历次股权代持及还原相关的协议、出资凭证、以实际股东身份参与发行人分红、有关股权代持还原确认函以及主管税务机关出具的专项证明文件等,保荐机构和发行人律师认为发行人历史上的股权代持还原的本质实为委托关系的解除,不是股权转让,不产生应税所得,不涉及个人所得税缴纳问题
德斯泰	在浙江银象破产清算的过程中,为厘清浙江银象的资产,2015 年 10 月 26 日,天台县人民法院判定叶某民代浙江银象持有的德斯泰出资为浙江银象所有,德斯泰依该判决于 2016 年 2 月 22 日完成工商变更。至此,叶某民对浙江银象的上述代持解除。该次股权变动系根据司法判决进行股权确权,不涉及纳税情况
宏鑫科技	2021 年 4 月,肖某将其持有的 370 万股股份还原至阮某薇持有,根据法院调解代持还原,不涉及个人所得税缴纳事项。2021 年 4 月 29 日,发行人收到了台州市黄岩区人民法院作出的《协助执行通知书》,要求发行人协助办理前述代持还原的变更登记备案手续。2021 年 5 月 14 日,前述代持还原在台州市黄岩区市场监督管理局办理完成了变更登记手续,肖某与阮某军的代持关系解除,全部代持股权予以还原
天岳先进	股权代持相关委托股东与被委托股东均出具了《关于山东天岳先进科技股份有限公司股权相关事宜的确认函》并经公证,确认:(1)对天岳先进委托持股的形成及解除过程无异议;(2)与他人之间不存在任何影响股权认定的未清偿债权债务;(3)不存在代他人持有天岳先进股权或委托他人持有天岳先进股权的情形;(4)不存在将所持天岳先进股权(若有)进行质押或者类似于质押的方式而导致可能使所持有的天岳先进股权受到权利限制的情形;(5)不存在就天岳先进股权产生权属争议或者潜在纠纷的情况。2019 年 6 月 27 日,济南高新技术产业开发区人民法院作出(2019)鲁 0191 民初 2834 号、(2019)鲁 0191 民初 2835 号民事调解书,经法院调解,当事人宗某民与天岳先进及窦某涛、高某青确认,窦某涛、高某青在工商登记中分别持有的天岳先进 80%、20% 股权系代宗某民持有,宗某民为上述窦某涛、高某青所持天岳先进股权的实际出资人,对该部分股权实际享有所有权,窦某涛、高某青及天岳先进应于 2019 年 7 月 15 日前协助宗某民办理股权变更登记手续

续表

公司名称	未缴纳个人所得税
佑威新材	2019年11月29日，中铭国际资产评估公司出具《佑威新材公司拟实施股权收购事宜涉及的中威航空公司股东全部权益价值资产评估报告》（中铭评报字〔2019〕第3162号），以2019年10月31日为评估基准日，中威航空股东全部权益评估价值为6686.30万元。根据上述评估报告以及正信天诚税务所出具的《税务咨询备忘录》，前次股权代持还原中转让股权作价为1元，即计税基础为1元，导致范某荣、陈某群和赵某清后续再次进行股权转让时应纳个人所得税畸高。 由于3名股东与上海久旻签署《股权转让协议》时，对股权转让计税基础存在重大误解，错误约定1元转让价款，3名股东作为原告向上海市徐汇区人民法院提起诉讼，请求撤销3原告与被告上海久旻于2019年10月18日签署的《股权转让协议》，将工商登记恢复为股权代持还原前的状态，即股东恢复登记为上海久旻出资5000万元，并保留登记后续增资股东范某荣出资1155万元。 2020年4月21日，上海市徐汇区人民法院作出（2020）沪0104民初3774号民事判决书，支持3名股东的上述全部诉讼请求。 2020年5月26日，中威航空通过股东会决议，根据上海市徐汇区人民法院的判决，向嘉兴市秀洲区市场监督管理局申请将股东由范某荣、陈某群、赵某清三人恢复为上海久旻、范某荣，出资金额分别为5000万元和1155万元，出资比例分别为81.23%和18.77%，并通过了公司章程修正案。2020年5月29日，嘉兴市秀洲区市场监督管理局核准了该次变更登记，并颁发了新的营业执照

笔者认为，根据国税2014年第67号文第13条第4项的规定，若股权转让双方能够提供有效证据证明其股权转让收入明显偏低具有正当理由，可以不视为股权转让收入明显偏低，即隐名股东和显名股东进行股份代持还原时，可以在提供有效证据证明代持关系的前提下，将平价或无偿转让股权视同正常价格，由于没有股权增值溢价，显名股东也就不用缴纳股权转让所得税，从而解决了解除代持股协议时的纳税问题。也就是说，代持关系还原本身构成"有正当理由的股权转让收入偏低"的情形。

但无论是实质征税还是将代持还原视同股权转让收入明显偏低有正当理由均建立在一个事实前提下，即双方能提供有效证据证实还原之前就存在代持关系。如代持双方无法提供有效的证明材料，税务机关出于自身风险规避考虑，不会轻易适用国税2014年第67号文项下"股权转让收入明显偏低视为有正当理由"的规定，而会按转让股权的公允价值核定征收税款。从目前看，证据效力较高的形式有两种：一种是判决仲裁文书（以判决方式而不是调解方式确认代持，效力更高。因为判决的判项在法律上具备既判力，是证据效力较高的一种证明形式，而调解文书可以经双方合意甚至串谋形成，不具有这样的证明效力。一般情况下，法院并不会仅仅因为原被告双方对涉案关键事实均确认就直接认定，而会结合原告所提交的证据证明力、真实性认定）。另一种是在代持时形成的当时所制作的固定代持关系的公证文书（代持事实因公证机关的见证而具有真实性，但多个案例中公证文书形成于还原之时，这种公证文书因双方可以达成避税串谋实施事后公证而无法成为有力证据）。

让与担保下的债务清偿后返回担保物，从形式上类似代持还原。让与担保暂未找到案例，但建议税务机关从实质课税、税收中性角度考量，明确让与担保在有充分证据予以证实的前提下，按照借款法律关系对利息予以征税，主要理由为：一是从法律实质看，股权让与担保同抵押、质押等担保一样，而股权转让是出让方向受让方提供物之担保。代持股权在债务人（隐名股东）的财务报表中并未真实"出表"，在债权人（显名股东）的财务报表中也不会被单独确认为一项资产，即为真实"入表"。二是股权让与担保从属于主债权债务，单纯的担保关系不属于税法的征税对象，不应纳入征税范围。目前，税务机关对于名为股权转让、实为让与担保的基础民事法律关系在税务关系定性上的立法还属于空白。不过，以裁判文书确认民事主体之间属于"名为股权转让、实为让与担保"，是否在税法上可以得到"非股权转让"的定性确认，笔者认为，存在沟通协商的空间。

4. 员工持股平台内部的股权或合伙份额按法律文件事先约定的价格回购的纳税问题

根据财税〔2016〕101号文，当企业以员工持股平台的方式实施员工激励的，或者企业未按照国家税务总局《关于进一步深化税务领域"放管服"改革 培育和激发市场主体活力若干措施的通知》（税总征科发〔2021〕69号）在实施股权激励的次月15日内及时向主管税务机关报送《股权激励情况报告表》及相关资料的，均不能享受财税〔2016〕101号文项下股权激励税收优惠，即在原股东转让股权给持股平台、员工时，应当按照股权的公允价值计税。

无论上述股权激励是否得到税务机关的优惠确认，一般都会约定不符合事先授予条件的，原转让股东可以按成本价等事先确定的价格回购。当事先约定回购的价格低于回购时股权的公允价值时，激励对象作为回购转让方是否可以适用国税2014年第67号文第13条第3项"相关法律、政府文件或企业章程规定，并有相关资料充分证明转让价格合理且真实的本企业员工持有的不能对外转让股权的内部转让"之规定，税务机关能够认可此时的回购价不属于明显低价吗？笔者认为，如果持股平台在备案的章程、合伙协议中明确记载了员工所获股权属于不得对外转让的股权，此时由公司或原股东收回，应当认定为有合理理由的低价转让。从法律规定和立法意愿看，关键在于经过备案的法律文件（章程、合伙协议等）是记载了确切时间、当事人难以篡改的证明材料，而以补协议等未备案形式存在的资料难以说服税务机关将其认定为"充分材料"。同样，如果补充协议在形成时以公证的方式固定了证据，或者以诉讼裁决的方式以具备既判力的法律文书予以证实，也应当属于"充分材料"。

此外，在国有企业员工持股场景下，国资发改革〔2016〕133号文与财资〔2016〕4号文对锁定期内员工触发回购事件引发股权回购的回购价格上限进行了明确的规定，其中，财资〔2016〕4号文第22条第1款规定，"股权激励的激励对象，自取得股权之日起，5年内不得转让、捐赠,特殊情形按以下规定处理:(一)因本人提出离职或者个人原因被解聘、解除劳动合同,取得的股权应当在半年内全部退回企业,其个人出资部分由企业按上一年度审计后净资产计算退还本人。(二)因公调离本企业的,取得的股权应当在半年内全部退回企业,其个人出资部分由企业按照上一年度审计后净资产计算与实际出资成本孰高的原则返还本人",国资发改革〔2016〕133号文第4条明确规定,"……实施员工持股,应设定不少于36个月的锁定期。在公司公开发行股份前已持股的员工,不得在公司首次公开发行时转让股份,并应承诺自上市之日起不少于36个月的锁定期。锁定期满后,公司董事、高级管理人员每年可转让股份不得高于所持股份总数的25%。持股员工因辞职、调离、退休、死亡或被解雇等原因离开本公司的,应在12个月内将所持股份进行内部转让。转让给持股平台、符合条件的员工或非公有资本股东的,转让价格由双方协商确定;转让给国有股东的,转让价格不得高于上一年度经审计的每股净资产值。国有控股上市公司员工转让股份按证券监管有关规定办理……"笔者认为,上述两个文件项下的员工股权回购应该可以适用国税2014年第67号文第13条第3项"相关法律、政府文件或企业章程规定,并有相关资料充分证明转让价格合理且真实的本企业员工持有的不能对外转让股权的内部转让"之有正当理由的股权转让收入明显偏低的规定。

5. 个人股权实施股权调整,即由直接持股变更为间接持股的纳税问题

笔者服务过一个企业客户,原持股方为夫妻两人,丈夫持股比例为53%,妻子持股比例为47%。在准备上市过程中,夫妻决定将个人名下的60%股权挪至夫妻二人共同设立的持股有限责任公司名下,其中,转入的股权来源按照丈夫53%、妻子47%的比例,各自从其名下转出合计60%的股权,新设公司的持股比例也是按照丈夫53%、妻子47%设置。调整后,夫妻持股的有限责任公司(该有限公司股东的持股比例为丈夫53%、妻子47%)持有企业60%股权,丈夫直接持有21.2%,妻子直接持有18.8%。换言之,夫妻双方在股权调整后各自直接或者间接持股的股权比例与调整前的直接持股比例是一致的。那么,夫妻双方将其名下60%股权转入夫妻共同设立的持股公司,是否应当缴纳个人所得税?

在沟通过程中,税务机关起初认为一定要按公允价值作为夫妻转让股权的价格,并据此缴纳财产转让的个人所得税,其理由是:虽然前后的股权持有比例实质未发生变更,但受让方为法人,未来缴纳的所得税为企业所得税,与个人所得税是两个不同的规则体系,如果不按公允价值课税,存在税源流失的风险,尤其是在法人未来发生亏损的情形下。

笔者代企业答辩意见如下:第一,夫妻将个人名下股权转出前后比例不变,实质持股性质不变,从经济实质讲并没有变更股权持有人,转让方与受让方以原始价格转让具备合理理由。第二,税务机关的税源并没有流失。因为转让前后的持股成本是一样的,此时转让环节未纳税,仅为递延;而后夫妻二人从持股平台公司转让股权时依然需要缴纳等额税款。第三,根据

经济实质进行实质课税,这种情况属于国税2014年第67号文第13条所规定的"股权转让双方能够提供有效证据证明其合理性的其他合理情形",请求税务机关核实并许可。第四,该企业正在筹备IPO,请求税务机关以支持企业发展为目的依法依规处理。

该案例中的股权转让以原始价格转让最终获得了税务机关认可,未征缴夫妻二人的个人所得税。

实践中,遇到与上述案例类似的情况,与税务机关事先充分沟通十分重要。

6. 股权转让登记变更后,增加或减少股权转让价款的纳税问题

股权转让登记变更后,增加股权转让价款的,按照国税2014年第67号文第8条、第9条的规定,"转让方取得与股权转让相关的各种款项,包括违约金、补偿金以及其他名目的款项、资产、权益等,均应当并入股权转让收入","纳税人按照合同约定,在满足约定条件后取得的后续收入,应当作为股权转让收入",此属于较为明确的征管政策。

但是针对股权转让登记变更后,减少股权转让价款的情形,国税2014年第67号文并未规定是否可以抵减股权转让收入。这应当属于立法上的重大疏漏,给对赌协议的纳税造成了极大困难,该问题在后续内容中会详细讨论。笔者认为,股权转让收入因合同履行中的变化而增加,需补交个人所得税,那么股权转让收入因合同履行中的变化而减少,应退还部分或全部已交个人所得税,是题中应有之义。

7. 股权转让合同撤销、解除、终止,已经缴纳的股权转让个人所得税是否可以退还?因股权转让合同撤销、解除、终止而收到的违约金的纳税问题

根据国税函〔2005〕130号文的规定,"股权转让合同履行完毕、股权已作变更登记,且所得已经实现的,转让人取得的股权转让收入应当依法缴纳个人所得税。转让行为结束后,当事人双方签订并执行解除原股权转让合同、退回股权的协议,是另一次股权转让行为,对前次转让行为征收的个人所得税款不予退回","股权转让合同未履行完毕,因执行仲裁委员会作出的解除股权转让合同及补充协议的裁决、停止执行原股权转让合同,并原价收回已转让股权的,由于其股权转让行为尚未完成、收入未完全实现,随着股权转让关系的解除,股权收益不复存在,根据个人所得税法和征管法的有关规定,以及从行政行为合理性原则出发,纳税人不应缴纳个人所得税",要满足国税函〔2005〕130号文规定的已缴个人所得税退还的条件:

一是股权转让合同未履行完毕。履行完毕之后,双方发生争议诉讼仲裁的,不满足退税条件。那么应如何衡量合同履行完毕?从民商事法律上讲,合同履行完毕应包括主合同义务、主要附随义务在内的合同义务均履行完毕。

二是由仲裁或法院裁决解除、撤销、终止执行原股权转让合同。双方自行解除、撤销、终止的,不满足退税条件。

三是已转让股权退回、已支付价款退回，受让方不存在任何股权收益。在业绩对赌完全失败的案例中，价款可能全部退回，但股权并不需要退回的，不满足退税条件。

如果由仲裁或法院裁决解除股权转让合同，但违约方（受让方）需支付给守约方（转让方）违约金时，依据国税 2014 年第 67 号文第 8 条的规定，受让方支付的违约金，转让方要作为股权转让收入纳税，那么，此时因合同终止、解除而发生的违约金是否要按股权转让收入纳税？笔者认为，如果裁判解除股权转让合同，则合同视同自始不存在，各方的权利义务恢复原状，此种情境下的违约责任赔付不应视作股权转让收入，因为股权转让协议已经解除、撤销、终止，皮之不存毛将焉附？此外，违约金实质是对守约方因违约行为而受到的损失的弥补，弥补金额与受到损失的金额大体一致；我国法院一般情况下不支持惩罚性违约金，当约定的违约金畸高（远高于实际损失金额）时，还会酌情调低。而个人并非企业，可以将损失纳入成本核算，所以笔者认为解除、撤销、终止股权转让合同的违约金既然不属于股权转让收入，而属于自身存在损失的情况下获得的赔偿，应该不属于个人所得税征收范围。

8. 对依法退还的个人所得税是否应当计算退税利息的问题

《税收征收管理法》第 51 条规定："纳税人超过应纳税额缴纳的税款，税务机关发现后应当立即退还；纳税人自结算缴纳税款之日起三年内发现的，可以向税务机关要求退还多缴的税款并加算银行同期存款利息，税务机关及时查实后应当立即退还……"《税收征收管理法实施细则》第 78 条第 2 款、第 3 款规定，"《税收征管法》第五十一条规定的加算银行同期存款利息的多缴税款退税，不包括依法预缴税款形成的结算退税，出口退税和各种减免退税。退税利息按照税务机关办理退税手续当天中国人民银行规定的活期存款利率计算"。所以，退还个人所得税应按银行同期存款利息退利息。

9. 天使投资个人的税收优惠问题

财税〔2018〕55 号文规定，天使投资个人采取股权投资方式直接投资于初创科技型企业满 2 年的，可以按照投资额的 70% 抵扣转让该初创科技型企业股权取得的应纳税所得额；当期不足抵扣的，可以在以后取得转让该初创科技型企业股权的应纳税所得额时结转抵扣。天使投资个人投资多个初创科技型企业的，对其中办理注销清算的初创科技型企业，天使投资个人对其投资额的 70% 尚未抵扣完的，可自注销清算之日起 36 个月内抵扣天使投资个人转让其他初创科技型企业股权取得的应纳税所得额。要享受财税〔2018〕55 号文规定的税收政策，则需要满足以下几个方面的条件：

一是符合天使投资个人的条件。其一，天使投资个人不属于被投资初创科技型企业的发起人、雇员或其亲属（包括配偶、父母、子女、祖父母、外祖父母、孙子女、外孙子女、兄弟姐妹），且与被投资初创科技型企业不存在劳务派遣等关系；其二，投资后 2 年内，天使投资个人本人及其亲属持有的被投资初创科技型企业股权比例合计应低于 50%。这些规定旨在将初创科技型公司的实际控制人及其关联方、员工排除在"天使投资人"之外。

二是符合投资方式或者形式的条件。投资形式仅限于以向被投资初创科技型企业直接支付现金方式取得的股权投资,而不包括受让其他股东的存量股权。此条件将原股东套现排除在"天使投资"之外。

三是符合初创科技型企业的条件。其一,企业应为在中国境内(不包括我国港、澳、台地区)注册成立,并实行查账征收的居民企业。其二,企业接受投资时,从业人数(包括与企业建立劳动关系的职工人员及企业接受的劳务派遣人员,按照企业接受投资前连续12个月的平均数计算,不足12个月的,按实际月数平均计算)不超过300人,其中具有大学本科以上学历的从业人数不低于30%;资产总额(按照企业接受投资前连续12个月的平均数计算,不足12个月的,按实际月数平均计算)和年销售收入(包括主营业务收入与其他业务收入,按照企业接受投资前连续12个月的累计数计算,不足12个月的,按实际月数累计计算)均不超过3000万元。其三,企业接受投资时设立时间不超过5年(60个月)。其四,企业接受实缴投资时以及实缴投资后2年内(国税2018年第43号文规定投资时间从初创科技型企业接受投资并完成变更登记的日期算起)未在境内外证券交易所上市。其五,企业接受投资当年及下一纳税年度,研发费用总额占成本费用支出的比例不低于20%。

国税2018年第43号文规定,天使投资个人应在投资初创科技型企业满24个月的次月15日内,与初创科技型企业共同向初创科技型企业主管税务机关办理备案手续。备案时应报送《天使投资个人所得税投资抵扣备案表》。被投资企业符合初创科技型企业条件的有关资料留存企业备查,备查资料包括初创科技型企业接受现金投资时的投资合同(协议)、章程、实际出资的相关证明材料,以及被投资企业符合初创科技型企业条件的有关资料。多次投资同一初创科技型企业的,应分次备案。天使投资个人转让未上市的初创科技型企业股权,享受投资抵扣税收优惠时,应于股权转让次月15日内,向主管税务机关报送《天使投资个人所得税投资抵扣情况表》。同时,天使投资个人还应一并提供投资初创科技型企业后税务机关受理的《天使投资个人所得税投资抵扣备案表》。其中,天使投资个人转让初创科技型企业股权需同时抵扣前36个月内投资其他注销清算初创科技型企业尚未抵扣完毕的投资额的,申报时应一并提供注销清算企业主管税务机关受理并注明注销清算等情况的《天使投资个人所得税投资抵扣备案表》,以及前期享受投资抵扣政策后税务机关受理的《天使投资个人所得税投资抵扣情况表》。

接受投资的初创科技型企业,应在天使投资个人转让股权纳税申报时,向扣缴义务人提供相关信息。天使投资个人投资初创科技型企业满足投资抵扣税收优惠条件后,初创科技型企业在上交所、深交所上市的,天使投资个人在转让初创科技型企业股票时,有尚未抵扣完毕的投资额的,应向证券机构所在地主管税务机关办理限售股转让税款清算,抵扣尚未抵扣完毕的投资额。

1.2 个人持有新三板公司股份的涉税分析

1.2.1 个人持有新三板公司股份获得分红（包括现金分红、股票分红）、资本公积转增股本的纳税分析

个人直接持有新三板公司的股份获得分红的，应根据财税 2024 年第 8 号文的规定按照持股期限实施差别纳税，即持股期限超过 1 年的，对股息红利所得暂免征收个人所得税；持股期限在 1 个月以内（含 1 个月）的，其股息红利所得全额计入应纳税所得额；持股期限在 1 个月以上至 1 年（含 1 年）的，其股息红利所得暂减按 50% 计入应纳税所得额；上述所得统一适用 20% 的税率计征个人所得税。与上市公司不同的是，新三板公司个人股东持股分红税率不再区分限售与否。持有期限从取得股票之日起算至转让交割该股票之日前一日止，为挂牌前原始股股东的，从原始股东实际持有股票之日起算。

个人持有新三板公司股份，新三板公司以除股票溢价的资本公积以外的其他资本公积转增股本的，根据国税 2015 年第 80 号文的规定，依然适用财税 2024 年第 8 号文的规定，按照持股时间差别化计征个人所得税。

考虑到分红时的持股期限还不确定，所以新三板公司在分红时先不代扣代缴个人所得税；待个人转让股票时，根据持股期限适用税率并确定应纳税额，由证券公司从个人资金账户中扣收并划付证券登记结算公司，证券登记结算公司于次月 5 个工作日内划付新三板公司，新三板公司在收到税款当月的法定申报期限内向主管税务机关申报缴纳，并应办理全员全额扣缴申报。

1.2.2 个人转让新三板公司股份的纳税分析

个人持有新三板公司的股份如何纳税，根据财税〔2018〕137 号文的规定，需要区分为原始股和非原始股差别纳税。

其中，原始股是指个人在新三板挂牌公司挂牌前取得的股票，以及在该公司挂牌前和挂牌后由上述股票孳生的送、转股；根据财税〔2018〕137 号文的规定，个人持有新三板原始股转让要求以原始股转让收入减除股票原值和合理税费后的余额，为应纳税所得额，并按照 20% 的税率计征个人所得税，即应纳税所得额 = 原始股转让收入 −（原始股原值 + 合理税费）；应纳税额 = 应纳税所得额 × 20%。

非原始股是指个人在新三板挂牌公司挂牌后取得的股票，以及由上述股票孳生的送、转

股;根据财税〔2018〕137号文的规定,自2018年11月1日(含)起,对个人转让新三板挂牌公司非原始股取得的所得,暂免征收个人所得税。

1.3 个人持有A股上市公司股票的涉税分析

1.3.1 个人持有A股上市公司股票的纳税概述

个人持有北交所、上交所、深交所场内上市交易公司的股票,纳税时需区分限售股和非限售股。两者在纳税上存在较大不同。

根据财税〔2009〕167号文与财税〔2010〕70号文的规定,限售股包括以下几种:(1)上市公司股权分置改革完成后股票复牌日之前股东所持原非流通股股份,以及股票复牌日至解禁日期间由上述股份孳生的送、转股(股改限售股);(2)2006年股权分置改革新老划断后,首次公开发行股票并上市的公司形成的限售股,以及上市首日至解禁日期间由上述股份孳生的送、转股(新股限售股);(3)个人从机构或其他个人受让的未解禁限售股;(4)个人因依法继承或家庭财产依法分割取得的限售股;(5)个人持有的从代办股份转让系统转到主板市场(或中小板、创业板市场)的限售股(转板限售股);(6)上市公司吸收合并中,个人持有的原被合并方公司限售股所转换的合并方公司股份;(7)上市公司分立中,个人持有的被分立方公司限售股所转换的分立后公司股份;(8)其他限售股。

主要争论集中于"其他限售股"的范围,从证券市场限售股类型来看,其品种远大于上述文件所列举的类型,比如,上市公司为引入战略投资者而定向增发形成的限售股,上市公司发行新股购买资产的限制股等。为此,所便函〔2010〕5号文对限售股征税范围进行了补充规定,即财税〔2009〕167号文规定,"明确要征税的限售股主要是针对股改限售股和新股限售股以及其在解禁日前所获得的送转股,不包括股改复牌后和新股上市后限售股的配股、新股发行时的配售股、上市公司为引入战略投资者而定向增发形成的限售股。关于限售股的范围,在具体实施时,由中国证券登记结算公司通过结算系统给予锁定。另外,对上市公司实施股权激励给予员工的股权激励限售股,现行个人所得税政策规定其属于'工资、薪金所得',并明确规定了征税办法,转让这部分限售股暂免征税,因此,《通知》中的限售股也不包括股权激励的限售股。至于财政部、税务总局、法制办和证监会共同确定的其他限售股,是兜底的规定,将来视实际情况而定"。因此,目前前面7类限售股以外的其他限售股都不被作为应税限售股对待。

1.3.2 个人持有上市公司股票分红（包括股票分红、现金分红）、资本公积转增股本的纳税分析

如果个人持有的是属于深沪交易所的上市公司的限售股，根据财税〔2012〕85号文的规定，解禁前取得的股息红利暂减按50%计入应纳税所得额，适用20%的税率计征个人所得税，即优惠后的个人所得税率为10%。解禁后取得的股息红利，按持股时间实行差别化征税政策（财税〔2015〕101号文），即持股期限超过1年的，对股息红利所得暂免征收个人所得税；持股期限在1个月以内（含1个月）的，其股息红利所得全额计入应纳税所得额；持股期限在1个月以上至1年（含1年）的，其股息红利所得暂减按50%计入应纳税所得额；上述所得统一适用20%的税率计征个人所得税。持股时间自解禁日起计算。

如果个人持有的是属于北交所的上市公司的限售股，根据财税2021年第33号文的规定，新三板精选层公司转为北交所上市公司，以及创新层挂牌公司通过公开发行股票进入北交所上市后，投资北交所上市公司涉及的个人所得税、印花税相关政策，暂时按照现行新三板适用的税收规定执行，即北交所企业虽然是上市公司，但在个人所得税方面应明确按照新三板政策执行，个人所持北交所企业的原始股分红也不再区分限售与否，直接适用差别化个人所得税政策（财税2024年第8号文），即持股期限超过1年的，对股息所得暂免征收个人所得税；持股期限在1个月以内（含1个月）的，其股息红利所得全额计入应纳税所得额；持股期限在1个月以上至1年（含1年）的，其股息红利所得暂减按50%计入应纳税所得额；上述所得统一适用20%的税率计征个人所得税。

如果个人持有非限售股获得分红，根据财税〔2015〕101号的规定，应适用差别化个人所得税政策，即持股期限超过1年的，对股息红利所得暂免征收个人所得税；持股期限在1个月以内（含1个月）的，其股息红利所得全额计入应纳税所得额；持股期限在1个月以上至1年（含1年）的，其股息红利所得暂减按50%计入应纳税所得额；上述所得统一适用20%的税率计征个人所得税。具体扣税操作与新三板公司分红扣税的操作一致。

1.3.3 个人转让上市公司股票的纳税分析

个人转让上市公司股票需要区分限售股和非限售股。其中，对于个人转让非限售股，财税字〔1998〕61号文规定："为了配合企业改制，促进股票市场的稳健发展，经报国务院批准，自1997年1月1日起，对个人转让上市公司股票取得的所得继续暂免征收个人所得税。"个人转让上市公司限售股的征税情况见表1-4。

表 1-4　个人转让上市公司限售股的征税情况

转让的限售股种类	是否计征个人所得税	法律政策依据
股改限售股	按股权转让所得，适用20%税率计征个人所得税	财税〔2009〕167号文
新股限售股		
个人受让的未解禁限售股		财税〔2010〕70号文
个人持有的从新三板转板上市的限售股		
上市公司吸收合并中，个人持有的原被合并方公司限售股所转换的合并方公司股份		
解禁日前送转股		
个人用限售股认购或申购交易型开放式指数基金（ETF）份额		
个人用限售股接受要约收购		
个人行使现金选择权将限售股转让给提供现金选择权的第三方		
个人协议转让限售股		
个人持有的限售股被司法扣划		
个人因继承、家庭财产分割转让限售股		
股改复盘后或新股上市后限售股配售股份	属于非应纳税限售股，免交个人所得税	所便函〔2010〕5号文
新股发行时的配售股		
定向增发而形成限售股		
股权激励限售股	按薪资征个人所得税	

若纳税人同时持有限售股及流通股并进行转让时，根据财税〔2009〕167号文的规定，按照限售股优先原则，即转让股票视为先转让限售股，按规定计算缴纳个人所得税（个人转让非上市非公众公司股权是以加权平均方式，计算持股成本）。

根据财税〔2009〕167号文、财税〔2018〕137号文、财税2021年第33号文的规定，个人转让限售股、原始股，以每次限售股、原始股转让收入，减除股票原值和合理税费后的余额，为应纳税所得额，并按照应纳税所得额的20%计征税额，即应纳税额=[限售股转让收入-（限售股原值+合理税费）]×20%。

其中，"限售股转让收入"是指转让限售股股票实际取得的收入，"限售股原值"是指限售股买入时的买入价及按照规定缴纳的有关费用，"合理税费"是指转让限售股过程中发生的印花税、佣金、过户费等与交易相关的税费。

此外，个人所持上市公司限售股在转让时仍然存在如下问题需要进一步探讨。

第一，如果无法提供限售股原值，应如何确认限售股的转让成本？

根据财税〔2009〕167号文，如果纳税人未能提供完整、真实的限售股原值凭证，不能准确计算限售股原值,主管税务机关一律按限售股转让收入的15%核定限售股原值及合理税费。

第二,限售股在限售期内因特殊原因被转让,应如何计税?

根据财税〔2010〕70号文,限售股在解禁前被多次转让的,转让方对每一次转让所得均应按规定缴纳个人所得税。此规定系为了避免在解禁期内关联方以低价转让避税。这部分股票对受让人而言属于非限售股,受让人再次转让依据财税字〔1998〕61号文,免收个人所得税。

第三,个人同时持有限售股、非限售股,或者不同限售股原值不同,应如何计税?

与股权转让的成本确认按加权平均法计算不同的是,限售股有优先征税原则(先进先出原则)。

第四,个人通过特殊方式转让限售股,应如何确认转让收入?

根据财税〔2010〕70号文,纳税人获得限售股的实际转让收入按照下列原则计算。

(1)个人通过证券交易所集中交易系统或大宗交易系统转让限售股:转让收入以转让当日该股份实际转让价格计算,证券公司在扣缴税款时,佣金支出统一按照证券主管部门规定的行业最高佣金费率计算。

(2)个人用限售股认购或申购交易型开放式指数基金(ETF)份额:通过认购ETF份额方式转让限售股的,其转让收入以股份过户日的前一交易日该股份收盘价计算;通过申购ETF份额方式转让限售股的,其转让收入以申购日的前一交易日该股份收盘价计算。

(3)个人用限售股接受要约收购:转让收入以要约收购的价格计算。

(4)个人行使现金选择权将限售股转让给提供现金选择权的第三方:转让收入以实际行权价格计算。

之所以发布财税〔2010〕70号文,是因为在资本市场大宗交易平台上,成交价格由买方和卖方在当日该股最高和最低成交价格之间确定,该证券当日无成交的,以前一交易日的收盘价为成交价。因此,限售股股东可以利用大宗交易价格的可控性,先以低价完成限售股转让,从而在应纳税所得额上减少一大部分,进而减少需缴纳的税款。另外,通过配齐ETF基金方式,ETF基金与投资者交换的是基金份额和"一篮子"限售股股票,因此限售股股东可以把现金方式的转让所得改为证券方式的转让所得,再利用我国暂时对于基金转让收入免征个人所得税的政策,纳税人可以待以后卖出ETF基金来逃避纳税义务。

个人发生下列情形,需向主管税务机关申报纳税的,转让收入按照下列原则计算。

(1)个人转让因协议受让取得的限售股:转让收入按实际转让收入计算,转让价格明显偏低且无正当理由的,主管税务机关可以依据协议签订日的前一交易日该股收盘价或其他合理方式核定其转让收入。

(2)个人转让因司法扣划取得的限售股:转让收入以司法执行日的前一交易日该股收盘价计算转让收入。

（3）个人因依法继承或家庭财产分割让渡限售股所有权：转让收入以转让方取得该股时支付的成本计算。

以上规则也适用于个人持有新三板原始股的转让。

需要注意的是，2024年12月27日，国家税务总局、财政部、中国证监会联合发布《关于进一步完善个人转让上市公司限售股所得个人所得税有关征管服务事项的公告》（国家税务总局、财政部、中国证监会公告2024年第14号），规定当个人转让上市公司限售股所得缴纳个人所得税时，在以个人股东开户的证券机构为扣缴义务人不变的基础上，将纳税地点由证券机构所在地调整为限售股所对应的上市公司所在地，彻底围堵了此前利用证券机构所在地的"税收洼地"优惠政策筹划限售股解禁个人所得税的税收征管漏洞。

1.3.4　上市公司股票非交易过户的纳税分析

自然人持有的证券进行非交易过户的情形主要是两类：一类是继承、离婚析产、捐赠（特指向基金会捐赠所涉证券过户，且基金会是在民政部门登记并被认定为慈善组织的基金会，不含境外基金会代表机构）；另一类是司法强制划扣。前者，转让方并没有因为股票证券过户而有所得，也不是交易发生的转让，个人申请过户时提供经主管税务机关确认的限售股转让所得个人所得税清算申报表依法申报，无须缴纳个税。后者，需要依据被司法划扣的基础法律关系确定。如果基础法律关系是以应税限售股拍卖价款清偿债务的，则拍卖价为出让价、成本价据实或者由税务机关核定，参考交易过户缴纳个税。但如果基础法律关系是因为继承纠纷对应税限售股作为继承财产进行分割，然后依据生效司法文书进行划扣的，则该非交易过户是免个税的。比较容易被人误解的是司法划扣，因为有的司法划扣不用缴纳个税，又与离婚继承等同属于非交易过户，就有人误以为所有司法划扣的证券股票过户均可以免税。

1.4　个人转让股权、股票涉及的其他税收

个人股权转让按照"产权转移书据"缴纳印花税，税率为价款的5‰，并且合同签订的双方均为印花税纳税义务人。

个人转让证券交易，印花税由卖方单边按1‰征收。根据财政部、国家税务总局《关于减半征收证券交易印花税的公告》（财政部、国家税务总局公告2023年第39号）的规定，为活跃资本市场、提振投资者信心，自2023年8月28日起，证券交易印花税实施减半征收，即上市公司股票转让行为对卖方单边征税，且税率为5‰。

个人出售股权、股票的，均不属于增值税征收范围。

2 居民法人持股涉税事项

本部分所称"居民法人"主要是指在境内注册的性质为有限责任公司或者股份有限公司的居民企业。股东除个人直接持股外,经常通过居民法人作为控股集团持有企业的股权。居民法人股东持股涉税环节主要集中在分红、转让与收回投资环节。涉及居民法人以减资、回购、清算等方式收回投资的,笔者会在后续改制等内容中详述。

2.1 法人股东获得被投资方分红的涉税分析

法人股东作为投资方获得被投资方的分红,如属于非保本收益,不涉及增值税征管事项,仅涉及企业所得税征管事项。

2.1.1 法人股东获得非上市非公众公司股权分红的纳税分析

非上市非公众公司向法人股东以现金的方式和以未分配利润、盈余公积转增资本的方式分配股息红利,在税法层面并无不同,即非上市非公众公司将未分配利润、盈余公积转增资本,相当于法人股东取得权益性投资收益后再向非上市非公众公司追加投资的行为,仍属于权益性投资收益。根据《企业所得税法》第26条以及《企业所得税法实施条例》第83条,企业取得的符合条件的居民企业之间的股息、红利等权益性投资收益为免税收入,其中,"符合条件的居民企业之间的股息、红利等权益性投资收益"是指居民企业直接投资于其他居民企业取得的投资收益,这意味着通过合伙企业等方式实现"间接投资"所取得的投资收益不属于免税收入。

在实务中,股东获得股息所得实际需要经历两个时点,第一个时点是股东会的决议时点,第二个时点是被投资企业的分配支付时点。《公司法》第212条对利润分配的具体时点进行了规定,即"股东会作出分配利润的决议的,董事会应当在股东会决议作出之日起六个月内进行分配"。但在税务层面,确认投资收入的时点并不是分配支付日,而是股东会决议时点,即国税函〔2010〕79号文规定,企业权益性投资取得股息、红利等收入,应以被投资企业股东会作出利润分配或转股决定的日期,确定投资收入的实现。

虽然非上市非公众公司向法人股东支付的现金分红或者转股分红在税法层面属于免税收

入,不会影响最终缴税结果,但接受股息分配的法人股东在提交企业所得税年度纳税申报表时,税会处理差异会影响纳税调整明细表的填报,具体而言,法人股东从被投居民企业取得的分红是否在财务处理上确认为投资收益,因采用股权投资核算方法不同以及分配形式不同而存在以下三点不同。

(1)法人股东对被投居民企业采用成本法核算长期股权投资时,被投居民企业对法人股东实施现金分红,法人股东在会计处理上将其确认为投资收益。

(2)法人股东对被投居民企业采用权益法核算长期股权投资时,对于被投居民企业对法人股东宣告分派的利润或现金股利计算应分得的部分,法人股东不确认为投资收益,同时相应减少法人股东对被投居民企业长期股权投资的账面价值。

(3)无论采用何种核算方法,被投居民企业对法人股东实施未分配利润或盈余公积直接转增资本、分派股票股利的,法人股东不进行账务处理,但应在备查簿中登记。

2.1.2 法人股东获得上市公司股票分红的纳税分析

根据《企业所得税法实施条例》第83条的规定,《企业所得税法》第26条第2项和第3项所称股息、红利等权益性投资收益,不包括连续持有居民企业公开发行并上市流通的股票不足12个月取得的投资收益。在实务中,理解"连续持有居民企业公开发行并上市流通的股票不足12个月取得的投资收益"为非免税收入,存在以下两个需要关注的方面。

1. 如何界定"连续持有12个月"

实务中是按照法人股东的退出时点口径还是分红时点口径进行界定,存在较大争议。此项争议将导致所得税汇算清缴的处理差异。具体而言,如果法人股东在持有上市公司股票超过12个月后获得分红,则该部分分红属于免税收入并无争议,争议点如下。

(1)若法人股东在持有上市公司股票未超过12个月时即获得分红,同时法人股东在所得税汇算清缴时持有该股票时间超过12个月,该部分分红收入在预缴企业所得税时已作为企业所得税应纳税所得额的部分预缴了企业所得税,在汇算清缴时能否调整为免税收入?

(2)若法人股东在持有上市公司股票未超过12个月时即获得分红,且法人股东在所得税汇算清缴时持有该股票时间也未超过12个月,该部分分红收入在当年不作为免税收入,但在次年所得税预缴或者汇算清缴时,法人股东持有该股票时间超过12个月的,当年的分红收入是否可以调整为免税收入?

经笔者检索,国家税务总局北京市税务局认为应适用退出时点口径认定免税收入,其在2019年11月11日出具的《企业所得税实务操作政策指引(第一期)》中回答"上市公司分配股息红利时,企业持有上市公司股票未满12个月取得的股息红利不能享受免税,但持有满12个月后,之前的股息红利能否享受免税"这一问题时,便明确:在股息红利免税条件中,之所以对持有时间进行限制主要是为了鼓励企业进行投资而不是投机,避免企业短期炒作的投机行为。鉴于此政策的出台背景,只要企业持有上市公司股票满 12 个月,无论取得股息红利时是否已经满足持有满 12 个月的条件,都可以作为免税的股息红利。

国家税务总局厦门市税务局与福建省税务局则认为应适用分红时点口径认定免税收入。厦门市税务局于 2019 年 12 月 16 日在 12366 平台上答复"公司在取得股票分红时,因未连续持有 12 个月而缴纳了企业所得税。缴税后,公司一直持有该股票至超过 12 个月。请问在超过 12 个月后,公司能否就之前因未满 12 个月已缴税的股票分红申请退税"的问题时认为,"贵司在取得股票分红时,连续持有居民企业公开发行并上市流通的股票不足 12 个月,因此,不适用免税规定,不可办理退税"。福建省税务局于 2019 年 12 月 11 日在 12366 平台上答复"公司在 7 月 1 日买入一上市公司股票 1000 股,9 月 4 日收到分红 1000 元,请问季度申报时,该分红 1000 元是否需要缴纳所得税?如公司分别在第二年 3 月卖出 500 股、第二年 8 月卖出 500 股,请问持有超过 12 个月的分红可以免税的金额如何计算?如当年度已就分红全额纳税的,是否可以办理退税"的问题时认为,"贵公司所持上市公司股票取得的分红不符合免征企业所得税的优惠政策,因贵公司在取得股票分红时并未连续持有 12 个月,需要全额缴纳企业所得税"。

笔者认为,《企业所得税法实施条例》第 83 条将"连续持有居民企业公开发行并上市流通的股票不足 12 个月取得的投资收益"排除在免税范围之外的立法理由可在国家税务总局《关于印发〈新企业所得税法精神宣传提纲〉的通知》(国税函〔2008〕159 号,部分失效)中窥见一斑,即"鉴于以股票方式取得且连续持有时间较短(短于 12 个月)的投资,并不以股息、红利收入为主要目的,主要是从二级市场获得股票转让收益,而且买卖和变动频繁,税收管理难度大,因此,实施条例将持有上市公司股票的时间短于 12 个月的股息红利收入排除在免税范围之外";北京市税务局适用退出时点口径认定免税收入,与个人所持上市公司股票的时间口径相统一,更符合立法目的。

2. 如何界定"公开发行并上市流通的股票"

我国资本市场对股票"公开发行"与"非公开发行"存在较为清晰的界定,根据《证券法》的规定,公开发行的情形包括:(1)向不特定对象发行证券;(2)向特定对象发行证券累计超过 200 人,但依法实施员工持股计划的员工人数不计算在内;(3)法律、行政法规规定的其他发行行为。除此之外的情形均为非公开发行的情形。

法人股东获得的上市公司股票根据来源划分,除上市公司公开发行股票外,还包括:(1)法人股东在上市前获得的上市公司限售股;(2)法人股东获得的上市公司非公开发行的股票;(3)法人股东从原始股东处通过大宗交易、协议转让等方式受让的上市前限售股。在实务中,部分税务机关不再区分股票来源,直接将持有时间作为判定是否缴税的依据。我们认为,依据税收法定的基本征税原则,前述第(1)~(3)项股票并不属于公开发行的股票,法人股东在解决实务问题时可以以此为由就分红免税事项与税务机关进行博弈。

需要注意的是,财税〔2014〕81号文、财税〔2016〕127号文规定,法人股东通过沪港通、深港通投资香港联合交易所有限公司上市股票(H股)取得的股息、红利所得,也适用"连续持股满12个月"的免税条件。

2.1.3 法人股东获得新三板公司分红的纳税分析

法人股东获得新三板公司的分红是否需缴纳企业所得税,在税法实务中存在极大争议,争议焦点主要源于国发〔2013〕49号文关于"市场建设中涉及税收政策的,原则上比照上市公司投资者的税收政策处理"的规定。故此,部分税务部门将"连续持有12个月"作为免税的前提条件,如厦门市税务局于2019年5月24日在12366平台上答复"有限责任公司购买了新三板股票并收到持有未满12个月的新三板股票的股息收入,请问这个股息收入是否免缴企业所得税"的问题时认为,"企业所得税法第二十六条第(二)项和第(三)项所称股息、红利等权益性投资收益,不包括连续持有居民企业公开发行并上市流通的股票不足12个月取得的投资收益。因此,你司收到持有未满12个月的新三板股票的股息收入,不符合免税规定";于2020年5月14日在12366平台上答复"我公司通过股转平台取得新三板A公司的股权,取得新三板A公司分回的股息红利是否需要缴企业所得税"的问题时认为,"取得投资收益确认收入时,需要连续持有居民企业公开发行并上市流通的股票达12个月才符合免税条件,请遵照执行"。

但笔者认为,法人企业投资于新三板挂牌公司所取得的股息红利免税的理由在于:《企业所得税法实施条例》明确规定受到12个月约束的前提是被投资企业的股票属于公开发行并上市流通的股票,新三板股票属于定向发行但未上市流通的股票,因此,法人股东获得的新三板公司分红不受免税收入条件中不足12个月条件的影响。

2.1.4 法人股东获得境外企业分红的纳税分析

如果境内法人企业获得来自境外企业的股息红利,是否需要缴纳所得税取决于是否可以获得抵免限额,而抵免限额的获得取决于境外应纳税总额、实际纳税总额等因素。

根据《企业所得税法》第24条的规定,居民企业从其直接或者间接控制的外国企业分得的源于中国境外的股息、红利等权益性投资收益,外国企业在境外实际缴纳的所得税税额中属于该项所得负担的部分,可以作为该居民企业的可抵免境外所得税税额,在法律规定的抵免限额内抵免,此即税法上所谓"间接抵免"。具体而言,"间接抵免"的条件包括以下四个方面。

第一，对境外子公司持股比例的要求。根据财税〔2009〕125号文的规定，适用间接抵免的对象是境内母公司直接或者间接持股方式合计持股20%及以上的境外子公司。

第二，境外子公司范围的要求。根据财政部、国家税务总局《关于完善企业境外所得税收抵免政策问题的通知》(财税〔2017〕84号)的规定，由居民企业直接或者间接持有20%及以上股份的外国企业，限于符合以下持股方式的五层外国企业：第一层——单一居民企业直接持有20%及以上股份的外国企业；第二层至第五层——单一上一层外国企业直接持有20%及以上股份且由居民企业直接持有或通过一个或多个符合财税〔2009〕125号文第6条规定，持股条件的外国企业间接持有总和达到20%以上股份的外国企业，具体举例说明读者可以进一步查阅国税2010年第1号文的示例，笔者不在此处赘述。

第三，抵免额的计算。根据财税〔2009〕125号文的规定，居民企业用境外所得间接负担的税额进行税收抵免时，其取得的境外投资收益实际间接负担的税额，是指根据直接或者间接持股方式合计持股20%及以上的规定层级的外国企业股份，由此应分得的股息、红利等权益性投资收益中，从最低一层外国企业起逐层计算的属于由上一层企业负担的税额，其计算公式为：本层企业所纳税额属于由一家上一层企业负担的税额 =（本层企业就利润和投资收益所实际缴纳的税额 + 符合财税〔2009〕125号文规定的由本层企业间接负担的税额）× 本层企业向一家上一层企业分配的股息（红利）÷ 本层企业所得税后利润额。具体举例说明读者可以进一步查阅国税2010年第1号文的示例三，笔者不在此处赘述。

此外，根据财税〔2009〕125号文的规定，经企业申请，主管税务机关核准，在如下情形下可以采取简易办法对境外所得已纳税额计算抵免限额：其一，符合境外税额间接抵免条件的股息所得，虽有所得来源国（地区）政府机关核发的具有纳税性质的凭证或证明，但因客观原因无法真实、准确地确认应当缴纳并已经实际缴纳的境外所得税税额的，除就该所得直接缴纳及间接负担的税额在所得来源国（地区）的实际有效税率低于我国《企业所得税法》第4条第1款规定税率50%以上的外，可按境外应纳税所得额的12.5%作为抵免限额，企业按该国（地区）税务机关或政府机关核发具有纳税性质凭证或证明的金额，其不超过抵免限额的部分，准予抵免；超过的部分不得抵免。其二，符合境外税额间接抵免条件的股息所得，凡就该所得缴纳及间接负担的税额在所得来源国（地区）的法定税率且其实际有效税率明显高于我国的，可直接以按财税〔2009〕125号文规定计算的境外应纳税所得额和我国《企业所得税法》规定的税率计算的抵免限额作为可抵免的已在境外实际缴纳的企业所得税税额。

根据财政部、国家税务总局《关于高新技术企业境外所得适用税率及税收抵免问题的通知》(财税〔2011〕47号)，高新技术企业来源于境外的所得可以享受高新技术企业所得税优惠政策，即对其源于境外的所得可以按照15%的优惠税率缴纳企业所得税，在计算境外抵免限额时,可按照15%的优惠税率计算境内外应纳税总额。

如果居民企业从与我国政府订立税收协定(或安排)的国家(地区)取得的所得,按照该国(地区)税收法律享受了免税或减税待遇,且该免税或减税的数额按照税收协定(或安排)应视同已缴税额在中国的应纳税额中抵免的部分,该免税或减税数额可作为企业实际缴纳的境外所得税额用于办理税收抵免。

第四,境外已缴纳所得税税额超出抵免限额的递延处理。根据《企业所得税法》第23条的规定,企业取得的源于中国境外的应税所得已在境外缴纳的所得税税额,超过抵免限额的部分,可以在以后5个年度内,用每年度抵免限额抵免当年应抵税额后的余额进行抵补。

另外需要注意的是,我国针对地方性自贸区内符合条件的企业获得境外投资所得给予了特殊的税收优惠政策,如财政部、国家税务总局《关于海南自由贸易港企业所得税优惠政策的通知》(财税〔2020〕31号)规定,对在海南自由贸易港设立的旅游业、现代服务业、高新技术产业企业(按照海南自由贸易港鼓励类产业目录执行)新增境外直接投资取得的所得,在同时符合"从境外新设分支机构取得的营业利润;或从持股比例超过20%(含)的境外子公司分回的,与新增境外直接投资相对应的股息所得"以及"被投资国(地区)的企业所得税法定税率不低于5%"的条件时,在2020年1月1日至2024年12月31日免征企业所得税(依财税〔2025〕3号规定截止日延期至2027年12月31日)。

2.2 法人股东获得特殊分红(优先股分红、不按股比分红)的涉税分析

虽然"同股同权"是法人治理架构与分配安排中最常见的原则,但《公司法》亦对"同股不同权"给予了较大的意定空间,其中,《公司法》第210条第4款规定,公司弥补亏损和提取公积金后所余税后利润,有限责任公司按照股东实缴的出资比例分配利润,全体股东约定不按照出资比例分配利润的除外;股份有限公司按照股东所持有的股份比例(股份公司均为实缴)分配利润,公司章程另有规定的除外。

另外,不按股比分红的情形包括资本市场上的优先股分红,以及外部投资者要求的固定分红、定向分红(分配比例超过持股比例的分红)或者超额分红(投资收益分配总额超过可分配利润的分红)等多种情况,此类情形该如何缴税,下文将一一分析阐述。

2.2.1 法人股东获得优先股分红的纳税分析

优先股始于《优先股试点管理办法》,该办法明确了,"优先股是指依照《公司法》,在一般

规定的普通种类股份之外,另行规定的其他种类股份,其股份持有人优先于普通股股东分配公司利润和剩余财产,但参与公司决策管理等权利受到限制","上市公司可以发行优先股,非上市公众公司可以向特定对象发行优先股"。2023年修订的《公司法》进一步在股份公司章节正式新增了"类别股"规定,即股份公司可以按照公司章程的规定发行与普通股权利不同的类别股,其中包括"优先或者劣后分配利润或者剩余财产的股份",这意味着《公司法》正式为"优先股"正名,将特殊类别股推广适用于全部股份公司。因此,优先股根据发行主体不同可以区分为两类:一类是上市公司以及非上市公众公司按照法律规定程序发行的"优先股",即法定优先股,主要法律依据是《优先股试点管理办法》;另一类是非上市非公众股份公司发行的、记载于公司章程的、优先于其他股东分配利润或者剩余财产的股份,此可称为其他"意定"优先股,主要法律依据是《公司法》。

根据《优先股试点管理办法》的规定,较之普通股,优先股通常具有"固定收益、先派息、先清偿、权利小"四个特征,具体而言:一是优先股收益相对固定。优先股在有可分配的税后利润的前提下,既可以按照固定股息率分配,也可以按照浮动股息率进行分配,但无论采取何种方式,优先股股息率必须有事先规定,且公司确有可供分配的利润。二是优先股可以先于普通股获得股息,即股份公司可将可分配的利润先分给优先股股东,剩余部分再分给普通股股东。三是优先股的清偿顺序先于普通股,而次于债权人。一旦公司破产清算,剩余财产先分给债权人,再分给优先股股东,最后分给普通股股东。四是优先股的权利范围小。优先股股东对公司日常经营管理的一般事项没有表决权;仅在股东会表决与涉及优先股股东自身利益直接相关的特定事项时,例如,修改公司章程中与优先股相关的条款时,优先股股东才有投票表决权。同时,为了保护优先股股东利益,如果公司在约定的时间内未按规定支付股息,优先股股东按约定恢复表决权;如果公司支付了所欠股息,已恢复的优先股表决权终止。

法人股东持有其他"意定"优先股所获的股息所得直接适用免税政策并无争议,但"法定"的优先股向法人股东按照事先规定的股息率分配股息时是否仍然适用免税政策?税法对此未予以明确规定,导致税收征缴出现较大差异。笔者认为,就本质上而言,两种优先股仍然属于"股票",只是在公司有可供分配的利润的前提下,股东之间按事先约定进行了分红额度的调整而已。上市公司公开发行的、在证券交易所交易的优先股,应当属于"公开发行并流通上市的股票",非上市公众公司发行的优先股以及上市公司非公开发行的优先股,属于其他类型的股票,因此,就理论上而言,法人股东持有优先股获得的分红应当分别按照法人股东持有上市公司股票期间取得的股息分红,以及法人股东持有非上市公众公司股票期间取得的股息分红情形缴税。

在实务中,如国家税务总局北京市税务局在其于2019年11月11日出具的《企业所得税实务操作政策指引（第一期）》答复"投资优先股取得的固定股利是否免税"这一问题时，认为，"企业持有优先股所取得的收益，属于被投资企业留存收益的部分，符合《企业所得税法》第二十六条第（二）项及《实施条例》第八十三条规定的，可以作为免税收入享受税收优惠；超过被投资企业留存收益的部分，应计入企业应纳税所得额，缴纳企业所得税"。该文件隐含的意思是将优先股当作股权类权益性投资予以界定，但需要指出的是，如果该文件中的"优先股"仅指"法定"的优先股，笔者认为，此文件的答复对资本市场融资工具的理解不够专业，理由在于"法定"的优先股仅以可分配的利润作为前提条件，不存在将超出留存收益以外的金额以股利方式进行分配的情形。

2.2.2 法人股东获得固定分红的纳税分析

此处的固定分红，仅指法人股东无论被投资企业是否盈利或者亏损，均要求定期按照固定的金额获得分配的情形，不包括优先股按照固定股息率分红的情形。在实务中，固定分红模式主要包括两类情形：第一类是全部固定分红由被投资企业支付，无论被投资企业是否盈利或者亏损；第二类是被投资企业优先以未分配利润向法人股东进行分配，若分配的利润不足以覆盖约定的固定分红金额，则由被投资企业其他股东补足差额。实务中常见的情形主要是后者，因为前者可能在《公司法》层面上涉嫌抽逃注册资本等违法违规行为。

在投资领域，固定分红模式的投资行为可能存在被认定为"明股实债"的情形。一般是指投资回报不与被投资企业的经营业绩挂钩，不是根据企业的投资收益或者亏损进行分配，而是向投资者提供保本保收益承诺，根据约定定期向投资者支付固定收益，并在满足特定条件后以被投资企业或其控股股东赎回股权或者偿还本息的方式实现退出，常见形式包括回购、第三方收购、对赌、定期分红等。

固定分红模式的投资其实兼具权益性投资和债权性投资双重特征，但我国企业所得税制度对权益性投资和债权性投资取得回报的税务处理差异很大：法人股东通过权益性投资取得的回报，一般体现为股息收入，可以免征企业所得税，同时，被投资企业所支付的股息不能作为费用在被投资企业税前列支扣除；而法人股东通过债权性投资取得的回报为利息收入，依法应当缴纳企业所得税，同时，被投资企业支付的利息准予在税前扣除。但为严控被投资企业税前列支事项，税收征管层面认定为"明股实债"的条件，较之投资领域意义上的"明股实债"更为严苛，该条件主要体现于国税2013年第41号文的规定中。根据国税2013年第41号文以及国家税务总局《关于〈企业混合性投资业务企业所得税处理问题的公告〉的解读》的规定，"明股实债"须满足表1-5所列的全部条件。

表 1-5 "明股实债"的认定条件

类目	"明股实债"认定条件
回报机制	被投资企业接受投资后,需要按投资合同或协议约定的利率定期支付利息(或定期支付保底利息、固定利润、固定股息)
投资成本保障	有明确的投资期限或特定的投资条件,并在投资期满或者满足特定投资条件后,被投资企业需要赎回投资或偿还本金
剩余资产分配权	投资企业对被投资企业净资产不拥有所有权
选举权	投资企业不具有选举权和被选举权
经营参与	投资企业不参与被投资企业日常生产经营活动

对于固定分红模式的投资行为获取的回报,如果符合国税 2013 年第 41 号文所规定的认定条件,则法人股东应该按照利息所得缴纳增值税和所得税,其他情形下的回报则视作投资收益,在符合《企业所得税法》第 26 条规定的法定条件时,应当属于企业免税收入;否则视同利息收入,不属于免税收入。同时,回报作为投资企业的免税收入时,被投资企业不得在税前列支扣除。

2.2.3 法人股东获得定向分红的纳税分析

此处的"定向分红",是指法人股东从被投资企业获得的分红不是按照持股比例进行分配,而是低于或者超过持股比例而获得的分配。法人股东不按股比获得的定向分红,在税务征管层面存在极大的差异,主要体现在以下四个方面。

第一,认为只要符合权益性投资分红的免税条件,即应当享受免税待遇,而无关是否为定向分红。如原江苏省地方税务局于 2013 年 5 月 14 日在 12366 平台答复"某有限公司由 A(法人)和 B(法人)及 C(自然人)出资组成,出资比例为 3:3:4,公司章程规定分红比例为 4:4:2,2012 年度公司分红 100 万元,请问:A 和 B 各分得的 40 万元是否可以免企业所得税"的问题时认为,"根据《企业所得税法》及《实施条例》的规定,在中华人民共和国境内,企业和其他取得收入的组织(以下统称企业)为企业所得税的纳税人,依照本法的规定缴纳企业所得税。个人独资企业、合伙企业不适用本法。符合条件的居民企业之间的股息、红利等权益性投资收益,为免税收入。所称符合条件的居民企业之间的股息、红利等权益性投资收益,是指居民企业直接投资于其他居民企业取得的投资收益。不包括连续持有居民企业公开发行并上市流通的股票不足 12 个月取得的投资收益。因此,您企业取得符合上述文件规定的投资收益免征企业所得税"。

究其根源,支撑此观点的理由主要在于:首先,是否按照股比进行定向分红,并不影响该笔投资作为权益性投资的认定,而权益性投资分红免税也并未剔除"不按股比获得定向分红"

的情形；其次，《公司法》基于人合性允许股东自行约定不按出资比例分配利润，税收征管不应因不按出资比例分配利润而改变"股息红利"的性质；最后，优先股因优先于普通股获得分红这一特性，导致优先股本质上是"定向分红"的一种特例，其分红仍然应按照"股息红利"进行界定。笔者亦赞同此观点。

第二，认为超过股权比例分得的股息部分不属于符合条件的居民企业间的股息红利所得，应当缴纳企业所得税。经笔者检索，持此类观点主要依据的是国家税务总局于2013年5月17日在12366平台答复"某有限公司由A（法人）和B（法人）及C（自然人）出资组成，出资比例为3：3：4，公司章程规定分红比例为4：4：2，2012年度公司分红100万元，请问：A和B各分得的40万元是否可以免税"的问题时认为，"《税收征收管理法》第三十六条规定，企业或者外国企业在中国境内设立的从事生产、经营的机构、场所与其关联企业之间的业务往来，应当按照独立企业之间的业务往来收取或者支付价款、费用；不按照独立企业之间的业务往来收取或者支付价款、费用，而减少其应纳税的收入或者所得额的，税务机关有权进行合理调整。据此，有限公司不按出资比例分红，而减少自然人其应纳税所得额的，税务机关有权进行合理调整"。据此，税务机关以分红为关联交易为由认为税务机关可对不按比例分配的部分作出纳税调整。笔者认为，这种观点不妥，理由在于完全未厘清关联方和关联交易的概念，即在上述案例中，如果法人A、法人B与自然人C之间本身不构成关联方，被投资企业向法人A、法人B超比例分红，并不因此而形成法人A、法人B与自然人C之间的关联交易。

第三，认为实际分得部分和按比例分得部分的差额视同投资成本的收回，税务上视作减少了股东的投资成本。经笔者检索，持此类观点的税务部门为江苏省常州税务局，其在2012年度企业所得税汇算清缴政策口径答疑中明确："【问】某公司的两个股东都是企业法人，对公司税后利润进行分配，如果两股东协商后同意不按股份比来分，一个分的多一个分的少，那么多分的一方多分到的利润是否还能享受免税收入优惠？【答】实际分得部分和按比例分得部分的差额视同投资成本的收回，减少股东的投资成本。"笔者认为，根据国税2011年第34号文的规定，法人股东从被投资企业撤资收回的资产分为三个部分：一是投资成本的收回，二是取得股息所得，三是投资资产转让所得。其中股息所得部分，属于《企业所得税法》及《企业所得税法实施条例》规定的符合条件的居民企业之间的股息、红利等权益性投资收益的，免征企业所得税；属于投资资产转让所得的部分，应并入企业的应纳税所得额计算缴纳企业所得税。若将超额分红作为投资成本收回处理，有一定的合理性，但实际上增加了法人股东撤回投资税务处理中的"投资资产转让所得"的税负。

第四，认为不按股比分红事出有因，应当根据具体原因来确定纳税事项。比如某股东超股比获得分红是因为该股东全面负责公司的经营管理，此种超额分红就应视同该股东的劳务收入或者服务收入。实践中，私募股权基金管理人与投资人共同出资成立公司型私募基金对外实施投资股权，但约定基金投资人的收益超过一定门槛收益后，基金管理人可以获得超额分红，作为对管理人的超额奖励，此收益从税务部门认定是否缴纳增值税层面即可窥见税务部门对该部分收益性质的界定，如缴纳增值税，则是将该部分收入作为管理费收入处理，如不缴纳增值税，则是将该部分收入作为权益性投资收益处理。笔者认为，假设股东获得超过股比的分配是公司对该股东特殊服务贡献的报酬，应作为该股东的收入对待，则对被投资方而言属于税前可列支的成本，可抵扣所得税。换言之，这笔利润要么由被投资企业缴纳了企业所得税，要么就是由股东企业缴纳了企业所得税，税源并未流失，税务机关没有必要强行作此调整。

　　综上所述，超股比的定向分红如何征缴税款在税务实践中认定不一致，如以定向分红模式作为分配方案存在一定的税务风险。需要说明的是，自国家税务总局《关于发布〈企业所得税优惠政策事项办理办法〉的公告》(国家税务总局公告 2015 年第 76 号) 出台后，该文件的附件《企业所得税优惠事项备案管理目录 (2015 年版)》针对"符合条件的居民企业之间的股息、红利等权益性投资收益免征企业所得税"的优惠事项的主要留存备查资料中，专门明确"若企业取得的是被投资企业未按股东持股比例分配的股息、红利等权益性投资收益，还需提供被投资企业的最新公司章程"；其中隐含的征管政策为，国家税务总局认为不按股比分红是否享受免税政策应当以公司章程约定为准，如公司章程规定了不按股比分红，则不按股比分红仍可享受免税政策。虽然前述文件被 2018 年 4 月 25 日发布的国税 2018 年第 23 号文所废止，但在国税 2018 年第 23 号文的附件《企业所得税优惠事项管理目录 (2017 年版)》中，针对"符合条件的居民企业之间的股息、红利等权益性投资收益免征企业所得税"的优惠事项的主要留存备查资料，不再专门明确不按比例分红的情形，但是将公司章程作为常规的留存备查资料之一，此即表明，居民企业之间的分红免税事项仍然是以公司章程的事先约定为依据的，如果股东之间约定不按股比定向分红，则为降低税务征管风险，笔者建议应将该等分配约定计入公司章程并在市场监督管理部门进行备案处理。

2.2.4　法人股东获得超额分红的纳税分析

　　此处的"超额分红"，是指股东所分配的利润金额超过了法律规定可以分配的上限。2018 年《公司法》第 166 条以及 2023 年《公司法》第 210 条均规定，公司的税后利润应当按照如下顺位分配：首先，补亏，即公司的法定公积金不足以弥补以前年度亏损的，应当先用当年利润弥补亏损；其次，提取利润的 10% 列入公司法定公积金，公司法定公积金累计额为公司注册资本的 50% 以上的，可以不再提取；再次，经股东会决议，可以从税后利润中提取任意公积金；最后，剩余部分向股东实施利润分配。如果公司违反上述顺位分配方式分配，股东必须将违反规定分配的利润退还公司；与此同时，2023年修订的《公司法》进一步新增了违规分配利润的股东以及董事、监事、高级管理人员责任，即违规分配利润给公司造成损失的，股东及负有责任的董事、监事、高级管理人员应当承担赔偿责任。

在会计核算层面，《公司法》规定的法定公积金以及任意公积金都是"盈余公积"的二级明细科目，从《公司法》的规定来说，盈余公积是用来补亏或者转增股本的，而不是用来向股东实施利润分配的。但在实务中，"超额"分红既包括将盈余公积实施分配的情形，同时包括将资本公积或者其他所有者权益科目金额实施分配的情形，虽然均构成对《公司法》的违规分配，但在税务角度层面，可能存在差异。将盈余公积实施利润分配时，并未明确规定法人股东应如何交税，但个人股东遇此情形时应按照国税发〔1997〕198号文的规定，对其属于股息、红利性质的分配，按照股息红利规则缴税，此规定亦应当适用于法人股东，在税法上仍应按投资收益纳税。但若将资本公积或者其他所有者权益科目金额实施分配，笔者认为，这可能会被视同违规减资或者抽逃出资，税法上投资方股东应按收回投资、冲减股权投资计税成本纳税。

2.3 法人股东转让股权或者股票的涉税分析

2.3.1 法人股东转让股权或者股票所涉增值税的纳税分析

法人股东转让非上市公司股权，无须缴纳增值税。

法人股东转让上市公司股票，应该按照"金融商品转让"缴纳增值税。但税法对于什么是金融商品并没有明确的定义，仅以列举方式在财税〔2016〕36号文的附件1《销售服务、无形资产、不动产注释》中予以了界定，即"金融商品转让，是指转让外汇、有价证券、非货物期货和其他金融商品所有权的业务活动"，"其他金融商品转让包括基金、信托、理财产品等各类资产管理产品和各种金融衍生品的转让"。

虽然"金融商品"的定义过于模糊，但按照我国增值税的税制安排，股票属于金融商品中的有价证券，股票转让属于增值税的征税范围。根据财税〔2016〕36号文的规定，金融商品转让的增值税税率为6%，小规模纳税人适用的征收税率为3%。金融商品转让增值税的纳税义务发生时间为金融商品所有权转移的当天。

2.3.1.1 法人股东转让上市公司股票应缴增值税的销售额计算方式

根据财税〔2016〕36号文的规定，金融商品转让按照买卖价差计算销售额，即"金融商品转让，按照卖出价扣除买入价后的余额为销售额。转让金融商品出现的正负差，按盈亏相抵后的余额为销售额。若相抵后出现负差，可结转下一纳税期与下期转让金融商品销售额相抵，但年末时仍出现负差的,不得转入下一个会计年度。金融商品的买入价,可以选择按照加权平均法或者移动加权平均法进行核算,选择后 36 个月内不得变更"。

金融商品的买入价是购入金融商品支付的价格,不包括买入金融商品支付的交易费用和税费;但对限售股在解禁流通后对外转让的,则根据限售股的形成原因按照以下规则确定买入价。

(1)股权分置改革限售股解禁后转让。根据国税 2016 年第 53 号文第 5 条第 1 项的规定,上市公司实施股权分置改革时,在股票复牌之前形成的原非流通股股份,以及股票复牌首日至解禁日期间由上述股份孳生的送、转股,以该上市公司完成股权分置改革后股票复牌首日的开盘价为买入价。

(2)IPO 形成的限售股解禁后转让。根据国税 2016 年第 53 号文第 5 条第 2 项的规定,公司首次公开发行股票并上市形成的限售股,以及上市首日至解禁日期间由上述股份孳生的送、转股,以该上市公司股票首次公开发行(IPO)的发行价为买入价。需要注意的是,IPO 形成的限售股不仅包括公开发行的限售股,也包括 IPO 前已持有、上市后限售的原始股。

(3)重大资产重组形成的限售股解禁后转让。根据国税 2016 年第 53 号文第 5 条第 3 项的规定,因上市公司实施重大资产重组形成的限售股,以及股票复牌首日至解禁日期间由上述股份孳生的送、转股,以该上市公司因重大资产重组股票停牌前一交易日的收盘价为买入价。在实务中,因股票停牌情形不同,具体区分为以下两种:一是上市公司股票在重大资产重组前已经停牌的,根据国税 2018 年第 42 号文第 4 条的规定,买入价以上市公司完成资产重组后股票恢复上市首日的开盘价确定;二是上市公司股票因实施重大资产重组多次停牌的,根据国税 2019 年第 31 号文的规定,买入价以中国证监会就上市公司重大资产重组申请作出予以核准决定前的最后一次停牌的前一交易日的收盘价确定。这与重大资产重组发股定价机制是有差异的,《上市公司重大资产重组管理办法》规定的上市公司发股价格不得低于市场参考价的 80%,其中市场参考价为本次发行股份购买资产的董事会决议公告日前 20 个交易日、60 个交易日或者 120 个交易日的公司股票交易均价之一。此即表明,税法上认定的重大资产重组限售股买入价是以某一交易日收盘价确定的,而重大资产重组中的资产转让方置换上市公司股票的实际成本是以若干个交易日的均价确认的。

(4)"法定"的买入价低于实际成本价的限售股转让。根据国税 2020 年第 9 号文第 4 条的规定,单位将其持有的限售股在解禁流通后对外转让,按照国税 2016 年第 53 号文第 5 条的规定确定的买入价,低于该单位取得限售股的实际成本价的,以实际成本价为买入价计算缴纳增值税。笔者认为,此项规定主要是为了防止法人股东所持上市公司股票发生 IPO 价格与实际入股成本"倒挂"而引发需要继续缴纳增值税的问题,如法人股东在上市前入股成本为 10 元/股,IPO 发行价格为 8 元/股,减持时的售价为 9 元/股,如按照国税 2016 年第 53 号文的规定,则该法人股东在减持亏损的情形下仍需要按照1元/股的销售额缴纳增值税,此于法人股东而言并不公平,故为"堵住"国税2016年第53号文的"漏洞",国税2020年第9号文第4条就此予以纠正。

2.3.1.2　法人股东转让上市公司转股、送股股票缴纳增值税的问题

需要区分为限售股还是非限售股,如前文所述,法人股东所持限售股在限售期间获得送、转股的,如为IPO形成的限售股,则以IPO发行价为买入价,如为重大资产重组形成的限售股,则以停牌前一交易日的收盘价为买入价,此即表明,虽然限售股的送、转股投资者并未实际付出成本,但增加了扣除买入价的金额,从而减少了增值税税基,这就是资本市场上限售期实施"高送转"节税的原理。

2.3.1.3　法人股东无偿转让上市公司股票或者转让无偿获赠的上市公司股票缴纳增值税的问题

无偿转让上市公司股票一般是通过非过户交易方式实现的,而在实务中,法人股东无偿转让上市公司股票主要出现于国有资产无偿划转或者同一集团内资产重组时的无偿划转环节。财税2020年第40号文第1条规定,纳税人无偿转让股票时,转出方以该股票的买入价为卖出价,按照"金融商品转让"计算缴纳增值税;在转入方将上述股票再转让时,以原转出方的卖出价为买入价,按照"金融商品转让"计算缴纳增值税。简言之,转出方因为买入价与卖出价相等,转让销售额为0元,所以无须缴纳增值税;转入方并非以0元而是以原转出方的买入价(卖出价)作为买入价计算销售额,实际上是增值税的缴税主体发生了转移,而并未增加增值税。法人股东无偿转让上市公司股票并未按照通常的"视同销售"计税方式处理,极大地减轻了转出方的税负成本,对企业重组和集团内股权结构优化无疑是利好的。

另外,近几年来,资本市场上出现了系列所谓的"避税"现象,如企业注销后将资产及股票分配给股东,股东再减持的操作,这在增值税层面是否适用财税2020年第40号文的规定?笔者认为,虽然法人公司在注销后给股东分配股票的股票过户方式与无偿转让股票的过户方式均属于非交易过户,股东无须支付交易价款,但实际上,法人公司在清算注销时将股票分配给股东,用以换取股东持有的本公司股权,取得了其他经济利益,因此,该行为应当属于有偿转让行为,金融商品转让需要作视同销售处理,不适用财税2020年第40号文。而笔者经办的一个应对税务稽查的案例也显示,税务机关也是按照有偿转让行为定义的。

2.3.1.4　法人股东转让新三板公司股票缴纳增值税的问题

法人股东转让新三板公司股票是否需要缴纳增值税,此征管问题在实务中亦存在较大的争议。首先需要明确新三板股票是否属于金融商品中的"有价证券"?

"有价证券"是指设定并证明持券人有权取得一定财产权利的书面凭证。毫无疑问,新三板股票应当属于非上市公众公司依法发行的表明股东权利的有价证券,虽然新三板公司不属

于上市公司,但其股票有特定的转让市场,是有交易价格的;再加之国发〔2013〕49号文明确规定,"市场建设中涉及税收政策的,原则上比照上市公司投资者的税收政策处理"。因此,多地税务部门更倾向于将新三板股票界定为有价证券,并在转让新三板企业股票时按转让金融商品来征税。如湖北省税务局于2021年11月24日在12366平台答复"转让新三板股票是否属于增值税征税范围"的问题时明确,"经转办,全国中小企业股份转让系统简称'新三板',是经国务院批准设立的证券交易市场。在'新三板'挂牌的股票,具有等分化、可交易、公允定价等特点,属于有价证券。企业转让'新三板'挂牌的股票,应按照'金融商品转让'缴纳增值税"。故笔者建议在转让新三板企业股票时询问当地税务机关的具体执行口径。

2.3.2 法人股东转让股权、股票所涉印花税的纳税分析

法人股东转让股权、股票均属于《印花税法》项下的印花税缴纳应税行为,但二者在印花税层面存在一定的税收差异,具体如下。

首先,非上市公司股权发生转让的,对买卖双方按照"产权转移书据"双边征税,目前征税税率为5‰;其中针对增值税小规模纳税人、小型微利企业,根据财政部、国家税务总局《关于进一步支持小微企业和个体工商户发展有关税费政策的公告》(财政部、国家税务总局公告2023年第12号)第2条的规定,在2023年1月1日至2027年12月31日可以减半征收印花税(不含证券交易印花税)。

其次,上市公司股票发生转让的,根据《印花税法》第3条的规定,转让在依法设立的证券交易所、国务院批准的其他全国性证券交易场所交易的股票和以股票为基础的存托凭证的,印花税对证券交易的出让方征收,不对受让方征收;另根据财政部、国家税务总局《关于减半征收证券交易印花税的公告》(财政部、国家税务总局公告2023年第39号)的规定,为活跃资本市场、提振投资者信心,自2023年8月28日起,证券交易印花税实施减半征收。这意味着上市公司与新三板公司股票转让行为对卖方单边减半征税,目前征税税率为5‰。

最后,符合条件的上市公司国有股权无偿转让暂不征收交易印花税。根据国税函〔2004〕941号文的规定,上市公司国有股权无偿转让暂不征收交易印花税需要满足国务院和省级人民政府决定或批准国有(含国有控股)企业改组改制行为的条件。

2.3.3 法人股东转让股权/股票所涉企业所得税的纳税分析

法人股东转让股权时,根据国税函〔2010〕79号文的规定,转让股权收入扣除为取得该股权所发生的成本后,为股权转让所得。企业在计算股权转让所得时,不得扣除被投资企业未分配利润等股东留存收益中按该项股权所可能分配的金额。如果从合理节税角度来看,最好能先分红再转让。

依据国税 2011 年第 39 号文的规定,企业在限售股解禁前转让限售股的,应按减持在证券登记结算机构登记的限售股取得的全部收入,计入企业当年度应税收入计算纳税;企业持有的限售股在解禁前已签订协议转让给受让方,但未变更股权登记、仍由企业持有的,在企业实际减持该限售股取得的收入完成全额纳税后,其余额转付给受让方的,受让方不再纳税。

法人股东转让股权的价格是否公允,税务机关一般参考国税 2014 年第 67 号文的相关规定;法人股东转让股票的价格是否公允,税务机关一般参考财税〔2010〕70 号文的相关规定。

2.3.4 法人股东转让股权或股票可以享受的税收优惠

法人股东根据财税〔2018〕55 号文可以享受以下税收优惠:公司制创业投资企业采取股权投资方式直接投资于种子期、初创期科技型企业满 2 年的,可以按照投资额的 70% 在股权持有满 2 年的当年抵扣该公司制创业投资企业的应纳税所得额;当年不足抵扣的,可以在以后纳税年度结转抵扣。

其中,创业投资有限公司的定义、初创科技型企业的定义,满 2 年的起算等具体分析,详见本书第 3 部分介绍。

2.3.5 股权转让可能涉及土地增值税的纳税分析

一般来说,股权转让并不发生被投资企业不动产产权的转移,所以不存在土地增值税之说。但在实务中,对于股权形式表现的资产主要是土地使用权、地上建筑物及附着物,以及利用股权转让方式让渡土地使用权的情形,是否应实质定义为房地产交易行为,是否应征收土地增值税,各地税务机关的执行口径并不统一。

首先,对利用股权转让方式转让房地产、土地的行为是否应当"穿透"被认定为实质转让房地产、土地使用权而征收土地增值税的税收政策来源,主要是国家税务总局对 3 起个案的批复,具体如下。

一是国家税务总局《关于以转让股权名义转让房地产行为征收土地增值税问题的批复》(国税函〔2000〕687 号),其规定:"鉴于深圳市能源集团有限公司和深圳能源投资股份有限公司一次性共同转让深圳能源(钦州)实业有限公司 100% 的股权,且这些以股权形式表现的资产主要是土地使用权、地上建筑物及附着物,经研究,对此应按土地增值税的规定征税。"

二是国家税务总局《关于土地增值税相关政策问题的批复》(国税函〔2009〕387 号),其规定:"鉴于广西玉柴营销有限公司在 2007 年 10 月 30 日将房地产作价入股后,于 2007 年 12 月 6 日、18 日办理了房地产过户手续,同月 25 日即将股权进行了转让,且股权转让金额等同于房地产的评估值。因此,我局认为这一行为实质上是房地产交易行为,应按规定征收土地增值税。"

三是国家税务总局《关于天津泰达恒生转让土地使用权土地增值税征缴问题的批复》(国税函〔2011〕415号),其规定:"经研究,同意你局关于'北京国泰恒生投资有限公司利用股权转让方式让渡土地使用权,实质是房地产交易行为'的认定,应依照《土地增值税暂行条例》的规定,征收土地增值税。"

但上述3个批复仅属个案批复,并非规范性文件,且批复只是针对特定的人或事,没有普遍适用性,所以各税务机关针对该行为的处理方式是不同的。比如青岛、广东、重庆等地的税务机关均通过各种文件明确股东将持有的企业股权转让,企业土地、房屋权属不发生转移的,不征收土地增值税;但原湖南省地方税务局财产和行为税处《关于明确"以股权转让名义转让房地产"征收土地增值税的通知》(湘地税财行便函〔2015〕3号)规定,"对于控股股东以转让股权为名,实质转让房地产并取得了相应经济利益的,应比照国税函〔2000〕687号、国税函〔2009〕387号、国税函〔2011〕415号文件,依法缴纳土地增值税"。但在该文件的实际执行中,据笔者所知,湖南省内的各市县税务机关仍持有不同的执行口径。

3 合伙企业持股涉税事项

根据《合伙企业法》的规定,合伙企业包括普通合伙企业、有限合伙企业、特殊普通合伙企业三类,虽然三种合伙的权益分配机制不同,但在税务处理上区别不大。对比其他持股方式,有限合伙企业存在风险隔离、表决权杠杆、多层嵌套等方面的优势,因此有限合伙企业架构在资本市场上非常活跃,比如上市前战略投资入股、成立股权激励平台、参与并购重组再融资等,都存在有限合伙企业的身影,故本部分对有限合伙企业的税收问题进行分析阐述。

3.1 合伙企业所得税征税方式的特殊性

我国针对合伙企业的所得税征收政策的演变历经了三个重要阶段。

一是 2000 年 1 月 1 日前,合伙企业按照企业所得税缴纳企业所得税。

二是 2000 年 1 月 1 日至 2007 年 6 月 1 日,合伙企业不再成为纳税主体,税收征管针对合伙企业的投资人比照个体工商户的生产、经营所得征收个人所得税,主要文件依据为国发〔2000〕16 号文以及财税〔2000〕91 号文。具体而言,财税〔2000〕91 号文首次确立了合伙企业的以下三项基本纳税原则。

(1)"纳税穿透"原则,即合伙企业以每一个合伙人为纳税义务人,合伙企业不再是纳税主体,而属于"税收透明体"。

(2)"先分后税"原则,即合伙企业的投资者按照合伙企业的全部生产经营所得和合伙协议约定的分配比例确定应纳税所得额,合伙协议没有约定分配比例的,以全部生产经营所得和合伙人数量平均计算每个投资者的应纳税所得额。需要特别说明的是,"先分"的"分"指的是分配应纳税所得额,并不是实际的利润分配,不仅包括当年产生的所得,还包括留存的所得。简言之,无论合伙企业是否作出利润分配的决定,无论合伙企业的所得是否分配至各合伙人名下,各合伙人都应当按其应享受的比例确定应纳税所得额。

(3)"个人投资者汇总纳税原则",即投资者兴办两个或两个以上企业的,年度终了时,应汇总从所有企业取得的应纳税所得额,据此确定适用税率并计算缴纳应纳税款。

"纳税穿透"原则自确立后迄今未发生动摇,2007 年 3 月 16 日发布的《企业所得税法》第 1 条即开宗明义,"个人独资企业、合伙企业不适用本法",因此,合伙企业不属于《企业所得税法》管辖的居民企业,所有税务政策文件中描述带有"居民企业"字样的政策皆排除适用于合伙企业。譬如,合伙企业未明确可以作为重组当事人,享受特殊重组递延纳税优惠;合伙企业不属于居民企业,所以,法人作为合伙人获得合伙企业的分红时无法免税。

需要说明的是,为何在此阶段规定投资人按照个人所得税纳税,而不是按照投资人的主体性质区分为个人所得税或者企业所得税纳税?主要是因为1997年8月1日起施行的《合伙企业法》要求合伙人应当为具有完全民事行为能力的人,而完全民事行为能力、限制民事行为能力以及无民事行为能力,都是针对自然人而言的,故在当时的历史背景下,合伙企业的合伙人仅限于自然人,法人以及其他组织不能成为合伙企业的合伙人,所以,针对自然人合伙人仅能适用个人所得税缴税制度。

三是2007年6月1日至今,合伙企业税收征管延续了"纳税穿透"等原则,针对个人合伙人征收个人所得税,针对法人合伙人征收企业所得税。该变化的主要原因是基于2006年8月27日修订公布、2007年6月1日实施的《合伙企业法》删除了1997年《合伙企业法》对合伙人范围的限制,允许所有的市场主体参与设立合伙企业,并正式通过人大立法确立了合伙企业的"税收透明体"属性,即《合伙企业法》第6条"合伙企业的生产经营所得和其他所得,按照国家有关税收规定,由合伙人分别缴纳所得税"之规定。为适应《合伙企业法》的修订,财税〔2008〕159号文第2条明确规定,"合伙企业以每一个合伙人为纳税义务人。合伙企业合伙人是自然人的,缴纳个人所得税;合伙人是法人和其他组织的,缴纳企业所得税"。下面,笔者将根据合伙人的性质分别具体说明所得税应如何缴纳。

3.1.1 个人合伙人所涉个人所得税的纳税分析

个人合伙人缴纳个人所得税,需要根据合伙企业获得的收入性质分别纳税,具体而言分为两类。

一是针对合伙企业对外投资分回的利息或者股息、红利。根据国税函〔2001〕84号文的规定,合伙企业、个人独资企业对外投资分回的利息或者股息、红利不并入合伙企业和个人独资企业整体收入,而应单独作为投资者个人取得的利息、股息、红利所得,按"利息、股息、红利所得"应税项目,以20%的税率计算缴纳个人所得税。

值得探讨的一个问题是,直接持股公众公司(新三板企业、上市公司)的自然人股东可享受股息红利差别化征税政策(按持股时间长短确定是否享受征收税率优惠,详见第1部分个人持股的分析),而合伙企业在所得税上属于纳税透明体,那么合伙企业的个人投资人是否也可以享受股息红利差别化征税政策等类似优惠政策?从目前的实践看,合伙企业的合伙人并未穿透享受到这些优惠政策,如厦门市税务局2024年1月9日在12366平台答复公众问题时明确,根据财政部、国家税务总局、中国证监会《关于继续实施全国中小企业股份转让系统挂牌公司股息红利差别化个人所得税政策的公告》(财政部、国家税务总局、中国证监会公告2019年第78号)对适用对象仅提及个人,不包括合伙企业,因此,在财政部、国家税务总局未更新政策口径前,该优惠政策不适用于合伙企业投资者的间接投资分红。笔者认为,既然股息红利不合并计入经营所得,无论合伙企业经营是否亏损,股息、红利均单独缴纳个人所得税,那么从公平角度来看,这种完全穿透的征税方式也应该可以穿透享受对应的纳税优惠。

二是针对合伙企业获得的除利息或者股息、红利以外的其他收入。根据财税〔2000〕91号文的规定,比照"个体工商户的生产经营所得",适用5%~35%的五级超额累进税率,计征个人所得税。

结合对相关政策的理解,应纳税所得额的具体计算方式为:应纳税所得额=(该年度收入总额−成本、费用及损失−以前年度亏损金额)×个人投资人分配比例−当年投资者本人的费用扣除额。

笔者将进一步探讨以下问题。

(1)合伙企业的收入如何确定?根据财税〔2000〕91号文以及国税函〔2001〕84号文的规定,合伙企业的收入总额是指企业从事生产经营以及与生产经营有关的活动所取得的各项收入,包括商品(产品)销售收入、营运收入、劳务服务收入、工程价款收入、财产出租或转让收入、利息收入、其他业务收入和营业外收入,但合伙企业对外投资分回的利息或者股息、红利除外。另外需要注意的是,生产经营所得,包括合伙企业分配给所有合伙人的所得和企业当年留存的所得(利润),此规定的目的在于合伙企业不是纳税义务主体,无论是否向合伙人分配,均不影响合伙人缴税义务的产生。

(2)成本、费用及损失如何确定?根据财税〔2008〕65号文、财政部、国家税务总局《关于2018年第四季度个人所得税减除费用和税率适用问题的通知》(财税〔2018〕98号)等相关规定,合伙企业对实际发生的成本可以据实扣除,包括向其从业人员实际支付的合理的工资、薪金支出,但投资人的工资不得在税前扣除;合伙企业拨缴的工会经费、发生的职工福利费、职工教育经费支出分别在工资薪金总额2%、14%、2.5%的标准内据实扣除;合伙企业每一纳税年度发生的广告费和业务宣传费用不超过当年销售(营业)收入15%的部分,可据实扣除,超过部分,准予在以后纳税年度结转扣除;合伙企业每一纳税年度发生的与其生产经营业务直接相关的业务招待费支出,按照发生额的60%扣除,但最高不得超过当年销售(营业)收入的5‰。这基本与计算企业法人的费用成本相一致。

(3)个人投资人分配比例如何确定?根据财税〔2008〕159号文的规定,合伙企业的利润分配、亏损分担,按照合伙协议的约定办理;合伙协议未约定或者约定不明确的,由合伙人协商决定;协商不成的,由合伙人按照实缴出资比例分配、分担;无法确定出资比例的,由合伙人平均分配、分担;合伙协议不得约定将全部利润分配给部分合伙人。简言之,"首先按约定、无约定按协商、无法协商按出资比例、比例不明按人数均分"。

（4）以前年度亏损金额如何确定？根据财税〔2000〕91号文第14条第1款的规定，企业的年度亏损，允许用本企业下一年度的生产经营所得弥补，下一年度所得不足弥补的，允许逐年延续弥补，但最长不得超过5年。

（5）当年投资者本人的费用扣除额根据税法的规定应按照5000元/月执行，并同时执行专项扣除、专项附加扣除以及依法确定的其他扣除，同时取得综合所得和经营所得的个人，不得重复申报减除。

需要注意的是，合伙人根据合伙企业取得收入的性质进行分别纳税，将产生合伙企业层面的税会差异，即按照《企业会计准则——基本准则》或者《小企业会计准则》的规定，合伙企业对外投资分回的利息或者股息、红利，通常情况下是计入"投资收益"的；但在税法层面，合伙自然人在"经营所得"个人所得税预缴申报和年度汇算清缴时，需要对该"投资收益"收入进行调减。

3.1.2 法人合伙人所涉企业所得税的纳税分析

法人合伙人缴纳企业所得税，仍然需要根据合伙企业获得收入的性质分别纳税。

首先，合伙企业对外投资分回的利息、股息、红利并未并入合伙企业的收入，而是单独作为合伙人取得的利息、股息、红利来处理。此类收入的争议点在于法人合伙人所对应的该部分股息红利是否免税？

税务机关认为不应免税，主要理由为公司获得的权益性投资收益适用免税的条件为分配企业与获得企业均为居民企业，且该等权益性投资应当属于"直接投资"，而合伙企业已被《企业所得税法》排除在居民企业之外，且法人合伙人并不是直接向分配企业投资，而是通过合伙企业向分配企业投资，因此，此等情形不应享受免税条件，应当并入法人合伙人的应纳税所得额中缴纳企业所得税。

另有一部分人认为可以视作直接适用免税，其理由在于合伙企业不是所得税的纳税主体，合伙企业的股息、红利所得不参与合伙企业层面应纳税所得额的核算，而是直接穿透合伙企业作为投资人的股息、红利所得，所得的税法属性也没有发生变化，此即说明合伙企业是所得税上的"税收透明体"，因此，将法人股东通过合伙企业取得的股息、红利所得解释为"直接投资取得的权益性投资收益"，仍然符合《企业所得税法》的规定；另外，从《企业所得税法》的立法原理角度解释，将"居民企业之间的股息、红利等权益性投资收益"作为免税收入系为了避免双重征税，合伙企业从被投资企业处获得的股息、红利等投资性收益，属于已缴纳企业所得税的税后收益，如果不能将其作免税处理，将导致双重征税。

其次，合伙企业获得的除利息或者股息、红利外的其他收入，在扣除成本、费用及损失，以及以前年度亏损金额后，按照分配比例并入法人合伙人的应纳税所得额中缴纳企业所得税，"收入""成本、费用及损失""以前年度亏损金额""分配比例"与前文中个人合伙人的经营所得计算依据并无差异。

最后，根据财税〔2008〕159号文第5条的规定，法人或其他组织作为合伙人的，合伙人在计算其缴纳企业所得税时，不得用合伙企业的亏损抵减其盈利。个人合伙人在缴纳个人所得税时，因为个人所得税是按所得种类分别缴纳，不同种、不同次的所得存在亏损的同样不得抵减其盈利。

法人合伙人与自然人合伙人所得税纳税的区别主要在于，个人可以按经营所得扣除个人费用及专项扣除，汇总应纳税所得额后适用5%~35%超额累进税率。

3.1.3 合伙人投资多个合伙企业所涉所得税的纳税分析

如果个人合伙人投资两个及两个以上的合伙企业，根据财税〔2000〕91号文的相关规定，需要汇总纳税，据此确定适用税率并计算缴纳应纳税款，但年度经营亏损不能跨企业弥补，准予扣除的个人费用只能选择在其中一个企业的生产经营所得中扣除。单一合伙企业亏损可以在5年内延续弥补。

如果法人合伙人投资两个及两个以上的合伙企业，讨论汇总纳税是否存在实际意义？笔者认为，法人合伙人虽然不如个人合伙人按照五级超额累进方式征收经营所得的所得税，但法人合伙人的企业所得税税率仍然可能因为是否为小型微利企业而存在一定的差异，因此，有必要对汇总纳税实施探讨，汇总纳税探讨的核心在于汇总纳税能否跨企业抵扣或者弥补亏损。

针对此问题，法律没有明确规定，但是财税〔2000〕91号文对个人合伙人投资多个合伙企业的经营所得规定不得跨企业弥补亏损，那么法人合伙人亦应当遵循此等规定，且在实务中，部分税务机关亦是按照此方式征管纳税的。

以下笔者列举实务中常见的情况予以进一步探讨：假设A公司投资持有B和C两个合伙企业性质的基金产品（不考虑相关税收优惠政策）。其中，B基金产品投资了E和F两个标的公司，E公司是亏损项目、F公司是盈利项目。2023年，B基金产品退出E公司时发生的亏损金额为150万元、退出F公司实现盈利200万元；C基金产品投资了G和H两个标的公司，并按照权益法核算会计收益，2023年，C基金产品的长期股权投资——G公司浮亏120万元，长期股权投资——H公司浮盈了80万元，但两笔投资均未实际处置，也没有分红等收益。请问A公司2023年度所得税中涉及对外投资收益的应纳税所得税是多少？

首先，A公司投资了B和C两个合伙企业，C合伙企业的亏损并不能弥补B合伙企业的盈利所对应的应纳税所得额。

其次，B合伙企业内部可实现对E公司与F公司之间的盈亏、年度盈亏之间的互相抵消。

因为合伙企业虽然属于所得税透明体，但仍属于会计纳税主体。这一点实践中争论不大。

最后，C合伙企业内部对G公司与H公司的浮亏和浮盈属于会计核算的结果，C合伙企业作为会计核算主体计算应纳税所得额时存在会税差异。有观点认为，计算合伙人应纳税金额应该是会计核算金额，也有观点认为，计算合伙人应纳税金额应该是依据税法计算的所得金额。如果是前者，就会存在浮亏不得抵消所得，而浮盈须缴纳巨额所得税的情况（浮亏、浮盈在同一个基金内可以抵消，在不同基金合伙产品之间无法抵消）；如果是后者，纳税公平性更有保障。

此外，私募基金行业多存在"先本后利"的分配规则，即合伙型私募基金如有投资标的项目回款，在向合伙人分配时，应优先分配本金，其次再计算收益，这在实务中进一步使私募基金合伙人误认为原始投资款尚未收回前，既不存在利润分配也不需要纳税。如果合伙企业优先分配本金时未实施减资登记变更操作，合伙人的此等误解实质是混淆了合伙人取得合伙企业经营所得或股息、红利应确认的应纳税所得额，与合伙人从自身投资核算角度考虑的对合伙企业投资份额对应的税基间的差异。

3.2 合伙企业所涉流转税、财产税、行为税等其他税种的涉税分析

我国税收分为流转税、所得税、资源税、财产税、行为税五大类，合伙企业虽然不是所得税的纳税主体，但是仍然属于流转税、财产税、行为税、资源税的纳税主体。在实务中，合伙企业因普通合伙人需要承担无限连带责任，多以投资平台的方式出现，甚少以生产经营主体方式出现。故下述探讨以合伙企业投资上市公司股票涉及的税种举例说明。

首先是流转税中的增值税。根据《增值税法》（2026年1月1日施行）和财税〔2016〕36号文的附件1《营业税改征增值税试点实施办法》的规定，在中国境内销售货物、服务、无形资产、不动产，以及进口货物的单位和个人，都是增值税的纳税人；单位，是指企业、行政单位、事业单位、军事单位、社会团体及其他单位；个人，是指个体工商户和其他个人。合伙企业作为一个独立的民事主体，其在生产经营过程中，发生的涉及增值税的纳税义务，应当以合伙企业作为纳税主体承担增值税的纳税义务。

特别的，合伙企业转让股权无须缴纳增值税，转让股票需要按照金融商品转让依法缴纳增值税，与法人转让股票、股权的征税处理方式并无不同，详见本编第2部分"2.3 法人股东转让股权或者股票的涉税分析"的内容，此处不再赘述。

其次是行为税中的印花税。根据《印花税法》第1条的规定，印花税的纳税人为在中国境内书立应税凭证、进行证券交易的单位和个人以及在中华人民共和国境外书立在境内使用的

应税凭证的单位和个人。该法中的"单位"并未排除"合伙企业"。其中,合伙企业转让股权或股票所涉印花税的征税处理方式与法人转让股票、股权的征税处理方式相一致,具体详见本编第 2 部分"2.3 法人股东转让股权或者股票的涉税分析"的内容,故此处不再赘述。

而其他诸如《消费税暂行条例》等,亦按照《增值税暂行条例》或者《印花税法》的条款表述纳税义务主体。

对于合伙企业这一主体,困扰包括笔者在内的税务从业人员的是,至今没有一部或一系列专门法律规定合伙企业在各种特殊纳税政策中的适用地位,引发诸多立法空白,且各地监管机构对法规政策等规定的理解存在差异。笔者认为,在具体法律法规上,合伙企业能否适用该规定,要看法律法规的具体行文,没有统一立法上的理解。如果不是所得税,而法律法规的行文为"企业""单位",则合伙企业有适用余地,如果行文上有居民企业、自然人、个人、有限公司等定语限制的,皆排除适用。

例如,财税 2023 年第 51 号文第 4 条规定,"单位、个人在改制重组时以房地产作价入股进行投资,对其将房地产转移、变更到被投资的企业,暂不征收土地增值税",因为行文为"单位",那么合伙企业对于以房地产投资入股的土地增值税减免的规定是可以适用的。

又如,财税 2023 年第 49 号文明确的是"公司"才能继续享受改制重组有关契税免征的政策,则合伙企业无法适用。

再如,《企业所得税法》第 26 条第 2 项明确规定"符合条件的居民企业之间的股息、红利等权益性投资收益"属于企业的免税收入,那么合伙企业获得的投资收益、合伙企业分配给居民企业的投资收益就不属于"免税收入"。

复如,财税〔2016〕101 号文规定,企业、个人以技术成果(专利技术、计算机软件著作权、集成电路布图设计专有权、植物新品种权、生物医药新品种等科技财政税务部级主管机关确定的)投资入股到境内居民企业,被投资企业支付的对价全部为股票(权)的,经向主管税务机关备案,可递延至转让股权时,按股权转让收入扣除技术成果原值、合理税费后的差额计算缴纳所得税,因为要求被投资企业需为居民企业,所以投资人以技术投资入股合伙企业的,不能享受该递延纳税优惠。

还如,财税〔2014〕116 号文规定,居民企业以非货币性资产对外投资,应对非货币性资产进行评估并按评估后的公允价值扣除计税基础后的余额,计算确认非货币性资产转让所得。对外投资确认的非货币性资产转让所得,可在不超过 5 年的期限内,分期均匀计入相应年度的应纳税所得额,按规定计算缴纳企业所得税。因为行文描述的是居民企业,所以合伙企业对外以非货币性投资确认的非货币性资产转让所得不能享受该项分期缴纳所得税优惠。

综上可见,我国急需一部统一思想、统一原则、统一术语的税法典。

3.3 创投合伙企业的特殊税收政策

要了解创投合伙企业,首先要明确"创投企业"(创业投资企业同义)或创投基金(创业投资基金同义)等相关概念。在我国,创业投资企业存在两套备案监管体系。

首先,国家发改委的备案监管体系。监管规范依据为《创业投资企业管理暂行办法》,其规定"创业投资企业"是指在中国境内注册设立的主要从事创业投资的企业组织;其中"创业投资"是指向创业企业进行股权投资,以期所投资创业企业发育成熟或相对成熟后主要通过股权转让获得资本增值收益的投资方式,"创业企业"是指在中国境内注册设立的处于创建或重建过程中的成长性企业,但不含已经在公开市场上市的企业。在国家发改委备案一般简称"创投企业"。

其次,中国证券投资基金业协会(以下简称中基协)的监管体系。监管规范依据一是《私募投资基金监督管理暂行办法》,其规定"创业投资基金"是指主要投资于未上市创业企业普通股或者依法可转换为普通股的优先股、可转换债券等权益的股权投资基金。二是《私募投资基金登记备案办法》,其规定"创业投资基金"是指符合下列条件的私募基金:(1)投资范围限于未上市企业,但所投资企业上市后基金所持股份的未转让部分及其配售部分除外;(2)基金合同体现创业投资策略;(3)不使用杠杆融资,但国家另有规定的除外;(4)基金最低存续期限符合国家有关规定;(5)法律、行政法规、中国证监会和协会规定的其他条件。创业投资基金名称应当包含"创业投资基金",或者在公司、合伙企业经营范围中包含"从事创业投资活动"字样。在中基协备案一般简称"创投基金"。

虽然创业投资企业与创业投资基金的表述不尽相同,一个侧重于普通企业的概念,另一个侧重于基金的概念,但从本质上来看具有相似性,都进行股权投资,并且投资于未上市的成长性企业,偏向于早期投资。在2014年《私募投资基金监督管理暂行办法》出台前,创投企业的备案由国家发改委"单轨"监管;《私募投资基金监督管理暂行办法》出台后,创投企业的备案由国家发改委与中基协实施"双轨"监管,其中,中基协实施"不备案不得投资"的强制备案原则,而国家发改委的备案则是采取自愿原则,其备案的目的更多是将之作为企业申请政策优惠的凭证。

3.3.1 创投合伙企业的法人合伙人可享受的特殊税收优惠政策

创投合伙企业的法人合伙人享受的特殊税收政策主要依据国税2015年第81号文、财税〔2015〕116号文、国税2018年第43号文以及财税〔2018〕55号文。特殊税收优惠政策主要限制了创投企业投资标的,包括未上市中小高新技术企业以及初创科技型企业两种。根据相关文件的规定,未上市中小高新技术企业以及初创科技型企业的要求主要对比见表1-6。据此可知，未上市中小高新技术企业的要求低于初创科技型企业，初创科技型企业基本都达到了未上市中小高新技术企业的标准。

享受税收优惠的必须是实行查账征税、专门从事创业投资的合伙企业的法人合伙人。投资符合条件的标的公司满24个月（法人合伙人对该有限合伙制创业投资企业的实缴出资也应满24个月）的，法人合伙人可按照其对未上市中小高新技术企业投资额（按实缴计算）的70%抵扣该法人合伙人从该有限合伙制创业投资企业分得的应纳税所得额，当年不足抵扣的，可以在以后纳税年度结转抵扣。如果法人合伙人投资于多个符合条件的有限合伙制创业投资企业，可合并计算其可抵扣的投资额和应分得的应纳税所得额。当年不足抵扣的，可结转以后纳税年度继续抵扣；当年抵扣后有结余的，应按照《企业所得税法》的规定计算缴纳企业所得税。符合条件的创投合伙企业须在投资满2年后的每个年度终了后3个月内向主管税务机关报送相关资料。

表1-6 创投合伙企业的法人合伙人享受税收优惠时未上市中小
高新技术企业与初创科技型企业的条件

项目	中小高新技术企业	初创科技型企业
注册地	中国境内（不含港澳台地区）	中国境内（不包括港澳台地区）
税收征收方式	查账征收	查账征收
研发费用	取得高新技术企业资格	接受投资当年及下一纳税年度研发费用总额占成本费用支出的比例不低于20%
年销售额	不超过2亿元	不超过3000万元
资产总额	不超过2亿元	不超过3000万元
从业人数	不超过500人	不超过200人，其中具有大学本科以上学历的从业人数不低于30%
是否上市	非上市公司	非上市公司
成立时间	无	不超过60个月
投资时间	投资超过24个月	投资超过24个月

3.3.1.1 投资标的为未上市中小高新技术企业的情形

根据国税2015年第81号文等的规定，有限合伙制创业投资企业与创业投资有限责任公司、创业投资股份有限公司享受同等优惠，即创投合伙企业采取股权投资方式投资于未上市的中小高新技术企业满24个月的，其法人合伙人可按照对未上市中小高新技术企业投资额的70%抵扣该法人合伙人从该创投合伙企业分得的应纳税所得额，当年不足抵扣的，可以在以后纳税年度结转抵扣。针对该税收优惠政策的解读，主要注意以下几点。

一是"投资满24个月"，即法人合伙人实缴投资创投合伙企业应满24个月，且创投合伙企业实缴投资未上市的中小高新技术企业也应满24个月。

二是"投资额按比例穿透计算"，即创投合伙企业的法人合伙人对未上市中小高新技术企业的投资额,按照创投合伙企业对中小高新技术企业的投资额和合伙协议约定的法人合伙人占创投合伙企业的出资比例计算确定。其中,创投合伙企业对中小高新技术企业的投资额按实缴投资额计算;法人合伙人占创投合伙企业的出资比例按法人合伙人对创投合伙企业的实缴出资额占该创投合伙企业的全部实缴出资额的比例计算。

三是"混合抵扣",即如果法人合伙人投资于多个符合条件的创投合伙企业,可合并计算其可抵扣的投资额和应分得的应纳税所得额。当年不足抵扣的,可结转以后纳税年度继续抵扣;当年抵扣后有结余的,应按照《企业所得税法》的规定计算缴纳企业所得税。

在实务中,国税 2015 年第 81 号文仍然存在以下几个适用层面的征管差异。

一是法人合伙人投资的创业投资基金合伙企业经中基协备案但未在国家发改委备案,是否享受国税 2015 年第 81 号文所规定的税收优惠政策? 此争议的差异在于国税 2015 年第 81 号文规定可以享受税收优惠政策的法人合伙人为依照《合伙企业法》、《创业投资企业管理暂行办法》和《外商投资创业投资企业管理规定》设立的专门从事创业投资活动的有限合伙企业的法人合伙人。而国税 2015 年第 81 号文出台之时,《私募投资基金监督管理暂行办法》已经出台,经中基协备案的创业投资基金合伙企业并未被纳入其中。故从文件政策上理解,如果是法人合伙人投资经中基协备案的创业投资基金合伙企业,但该创业投资基金合伙企业未能依据《创业投资企业管理暂行办法》申请备案,则法人合伙人无法享受国税 2015 年第 81 号文所规定的税收优惠政策。但在实务中,部分税务机关对取得中基协备案的创投合伙企业的法人合伙人也支持其享受国税 2015 年第 81 号文的税收优惠政策。故从审慎角度出发,为不受争议地享受国税 2015 年第 81 号文的税收优惠政策,笔者建议创业投资基金合伙企业同时完成国家发改委关于创投合伙企业的备案手续。

二是新三板高新技术企业是否属于创投合伙人享受税收优惠政策的投资标的? 新三板企业的税收政策历来属于资本市场上的较为模糊地带,主要原因基于国发〔2013〕49 号文所规定的"市场建设中涉及税收政策的,原则上比照上市公司投资者的税收政策处理",故在实务中,部分税务机关将新三板公司视同上市公司处理,直接将投资于新三板高新技术企业的创投合伙企业排除在税收优惠政策之外,但仍有部分税务机关并不将新三板高新技术企业认定为上市高新技术企业,如浙江省税务局在答复公众问题时即明确,"'未上市的中小高新技术企业'中'上市'仅指沪深两市,不包括新三板。因此,若有限合伙制创业投资企业采取股权投资方式投资于新三板上市的中小高新技术企业,可以享受财税〔2015〕116 号文规定的优惠政策"。

三是如果创投合伙企业的投资标的在创投合伙企业投资期间才获得高新技术企业资质,则 24 个月是从投资时点还是从获得高新技术企业资质时点起算? 经笔者检索,浙江省税务局在《企业所得税汇算清缴专题辅导之创业投资企业篇》中明确了,"中小企业接受创业投资之后,经认定符合高新技术企业条件的,应自其被认定为高新技术企业的年度起,计算创业投资企业的投资期限。该期限内中小企业接受创业投资后,企业规模超过中小企业标准,但仍符合高新技术企业标准的,不影响创业投资企业享受有关税收优惠"。

3.3.1.2 投资标的为初创科技型企业的情形

根据财税〔2018〕55号文的规定,创投合伙企业采取股权投资方式投资于种子期、初创期科技型企业满24个月的,其法人合伙人可按照对未上市中小高新技术企业投资额的70%抵扣该法人合伙人从该创投合伙企业分得的应纳税所得额,当年不足抵扣的,可以在以后纳税年度结转抵扣。与创投合伙企业投资未上市的中小高新技术企业所对应的法人合伙人享受的税收优惠政策相比,投资初创科技型企业所对应的法人合伙人享受的税收优惠政策存在如下明显适用性差异:

一是"投资期满24个月"的差异,国税2018年第43号文仅要求创投合伙企业投资于初创科技型企业的实缴投资及变更登记完成满2年,不再要求法人合伙人对该合伙创投企业的实缴出资须满2年。

二是"适用主体"的差异。财税〔2018〕55号文规定的创业投资企业包括符合《创业投资企业管理暂行办法》规定或者《私募投资基金监督管理暂行办法》关于创业投资基金的特别规定,并按照上述规定完成备案且规范运作的企业,不再将经中基协备案的创业投资基金合伙企业排除在税收优惠政策之列。

三是"投资条件要求"差异,主要包括"投资比例要求"(财税〔2018〕55号文规定创业投资企业及其关联方在投资后2年内持有被投资初创科技型企业的股权比例合计应低于50%)、"投资身份要求"(财税〔2018〕55号文规定创业投资企业不属于被投资初创科技型企业的发起人)以及"投资方式要求"(财税〔2018〕55号文规定享受税收优惠政策的投资仅限于通过向被投资初创科技型企业直接支付现金方式取得的股权投资,不包括受让其他股东的存量股权),而国税2015年第81号文并无相关约束机制。

↘ 3.3.2 创投合伙企业的个人合伙人(所谓天使投资人)的特殊税收优惠政策

创投合伙企业的个人合伙人享受的特殊税收政策主要依据国税2018年第43号文、财税〔2018〕55号文、四部委2023年第24号文。需要注意的是,创投合伙企业的个人合伙人享受的特殊税收政策仅限于投资初创科技型企业,而国税2015年第81号文并未对个人合伙人开放税收优惠政策,故下述关于个人合伙人享受的税收优惠政策仅限于创投合伙企业投资初创科技型企业,而不包括未上市中小高新技术企业。

与创投合伙企业的法人合伙人享受的投资税额抵免优惠政策相较,个人合伙人享受税收优惠政策的条件差异有以下三点。

一是"穿透个人投资者身份"要求，即财税〔2018〕55号文规定个人合伙人不属于被投资初创科技型企业的发起人、雇员或其亲属（包括配偶、父母、子女、祖父母、外祖父母、孙子女、外孙子女、兄弟姐妹），且与被投资初创科技型企业不存在劳务派遣等关系。

二是"穿透个人投资者持股比例"要求，即财税〔2018〕55号文规定个人投资人及其亲属在投资后2年内持有被投资初创科技型企业的股权比例合计应低于50%。

三是创投合伙企业在国家发改委或中基协备案的投资公司（基金），未备案的合伙企业合伙个人无法享受税收优惠。

笔者认为，设置上述限制条件旨在将公司控股股东、实控人及其关联方、员工排除在"天使投资个人"之外。

另外，除享受投资税额抵免优惠外，个人合伙人在创投合伙企业投资初创科技型企业时，还可自主选择单一核算或者整体核算方式，结合上述规定，二者具体差异如表1-7所示。

表1-7 个人合伙人在创投合伙企业投资初创科技型企业时选择
单一核算方式与整体核算方式的差异比较

类目	单一核算	整体核算
适用税率	个人合伙人从该创投合伙企业应分得的股权转让所得和股息红利所得，按照20%的税率计算缴纳个人所得税	个人合伙人应将其从创投合伙企业取得的所得，按照"经营所得"项目、5%~35%的超额累进税率计算缴纳个人所得税；股息、红利所得仍按20%的税率缴纳
抵扣项目	单一投资基金的股权转让所得＝不同投资项目所得－不同投资项目损失；单个投资项目的股权转让所得＝年度股权收入－股权原值－转让环节合理费用	按照被转让项目对应投资额的70%抵扣其可以从创投合伙企业应分得的经营所得后再计算其应纳税额
不可抵扣项目	GP的管理费、GP的超额业绩提成、FA的咨询费；中介机构的审计、法律咨询费等	
年度亏损是否可以跨年结转	不同纳税项目所得和损失抵减后余额小于零，年度股权转让所得按零计算且不能跨年结转	企业年度亏损，可以用下一年度生产经营所得弥补，最长不超过5年

由表1-7可知，单一核算方式虽然适用20%的税率，但管理费等成本不得在核算时扣除，亏损不能跨年度结转，抵扣额不足抵扣的也不得跨年度结转等，使该核算方式下的计税基础较高，让20%税率的优势大减；整体核算方式下成本、亏损扣减没有限制，但至少追平了个人直接进行投资的税收待遇，做到了穿透后的相对公平。且转让所得可以多抵扣成本，创投合伙企业可以根据企业投资的不同阶段，选择合适的核算方式，但一经选择，3年内不得发生变更。

3.4 合伙企业内部合伙人变更的涉税分析

3.4.1 合伙人转让合伙份额所涉所得税的纳税分析

首先，合伙人转让其所持合伙份额属于财产转让所得，这个毋庸置疑，其中。《个人所得税法实施条例》第 6 条第 1 款第 8 项明确将转让"合伙企业中的财产份额"取得的所得作为财产转让所得。具体征税规则为：以合伙份额的公允价值作为卖出值，以个人合伙人的财产原值及转让环节合理费用作为成本，差额按财产转让所得 20% 计税；法人合伙人转让其所持合伙份额属于法人合伙人的企业收入，应当作为计算所得税应纳税额的基数。

合伙企业的合伙份额在转让时所面临的核心问题在于可能涉及重复征税。该问题产生的主要原因在于合伙企业采取的是"先分后税"的原则，即使合伙利润当年未实际分配，法人合伙人和个人合伙人仍需要按规定缴纳税款；而未分配的合伙利润包含在合伙份额的价值中，在合伙份额转让时再次被计入转让所得，导致同一笔利润被两次计税。以下举例说明。

1. 溢价受让合伙份额后再处置合伙企业财产情形

个人甲、乙分别以 50 万元出资设立合伙企业 A（各持有合伙企业 A 50% 的份额），合伙企业 A 以 100 万元出资设立有限责任公司 B。而后，个人乙向个人丙转让其在合伙企业 A 的 50 万元的份额，转让对价为 250 万元（主要是合伙企业 A 持有的公司 B 的股权价值增值了）。据此，个人乙确认财产转让所得为 200 万元（250 万元 −50 万元），应纳税额为 40 万元（200 万元 ×20%）。当年年末，合伙企业 A 处置公司 B 100% 股权，取得了 500 万元转让收入，此时若仅按照合伙企业 A 持有公司 B 股权的投资成本作为可以扣除的计税基础，不考虑其他成本费用，则个人丙应按照 5%~35% 的税率就 200 万元〔（500 万元 −100 万元）× 50%〕所得缴纳个人所得税。但是个人乙向个人丙转让合伙企业 A 50% 的份额时，转让对价已经将公司 B 的股权公允价值考虑在内，且个人乙为此缴纳了 20% 的个人所得税，个人丙付出了 250 万元的投资成本。这就表明该项投资成本并未获得任何抵减，而个人丙在年末合伙企业所持股权价值增值实际实现时又按"经营所得"缴纳了个人所得税，导致重复征税。

2. 合伙企业利润再投资后转让合伙份额情形

个人甲、乙分别以 50 万元出资设立合伙企业 A（各持有合伙企业 A 50% 的份额），当年年末，合伙企业 A 获得经营利润 100 万元，不考虑其他成本费用，个人甲、乙分别应按照 5%~35% 的税率就 50 万元（100 万元 × 50%）所得缴纳个人所得税。当年年末，合伙人会议作出一项决议，以 100 万元出资设立有限责任公司 B。次年年初，个人乙向个人丙转让其在合伙企业 A 的 50 万元的份额，转让对价为 120 万元，此时若仅按照个人乙的投资成本作为可以扣除的计税基础，不考虑其他成本费用，则个人乙应按照 20% 财产转让的税率就 70 万元（120 万元 −50 万元）所得缴纳个人所得税。而当年年末时，个人乙在缴纳生产经营个人所得税时已经将100万元合伙利润考虑在内,只不过在合伙企业A所持有的财产形式由货币资金变更为对公司B的长期股权投资的情形下,个人乙在转让合伙份额时又按"财产转让所得"缴纳了个人所得税,导致重复征税。

3. 多层嵌套投资时合伙企业转让被投资的合伙企业份额情形

个人甲、乙分别以50万元出资设立合伙企业A(各持有合伙企业A50%的份额),合伙企业A以100万元与其他主体共同出资设立合伙企业C,其中合伙企业A持有合伙企业C合伙份额90%。当年年末,合伙企业C实现合伙利润200万元,合伙企业A实现合伙利润0元,不考虑其他成本费用,自然人甲、乙应按照5%~35%的税率各自就90万元(200万元×90%×50%)所得缴纳个人所得税。次年年初,合伙企业A转让其所持合伙企业C的份额并获得300万元收入,不考虑其他成本费用,次年年末,合伙企业A未发生其他业务,仅因转让合伙企业C的份额实现了200万元(300万元-100万元)的合伙利润。在次年年末,个人甲、乙仅因为合伙企业A所持有的财产形式由对合伙企业C的合伙份额变更为了货币资金,而继续按照5%~35%的税率各自就100万元(200万元×50%)所得再次缴纳了个人所得税,导致重复征税。

2021年12月30日,财政部、税务总局发布财税2021年第41号文,针对上述情况,明确规定持有股权、股票、合伙企业财产份额等权益性投资的个人独资企业、合伙企业,一律适用查账征收方式计征个人所得税,进一步凸显了合伙企业份额转让的重复征税问题。各地税务机关对此亦有自由裁量权。

↘ 3.4.2 合伙人退伙所涉所得税的纳税分析

首先需要厘清两个概念——退伙与减资。公司法人在《公司法》下只有"减资"而没有"退伙"的概念,合伙企业在《合伙企业法》下同时有"减资"和"退伙"的操作。从实际操作来看,退伙会产生合伙企业减资的法律后果,但二者在程序规定上存在极大的差异。在《公司法》下,公司的注册资本是公司对外所能承担的债务能力的信用背书,"资本维持"原则是一项用以保护债权人利益和保障公司稳健经营的基本原则,注册资本减少会在一定程度上动摇公司的资本信用基础,进而影响公司债权人的权利。因此,我国《公司法》对于公司减少注册资本的程序进行了明确的规定。而较之公司法人,《合伙企业法》对合伙企业减资则没有进行过多阐述,仅在第34条概括性规定了,"合伙人按照合伙协议的约定或者经全体合伙人决定,可以增加或者减少对合伙企业的出资",并没有对合伙企业减资的程序如何操作提供明确的指引和路径,出现此类规定差异的原因在于,有限合伙企业的普通合伙人对不能清偿的到期债务承担无限连带责任,且有限合伙人退伙后,对基于其退伙前的原因发生的有限合伙企业债务,以其退伙时从有限合伙企业中取回的财产承担责任,因此合伙企业减资或者合伙人退伙不会损害债权人的利益，故没有要求必须通知债权人或者进行公告。可以将合伙企业减资与退伙，对应理解为合伙人从合伙企业中部分收回投资与全部收回投资。

《合伙企业法》第51条第1款规定："合伙人退伙，其他合伙人应当与该退伙人按照退伙时的合伙企业财产状况进行结算，退还退伙人的财产份额……"

法人合伙人退伙时获得的财产份额的退还是按照"收回投资"还是按照"财产转让所得"来缴税，并没有税率上的差异；但于个人合伙人而言，个人合伙人退伙时获得的财产份额的退还是按照"财产转让所得"还是按照"经营所得"来缴税，会因在税率以及可抵扣的成本上存在巨大差异而发生较大争议。大部分税务部门认为应该按照"财产转让所得"缴税，主要理由在于国税2011年第41号文第1条第1款的规定，个人因各种原因终止投资、联营、经营合作等行为，从被投资企业或合作项目、被投资企业的其他投资者以及合作项目的经营合作人处取得股权转让收入、违约金、补偿金、赔偿金及以其他名目收回的款项等，均属于个人所得税应税收入，应按照"财产转让所得"项目适用的规定计算缴纳个人所得税。但是部分税务部门认为，如果在退伙时合伙企业处置合伙财产，存在收益，则应该视同两个行为分别纳税。以国家税务总局江西省税务局于2023年3月9日在12366平台上的答复案例为例：

A、B两个个人成立合伙企业，分别占比40%和60%，合伙企业注册资本为1000万元，B转让30%合伙份额给个人C，转让价格是400万元，转让后A、B、C分别占比40%、30%和30%。合伙企业对外投资了股份公司，按照10元/股的价格购买100万股。2年后个人C要求退伙。与此同时，合伙企业对外转让C个人对应的30万股股份，获得收入500万元，即合伙企业对外转让C所持合伙份额对应的财产获得的收益为200万元（500万元－30万股×10元/股）；该次C个人退伙从合伙企业收回的合伙份额是300万元，但就其从B个人处受让的初始成本400万元而言，亏损100万元，就整体而言，盈利100万元。

国家税务总局江西省税务局答复认为，合伙企业和自然人合伙人的行为纳税主体不同，应分别计算：其中，针对合伙企业处置股票行为而言，合伙企业取得的收益应按照"生产经营所得"项目计算缴纳个人所得税；针对C合伙人的退伙行为而言，自然人合伙人退伙时的份额转让所得应按照"财产转让所得"项目计算缴纳个人所得税。

从答复内容来看，国家税务总局江西省税务局留下了一个重复纳税的问题，如果先行按照处置收益200万元缴纳经营所得个人所得税，那么退伙时按照300万元退还投资本金，则合伙人C的财产转让处于亏损状态，且经营所得与转让所得无法抵减导致了多纳税的问题。

实务中，部分税务部门发现了此类问题，如广州市地方税务局在《个人所得税若干征税业务指引（2010年）》（穗地税函〔2010〕141号）中明确，"对合伙企业投资者退伙时分得的财产份额，比照前款规定计征'财产转让所得'项目个人所得税，但在计算投资者应纳税所得额时，可扣除被投资企业未分配利润等投资者留存收益中所分配金额"。笔者认为，广州市税务部门的理解和实务规定是符合立法精神的,避免了不合理的重复纳税问题,应当予以推广。

3.4.3 合伙人转让合伙份额所涉印花税的纳税分析

《印花税法》所附《印花税税目税率表》明确规定,产权转移书据包含土地使用权出让书据,土地使用权、房屋等建筑物和构筑物所有权转让书据(不包括土地承包经营权和土地经营权转移)、股权转让书据(不包括应缴纳证券交易印花税的)、商标专用权、著作权、专利权、专有技术使用权转让书据。因此,印花税产权转移书据不包括合伙企业份额转让书据,转让合伙企业份额不需要缴纳印花税。比如西藏自治区税务局、江苏省税务局、宁波市税务局等在官网问答时均对此予以认可。

合伙企业合伙人的出资额属于合伙份额,不设置"实收资本""资本公积"会计科目,合伙企业出资额不计入"实收资本"和"资本公积"。因此对合伙企业的合伙人出资额不征收资金账簿印花税。

3.5 合伙企业解散、清算的涉税分析

财税〔2000〕91号文第16条明确规定,"企业进行清算时,投资者应当在注销工商登记之前,向主管税务机关结清有关税务事宜。企业的清算所得应当视为年度生产经营所得,由投资者依法缴纳个人所得税。前款所称清算所得,是指企业清算时的全部资产或者财产的公允价值扣除各项清算费用、损失、负债、以前年度留存的利润后,超过实缴资本的部分"。合伙企业的清算所得应当视为年度生产经营所得并由投资者依法缴纳个人所得税,故合伙企业清算时个人合伙人应按"经营所得"项目处理税务问题。

国家税务总局在2011年进一步发布了国税2011年第41号文,其第1条规定明确了个人终止投资等行为的税务处理规则:"一、个人因各种原因终止投资、联营、经营合作等行为,从被投资企业或合作项目、被投资企业的其他投资者以及合作项目的经营合作人取得股权转让收入、违约金、补偿金、赔偿金及以其他名目收回的款项等,均属于个人所得税应税收入,应按照'财产转让所得'项目适用的规定计算缴纳个人所得税。应纳税所得额的计算公式如下:应纳税所得额=个人取得的股权转让收入、违约金、补偿金、赔偿金及以其他名目收回款项合计数-原实际出资额(投入额)及相关税费。"

因为合伙企业解散注销过程中既存在清算环节,也明显属于终止投资收回款项的情形,实践中对于适用财税〔2000〕91号文还是国税2011年第41号文,存在各种解读。采用财税〔2000〕91号文,按照清算行为适用的税率是5%~35%,采用国税2011年第41号文,按照终止投资收回款项适用的税率则为20%,差异极大。在税务实践中,各税务机关的认识也不尽

相同。即使当时采用国税2011年第41号文的规定缴纳个人所得税,后续税务机关也可能在限定时间内追缴。笔者撰写本书之时,正遇到一起注销合伙企业采用国税2011年第41号文的规定对各合伙自然人扣缴所得税,但2年之后又被税务机关责令补缴的案例。笔者认为,从文本解释、法意解释角度看,合伙企业清算、解散的,应该适用财税〔2000〕91号文;合伙企业合伙人退伙的,应该适用国税2011年第41号文。

合伙企业注销清算的,应该先以合伙企业为整体核算清算所得(合伙企业的清算所得=合伙企业所有财产的公允价值-费用-损失-负债-以前年度已纳税未分配的留存收益-实缴资本)后,依约分配至每个合伙人:如为个人合伙人,则以5%~35%经营所得扣缴合伙人个人所得税;如为法人合伙人,则汇总至法人主体合并缴纳企业所得税;余下的财产公允价值中的以前年度留存收益分配给合伙人的,因以前年度已申报纳税,故无须再重复纳税,而财产公允价值中的实缴资本分配给合伙人的,则属于投资成本的收回。

下文对合伙企业清算向合伙人分配股票的纳税做具体分析。

合伙企业转让上市公司股票相对于个人持股转让税负成本偏高。个人转让上市公司股票(除限售股外)取得的所得免征个人所得税以及增值税,股息红利按持股时间实行差别化征税政策。但若自然人采用有限合伙企业持股,转让上市公司股票时不仅要面对可能高达5%~35%的个人所得税,还需要按照"金融商品转让"对溢价部分缴纳增值税,税率最高为6%,再加上增值税附加,溢价部分的税负率可能超过40%。

所以,很多持股平台的合伙人会在标的公司上市并解禁之后通过对持股合伙平台减资、注销等,从通过合伙企业平台间接持股转为个人直接持股,将原属于合伙企业的股票通过非交易方式过户至合伙人名下。合伙人个人减持解禁后的股票是免税的,从而实现了降低税负的目的。例如,上市公司新坐标(603040)的股东上海欣雷管理咨询合伙企业(有限合伙)于2021年完成清算注销,并将持有的新坐标股份570.5万股按照各合伙人出资比例进行分配,2021年5月完成股票的非交易过户登记。

其实,资本市场上通过合伙企业清算实现股票非交易过户登记的操作并不鲜见。尤其是2022年7月8日,为进一步减少集中抛售对二级市场的冲击,中国证监会发布了《证监会启动私募股权创投基金向投资者实物分配股票试点 支持私募基金加大服务实体经济力度》(以下简称实物分配股票试点政策),明确鼓励私募股权基金、创业投资基金以非现金分配机制实现退出,旨在拓宽私募股权创投基金退出渠道,促进投资、退出、再投资的良性循环。该次试点工作中,私募股权创投基金向投资者分配的须是所持有上市公司首次公开发行前的股份。私募股权创投基金是上市公司控股股东、实际控制人、第一大股东(含一致行动人),持有上市公司股份尚未解除限售,持有上市公司股份依照有关规则或者承诺不得减持,持有上市公司股份涉及质押、冻结、司法拍卖,或者存在违法违规行为等情形的,不得参与试点。投资者是该上市公司的实际控制人、控股股东、第一大股东（含一致行动人），是该上市公司董事、监事、高级管理人员，或者不具备证券市场投资资格等情形的，私募股权创投基金不得向其分配股票。该实物分配股票试点政策除稳定股市外，也契合了基金投资人的资产个性化配置的需求，该政策实施后，上市公司的私募股权基金股东纷纷申请试点，如上市公司八亿时空（688181）的股东北京服务新首钢股权创业投资企业（有限合伙）于 2024 年 2 月 6 日取得了中基协出具的《关于原则同意北京服务新首钢股权创业投资企业（有限合伙）开展实物分配股票试点的函》（中基协函〔2024〕211 号），计划将其持有的公司股份 11,554,661 股（占公司总股本比例 8.59%）全部向其投资者进行股票实物分配，并以非交易过户的方式登记至其基金相关合伙人名下。

上述股票实物分配，需对如下几个问题进行探讨。

1. 合伙企业如何实现非交易过户，将名下股票过户给合伙人

证券非交易过户大致包括以下几种情况：(1)股份协议转让。证券一般是通过场内证券交易系统竞价集中交易完成，大额特殊的协议转让不是通过系统交易完成的。(2)司法划扣。(3)行政划拨。(4)继承、捐赠、依法进行的财产分割（如离婚）。(5)法人终止（合伙企业等非法人组织比照法人终止所设证券过户）。(6)上市公司的收购。(7)上市公司特殊目的回购股份依照规则不能采用集中竞价方式的。2025 年 3 月发布的《上市公司章程指引》第 26 条规定，为实施员工持股计划或股权激励、为履行可转债转股义务、为维护公司价值及股东权益回购股份，必须通过集中竞价或要约方式。

据笔者经手的一些实操案例及与同行交流总结的经验，在中国证监会开展实物分配股票试点中，可以纳入试点的非交易过户的证券，证券账户一般为产品证券账户，即私募股权基金或私募资产管理计划开设的账户登记为产品户而非机构户（登记为公司、合伙企业主体机构户）的，才能进入中国证监会实物分配股票试点范围，可直接通过产品实物分配划拨至给投资人的账户中。公司型基金、合伙企业型基金，或者持股方式为公司、合伙企业的，只能以主体资格丧失的方式来完成非交易过户。

股票非交易过户中的"非交易"是证券交易市场中的概念，并非税法概念。在税法上，只要股票的所有权属发生了变化，就须按交易进行税务处理，除非存在税收优惠政策。在实施股票非交易过户登记时，合伙企业处于注销或待注销状态，从税法规定上看，这是典型的清算注销行为，合伙企业通过非交易过户登记分配上市公司股票的行为，须依法履行纳税义务。

2. 合伙企业向合伙人分配股票实物，是否涉及增值税纳税义务

较之其他资产，关于股票无偿转让的增值税适用有个特殊文件——财税 2020 年第 40 号文，即转出方的转让销售额为 0 元时，无须缴纳增值税，该文件对非自然人股东无偿转让上市公司股票的行为其并未按照通常的"视同销售"计税方式处理，由此造成税收征管争议。但是

在实务中,多数人士仍然认为应根据《增值税暂行条例实施细则》第4条第7项的规定,单位或者个体工商户将自产、委托加工或者购进的货物分配给股东或者投资者的,视同销售货物,合伙企业清算向合伙人分配股票,需要缴纳增值税。

3. 合伙企业向合伙人分配股票实物时,确定股票的公允卖出价的基准日是作出实物分配决议之日、合伙企业注销之日,还是股票办理过户之日

如果合伙企业分配给合伙人的实物是实时变动的股票,选择哪个交易时点的股票价格,对应纳税所得税十分重要。有的人在上市公司股价低迷时决定办理合伙企业注销,实施非交易过户,但注销决策之日离股票非交易过户办理之日尚有一段不能完全人为掌控的时间,具体办理非交易过户时的股价是否持续低迷难以预测。

合伙企业解散清算通过非交易过户方式分配给合伙人股票,主要涉及合伙企业买卖金融产品的增值税、印花税以及合伙人获得股票实物分配的所得税。以下分别分析各税种确定税基的时点。

首先,合伙企业非交易过户的增值税确定时点。根据财税〔2016〕36号文第45条的规定,"增值税纳税义务、扣缴义务发生时间为……纳税人从事金融商品转让的,为金融商品所有权转移的当天……"因此,增值税计算公允价格的时点应该是办理股票非交易过户之日。

其次,印花税税基的确定时点。根据《印花税法》第7条的规定,"证券交易无转让价格的,按照办理过户登记手续时该证券前一个交易日收盘价计算确定计税依据",故印花税税基的确定时点较为明确。

最后,对于所得税税基的确定时点,相关法规并无规定。实践中,按股票交割过户之日的价格是主流观点。

4. 如何确定合伙人投资成本

普通合伙人负无限责任,导致合伙企业的"实缴资本"与公司制企业的"实缴资本"差别很大。因为普通合伙人负无限责任,所以《合伙企业法》对合伙人转移、处分合伙企业财产规定得很宽松。《合伙企业法》第21条第2款规定,"合伙人在合伙企业清算前私自转移或者处分合伙企业财产的,合伙企业不得以此对抗善意第三人"。因此,虽然合伙人也有投资,但相比公司制企业的"实缴资本",合伙企业往往使用"财产份额"的概念。合伙人的投资可以不按照市场公允价值衡量,即"实缴出资"可能是模糊的。例如,《合伙企业法》第16条第2款、第3款规定,"合伙人以实物、知识产权、土地使用权或者其他财产权利出资,需要评估作价的,可以由全体合伙人协商确定,也可以由全体合伙人委托法定评估机构评估";"合伙人以劳务出资的,其评估办法由全体合伙人协商确定,并在合伙协议中载明"。那么,如果合伙人出资物未作评估,而是由全体合伙人协商确定入伙价格,以及合伙人是以劳务出资的,如何确定合伙人投资成本?能完全依照外部登记确定的入股投资金额确定吗?

笔者认为,税务主管机关对于合伙人入伙投资成本的确认具有一定裁量权,在登记入股金额明显高于实际出资实物价值时,其应可以责令合伙企业提供评估报告作为依据。

5. 合伙企业清算解散是否影响合伙人所得税纳税义务

合伙企业是所得税的"纳税透明体",由合伙人依法缴纳所得税,因此合伙人从合伙企业取得所得应缴纳的所得税,不属于合伙企业的纳税义务或者说是"税收债务",对合伙人的所得税纳税申报义务不产生影响。个人合伙人尤其如此。依据《个人所得税法》的规定,合伙企业个人合伙人的经营所得的申报纳税义务,并没有随着合伙企业的清算解散而终结,仍然需要在合伙企业清算解散的纳税年度终了后3个月内汇算清缴。个人合伙人一个纳税年度内存在多处经营所得的,还需要在次年3个月内选择其中的一个经营地进行汇总申报。

6. 合伙企业非交易过户上市公司股票是否可以核定征收个人所得税

财税〔2000〕91号文规定,发生以下三种情形时,主管税务机关应采取核定征收方式征收合伙企业个人合伙人的经营所得个人所得税:一是企业依照国家有关规定应当设置但未设置账簿的;二是企业虽设置账簿,但账目混乱或者成本资料、收入凭证、费用凭证残缺不全,难以查账的;三是纳税人发生纳税义务,未按照规定的期限办理纳税申报,经税务机关责令限期申报,逾期仍不申报的。核定征收方式,包括定额征收、核定应税所得率征收以及其他合理的征收方式。

按照国税发〔2011〕50号文的规定,对个人独资企业和合伙企业从事股权(票)、期货、基金、债券、外汇、贵重金属、资源开采权及其他投资品交易取得的所得,应全部纳入生产经营所得,依法征收个人所得税。

财税2021年第41号文规定,自2022年1月1日起"持有股权、股票、合伙企业财产份额等权益性投资的个人独资企业、合伙企业(以下简称独资合伙企业),一律适用查账征收方式计征个人所得税"。

4　无商事登记主体持股涉税事项

对于有资本市场规划的企业而言，在自然人、法人、合伙企业之外还存在一种特殊股东，在全面注册制施行之前称为"三类股东"，特指契约型基金、信托计划、资管计划；在全面注册制施行之后称为两类股东，特指资产管理产品和契约型私募投资基金。无论归类如何称呼，本质不变。这类特殊股东的特殊之处主要在于主体"无商事登记"，也没有所谓身份证号之类的唯一标识符，是法律意义的财产拟制人。

在很长一段时间里，中国证监会是全面禁止"三类股东"存在于拟上市公司股东中的，究其原因，主要在于：第一，"三类股东"都不是登记的商事主体，缺乏民事主体资格，确权登记困难。第二，"三类股东"背后的委托人是以协议方式约定内部的权利义务、管理规则、变动分配等，没有外部公示性的商事外观，因此，"三类股东"背后委托人的真实出资情况、权益分配情况、进出机制、存续期限等难以核查；此外，出资人与资金来源难以穿透核查和监管，契约型私募基金、资管计划和信托计划的管理人与委托人之间属于民事信托关系，尤其在多个金融产品嵌套情况下，或存在权益代持、关联方隐匿持股、规避限售、短线交易等问题，难以实现穿透监管，此等交易结构缺乏清晰度和稳定性，不符合资本市场监管规则对股权结构清晰的要求。

不过，自2020年起，监管部门对"三类股东"的监管态度发生了变化。变化发端于很多拟IPO企业挂牌新三板后，股转系统鼓励各类基金参与交易和投资，"三类股东"开始持有新三板企业股票；而当这些新三板企业符合了IPO的其他要求后，如仅仅因为挂牌期间自由交易所形成了"三类股东"而禁止IPO，则会对新三板场外交易制度与其他场内交易制度的衔接形成巨大冲击。为此，监管机构在2019年发布《首发业务若干问题解答》（已失效）后，不再采取"一刀切"方式要求必须清理"三类股东"之后才能申请上市，而是首次对拟IPO企业在新三板挂牌期间形成"三类股东"持有发行人股份的情况提出了明确监管核查要求。

全面注册制改革后，2023年2月，中国证监会发布全面实行股票发行注册的相关制度规则，其中《监管规则适用指引——发行类第4号》将此前的"三类股东"进行了重新归集和定义，但监管要求未发生实质变化。2024年4月，国务院发布《关于加强监管防范风险推动资本市场高质量发展的若干意见》，共9个部分，是资本市场第三个"国九条"。从"1+N"的制度改革的计划看，本次"国九条"对特殊股东的监管态度暂无变化。

很多投资人会通过购买契约型基金或资管计划的方式来开展投资或理财。而很多基金公司或资管人会以契约型投资方式、信托资产的方式对税收非常友好作为推销卖点。实际上，资管计划、信托资产、契约型基金涉税规定和实践存在严重脱节的情况，很多实务操作存在巨大风险，但还有很多税筹机构以此作为税务筹划的重要方式。笔者认为，本章的讨论既具有很大的现实意义，亦能为税法典等统一税务征管规则提供一些思路。

4.1 特殊股东的界定

《监管规则适用指引——发行类第4号》依据银发〔2018〕106号文对此前的"三类股东"进行了重新归集和定义，即"三类股东"变更为"两类股东"——资产管理产品、契约型私募投资基金。其中"资产管理产品"包括但不限于人民币或外币形式的银行非保本理财产品，资金信托，证券公司、证券公司子公司、基金管理公司、基金管理子公司、期货公司、期货公司子公司、保险资产管理机构、金融资产投资公司发行的资产管理产品等银发〔2018〕106号文规定的产品。

从资产管理的本质特征出发，中基协从机构类型和业务两个维度将资产管理业务进行了划分，见表1-8。

表1-8 中基协资产管理业务划分

机构类型	资产管理业务
基金管理公司及其子公司	公募基金、集合资产管理计划、单一资产管理计划、各类养老金、企业资产支持证券
私募机构	私募证券投资基金、私募股权投资基金、创业投资基金、私募资产配置基金及其他私募投资基金
信托公司	单一资金信托、集合资金信托
证券公司及其子公司	公募基金、集合资产管理计划、单一资产管理计划、私募子公司私募基金、各类养老金、企业资产支持证券
期货公司及其子公司	集合资产管理计划、单一资产管理计划
保险公司、保险资产管理公司	公募基金、万能险、投连险、管理企业年金、养老保障及其他委托管理资产、资产支持计划
银行及其理财子公司	非保本银行理财产品、私人银行业务

虽然存在表1-8的分类，但资管行业对"资产管理产品"的界定仍然是存在较大争议的，如私募投资基金是否属于银发〔2018〕106号文中的资产管理产品即较为模糊，从银发〔2018〕106号文第2条来看，私募投资基金管理人应不属于列举的金融机构，故私募投资基金管理人发行的私募投资基金产品理应也不属于银发〔2018〕106号文内的资产管理产品，但依据银发〔2018〕106号文第22条，"私募资产管理产品的受托机构可以为私募基金管理人"，且第2条第3款规定，虽然私募投资基金适用私募投资基金专门法律、行政法规，但在私募投资基金专

门法律、行政法规中没有明确规定的情形下，私募投资基金适用银发〔2018〕106号文，因此，从行文判断，银发〔2018〕106号文也将私募投资基金纳入了其监管范围。但在后续各类法律文件的发布与适用过程中，证券期货经营机构私募资产管理计划与中基协登记的私募基金管理人开展的私募基金业务分别具有各自的法律规范体系，属于分化管理。

在《监管规则适用指引——发行类第4号》中，IPO监管部门将契约型私募投资基金与银发〔2018〕106号文规定的"资产管理产品"并列列举，予以同等监管。符合监管要求的，不会构成IPO股东适格性障碍。

另外需要注意的是，银发〔2018〕106号文在信托产品层面仅列举了资金形态的"资金信托"，这是否意味着非资金形态的信托（如以财产权为信托财产设立的财产权信托）不受银发〔2018〕106号文监管？非资金形态的信托是否可以作为拟IPO企业股东？中国证监会的监管态度非常模糊。

除上述私募机构外，包括银行、信托公司、证券公司及其子公司、基金管理公司及其子公司、期货公司及其子公司、保险资产管理公司、金融资产投资公司在内的证券期货经营机构发行的资产管理产品，按照募集方式的不同，分为公募产品和私募产品，其中，大多数公募产品（除部分可以投资新三板股票外）只能投资于标准化债权类资产以及上市交易的股票，不得投资未上市企业股权。

私募资产管理产品多以私募资产管理计划形式出现，如信托计划、券商资产管理专项计划等，本质上是由证券期货经营机构作为管理人（或受托人）向合格投资者募集资金，并对投资者的资金按照资产管理合同的规定进行管理与运营的金融产品。

私募资产管理计划与契约型私募投资基金具有以下共同特点。

一是非公开募集性。私募资产管理计划与契约型私募投资基金的募集对象通常是具有一定经济实力和风险识别能力的特定的合格投资者，管理人不允许通过广告、公开劝诱等方式吸引投资者。

二是财产的独立性。私募资产管理计划与契约型私募投资基金的财产为信托财产，资产管理计划财产独立于管理人和托管人的固有财产，并独立于管理人和托管人托管的其他财产，私募资产管理计划与契约型私募投资基金的债务由资产管理计划与契约型私募投资基金财产本身承担，投资者以其出资为限对资产管理计划与契约型私募投资基金的债务承担责任。

三是合约性。投资者与管理人之间的权利义务主要通过资产管理合同与私募基金合同进行约定，投资者按照其对私募资产管理计划与契约型私募投资基金持有的份额或者份额比例根据资产管理合同与私募基金合同享有相应的权利。私募资产管理计划与契约型私募投资基金设立后，管理人或者其他机构（如中国证券登记结算有限责任公司、中国信托登记有限责任公司等）作为登记机构对投资人所持有份额进行登记。

四是无实体性。私募资产管理计划与契约型私募投资基金作为一种特殊的资产管理方式,不具备传统的法律实体和组织架构,展现出一种无实体性的运作特征。近年来,监管机构为确保私募资产管理计划与契约型私募投资基金的独立性,在账户的可识别性以及份额的登记方面进行了较大的努力,如《证券期货经营机构私募资产管理计划备案办法》(中基协发〔2023〕15号)明确规定,资产管理计划按照规定开立资金账户时,其名称应当是"资产管理计划名称";开立集合资产管理计划的证券账户、期货账户时,其名称应当是"证券期货经营机构名称—托管人名称—资产管理计划名称";开立单一资产管理计划的证券账户、期货账户时,其名称应当是"证券期货经营机构名称—投资者名称—资产管理计划名称"。

针对契约型私募投资基金,深圳市地方金融监管局、深圳市市场监管局、深圳证监局等部门发布《深圳市契约型私募基金投资企业商事登记试点实施方案》,允许以"担任私募基金管理人的公司或合伙企业名称(备注:代表'契约型私募基金产品名称')"的形式登记为被投资公司股东或合伙企业合伙人。如深圳金益达科技有限公司在国家信用信息公示系统中显示的股东为"浙江金毅资产管理有限公司(代表金毅白沙壹号私募股权投资基金)",金毅白沙壹号私募股权投资基金是一只在中基协备案的、由浙江金毅资产管理有限公司作为管理人的契约型私募股权投资基金,但这并不能改变浙江金毅资产管理有限公司作为契约型私募股权投资基金的"代持"深圳金益达科技有限公司股权的行为。

以一项集合私募资产管理计划为例,当事人涉及管理人、托管人、投资者,各当事人的职责具体如表1-9所示。

表1-9 集合私募资产管理计划当事人权利义务

当事人	主要权利	主要义务
管理人	(1)按照资产管理合同约定,独立管理和运用资产管理计划财产; (2)按照资产管理合同约定及时、足额获得管理人管理费用和业绩报酬(如有); (3)按照有关规定和资产管理合同约定行使因资产管理计划财产投资所产生的权利; (4)自行提供或者委托经中国证监会、协会认可的服务机构为资产管理计划提供募集、份额登记、估值与核算、信息技术系统等服务,并对其行为进行必要的监督和检查;	(1)依法办理资产管理计划的销售、登记、备案事宜。 (2)对投资者的风险识别能力和风险承受能力进行评估,向合格投资者非公开募集资金,并向投资者充分揭示相关风险。 (3)按照诚实信用、勤勉尽责的原则履行受托人义务,管理和运用资产管理计划财产,接受投资者和托管人的监督。 (4)建立健全内部管理制度,保证该资产管理计划财产与其管理的其他资产管理计划财产、管理人的固有财产相互独立,对所管理的不同资产管理计划的受托财产分别管理,分别记账,进行投资。 (5)召集资产管理计划份额持有人大会,份额持有人大会设立日常机构的除外。 (6)确定资产管理计划份额参与、退出价格。 (7)按照资产管理合同约定计算并向投资者报告资产管理计划份额净值,资产管理计划季度、年度等定期报告。 (8)对非标准化资产和相关交易主体进行充分的尽职调查,形成书面工作底稿,并制作尽职调查报告。 (9)按照资产管理合同约定负责资产管理计划会计核算并编制财务会计报告;聘请会计师事务所对年度财务会计报告进行审计。 (10)按照资产管理合同的约定确定收益分配方案,及时向投资者分配收益。

续表

当事人	主要权利	主要义务
	(5)以管理人的名义,代表资产管理计划行使投资过程中产生的权属登记等权利	(11)组织并参加资产管理计划财产清算小组,参与资产管理财产的保管、清理、估价、变现和分配。 (12)以管理人的名义,代表投资者利益行使诉讼权利或者实施其他法律行为。 (13)公平对待所管理的不同财产,不得从事任何有损资产管理计划财产以及其他当事人利益的活动;不得向管理人以及任何第三人输送利益;不得委托第三人运作资产管理计划财产。 (14)建立并保存投资者名单,保存资产管理计划的会计账册,妥善保存有关的合同、协议、交易记录等文件、资料和数据
托管人	(1)按照资产管理合同约定,依法保管资产管理计划财产; (2)按照资产管理合同约定,及时、足额获得资产管理计划托管费用	(1)安全保管资产管理计划财产。 (2)按照资产管理合同约定,根据管理人的投资指令,及时办理清算、交割事宜。 (3)复核资产管理计划资产净值和份额净值。 (4)监督管理人的投资运作。 (5)办理与资产管理计划托管业务有关的信息披露事项,对资产管理计划财务会计报告、年度报告出具意见,编制托管年度报告,报送中国证监会相关派出机构。 (6)管理人未按规定召集或者不能召集份额持有人大会的,由托管人召集份额持有人大会,份额持有人大会设立日常机构的除外。 (7)公平对待所托管的不同财产,不得从事任何有损资产管理计划财产以及其他当事人利益的活动;不得为托管人以及任何第三人输送利益,不得委托第三人托管资产管理计划财产
投资者	(1)投资者按照资产管理合同的约定参与、退出和转让资产管理计划份额; (2)根据资产管理合同的约定,参加或者申请召集资产管理计划份额持有人大会,行使相关权利; (3)按照资产管理合同约定的时间和方式获得资产管理计划的信息披露资料; (4)监督管理人、托管人履行投资管理和托管义务的情况	(1)接受合格投资者认定程序,如实填写风险识别能力和风险承担能力问卷,如实提供资金来源、金融资产、收入及负债情况,并对其真实性、准确性和完整性负责,签署合格投资者相关文件。 (2)配合管理人或者其销售机构完成投资者适当性管理、非居民金融账户涉税信息尽职调查、反洗钱等监管规定的工作。 (3)在持有的资产管理计划份额范围内,承担资产管理计划亏损或者终止的有限责任。 (4)按照资产管理合同约定支付资产管理计划份额的参与款项,承担资产管理合同约定的管理费、业绩报酬(如有)、托管费、审计费、税费等合理费用。 (5)不得违反资产管理合同的约定干涉管理人的投资行为。 (6)不得利用资产管理计划相关信息进行内幕交易或者其他不当、违法的证券期货业务活动,不得从事任何有损资产管理计划及其投资者、管理人管理的其他资产以及托管人托管的其他资产合法权益的活动

公募资产管理产品、契约型私募投资基金各方当事人的权利义务与私募资产管理计划大同小异。综合分析上述各当事人的权利义务,资产管理产品或者契约型私募投资基金在募、投、管、退环节主要所涉及的法律行为包括:(1)投资者参与、退出、转让资产管理产品或者契约型私募投资基金的行为;(2)资产管理产品或者契约型私募投资基金本身对外的投资行为;(3)管理人分配投资收益以及剩余资产的行为。

根据财税〔2017〕56号文的规定,资管产品管理人,包括银行、信托公司、公募基金管理公司及其子公司、证券公司及其子公司、期货公司及其子公司、私募基金管理人、保险资产管理公司、专业保险资产管理机构、养老保险公司;资管产品,包括银行理财产品、资金信托(包括集合资金信托、单一资金信托)、财产权信托、公开募集证券投资基金、特定客户资产管理计划、集合资产管理计划、定向资产管理计划、私募投资基金、债权投资计划、股权投资计划、股债结合型投资计划、资产支持计划、组合类保险资产管理产品、养老保障管理产品。换言之,在税法层面,资管产品涵盖了《监管规则适用指引——发行类第4号》所规定的特殊股东——资产管理产品和契约型私募投资基金,因此,本部分以资管产品代称《监管规则适用指引——发行类第4号》所规定的特殊股东,同时考虑到持股拟上市公司的资管产品主要为信托计划、契约型私募股权投资基金,公司挂牌新三板后,可获得契约型私募证券投资基金以及公募证券投资基金投资,故本部分所讨论的资管产品主要指信托计划、契约型私募股权投资基金、契约型私募证券投资基金以及公募证券投资基金这四大类。笔者将从资管产品的税负主体角度区分为管理人和投资人两个不同维度进行分析,讨论资管产品的投资人参与、退出、转让资管产品,管理人运营资管产品以及资管产品持股拟上市/上市企业的财税征管政策。

4.2 资管产品投资者参与资管产品环节的涉税分析

投资者参与资管产品的方式包括在资管产品募集期内认购资管产品份额,以及在资管产品开放期内申购资管产品份额两种情形。

从现有财税政策来看,投资者参与资管产品不涉及税费缴纳,包括印花税。

4.3 从资管产品持有的投资人角度看所得税纳税分析

投资人从资管产品取得的所得主要包括:投资人转让产品份额;投资人赎回资管产品;资管产品向投资人进行分红;资管产品清算后向投资人分配剩余财产。

在资管类产品层面,产品所得有股息、红利、利息,以及转让股权、股票、债券等投资资产后的价差所得,即资管产品向投资人分红的来源可能是股息利息,也可能是转让投资资产的价差。有人可能会问,既然资管产品主要投资于拟上市公司股权、公众非上市公司股票以及投资标的公司成功上市后资管产品持有的股权转为的证券,资管产品的投资所得怎么会有利息?这是因为资管产品募集之后到投资出去期间可能存在一定时间差,这段时间可能会购买一些保本的理财产品;对于私募股权投资,有的基金管理人与投资标的公司协商后可能会出借一部分资金。

4.3.1 个人投资人的资管产品收益所涉个人所得税分析

4.3.1.1 个人从私募股权类资管产品获得收益的所得税

契约型基金无法实名登记为被投资企业的股东或合伙人,受限于现有的商事登记制度,只能将基金管理人或相关方登记为被投资企业的股东或合伙人。即使契约型基金与基金管理人或相关方不一定签订了代持协议或相关协议,但从商事登记情况来看,仍有可能被认定为构成代持法律关系。如被认定为代持,其涉及的税务问题将会凸显。

实践中因为资管类产品缺乏商事主体的外观,资管类产品和投资人均不缴纳所得税比较普遍。由于对个人从契约型基金取得所得的定性存在争议以及在税收监管上存在困难等,个人投资人通常不会就其从契约型基金中取得的所得进行申报纳税,资管类产品的管理人通常也不会为个人投资人代为申报纳税或者进行代扣代缴,因此目前个人投资人从契约型基金中取得的相关所得实际上处于税收征管的真空地带。

资管产品投资人为自然人时,对于资管产品的四类所得,应不应该缴纳个人所得税?

第一,个人投资人转让产品的份额。根据《个人所得税法实施条例》的规定,"财产转让所得"是指个人转让有价证券、股权、合伙企业中的财产份额、不动产、机器设备、车船以及其他财产取得的所得。资管产品份额本身具有价值,与有价证券、股权、合伙份额等相似,也属于财产,对应上述规定中的"其他财产",应据此对转让资管产品份额取得的所得进行征税。

第二,个人投资人选择到期前赎回产品份额,相当于投资人提前终止契约,赎回产品获得的财产扣除投资本金之后为退出契约后的所得。国税2011年第41号文第1条规定:"个人因各种原因终止投资、联营、经营合作等行为,从被投资企业或合作项目、被投资企业的其他投资者以及合作项目的经营合作人取得股权转让收入、违约金、补偿金、赔偿金及以其他名目收回的款项等,均属于个人所得税应税收入,应按照'财产转让所得'项目适用的规定计算缴纳个人所得税。应纳税所得额的计算公式如下:应纳税所得额=个人取得的股权转让收入、违约金、补偿金、赔偿金及以其他名目收回款项合计数-原实际出资额(投入额)及相关税费。"换言之,个人投资人赎回产品份额所得与转让产品所得一样,均应按"财产转让所得"纳税。

第三,资管产品向个人投资人支付的分红收益。该项是否应缴纳个人所得税存在的争议最大。

2019年9月24日,浙江税务局在12366平台上对"个人投资信托、私募基金收到的收益是否要缴纳个税?"问题的答复是,"目前对信托等理财产品的征税问题总局并没有相关政策文件,可按财税字〔1998〕55号文和财税〔2022〕128号文相关规定操作"。可见,税法对此类征税问题尚未"与时俱进"。

有观点认为该类所得可以不缴纳个人所得税。因为该项个人取得所得不属于《个人所得税法》列明的所得类型，应不产生个人所得税的纳税义务。我国税收规则并未明确从资管产品取得的所得是否属于《个人所得税法》列明类型的所得，且2018年修正时删除了其他所得这个兜底条款，而该法并未明确投资人须就该类所得缴纳所得税。《个人所得税法》第2条第1款规定了应当缴纳个人所得税的情形："下列各项个人所得，应当缴纳个人所得税：（一）工资、薪金所得；（二）劳务报酬所得；（三）稿酬所得；（四）特许权使用费所得；（五）经营所得；（六）利息、股息、红利所得；（七）财产租赁所得；（八）财产转让所得；（九）偶然所得。"

在当前税收实践中，个人投资人通常主张不应税，不进行相应申报纳税，税务机关通常也因缺乏明确的征税依据、税收监管手段而难以对其征税。

第四，资管产品到期清算后向个人投资人分配的剩余财产。该项属于投资人持有的到期兑付，对于个人投资人而言，与资管产品分红收益一样存在是否应纳个人所得税的争议。

综上可知，税法存在相关规范较为混乱，执行理解不统一的问题，亟待系统立法予以规制。

4.3.1.2 个人从证券类资管产品获得收益的所得税

财税字〔1998〕55号文对经中国证监会批准设立的封闭式证券投资基金纳税规定比较明确：（1）对个人投资者买卖基金单位获得的差价收入，在对个人买卖股票的差价收入未恢复征收个人所得税以前，暂不征收个人所得税；（2）对个人投资者从基金分配中获得的股票的股息、红利收入以及企业债券的利息收入，由上市公司和发行债券的企业在向基金派发股息、红利、利息时代扣代缴20%的个人所得税，基金向个人投资者分配股息、红利、利息时，不再代扣代缴个人所得税；（3）对个人投资者从基金分配中获得的国债利息、储蓄存款利息以及买卖股票价差收入，在国债利息收入、个人储蓄存款利息收入以及个人买卖股票差价收入未恢复征收所得税以前，暂不征收所得税；（4）对个人投资者从基金分配中获得的企业债券差价收入，应按税法规定对个人投资者征收个人所得税，税款由基金在分配时依法代扣代缴。

而后财税〔2002〕128号文对经中国证监会批准设立的开放式证券投资基金的纳税也作出类似规定：（1）对个人投资者申购和赎回基金单位取得的差价收入，在对个人买卖股票的差价收入未恢复征收个人所得税以前，暂不征收个人所得税；（2）对基金取得的股票的股息、红利收入、债券的利息收入、储蓄存款利息收入，由上市公司、发行债券的企业和银行在向基金支付上述收入时代扣代缴20%的个人所得税；（3）对个人投资者从基金分配中取得的收入（此处应指股息、红利、债券的利息、储蓄存款利息以外的收入），暂不征收个人所得税。

但是财税〔2002〕128号文在2016年被废止，而后并无对开放式证券投资基金个人投资人所得税的新规定，实践中常常仍按财税〔2002〕128号文执行。

上述两文件所提及的证券投资基金类型为"经过证监会批准的证券投资基金"。回顾我国证券投资基金发展历史，在财税字〔1998〕55号文出台的背景下，规范证券投资基金的法律规范性文件为《证券投资基金管理暂行办法》（证委发〔1997〕81号，已失效），根据该文规定，封闭式基金必须经过中国证监会审查批准设立，主要发起人为证券公司、信托投资公司、基金管理公司；2003年，全国人大常委会正式通过《证券投资基金法》，专门规范公募证券投资基金，但公募证券投资基金仍须经国务院证券监督管理机构核准；2012年，《证券投资基金法》被修订，将私募证券投资基金正式纳入，并将其与公募证券投资基金一同监管。与此同时，公募证券投资基金的设立由审批核准制改为注册制。在目前的资管行业中，财税字〔1998〕55号文与财税〔2002〕128号文所适用的对象仅指公募证券投资基金，而不包括目前的私募证券投资基金以及其他资管产品。

另外，2012年修订后的《证券投资基金法》将证券投资基金分为公开募集基金和非公开募集基金，而修订前的《证券投资基金法》并不包括非公开募集基金（私募基金）。那么，私募证券投资基金是否参考适用上述政策？这两个税务文件的立法原意是不对资管产品本身规定所得税纳税义务，遵从税法对投资人本身纳税的相关规定，所以实质上投资人的所得税仍应看自身相关的所得税规定，在这一点上立法精神应该是共通的，故笔者认为私募证券投资基金可以参考适用上述政策，但注意提前与税务主管机构充分沟通。

另需注意的是，由个人合伙人成立的合伙企业作为公募证券投资基金的投资者，是否适用财税字〔1998〕55号文与财税〔2002〕128号文所规定的免税政策？笔者认为，在前述两文件发布时，合伙企业尚处于按照企业所得缴纳企业所得税的阶段，故在当时历史背景下，合伙企业作为公募证券投资基金的投资者，仍然需要缴纳企业所得税；虽然目前合伙企业已经成为"纳税透明体"，但现有文件并无针对合伙企业投资者买卖基金单位获得的差价收入可以适用免征所得税的规定，故合伙企业投资者买卖基金单位获得的差价收入应当纳入生产经营所得，由合伙人各自缴纳所得。国税发〔2011〕50号文亦明确规定，"对个人独资企业和合伙企业从事股权（票）、期货、基金、债券、外汇、贵重金属、资源开采权及其他投资品交易取得的所得，应全部纳入生产经营所得，依法征收个人所得税"。

证券投资基金资管产品并无法律主体形式，因而本身并无所得税，对于投资人的所得税，主要还是遵从税法对投资人本身纳税的相关规定，即个人对申购、赎回、买卖基金单位所得、基金分配所得免税，对基金取得的股息、红利、利息转付个人投资人时由分配的企业代扣代缴20%的个人所得税。那么，对于证券投资基金取得的股息红利所得，个人投资人是否可以根据财税〔2012〕85号文、财税2024年第8号文、财税〔2015〕101号文的规定，适用个人股息红利差别化待遇？笔者认为，就上述税务文件立法原意而言，应该适用，实践中也是以适用为主。

我国税务部门很多立法尚未"与时俱进"，主管的部门规章管理体系已作出重大改变，而税务相关规定还在依据 2000 年前后的文件，20 多年了，税务机关并未据此作出修改修订，而形成概念、定义、适用上的极大混乱。资管产品就属于特别典型的一种。

4.3.2　企业法人投资人的资管产品收益企业所得税分析

4.3.2.1　企业法人从私募股权资管产品获得收益的所得税

《企业所得税法》第 6 条规定，"企业以货币形式和非货币形式从各种来源取得的收入，为收入总额。包括：（一）销售货物收入；（二）提供劳务收入；（三）转让财产收入；（四）股息、红利等权益性投资收益；（五）利息收入；（六）租金收入；（七）特许权使用费收入；（八）接受捐赠收入；（九）其他收入"。资管产品本身并无法律主体形式，在所得税上属于纳税透明体，因而，企业从私募股权资管产品获得的四种收益（如前所述，投资人转让产品份额、投资人赎回资管产品、资管产品向投资人进行分红、资管产品清算后向投资人分配剩余财产），除有明确规定外，应依法纳税。

具体而言，企业转让或赎回资管产品所得、清算资管产品所得应按转让财产所得纳税；企业获得的资管产品分红属于股息、红利所得的应予以免税，属于利息收入的应该按利息所得纳税。

4.3.2.2　企业法人从证券类资管产品获得收益的所得税

根据财税字〔1998〕55 号文对企业法人从证券封闭式投资基金获得收益的纳税规定，财税〔2002〕128 号文对企业法人从证券开放式投资基金获得收益的纳税规定，财政部、国家税务总局《关于证券投资基金税收政策的通知》（财税〔2004〕78 号）及财税〔2008〕1 号文等的规定看，基金本身从证券市场中取得的收入（买卖股票债券的差价收入）免征所得税，企业法人从基金分配中取得的收入暂不征收企业所得税，但企业法人买卖（申购、赎回）基金单位取得价差收入应并入企业应纳税所得额。

财政部、国家税务总局《关于信贷资产证券化有关税收政策问题的通知》（财税〔2006〕5 号，部分失效）关于企业所得税政策问题中明确：

（1）发起机构（指通过设立特定目的信托项目转让信贷资产的金融机构）转让信贷资产取得的收益应按企业所得税的政策规定计算缴纳企业所得税，转让信贷资产所发生的损失可按企业所得税的政策规定扣除。发起机构赎回或置换已转让的信贷资产，应按企业所得税有关转让、受让资产的政策规定处理。发起机构与受托机构（指接受受托机构的委托，负责管理贷款的机构）在信贷资产转让、赎回或置换过程中应当按照独立企业之间的业务往来支付价款和费用，未按照独立企业之间的业务往来支付价款和费用的，税务机关依照《税收征收管理法》的有关规定进行调整。

（2）对信托项目收益在取得当年向机构投资者分配的部分，在信托环节暂不征收企业所得税；在取得当年未向机构投资者分配的部分，在信托环节由受托机构按企业所得税的政策规定申报缴纳企业所得税；对在信托环节已经完税的信托项目收益，再分配给机构投资者时，对机构投资者按有关取得税后收益的企业所得税政策的规定处理。

（3）在对信托项目收益暂不征收企业所得税期间，机构投资者从信托项目分配获得的收益，应当在机构投资者环节按照权责发生制的原则确认应税收入，按照企业所得税的政策规定计算缴纳企业所得税。机构投资者买卖信贷资产支持证券获得的差价收入，应当按照企业所得税的政策规定计算缴纳企业所得税，买卖信贷资产支持证券所发生的损失可按企业所得税的政策规定扣除。

（4）机构投资者从信托项目清算分配中取得的收入，应按企业所得税的政策规定缴纳企业所得税，清算发生的损失可按企业所得税的政策规定扣除。

从上述规定可知，企业法人购买信托产品同样只享受买卖产品价差收入纳税的优惠政策。这些规定与私募股权资管产品的征税原则基本一致：对投资人获得的收益按投资人自身的所得税征缴，避免重复纳税。

同样地，以上政策是否适用于私募证券基金存在争议。如北京市税务机关和深圳市税务机关曾公开表示，私募证券投资基金分红不免税。实务中，中国证券登记结算有限责任公司对于证券投资基金在投资者身份认定上列入了"自然人"的投资者项下，这可能导致上市公司对证券投资基金在分红时按照个人投资者的相关规定扣缴了个人所得税，使企业投资人本应免税的股票的股息、红利收入等缴纳了企业所得税。

4.4 从资管产品投资人角度看增值税纳税分析

4.4.1 从资管产品投资人角度看买卖资管产品的增值税纳税分析

财税〔2016〕36号文附件1《销售服务、无形资产、不动产注释》明确，"金融商品转让，是指转让外汇、有价证券、非货物期货和其他金融商品所有权的业务活动"，"其他金融商品转让包括基金、信托、理财产品等各类资产管理产品和各种金融衍生品的转让"。

财税〔2016〕36号文附件3《营业税改征增值税试点过渡政策的规定》第1条第22款规定，下列金融商品转让收入免征增值税：合格境外投资者（QFII）委托境内公司在我国从事证券买卖业务；香港市场投资者（包括单位和个人）通过沪港通买卖上交所上市A股；对香港市场投资者（包括单位和个人）通过基金互认买卖内地基金份额；证券投资基金（封闭式证券投资基金、开放式证券投资基金）管理人运用基金买卖股票、债券；个人从事金融商品转让业务。

因此，居民企业投资人买卖资管产品时须缴纳增值税，个人投资人买卖资管产品时免征增值税。

但多数信托机构主张,投资人向合格投资者转让其持有的信托受益权时,应由信托公司为受益人办理相关手续。信托受益权与股权类似,不同于可以在公开交易的二级市场自由流通的股票、债券,信托受益权不具有金融商品的属性,投资者转让信托受益权不属于财税〔2016〕36号文规定的"金融服务——金融商品转让"的征税范围,不征增值税。

金融商品转让,按照卖出价扣除买入价后的余额为销售额。转让金融商品出现的正负差,按盈亏相抵后的余额为销售额。若相抵后出现负差,可结转下一纳税期与下期转让金融商品销售额相抵,但年末时仍出现负差的,不得转入下一个会计年度。金融商品的买入价,可以选择按照加权平均法或者移动加权平均法进行核算,选择后36个月内不得变更。

4.4.2 从资管产品投资人角度看持有到期与持有期间所获收益的增值税纳税分析

投资人从资管产品所获收益包括持有期间所获分红、利息等收益,也包括持有到期收到的收益。这两种收益的增值税适用相同的规定。

由财政部、国家税务总局《关于明确金融、房地产开发、教育辅助服务等增值税政策的通知》(财税〔2016〕140号)第2条的规定可知,纳税人购入基金、信托、理财产品等各类资产管理产品持有至到期,不属于财税〔2016〕36号文第1条第5项第4点所称的金融商品转让。

该规定第1条明确,财税〔2016〕36号文第1条第5项第1点规定的"保本收益、报酬、资金占用费、补偿金",是指合同中明确承诺到期本金可全部收回的投资收益。金融商品持有期间(含到期)取得的非保本的上述收益,不属于利息或利息性质的收入,不征收增值税。如果属于利息性质收入,则应征收增值税。

上述通知和《证券投资基金增值税核算估值参考意见释义》一致规定:税务上强调的是合同设立时是否承诺偿还本金,"保本"指的是到期有无偿还本金的义务,并非有无偿还本金的能力。因此,金融商品违约风险的高低以及为降低违约风险所做的增信措施并不影响"保本"和"非保本"。

以信托计划为代表,可分为内部结构化的、分层嵌套的计划;按照信托机构或管理人参与程度,可以分为主动管理型、事务类、通道类等信托或资管。无论形式何种,始终以相关协议是否承诺本息保障为增值税的判断标准。而根据中国人民银行、原中国银保监会、中国证监会、国家外汇管理局《关于规范金融机构资产管理业务的指导意见》等的规定,信托、资管均不能对投资人承诺刚性兑付。只要资管、信托发行的是符合监管要求的产品,投资人与资产管理人之间的法律关系一般应认定为投资法律关系,所以投资人持有资产期间所获收益、持有到期所获收益均无须缴纳增值税。而信托、资管公司和底层资产之间构成另外一类法律关系,既可能构成投资法律关系,也可能构成信贷法律关系,这属于管理人层面的纳税问题,下文讨论。信托、资管与底层资产的法律关系不影响投资人与信托、管理人之间的投资关系认定。

4.5 从管理人角度的纳税分析

4.5.1 从管理人角度看增值税纳税规定

财税〔2017〕56号文规定,资管产品管理人运营资管产品过程中发生的增值税应税行为(资管产品运营业务),以管理人为纳税人,暂适用简易计税方法,按照3%的征收率缴纳增值税。按照卖出价扣除买入价后的余额为销售额。转让多个金融商品出现的正负差,盈亏相抵后余额为销售额;若相抵后出现负差,可结转至下一纳税期与下期转让金融商品销售额相抵;但年末时仍出现负差的,不得转入下一个会计年度。金融商品的买入价,可以选择按照加权平均法或移动加权平均法进行核算,选择后36个月内不得变更。

管理人运营资管产品行为指的是管理人通过资管产品买卖证券、贷款、股权转让、股权投资等投资行为。财税〔2017〕56号文同时规定,管理人应分别核算资管产品运营业务和其他业务(如管理人向投资人收取金融服务费用的行为)的销售额和增值税应纳税额。未分别核算的,资管产品运营业务不得适用3%的征收率而须按6%缴纳增值税。

《证券投资基金法》第8条明确规定,基金财产投资的相关税收由基金份额持有人承担,基金管理人或者其他扣缴义务人按照国家有关税收征收的规定代扣代缴。因此管理人运营资管产品过程中以3%税率简易征收的增值税最终是由资管产品投资人承担的。

针对管理人运营资管产品过程中发生的非增值税应税行为,根据中基协发布的《证券投资基金增值税核算估值参考意见》汇总如下,该处规定的是信托、资管公司和底层资产之间的法律关系和法律行为及其对应适用的纳税规定。

(1)不征增值税的是:转让非上市公司股权;金融商品持有期间(含到期)取得的非保本收益,如股息、红利等。

(2)免征增值税利息收入的是:金融同业往来利息收入,包括持有(政策性)金融债券、买入返售金融商品(质押式、买断式)、同业拆借、同业存款、同业借款、同业代付、同业存单。

金融同业一般认为除公募证券投资基金外,其他资管产品如银行理财、券商资管、保险资管、私募股权、私募证券投资基金等,都不适用金融同业利息收入的免征规定。例如,2018年,原福建省国家税务局汇总了《福建国税资管产品增值税热点问题解答》,对问题"36号文附件三中'证券投资基金(封闭式证券投资基金,开放式证券投资基金)管理人运用基金买卖股票、债券'免征增值税的规定,是否适用于私募基金、公募基金专户等?"的答复如下:"证券投资基金针对封闭式证券投资基金,开放式证券投资基金,不适用于私募基金、基金专户等。"

(3)免征增值税的金融商品转让价差的是:QFII委托境内公司在我国从事证券买卖业务;人民币合格境外投资者(RQFII)委托境内公司在我国从事证券买卖业务;经人民银行认可的境外机构投资银行间本币市场取得的收入;香港市场投资者通过沪港通买卖上海证券交易所上市A股;对香港市场投资者通过基金互认买卖内地基金份额;证券投资基金(封闭式,开放式)管理人运用基金买卖股票、债券。

(4)由于金融商品还本兑付、债券回售、债转股等行为,并非持有人之间金融商品所有权的转移,而是发行人与管理人之间的交易行为导致的金融商品所有权灭失,不属于金融商品转让,不征收增值税。

(5)私募股权基金产品因为投资标的为非上市股权,所以基金本身转让投资标的股权、基金持有股权过程中所得分红,以及存款利息收入、国债、地方政府债的利息收入均为免增值税。私募股权基金资管产品投资退出路径之一就是上市退出,此时资管产品持有的就变成股票这种金融商品了,此时出售所持投资标的股票应按3%简易征收率缴纳增值税。

4.5.2 从管理人角度看所得税纳税规定

根据前述分析,资管产品管理人收取的管理费作为管理人的收入,属于管理人法人所得税的应税收入。

一般认为,资管计划并无法律主体形式,属于所得税透明体,资管产品本身应不存在所得税,管理人也就不存在为资管产品缴纳所得税的问题。

管理人对个人所获收益是否有代扣代缴的义务?因为对于资管产品投资收益是否纳个人所得税存在争议,管理人在实践中均未履行代扣代缴,这一点还成为资管产品管理人对外宣传产品的一个重点优势。尤其是信托机构,认为目前没有明确的文件要求其就分红收益代扣代缴个人所得税,且信托计划不具备所得税纳税主体资格,同时,其在实际操作中以产品协议明确产品收益对应的税款由纳税人自行申报,因此信托机构无须代扣代缴个人所得税。

5　非居民主体持股涉税事项

我国一直秉持改革开放的态度，欢迎各类外资前来投资，并于2020年实施《外商投资法》。国家对外商投资实行准入前国民待遇加负面清单管理制度。准入前国民待遇，是指在投资准入阶段给予外国投资者及其投资不低于本国投资者及其投资的待遇；负面清单，是指国家规定在特定领域对外商投资实施的准入特别管理措施。国家对负面清单之外的外商投资，给予国民待遇。

《外商投资法》第17条规定，"外商投资企业可以依法通过公开发行股票、公司债券等证券和其他方式进行融资"。《外商投资法实施条例》第18条规定，"外商投资企业可以依法在中国境内或者境外通过公开发行股票、公司债券等证券，以及公开或者非公开发行其他融资工具、借用外债等方式进行融资"。《上海证券交易所发行上市审核业务指南第4号——常见问题的信息披露和核查要求自查表》《深圳证券交易所股票发行上市审核业务指南第3号——首次公开发行审核关注要点》亦明确了外商投资企业IPO的重点关注事项。

欧蛋食品、南侨食品都是近三年成功在境内A股上市的外商投资企业。公司股东、实际控制人拥有外国国籍或境外居留权的情况屡见不鲜。如2023年创业板上市的维科精密（证券代码：301499），其实际控制人为TANYAN LAI（陈燕来，新加坡国籍，拥有中国永久居留权）先生和张茵女士（中国国籍，拥有新加坡永久居留权）。2023年2月，中国证监会正式发布《境内企业境外发行证券和上市管理试行办法》2024年5月发布配套的《监管规则适用指引——境外发行上市类第7号：关于境内企业由境外场外市场转至境外证券交易所实现境外发行上市的监管要求》，完善了我国境外发行上市监管制度，统一将境内企业直接和间接境外发行上市活动纳入备案监管。

境内A股公司的外籍股东、境内企业在境外发行上市等（包括利用红筹架构的搭建与拆解等）均涉及非居民主体的持股行为涉税事项，因涉及国内法、税收协定等国际税收体系，极其庞杂，笔者在本部分聚焦投资类常见情况予以分析。

5.1　基本概念

为便于阅读，笔者认为有必要先简单厘清几个基本概念和实质。

5.1.1 非居民主体

非居民主体包括非居民企业和非居民个人。

根据《企业所得税法》第2条第3款之规定，我国判定非居民企业纳税人身份采取的是登记注册地标准和实际管理控制地相结合的原则，即构成中国的非居民企业应当同时符合三个条件：一是依照外国（地区）法律成立；二是实际管理机构不在中国境内；三是有源于中国境内的所得。依照外国（地区）法律成立的企业是否属于非居民企业，取决于其实际管理机构是否在中国境内。

非居民企业按是否在中国境内设立机构、场所，进一步划分为设立机构、场所和未设立机构、场所两种类型，二者在征税范围、税基确定、适用税率、税收管理上都有很大的差异，具体如下。

一是设有机构、场所的非居民企业，就其所设机构、场所取得的源于中国境内的所得，以及发生在中国境外但与其所设机构、场所有实际联系的所得缴纳企业所得税，并适用《企业所得税法》的一般规定。

二是未设有机构、场所的非居民企业，或者虽设有机构、场所但所得与其所设机构、场所没有实际联系的，按照属地原则，采取源泉扣缴的方式，就其源于中国境内的所得在我国缴纳企业所得税。

需要注意的是，如果非居民企业属于境外合伙企业，那么该境外合伙企业不适用我国有关合伙企业的税收管理规定，而是适用我国《企业所得税法》的税收管理规定。

非居民个人是根据对《个人所得税法》及《个人所得税法实施条例》，财政部、国家税务总局《关于在中国境内无住所的个人居住时间判定标准的公告》（财政部、国家税务总局公告2019年第34号），财政部、国家税务总局《关于非居民个人和无住所居民个人有关个人所得税政策的公告》（财政部、国家税务总局公告2019年第35号）的反向判断，即在中国境内无住所又不居住，或者无住所而一个纳税年度内在中国境内居住累计不满183天的个人。

5.1.2 中国境内所得

非居民主体（包括非居民企业以及非居民个人）在持股过程中获得的收益，按照如下原则确认是否为中国境内所得。

一是股息、红利等权益性投资所得，按照分配所得的企业所在地确定。如非居民主体从中国境内合资企业或独资企业分得的利润，属于源于中国境内的所得。

二是股权（权益性投资资产）转让所得，按照被投资企业所在地确定。如非居民主体转让中国居民企业的股权，无论支付地点是否在中国境内，其取得的收益应当属于源于中国境内的所得,应依法缴纳企业所得税。

5.1.3 税收协定与受益人

非居民企业所得税管理不但适用国内税法,同时要遵守国际税收协定的有关规定。税收协定是由两个或两个以上主权国家,为了协调相互之间的税收管辖关系以及处理有关税务问题,通过谈判缔结的国家或政府间的书面协议,主要是解决和协调国家间税收管辖关系,消除双重征税,通过缔约双方主管税务当局密切有效合作,防止逃避税问题。非居民主体的税收处理存在如下两个原则:一是国内法与协定规定不一致的,凡国内税法规定严于税收协定的,按照税收协定执行;二是如果国内税法规定优于税收协定,一般情况下,仍按国内税法规定执行。

享受税收协定待遇需要具备以下条件:一是非居民享受税收协定待遇必须具备的核心条件是符合"受益所有人"要求,防止中间层选择性适用税收协定来达到避税的目的;二是所得性质符合对应税收协定规则要求;三是符合税收居民身份要求,证明非居民主体的身份属于税收协定缔约一方是享受税收协定待遇的必要前提。

其中,关于税收居民身份的认定,我国于2016年签署的《实施税收协定相关措施以防止税基侵蚀和利润转移的多边公约》(BEPS)第4条第1款规定,如果按照被涵盖税收协定的规定,除个人以外的人构成两个或多个缔约管辖区的居民,缔约管辖区各方主管当局应考虑其实际管理机构所在地、注册地或成立地以及任何其他相关因素,尽力通过相互协商确定其在适用该协定时的居民身份。如未能达成一致,则该人不能享受该协定规定的任何税收优惠或减免,但缔约管辖区各方主管当局就其享受协定待遇的程度和方式达成一致意见的情况除外。该条款是一个认定原则上的变化,之前对企业税收居民的认定仅采用加比原则,即以实际管理机构所在地为原则来认定税收居民身份,BEPS新规则调整为协商规则,根据协商规则,两国的税务机关对于争议进行协商,如果不能协商一致,那么企业就不享受税收协定优惠。

在我国的税收协定体系中,国税2019年第35号文和国税发〔2010〕75号文构成了我国税收协定的基本框架。其中,国税发〔2010〕75号文规定,我国对外所签协定有关条款规定与《中华人民共和国政府和新加坡共和国政府有关对所得避免双重征税和防止偷漏税的协定》条款规定内容一致的,国税发〔2010〕75号文的规定同样适用于其他协定相同条款的解释及执行,因此,我国与新加坡政府相关税收协定的规定,包括后续对国税发〔2010〕75号文进一步更新与补充的文件,即国家税务总局《关于税收协定中财产收益条款有关问题的公告》(国家税务总局公告2012年第59号),是处理非居民主体享受税收协定待遇方面的基本依据;而国税2019年第35号文则是非居民主体在我国申请享受税收协定待遇的程序性规定,该办法第3条对非居民纳税人享受税收协定待遇提出的总体原则是,非居民纳税人采取"自行判断、申报享受、相关资料留存备查"的方式办理享受税收协定待遇,即非居民纳税人须自行判断,符合享受协定待遇条件的,可在纳税申报时,或通过扣缴义务人在扣缴申报时,自行享受协定待遇,同时按照该税法的规定归集和留存相关资料备查,并接受税务机关后续管理。

5.2 非居民主体取得源于中国境内居民企业分配的股息、红利纳税分析

5.2.1 非居民企业取得源于中国境内居民企业分配的股息、红利的涉税处理

非居民企业取得源于中国境内居民企业分配的股息、红利,存在如下几种征税情形。

一是非居民企业从我国境内居民企业取得的股息、红利的常规情形。根据《企业所得税法》《企业所得税法实施条例》的规定,非居民企业从我国境内居民企业取得的股息、红利等权益性投资所得适用税率为20%,减按10%的税率征收企业所得税;但若税收协定规定的税率低于国内法规定的税率,非居民企业可按规定适用税收协定税率。与国内居民企业获得股息、红利的纳税义务时点不同,根据国家税务总局《关于非居民企业所得税源泉扣缴有关问题的公告》(国家税务总局公告2017年第37号)的规定,股息、红利以实际支付日或到期应支付之日为代扣代缴义务发生日而非股东会决议日,这点与境内分红纳税义务发生日为股东会决议日不同。

二是QFII从我国境内居民企业取得的股息、红利和利息收入。国家税务总局《关于中国居民企业向QFII支付股息、红利、利息代扣代缴企业所得税有关问题》(国税函〔2009〕47号)规定,QFII取得源于中国境内的股息、红利和利息收入,应当缴纳10%的企业所得税。如果是股息、红利,则由派发股息、红利的企业代扣代缴;如果是利息,则由企业在实际支付或到期应支付时代扣代缴。

三是香港市场投资者从A股上市公司取得的股息、红利。根据财税〔2016〕127号文的规定,对香港市场企业投资者投资上交所和深交新上市A股取得的股息红利所得,暂不执行按持股时间实行差别化征税的政策,由上市公司按照10%的税率代扣所得税。

四是非居民企业获得境内居民企业派发的H股股息、红利。国家税务总局《关于中国居民企业向境外H股非居民企业股东派发股息代扣代缴企业所得税有关问题的通知》(国税函〔2008〕897号)规定,中国居民企业向境外H股非居民企业股东派发2008年及以后年度股息时,统一按10%的税率代扣代缴企业所得税。

五是非居民企业取得超过债资比的利息。《特别纳税调整实施办法(试行)》(国税发〔2009〕2号,部分失效)规定,对支付给关联方非居民企业的利息,超过债资比的部分视同为

股息征税，如果之前已按利息扣缴税款，则按差额补税，但是多缴部分不退税。

六是外商投资企业分配2008年1月1日之前形成的累计未分配利润。财税〔2008〕1号文规定，外商投资企业在2008年《企业所得税法》实施前形成的累计未分配利润，在2008年以后分配给外国投资者的，免征企业所得税。

七是非居民企业将获得的境内居民企业利润实施直接投资。财政部、国家税务总局、国家发改委、商务部《关于扩大境外投资者以分配利润直接投资暂不征收预提所得税政策适用范围的通知》（财税〔2018〕102号）规定，对境外投资者从中国境内居民企业分配的利润，用于境内直接投资于非禁止外商投资项目领域（不包括新增、转增、收购上市公司股份），凡符合规定条件的，暂不征收预提所得税。

5.2.2 非居民个人取得源于中国境内居民企业分配的股息、红利的涉税处理

非居民个人取得源于中国境内居民企业分配的股息、红利，存在如下两种征税情形。

一是根据财政部、国家税务总局《关于个人所得税若干政策问题的通知》（财税字〔1994〕020号）的规定，外籍个人从外商投资企业取得的股息、红利所得免征个人所得税。虽然免税文件表述的是"外籍个人"，但实际该"外籍个人"应是指"非居民个人"，即使为外国投资者，但在税收身份上被判定为中国居民个人，则其从中国外商投资企业取得的股息、红利所得，应按股息、红利、利息所得，适用20%的税率依法申报缴纳个人所得税。实务中，虽然国务院批转国家发改委等部门《关于深化收入分配制度改革若干意见的通知》（国发〔2013〕6号）规定，"取消对外籍个人从外商投资企业取得的股息、红利所得免征个人所得税等税收优惠"，但财政部、国家税务总局《关于继续有效的个人所得税优惠政策目录的公告》（财政部、国家税务总局公告2018年第177号）仍明确列示出该文件仍然有效。

二是根据财政部、国家税务总局、中国证监会《关于沪港股票市场交易互联互通机制试点有关税收政策的通知》（财税〔2014〕81号），香港市场个人投资者通过沪港通、深港通投资上海、深圳证券交易所上市A股取得的股息红利所得，由上市公司按照10%的税率代扣所得税。

5.2.3 税收协定非居民主体取得源于中国境内居民企业分配的股息、红利的涉税处理

非居民主体若符合税收协定中的受益所有人条件，则应享受税收协定税率。

我国签订的税收协定〔签署日期截至2024年4月22日（不含塞内加尔、喀麦隆），含未生效协定〕关于非居民主体取得源于中国境内居民企业分配的股息红利可享受的税收协定税率情况如表1-10所示。

表 1-10　我国与相关国家（地区）签署税收协定关于股息、红利税率约定情况

来源国征税权	条件	税率/%	签署协定的国家（地区）
有	股息受益所有人必须为缔约方对方居民	3	罗马尼亚
		5	科威特、蒙古国、毛里求斯、斯洛文尼亚、牙买加、塞尔维亚、苏丹、老挝、南非、克罗地亚、马其顿、塞舌尔、阿曼、沙特阿拉伯、墨西哥、文莱、赞比亚、博茨瓦纳、厄瓜多尔、肯尼亚、加蓬、埃塞俄比亚、黑山
		7	阿联酋
		7.5	尼日利亚、乌干达、津巴布韦、卢旺达
		8	埃及、突尼斯、安哥拉
		10	日本、美国、法国、英国、比利时、德国、马来西亚*、丹麦、芬兰、瑞典、意大利、荷兰、捷克、波兰、保加利亚、巴基斯坦、瑞士、塞浦路斯*、西班牙、奥地利、匈牙利、马耳他、卢森堡、韩国、俄罗斯、印度、白俄罗斯、以色列、越南、土耳其、乌克兰、亚美尼亚、冰岛、立陶宛、拉脱维亚、乌兹别克斯坦、爱沙尼亚、葡萄牙、爱尔兰、摩尔多瓦、孟加拉国、希腊、哈萨克斯坦、印度尼西亚、古巴、伊朗、吉尔吉斯斯坦、委内瑞拉、斯里兰卡、阿尔巴尼亚、阿塞拜疆、摩洛哥、格鲁吉亚、特立尼达和多巴哥、新加坡、巴巴多斯、阿尔及利亚、塔吉克斯坦、土库曼斯坦、叙利亚、中国香港、中国澳门、智利、柬埔寨、刚果（布）、斯洛伐克、卡塔尔、尼泊尔、波黑、巴林、中国台湾、挪威、黑塞哥维那、波斯尼亚
		15	新西兰、澳大利亚、加拿大、巴西、菲律宾、巴布亚新几内亚、阿根廷
有	股息受益所有人必须为缔约方对方居民并且直接或间接拥有支付股息公司至少50%股份，并在该公司投资超过200万欧元	0	格鲁吉亚
有	股息受益所有人必须为缔约方对方居民公司（合伙企业除外）并且直接拥有支付股息公司至少25%股份	5	芬兰、捷克、卢森堡、韩国、乌克兰、亚美尼亚、立陶宛、拉脱维亚、爱沙尼亚、摩尔多瓦、古巴、新加坡、巴巴多斯、马耳他、阿尔及利亚、塔吉克斯坦、土库曼斯坦、叙利亚、中国澳门、德国、瑞士、瑞典
		15	泰国
有	股息受益所有人必须为缔约方对方居民公司（合伙企业除外）并且拥有支付股息公司至少25%股份	5	希腊、冰岛
有	股息受益所有人必须为缔约方对方居民公司并且直接拥有支付股息公司至少25%选举权股份	5	中国香港、中国台湾、刚果（布）、英国、奥地利

续表

来源国征税权	条件	税率/%	签署协定的国家(地区)
有	股息受益所有人必须为缔约方对方居民公司并且在包括支付股息日在内的365天期间均拥有支付股息公司至少25%选举权股份	5	爱尔兰
有	股息受益所有人必须为缔约方对方居民公司并且直接或间接拥有支付股息公司至少25%股份	2.5	津巴布韦
		5	特立尼达和多巴哥
有	股息受益所有人必须为缔约方对方居民公司并且在包括支付股息日在内的365天期间均直接拥有支付股息公司至少25%股份	5	新西兰、意大利、挪威
		10	阿根廷
有	股息受益所有人必须为缔约方对方居民公司(合伙企业除外)并且在支付股息前至少连续12个月内曾经直接拥有支付股息公司至少25%股份	5	比利时
有	股息受益所有人必须为缔约方对方居民公司(合伙企业除外)并且在包括支付股息日在内的365天期间均直接拥有支付股息公司至少25%股份	5	西班牙、法国、荷兰、丹麦
有	股息受益所有人必须为缔约方对方居民公司(合伙企业除外)并且在包括支付股息日在内的365天期间均直接拥有支付股息公司至少25%股份,且持股金额至少达8万欧元(或等值的其他货币)	5	俄罗斯
有	股息受益所有人必须为缔约方对方居民并且直接或间接拥有支付股息公司至少10%股份,并在该公司投资超过10万欧元	5	格鲁吉亚
有	股息受益所有人必须为缔约方对方居民公司并且直接拥有支付股息公司至少10%股份	10	菲律宾
有	股息受益所有人必须为缔约方对方居民公司并且在包括支付股息日在内的365天期间拥有支付股息公司至少10%股份	10	加拿大
有	股息受益所有人必须为缔约对方居民公司并且在包括支付股息日在内的365天期间均直接拥有支付股息公司至少10%股份	10	巴西
		5	安哥拉
有	股息受益所有人必须为缔约方对方居民公司(合伙企业除外)并且直接拥有支付股息公司至少10%股份	5	委内瑞拉

续表

来源国征税权	条件	税率/%	签署协定的国家(地区)
有	股息受益所有人必须为缔约方对方居民,且据以支付股息的所得或收益由投资工具直接或间接从投资于不动产所得条款规定的不动产所取得,该投资工具按年度分配大部分上述所得或收益,且其来自上述不动产的所得或收益免税	15	英国、德国
有	股息受益所有人必须为缔约方对方居民公司(合伙企业除外)	20	泰国
无	股息受益所有人为:(1)缔约方对方政府、政府机构,或为缔约方对方政府直接或间接全部拥有(资本)的其他实体;或(2)缔约方对方政府直接或间接拥有至少20%股份的缔约方对方居民公司	—	阿联酋、科威特
无	股息是支付给缔约方对方或其行政区、地方当局或行政领土区划,或缔约另一方全部或主要拥有(所有权超5%)的任何实体	—	罗马尼亚
无	股息受益所有人为缔约方对方、其行政区或地方当局、缔约方双方主管当局通过相互协商同意的由缔约方对方全资拥有的机构或基金,或其中央银行	—	瑞士
无	股息受益所有人为缔约方对方政府及其机构,或者是缔约方对方政府直接或间接全资所有的其他实体	—	英国、沙特阿拉伯
无	股息受益所有人为缔约方对方政府、其行政区或地方当局,缔约方对方中央银行,或者由缔约方对方直接或间接全资拥有的实体	—	西班牙、刚果(布)
无	股息受益所有人为缔约方对方政府、其行政区或地方当局,缔约方对方中央银行,或由缔约方对方主要拥有的任何机构	—	安哥拉
无	股息受益所有人与其关联企业共同直接或间接持有支付股息的公司不超过25%的表决权,且该受益所有人是缔约方对方政府	—	新西兰

注:*表示我国居民从该国取得的股息在该国免予征税。

在执行股息税收协定相关条款时,应当符合国家税务总局《关于执行税收协定股息条款有关问题的通知》(国税函〔2009〕81号)规定的基本条件,具体如下。

一是身份限制条件,即按照税收协定股息条款的规定,中国境内居民企业向税收协定缔约对方税收居民支付股息,且该对方税收居民(或股息收取人)是该股息的受益所有人,则该对方税收居民取得的该项股息可享受税收协定待遇,也即按税收协定规定的税率计算其在中国境内应缴纳的所得税。如果税收协定规定的税率高于中国境内税收法律规定的税率,则纳税人仍可按中国境内税收法律规定纳税。纳税人需要享受该税收协定待遇的,应同时符合以下条件:(1)可享受税收协定待遇的纳税人应是税收协定缔约对方税收居民;(2)可享受税收协定待遇的纳税人应是相关股息的受益所有人;(3)可享受税收协定待遇的股息应是按照中国境内税收法律规定确定的股息、红利等权益性投资收益;(4)国家税务总局规定的其他条件。

二是具体持股比例限制条件,即根据有关税收协定股息条款的规定,凡税收协定缔约对方税收居民直接拥有支付股息的中国境内居民企业一定比例以上资本(一般为25%或10%)的,该对方税收居民取得的股息可按税收协定规定税率征税。该对方税收居民需要享受该税收协定待遇的,应同时符合以下条件:(1)取得股息的该对方税收居民根据税收协定的规定应限于公司;(2)在该中国境内居民企业的全部所有者权益和有表决权股份中,该对方税收居民直接拥有的比例均符合规定比例;(3)该对方税收居民直接拥有该中国境内居民企业的资本比例,在取得股息前连续12个月以内任何时候均符合税收协定规定的比例。

三是合理商业目的限制条件,即以获取优惠的税收地位为主要目的的交易或安排不应构成适用税收协定股息条款优惠规定的理由,纳税人因该交易或安排而不当享受税收协定待遇的,主管税务机关有权进行调整。

前文提及享受税收协定优惠待遇的核心条件是符合"受益所有人"要求,而关于股息条款中"受益所有人"的理解与判断,主要按照国税2018年第9号文的规定执行。当申请人或者直接或间接持有申请人100%股份,且间接持有股份情形下的中间层为中国居民或缔约方对方居民的人是缔约方对方政府、缔约方对方居民且在缔约方对方上市的公司或缔约方对方居民个人时,可直接认定为具有"受益所有人"身份,即"安全港"。当申请人从中国境内取得的所得为股息时,申请人虽不符合"受益所有人"条件,但直接或间接持有申请人100%股份的人符合"受益所有人"条件,并且属于以下两种情形之一的,应认为申请人具有"受益所有人"身份:其一,上述符合"受益所有人"条件的人为申请人所属居民国(地区)居民;其二,上述符合"受益所有人"条件的人虽不为申请人所属居民国(地区)居民,但该人和间接持有股份情形下的中间层均为符合条件的人,其指该人从中国境内取得的所得为股息时,根据中国与其所属居民国(地区)签署的税收协定,其可享受的税收协定待遇和申请人可享受的税收协定待遇相同或更为优惠。以下列三种情形举例说明。

情形一：我国香港地区居民甲投资内地居民企业并取得股息，我国香港地区居民乙直接持有香港地区居民甲100%的股份，即使香港地区居民甲不符合"受益所有人"条件，如果香港地区居民乙符合"受益所有人"条件，应认为香港地区居民乙具有"受益所有人"身份。

情形二：我国香港地区居民甲投资内地居民企业并取得股息，我国香港地区居民乙直接持有香港地区居民甲100%的股份，即使香港地区居民甲不符合"受益所有人"条件，如果香港地区居民乙符合"受益所有人"条件，应认为香港地区居民甲具有"受益所有人"身份。

情形三：我国香港地区居民甲投资内地居民企业并取得股息，新加坡居民乙通过新加坡居民丙间接持有香港地区居民甲100%的股份，即使香港地区居民甲不符合"受益所有人"条件，但如果新加坡居民乙符合"受益所有人"条件，并且新加坡居民乙和新加坡居民丙从中国取得的所得为股息时，其根据中国与新加坡签署的税收协定可享受的税收协定待遇均和香港地区居民甲可享受的税收协定待遇相同，应认为我国香港地区居民甲具有"受益所有人"身份，香港地区居民甲可根据内地与香港地区签署的税收安排享受税收协定待遇。

但若申请主体无法按照国税2018年第9号文的规定直接判定是否具有受益所有人身份，则需要考虑以下因素，并结合具体案例的实际情况进行综合分析。一般来说，下列因素不利于对申请人"受益所有人"身份的判定。

一是申请人有义务在收到所得的12个月内将所得的50%以上支付给第三国（地区）居民。"有义务"包括约定义务和虽未约定义务但已形成支付事实的情形。二是申请人从事的经营活动不构成实质性经营活动。实质性经营活动包括具有实质性的制造、经销、管理等活动。申请人从事的经营活动是否具有实质性，应根据其实际履行的功能及承担的风险进行判定。申请人从事的具有实质性的投资控股管理活动，可以构成实质性经营活动；申请人从事不构成实质性经营活动的投资控股管理活动，同时从事其他经营活动的，如果其他经营活动不够显著，不构成实质性经营活动。三是缔约方对方国家（地区）对有关所得不征税或免税，或虽征税但实际税率极低。

5.2.4 中资控股境外企业取得源于中国境内居民企业分配的股息、红利的涉税处理

根据国家税务总局《关于境外注册中资控股企业依据实际管理机构标准认定为居民企业有关问题的通知》（国税发〔2009〕82号，部分失效）的规定，中国境内的企业或企业集团作为主要控股投资者，在境外依据外国（地区）法律注册成立的企业，如果其实际管理机构在中国境内，高级管理人员履职在中国境内，财务决策在中国境内，管理文件在中国境内，一半以上董事、高级管理人员居住地在中国境内，则应判定其为实际管理机构在中国境内的居民企业，即"非境内注册居民企业"，并实施相应的税收管理，就其源于中国境内、境外的所得征收企

业所得税。该非境内注册居民企业从中国境内其他居民企业取得的股息、红利等权益性投资收益,按照《企业所得税法》第26条和《企业所得税法实施条例》第83条的规定,作为其免税收入。非境内注册居民企业的投资者从该居民企业分得的股息、红利等权益性投资收益,根据《企业所得税法实施条例》第7条第4项的规定,属于源于中国境内的所得,应当征收企业所得税;该权益性投资收益中符合《企业所得税法》第26条和《企业所得税法实施条例》第83条规定的部分,可作为收益人的免税收入。

5.3 非居民主体取得中国境内居民企业股权转让收入的纳税分析

5.3.1 非居民企业直接转让所持中国境内居民企业股权获得收入的涉税处理

非居民企业股东转让直接所持居民企业股权在实务中包括以下两种模式:一是非居民企业将其直接持有的居民企业股权转让给境内居民企业;二是非居民企业将其直接持有的居民企业股权转让给另外的境外非居民企业,交易支付与交易双方均在境外。上述两种模式按照被投资企业所在地确定为源于中国境内的所得,根据《企业所得税法》《企业所得税法实施条例》的规定,适用税率为20%,减按10%的税率征收企业所得税;但若税收协定规定的税率低于国内法规定税率,则非居民企业可按规定适用税收协定税率。

5.3.2 非居民企业间接转让所持中国境内居民企业股权获得收入的涉税处理

非居民企业甲通过子公司非居民企业丙间接持有境内居民企业股权,非居民企业甲将所持子公司非居民企业丙的股权转让给境外非居民企业乙,交易支付与交易双方均在境外,此模式称为间接转让。因境内居民企业无须操作变更登记,我国税务机关难以及时获取交易信息,避税、逃税的操作空间大,是目前我国税务机关最关注的非居民企业转让股权的模式。根据国税2015年第7号文等规定,判定间接股权转让是否须征税包括三大原则:一是灰港原则,即判定是否具有合理商业目的存在不确定性,则判定结果有可能征税也有可能不征税;二是红港原则,即直接判定不具有合理商业目的;三是绿港原则,即间接股权转让免税。

1.灰港原则

判断是否具有合理商业目的应整体考虑与间接转让中国应税财产交易相关的所有安排,结合实际情况综合分析以下相关因素:(1)境外企业股权主要价值是否直接或间接来自中国应税财产。该项主要是对境内被转让企业的价值占整体价值的比例进行分析,目前采取的价值分析方法主要是公司整体价值评估或公司账面净资产评估两种方式,分别评估境内部分和境外部分的价值情况。(2)境外企业资产是否主要由直接或间接在中国境内的投资构成,或其取得的收入是否主要直接或间接源于中国境内。这项要求对境内企业和境外中间层企业资产价值进行评估,对境内企业收入和境外中间层收入进行分析,需要查阅企业母公司合并报表收入。(3)境外企业及直接或间接持有中国应税财产的下属企业实际履行的功能和承担的风险是否能够证实企业架构具有经济实质。该项主要是考察企业实际经营情况、业务开展情况、人员数量和工作分工等情况。(4)境外企业股东、业务模式及相关组织架构的存续时间。(5)间接转让中国应税财产交易在境外应缴纳所得税情况。如果间接股权转让后境内税负转移至境外或者境内境外都不缴纳税款,该项情况可能对转让方不利。(6)股权转让方间接投资、间接转让中国应税财产交易与直接投资、直接转让中国应税财产交易的可替代性。该项标准需要考察企业股权转让是否必须通过间接股权转让来实现商业目的,如果有其他可以替代的方案,企业应该作出合理解释。(7)间接转让中国应税财产所得在中国可适用的税收协定或安排情况。该项标准是考察企业本次股权转让后下次再转让是否适用税收协定优惠。如果存在这样的情况,企业有可能存在利用本次间接股权转让达到少缴纳税金的目的。

以上所列的灰港原则各项判定因素,仅是税收文件中提出的参考方向,需要在实际工作中结合具体案例,从综合分析的角度出发加以判断。

2. 红港原则

与间接转让中国应税财产交易相关的整体安排同时符合以下四种情形的,无须按上述因素进行分析和判断,应直接认定为不具有合理商业目的。

一是境外企业股权75%以上价值直接或间接来自中国应税财产。计算75%的价值标准的关键是明确价值的构成部分和用什么具体价值指标进行判断。

二是间接转让中国应税财产交易发生前一年内任一时点,境外企业资产总额(不含现金)的90%以上直接或间接由在中国境内的投资构成,或间接转让中国应税财产交易发生前一年内,境外企业取得收入的90%以上直接或间接源于中国境内。

三是境外企业及直接或间接持有中国应税财产的下属企业虽在所在国家(地区)登记注册,以满足法律所要求的组织形式,但实际履行的功能及承担的风险有限,不足以证实其具有经济实质。要考察境外中间层的人员配置、资产配置、风险功能执行的情况来判断其是否具备经济实质。但是在实务工作中,这里没有比较明确的指标进行判定,只能根据综合情况来进行判定,同时需要注意具备经济实质与具有经营行为是不同的概念,经济实质往往强调一种积极的经营活动,从积极的经营中取得收入和利润。

四是间接转让中国应税财产交易在境外应缴所得税税负低于直接转让中国应税财产交易

在中国的可能税负。

3. 绿港原则

与间接转让中国应税财产交易相关的整体安排符合以下三种情形之一的,不适用重新定性该间接转让交易的相关规定。

一是非居民企业在公开市场买入并卖出同一上市境外企业股权取得间接转让中国应税财产所得。此处的公开市场是指公开交易的证券交易所,其中也包括境外的证券交易市场。买入、卖出都必须强调在公开市场上,若从非公开市场买入(如上市前购入),在公开市场卖出则不适用绿港原则。

二是在非居民企业直接持有并转让中国应税财产的情况下,按照可适用的税收协定或安排的规定,该项财产转让所得在中国可以免予缴纳企业所得税。

三是集团内重组免税,间接转让中国应税财产同时符合以下条件的,应认定为具有合理商业目的。(1)交易双方的股权关系具有下列情形之一:①股权转让方直接或间接拥有股权受让方80%以上的股权;②股权受让方直接或间接拥有股权转让方80%以上的股权;③股权转让方和股权受让方被同一方直接或间接拥有80%以上的股权。境外企业股权50%以上(不含50%)价值直接或间接来自中国境内不动产的,上述三种情形的持股比例应为100%。上述间接拥有的股权按照持股链中各企业的持股比例乘积计算。(2)本次间接转让交易后可能再次发生的间接转让交易相比在未发生本次间接转让交易情况下的相同或类似间接转让交易,其中国所得税负担不会减少。该条要求本次申报的间接股权转让以后再次发生的间接股权转让交易不能减少在中国的税负。如果税负减少,那么第一次间接股权转让的合理性有可能会被否定,被认定为不能适用绿港原则规定的间接股权转让免税优惠。(3)股权受让方全部以本企业或与其具有控股关系的企业的股权(不含上市企业股权)支付股权交易对价。

中国境内间接股权转让如果涉及境内多个地方的被转让财产,则需要根据国税2015年第7号文的规定,由股权转让方分别到各所涉主管税务机关申报缴纳企业所得税;各主管税务机关应相互告知税款计算方法,取得一致意见后组织税款入库;如不能取得一致意见,应报其共同上一级税务机关协调。

5.3.3 非居民个人取得中国境内居民企业股权转让收入,该如何缴税

与股息、红利所得相比,我国并未给予非居民个人股权转让所得以免税或者优惠待遇,故不论是居民个人还是非居民个人,财产转让所得均适用20%的税率,故非居民个人股权转让所得的税率为20%。但如果非居民个人所在国家(地区)与中国有双边税收协定,且协定税率低于20%,则非居民个人可以申请享受协定优惠税率。

5.3.4 税收协定非居民企业取得中国境内居民企业股权转让收入的涉税处理

具体而言,股权转让所得征税的税收协定需要区分为以不动产为主要资产的公司股权转让以及其他公司股权转让两种情形。

1. 以不动产为主要资产的公司股权转让所得征税的税收协定

非居民企业转让其在中国居民企业的股份取得的收益,如果被转让公司股份价值50%以上直接或间接是由位于中国的不动产组成,则我国税务机关有权征税。

如缔约国一方居民持有某公司的股份,无论该公司是缔约一方的公司还是缔约对方的公司,只要该公司的股份价值的50%以上(不含50%)直接或者间接由位于缔约对方的不动产所构成,则缔约国一方居民转让该公司股份取得的收益,无论其持股比例是多少,不动产所在国对该股份转让收益都有权征税。例如,如果新加坡居民拥有某中国境外公司的股份,且该公司股份价值的50%以上直接或间接由位于中国的不动产所构成,则上述新加坡居民转让该中国境外公司股份(股票)取得的收益,中国作为不动产所在国拥有征税权(但一般情况下如果不动产所在国国内法对此类情形下的转让收益不征税,即使协定规定有征税权,也并不意味着不动产所在国一定要征税)。

其中,对股份价值占比的具体要求为公司股份价值50%以上直接或间接由位于中国的不动产所组成,即公司股份被转让之前的一段时间(协定对具体时间未作规定,执行中可暂按3年处理)内任一时间,被转让股份的公司直接或间接持有位于中国的不动产价值占公司全部财产价值的比率在50%以上。上述公司股份被转让之前的3年是指公司股份被转让之前(不含转让当月)的连续36个公历月份。

执行时还应注意"间接持有"的问题,即除应考虑被转让公司本身财产构成以外,还应注意被转让股份的公司是否有参股其他公司股份及该参股公司的财产价值构成情况。例如,新加坡居民在转让其在中国居民公司中的股份取得的转让收益时可能会提出,由于该中国居民公司财产价值的不动产部分低于50%(并且该新加坡居民持有中国居民公司的股份低于25%),对其转让收益应享受协定不予征税的待遇。对此,如果上述中国居民公司又参股其他中国居民公司,并且其参股的其他中国居民公司的财产价值主要由在中国的不动产组成,则该被参股的中国居民公司的财产价值中的一部分(按参股比例计算)应属于前面提及的中国居民公司,在计算被转让股份公司的财产价值时,应将后一个被控股公司的不动产价值按参股比例计算的归属部分一并考虑,视该被转让的中国居民公司的财产价值的不动产比例是否达到50%。例如,新加坡居民公司甲拥有中国居民公司乙20%的股份,公司乙的财产价值为100(单位略),其中不动产价值为40。如果该公司乙又持有中国居民公司丙80%的股份,且公司丙的财产价值为100,其中不动产价值为90,则为享受协定待遇计算公司乙的财产价值时,应将公司丙财产价值的80%计算在内,即公司乙直接或间接拥有的财产价值为180(100+100×80%),其中不动产价值为112(40+90×80%),不动产价值比例为62%。上述列举以剔除公司乙和公司丙之间内部交易影响后的数额为前提。因此,当新加坡居民公司甲转让中国居民公司乙的股份时,由于该中国居民公司乙的财产价值中50%以上的价值直接或间接来自中国的不动产,根据协定规定,对此项转让收益中国拥有征税权。

2. 其他公司的股权转让所得征税的税收协定

在一般情况下(除滥用情形外),新加坡居民转让其在中国居民公司或其他法人资本中的股份、参股、或其他权利取得的收益,如果收益人在转让行为前的12个月内曾经直接或间接参与被转让公司25%的资本,则中国有权对该收益征税。

其中,新加坡居民直接或间接参与一个中国居民公司的资本包括以下几种情况:(1)该新加坡居民直接参与该中国居民公司的资本。如果该新加坡居民通过其他名义参与人(含个人、公司和其他实体)参与中国居民公司的资本,且该新加坡居民对于该名义参与人参与的资本享有排他性资本参与利益,并实质承担资本参与风险,该名义参与人参与的该中国居民公司资本可以视同该新加坡居民直接参与该中国居民公司的资本。(2)该新加坡居民通过具有10%以上(含10%)直接资本关系的单层或多层公司或其他实体(含单个或多个参与链)间接参与该中国居民公司的资本。间接参与的资本按照每一参与链中各公司或其他实体的资本比例乘积计算。(3)与该新加坡居民具有显著利益关系的关联集团内其他成员在该中国居民公司直接参与或者通过具有10%以上(含10%)直接资本关系的单层或多层公司或其他实体(含单个或多个参与链)间接参与该中国居民公司的资本。间接参与的资本按照每一参与链中各公司或其他实体的资本比例乘积计算,但在汇总计算该关联集团直接或间接参与该中国居民公司总资本份额时,符合前述规定的每一参与链所参与的资本份额不重复计算。上述与新加坡居民具有显著利益关系的关联集团内成员包括:①在该新加坡居民为个人的情况下,与该新加坡个人居民具有相同资本参与利益的个人(包括其配偶、父母及父母以上前辈直系亲属、子女及子女以下后辈直系亲属);②在该新加坡居民为公司或其他实体的情况下,直接或间接拥有该新加坡居民100%资本的个人(包括与其配偶、父母及父母以上前辈直系亲属、子女以及子女以下后辈直系亲属共同拥有的情形)、公司或其他实体。

当然,不同协定规定不同,有些协定规定无论有无参股比例限制,我国均有征税权,如我国与日本、英国、德国的税收协定;有些协定规定非居民企业转让中国居民企业的股权,仅在转让者为其居民的国家征税,如我国与韩国、瑞士的税收协定等,需要具体问题具体分析。

5.4 红筹架构下的税务分析

5.4.1 红筹架构搭建的涉税考虑

红筹架构通常是指中国境内企业或居民将其源于境内持有之境内经营实体的权益,通过搭建多层股权控制或协议控制架构,转由其控制的境外实体持有(权益的最终控制方仍为中国境内企业或居民),并以相应的境外实体为融资平台在境外实现融资操作的一种结构安排。

红筹架构主要可分为股权控制模式和协议控制模式(VIE),其中,股权控制模式是指由境内运营实体创始人在英属维尔京群岛(The British Virgin Islands,BVI)、开曼群岛等地设立离岸公司,利用离岸公司收购境内运营实体,以该离岸公司为融资平台对外进行融资,最终实现该离岸公司的境外上市目的。在股权控制模式下,红筹企业上市的架构自上而下一般包括BVI公司、开曼公司(上市主体)、BVI公司(可有)、香港公司(必有)、外商独资企业(Wholly Foreign Owned Enterprise,WFOE),最后是设置在中国境内的运营主体公司,具体股权结构如图1-1所示。

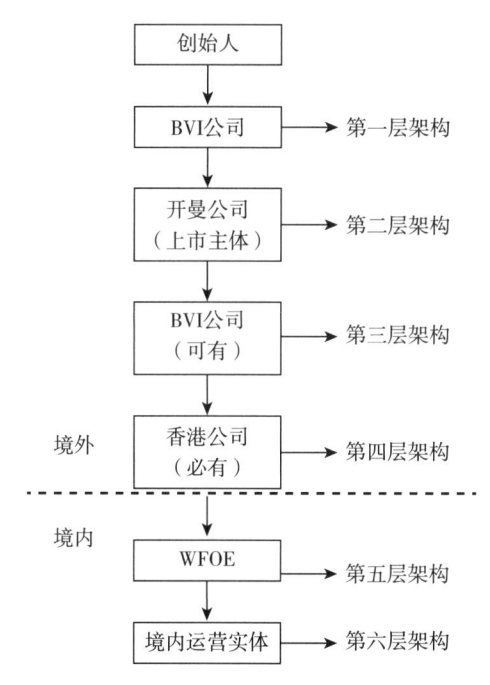

图1-1 股权控制模式红筹架构示意

第一层架构BVI公司注册简单、隐蔽性好、股东退出方便。

第二层架构为上市主体,一般来说,境外上市地点主流选择我国香港地区和美国,而美国和我国香港地区上市规则中"认可司法权区"或者"获接纳的海外司法地区"多为开曼。同时因为开曼公司注册和注销程序简单,维续成本低、税率低,并和内地签订有国际税收协定,既能避免双重征税,还能外汇进出自由,不受管制,故实务中上市主体多设立在开曼群岛。

第三层架构BVI并非必设,但如果为了未来境外上市公司(开曼公司)卖壳或者处置底层资产和业务资产剥离时,可通过转让该层BVI公司的股权来间接实现转让,避免转让香港公司在香港产生印花税。

第四层架构为拟上市主体或其在BVI设立的全资子公司在中国香港地区注册的公司,该公司将用于直接持有中国境内WFOE的股份,香港公司设立的初衷主要是享受相关的税收优惠,即根据《企业所得税法实施条例》第91条的规定,境外企业取得源于中国境内的利润(股息、红利),应就其收入全额(除有关文件和税收协定另有规定外)征收预提所得税,一般境外企业适用10%的预提所得税,但根据内地与香港的双边税收协定,香港企业享受5%的预提所得税优惠待遇。

实际上,前述红筹架构搭建很难满足国税2018年第9号文的规定,主要原因是第一层BVI公司和香港公司不属于同一个国家的企业,同时从BVI公司往下至香港公司的中间层结构都不属于"符合条件的人",即BVI公司所属开曼公司未与中国签署税收协定,因此不能享受税收协定待遇。

第五层架构为香港公司在内地注册的WFOE,其设置主要目的为规避商务部《关于外国投资者并购境内企业的规定》第11条关于外资关联收购的审核,一般操作为在香港公司收购境内资产时先设立无关联的境外SPV,部分收购现有股东持有的境内运营主体的股权再由WFOE收购境内运营主体的全部股权,以此规避商务部的关联并购审判规则。

就IPO审核角度而言,根据《监管规则适用指引——发行类第4号》的规定,实际控制人实现控制的条线存在境外控制架构的,保荐机构和发行人律师应当对发行人设置此类架构的原因、合法性及合理性、持股的真实性、是否存在委托持股、信托持股、是否有各种影响控股权的约定、股东的出资来源等问题进行核查,说明发行人控股股东和受控股股东、实际控制人支配的股东所持发行人的股份权属是否清晰,以及发行人如何确保其公司治理和内控的有效性,并发表明确意见。

在税务层面,红筹架构的搭建可能面临如下税务风险。

一是海外上市主体面临被认定为中国居民企业的风险。如果第一层架构为创始人在国内设立的居民企业,则根据国家税务总局《关于境外注册中资控股企业依据实际管理机构标准认定为居民企业有关问题的通知》(国税发〔2009〕82号,部分失效)的规定,极容易被认定为中国居民企业,则可能存在双重税收居民身份,在其境外投资活动中可能会产生税务风险。

二是境内公司向境外企业分红难以享受协定待遇风险,分析具体详见前文。

三是间接转让中国居民企业股权风险。根据国税2015年第7号文第5条的规定及实践经验,若境外主体转让股权不能满足前述国税2015年第7号文关于绿港原则的条件,则需要判断是否符合灰港原则关于合理商业目的的条件,若股权转让交易不具有合理商业目的,则税务机关有权重新定性该间接转让交易,确认为直接转让中国居民企业股权。

四是股权激励计划面临的个人所得税及企业所得税风险。在红筹架构中,如涉及员工股权激励,还必须遵守国家外汇管理局《关于境内个人参与境外上市公司股权激励计划外汇管理有关问题的通知》(汇发〔2012〕7号)的规定。参与同一项境外上市公司股权激励计划的个人,应通过所属境内公司集中委托一家境内代理机构统一办理外汇登记、账户开立及资金划转与汇兑等有关事项,并应由一家境外机构统一负责办理个人行权、购买与出售对应股票或权益以及相应资金划转等事项。境内代理机构应是参与该股权激励计划的一家境内公司或由境内公司依法选定的可办理资产托管业务的其他境内机构。满足上述规定的境外上市公司股权激励计划参与人可适用财税〔2005〕35号文、财税〔2009〕5号文、国税函〔2006〕902号文、国税函〔2009〕461号文和财税2023年25号文的规定。国税2012年第18号文第3条规定,在境外上市的居民企业和非上市公司,凡比照《上市公司股权激励管理办法》的规定建立职工股权激励计划,且在企业会计处理上,也按我国会计准则的有关规定处理的,其股权激励计划有关企业所得税处理问题,可以按照该文件的规定执行。但该文件并未明确股权激励计划成本的扣除主体,此问题尚需与主管税务机关沟通确定。

5.4.2 红筹架构拆除的涉税考虑

拆除红筹架构,是指发行人将其实际控制权由境外转回境内,即实际控制人由原通过境外特殊目的开曼公司(红筹企业)作为上市主体,调整为直接持有发行人股权或通过境内持股主体控制发行人。直接持股模式下的红筹架构拆除,一般以向发行人增资或者老股转让的方式来实现。

一是以增资方式拆红筹。境内架构部分可通过实际控制人在境内设立境内持股公司(股权结构与境外架构的持股比例相同),并以该境内持股公司对发行人增资稀释香港公司持有的发行人股权,香港公司通过股权回购、转让等相应放弃通过境外特殊目的公司持有的发行人部分股权,实现控制权转回境内;同时将境外架构中的其他主体注销或清算。在此种方式下,当发行人注册资本比较高的情形下,所需资金量会相应增加,故需要结合发行人发行规模的大小和实际控制人的资金量充足情况进行综合考量。

二是以老股转让方式拆红筹。境外公司(一般为香港公司,即WFOE的直接股东)将所持WFOE股权转让给对应的境内持股主体;在境外层面,境外公司逐层回购各自公司股权,随后对相应的持股平台进行注销。

经检索案例,笔者发现,针对红筹架构拆除过程中的税务事项,尤其是针对老股转让拆红筹方式,上市监管机构通常重点关注:(1)红筹架构拆除过程中的纳税情况,包括纳税主体、纳税金额及计算依据;(2)红筹架构存续及拆除过程中每一步骤是否符合有关税收管理等方面的法律法规规定,相关股东是否足额履行纳税义务;(3)发行人及其实际控制人控制的相关企业是否存在税收违规的风险,税务瑕疵是否对发行人本次发行上市构成法律障碍;(4)相关税务合规证明出具主体是否为有权确认主体。

相较于增资方式,老股转让方式可以一步到位拆除境外股权架构,但需要准备资金支持股权转让款及境外股权回购,且当香港公司实际履行的功能和承担的风险不足以证实该企业架构具有经济实质时,则老股转让将依据国税2015年第7号文被认定为非居民企业通过实施不具有合理商业目的的安排,间接转让中国居民企业股权,规避中国企业所得税纳税义务,从而重新定性该间接转让交易,确认为直接转让中国居民企业股权的情形并在中国征税。

在香港公司转让其所持外商投资公司(WFOE主体)股权后,通常由开曼公司回购其股东持有的开曼公司股份并进行注销,此时香港公司不再持有WFOE股权,开曼公司与境内公司之间的股权关系已经切断,不再具有间接对应中国境内应税财产的问题,则可能不适用国税2015年第7号文的规定,无须申报及缴纳中国企业所得税。但因境内自然人股东直接或通过境外公司(BVI公司)等间接持有开曼公司股份,在开曼公司回购现有股东股份环节,如开曼公司或BVI公司注销,则境内自然人作为中国居民纳税人,应就从开曼公司或BVI公司取得的清算财产申报缴纳个人所得税,即自然人股东从被清算企业分得的剩余财产的金额,其中相当于被清算企业累计未分配利润和累计盈余公积中按该股东所占股份比例计算的部分,应确认为股息所得,按照"股息、红利所得"计征个人所得税;剩余财产减除股息所得后的余额,超过投资额的部分,应按照"财产转让所得"项目计征个人所得税。根据《个人所得税法实施条例》《个人所得税自行纳税申报办法(试行)》等相关规定,境内自然人应该就全球所得向主管税务机关报送相应的纳税申报表,纳税人亦可以委托扣缴义务人或者其他单位和个人办理汇算清缴。

第二编

资本运作行为

6 员工股权激励涉税事项

员工股权激励在创业企业中非常盛行。经粗略统计，超过 70% 的公司在申报 IPO 前开展了股权激励。这是因为：第一，国民经济从完全倚重工业，逐步过渡到工业、第三产业（服务业、高科技行业）并重。而服务业、高科技行业的特点是轻资产，人力资源在生产要素中占据更重要地位，也是人们所说的知识经济崛起。工业企业，资金进入门槛高，老板掌握的资源是企业核心，人力是附庸，员工与企业之间是雇佣关系；服务、新兴行业企业，资金进入门槛低、人力资源门槛高，老板掌握的资源的重要性下降，人力资源上升到主要地位，企业与员工的关系转变为以人力为中心的分享与共创关系。第二，股权融资方式兴起，人们开始重新审视股权，发现股权是一种链接各种资源的纽带，除通过股权获取资金这种资源外，对外还可以通过股权整合产业链的力量，通过股权获得资金的支持，甚至其他资源方的支持；对内通过股权可以激励内部员工。第三，股权这种激励手段有别于其他物质性激励手段。首先股权的价值与公司业绩息息相关，如果业绩好则股权价值不可限量，如果业绩不好则股权价值不名一文。这种双向联动，且价值有大额倍增效果的工具是激励的优选。其次股权激励还具备普通物质奖励不具备的"股东"当家作主的精神认同。第四，缴纳一定额度的认股金还意味着员工对公司忠诚度的"投名纳状"。

6.1 股权激励的种类

6.1.1 企业实施股权激励的常见做法

企业选择股权激励工具时经常眼花缭乱。笔者将常见的与股权有关的激励工具汇总如下，方便后续讨论其法律、税务的定性和处理。

1. 股票期权激励模式

股票期权激励模式，是指公司赋予激励对象购买本公司股票的选择权，具有这种选择权的人，可以在规定的时期内以事先确定的价格（行权价）购买公司一定数量的股票（此过程称为行权），也可以放弃购买股票的权利，但股票期权本身不可转让。

上市公司在授予激励对象股票期权时，应当确定行权价格或者行权价格的确定方法。行权价格不得低于股票票面金额,且原则上不得低于下列价格较高者:(1)股权激励计划草案公布前1个交易日的公司股票交易均价;(2)股权激励计划草案公布前20个交易日、60个交易日或者120个交易日的公司股票交易均价之一。

2. 虚拟股票激励模式

虚拟股票激励模式,是指公司授予激励对象一种"虚拟"的股票,如果实现公司的业绩目标,则被授予者可以据此享受一定数量的分红,但没有所有权和表决权,不能转让和出售,在离开公司时自动失效。在虚拟股票持有人实现既定目标的条件下,公司支付给持有人收益时,既可以支付现金、等值的股票,也可以支付等值的股票和现金相结合,虚拟股票是通过其持有者分享企业剩余索取权,将他们的长期收益与企业效益挂钩,如华为的股票激励就是一种虚拟股票模式。

3. 股票增值权激励模式

股票增值权激励模式,是指公司授予经营者一种权利,如果经营者努力经营企业,在规定的期限内,公司股票价格上升或公司业绩上升,经营者就可以按一定比例获得这种由股价上扬或业绩提升所带来的收益,收益为行权价与行权日二级市场股价之间的差价或净资产的增值,激励对象不用为行权支付现金,行权后由公司支付现金、股票或股票和现金的组合。这种模式是对外籍员工激励的主要方式。

4. 业绩股票激励模式

业绩股票激励模式,是指公司在年初确定一个合理的年度业绩目标,如果激励对象经过卓有成效的努力后,在年末实现了公司预定的年度业绩目标,则公司给予激励对象一定数量的股票,或奖励其一定数量的奖金来购买本公司的股票。业绩股票在锁定一定年限以后才可以兑现。因此,这种激励模式是根据被激励者完成业绩目标的情况,以普通股作为长期激励形式支付给经营者的激励机制。

从本质上讲,业绩股票是一种"奖金"的延迟发放,但它弥补了一般意义上的奖金的缺点。其具有长期激励的效果,一方面,业绩股票与一般奖金不同,它不是当年就发放完毕,还要看今后几年的业绩情况;另一方面,如果企业效益好,其股价在二级市场会持续上涨,就会使激励效果进一步扩大。

5. 限制性股票激励模式

限制性股票激励模式与业绩股票激励模式基本一致,多用于上市公司场景中。

上市公司在授予激励对象限制性股票时,应当确定授予价格或授予价格的确定方法。授予价格不得低于股票票面金额,且原则上不得低于下列价格较高者:(1)股权激励计划草案公布前1个交易日的公司股票交易均价的50%;(2)股权激励计划草案公布前20个交易日、60个交易日或者120个交易日的公司股票交易均价之一的50%。

2019年7月12日，上交所对外发布《科创板上市公司信息披露工作备忘录第四号——股权激励信息披露指引》（已失效），第一次将限制性股票分为两类，提出了第二类限制性股票的概念。"上市公司授予激励对象限制性股票，包括下列类型：（一）激励对象按照股权激励计划规定的条件，获得的转让等部分权利受到限制的本公司股票，即第一类限制性股票；（二）符合股权激励计划授予条件的激励对象，在满足相应获益条件后分次获得并登记的本公司股票，即第二类限制性股票。"第二类限制性股票将激励对象获得科创公司股票并登记在册的时间推迟到满足获益条件之后，这点与期权激励计划的行权期限有相同之处，期权授予的价格按授予时的市场价，激励对象通过业绩提升进而提高公司市值，从而使授予价格与业绩提升后的市场价格（行权价格）形成落差而产生激励效果。但限制性股票有比较低的授予价格折扣，所以有观点将第二类限制性股票戏称为"打折期权"。

第二类限制性股票属于限制性股票的特殊类型，定价原则与科创板第一类限制性股票一致，这就相对期权激励有极大的价格优势。虽然上交所上述指引因注册制改革与众多文件一起失效了，但科创板一直有上市公司采用"折扣期权"这种激励模式（如科创板上市公司浩通科技2023年7月实施了第二类限制性股票激励计划），因为其激励力度大，激发意愿效果强。

6. 延期支付激励模式

延期支付激励模式，是指公司为激励对象设计"一揽子"薪酬收入计划，"一揽子"薪酬收入中有一部分属于股权收入，股权收入不在当年发放，而是按公司股票公平市场价折算成股票数量，并存于托管账户，在规定的年限期满后，以股票形式或根据届时股票市值以现金方式支付给激励对象。这实际上是管理层直接持股的一种方式，只不过资金来源是管理人员的奖金而已。延期支付激励模式体现了有偿售与和逐步变现，以及风险与权益基本对等的特征，具有比较明显的激励效果。

7. 储蓄—股票参与计划激励模式

储蓄—股票参与计划激励模式，是指公司允许激励对象预先将一定比例的工资存入专门为本公司员工开设的储蓄账户，并将此资金按期初和期末股票市场价格的较低价位的一定折扣折算成一定数量的股票，在期末按照当时的股票市场价格计算该部分股票的价值，公司将补贴购买价和市场价之间的差额。

8. 员工持股计划

员工持股计划的具体实施受不同监管部门管理时，所依据的法律文件不同，大致有三种不同的运用场景。

第一种是普通非上市民企实施的普惠性质（针对全员自愿）的股权激励，可称为员工持股计划。这种持股计划与前面介绍的期权、限制性股票、业绩股票没有本质区别。

第二种是国有企业允许员工适当入股。适用的法律文件有财资〔2016〕4号文和国资发改革〔2016〕133号文。在国有企业监管场景下,前者被称为股权激励,后者被称为员工持股计划(混合所有制改制)。后者适用条件严苛于前者。

第三种是公众公司实施的允许员工入股的安排。适用的法律文件是《非上市公众公司监管指引第6号——股权激励和员工持股计划的监管要求(试行)》(中国证监会公告〔2020〕57号)、《北京证券交易所上市公司持续监管指引第3号——股权激励和员工持股计划》(北证公告〔2021〕36号)、《关于上市公司实施员工持股计划试点的指导意见》(证监会公告〔2014〕33号)等。公众公司可以组织员工通过交易所场内场外市场购入、大股东赠与、定向增发、公司回购转授等方式组织集体专户获得上市公司股票,价格可以优惠甚至可以直接0元授予。员工持股计划与股权激励的具体实施条件、锁定期要求等略有不同。上市公司实施的员工持股计划与非上市员工持股方式略有不同的是,上市公司员工持股计划一般会采取信托、资管等委托专业机构进行代管,但法律也允许员工选出管理机构自行管理。

员工持股计划大体可以分为福利型、风险型、集资型三类。无论哪种,员工持股计划不限制员工的职级,所有员工都可以参与到员工持股计划中,通过让员工的身份从打工人,变成企业的主人翁,有效激发员工的工作热情,提高工作绩效,优化企业整体业绩,从而能部分实现股权激励的效果。

9. 股权/股票奖励

有的是公司回购股权/股票之后奖励给员工,有的是股东自愿赠与股权/股票给员工。两种情况都相当于附条件的股权/股票赠与约定。

6.1.2 企业股权激励在税务上的分类

在9种激励方式中,非上市公司常用的模式是限制性股权/股票(业绩股票/股权)、股票期权、虚拟股票;上市公司常用的模式是限制性股票、股票期权、员工持股计划。

根据相关税务文件,税法上主要讨论以下四种激励方式的纳税事项。

第一,限制性股票/股权。上文描述的第一类限制性股票、业绩股票、员工持股计划激励模式的税务关注重点是一致的。

第二,股权/票期权。上文描述的期权、第二类限制性股票激励模式的税务关注重点一致。

第三,股权奖励。股权奖励,是指企业无偿授予相关技术人员一定份额的股权或一定数量的股份。公司在实施股权激励时以赠与方式授予的期权,属于股权奖励范畴。另外,还存在公司股东自愿赠与的附条件的股权奖励,有观点认为其定性与公司赠与股权税务定性上有区别。

第四,股票增值权。上文描述的股票增值权、延期支付、储蓄—股票参与计划和虚拟股票激励模式税务关注重点一致。

前两者的激励效果主要体现在给予激励对象的股权／股票价格低于授予时或约定行权时的股权／股票公允价值。而这种价差既可能构成员工福利待遇的一部分，也可能构成股权／股票转让所得，这种价差的利益实现有滞后性；员工获得股权／股票之后还可能因为股权／股票升值而继续转让获益，此时这部分利益算员工福利待遇还是股权／股票转让所得？如何定性所得、何时纳税、如何计算所得是本部分讨论的重点。

第三种是前两者的变种，特别之处在于授予价格为 0 元，所以讨论股权奖励的涉税事项时，不再做单独讨论，因为其理论和分析与前两者一致。但如果是公司股东而非员工任职公司对员工无偿赠与股权的情形，税务定性可能存在争议。

第四种激励模式兼具现金奖励和股权激励的效果，为很多企业所采用。从税务角度看，股票增值权、延期支付、储蓄—股票参与计划三种激励方式实质上都是先发现金激励。延期支付是将现金奖励部分转变为股权／股票，后再以股权／股票一段时间演变后的价值之等额现金进行递延支付，储蓄—股票参与计划扣留部分现金直接购入等值股权／股票，虚拟股票则以股权／股票的价值变动作为计算奖金的依据，从而实现激励与股权价值联动。

之所以在讨论股权激励模式涉税问题作上述分类，是基于现行各税务文件的规定，包括财税〔2005〕35 号文、国税函〔2006〕902 号文、财税〔2009〕5 号文、国税函〔2009〕461 号文、财税〔2015〕116 号文、财税〔2016〕101 号文、《关于延续实施上市公司股权激励有关个人所得税政策的公告》（财政部、税务总局公告 2023 年第 25 号），以及财税 2024 年第 2 号文。

6.2 非上市公司员工股权激励的涉税事项及纳税优惠

6.2.1 股权激励来源

分析股权激励涉税事项之前，首先要区分股权激励的来源。目前非上市公司可以股权直接作为激励标的物，激励的股权来源主要是增资扩股、老股转让或赠与、公司股权奖励。

有争议的是有限公司能不能回购后再授予股权激励。根据《公司法》的规定，仅限于股份公司可以在回购股份后 3 年内授予员工作为股权激励，且收购比例不得超过 10%。而有限公司回购股份仅限于异议股东回购权情形，并没有规定回购可用于股权激励。有观点认为，有限公司同样可以回购部分股权并在一定期限之内授予员工，《公司法》虽没有规定，但可以通过股东会决议、章程特别规定实现。2023 年修订的《公司法》最大的一个修改之处即将资本维持原则置于非常高的地位，所有从公司流出的资产都要受到是否有违资本维持的检验。笔者认为，在此背景下，有限公司回购股权用于激励应有一个大前提，即不影响公司的即期偿债能力。在回购股权授予员工前、或授予员工后的对价未能全额收回、或授予员工的价格低于公司回购所支付的对价,又发生了公司即期偿债能力不足的情况时,外部债权人可以股东变相抽逃资金,公司董事、监事、高级管理人员违规减资为由,要求被回购股东,公司董事、监事、高级管理人员承担补充偿债责任。另外,有限公司回购股权作为库存股在现实操作层面上存在一定障碍,即市场监督管理部门无法将有限公司的股权登记至公司名下,只能在内部的股东名册上作出登记,这反衬出有限公司回购股权用于激励行为对外是没有效力的。

增资扩股用于股权激励在授予环节不涉及税负问题(详细论述见本书第 7 部分"增资与减资涉税事项")。非上市公司一般也不会向税务机关特别报告本次股权激励,即在税务上作为一次普通的增资扩股,员工或员工持股平台按照股东身份依法纳税即可。

老股转让或赠与、公司股权奖励的税负问题在下文将做重点讨论。假设偿债能力强的有限公司和股份公司决定回购股权用于股权激励,会涉及哪些税费?

其他的激励模式,虽然与股权挂钩,但并不以股权作为直接的激励标的物,比如股权增值权、延期支付、储蓄—股票参与计划、虚拟股票激励模式,下文专节分析。

6.2.2　限制性股票/股权与股权/票期权

这两种股权激励模式有几个重点涉税问题需要讨论。

第一,当激励的股权源于老股转让时,则授予股权激励的行为可能存在转让所得税;当激励的股权是由公司从老股东处回购后再授予的,同样存在老股东转让股权所得税。激励的转让价格低于股权的公允价值,那么要不要依照公允价值定价计算授予激励的交易所得?

第二,当股权激励对象违反了激励的条件或者触发了回购的条件时,原股东按事先约定的价格回购激励的股权,约定的回购价格低于股权的公允价值,要不要依照公允价值定价而计算回购交易所得?

第三,激励对象获得的股权价格与公允价值存在价差,以及获得股权后的股权升值,前者的价格与后者的升值对激励对象而言算股权投资所得还是工资薪金所得?

回答上述三个问题,须结合财税〔2016〕101 号文的相关规定。

关于第一个问题,如果激励的股权来自老股东的股权转让(也是在公司的统一安排下)或者由公司将库存股授予员工,章程等法律文件明确规定不能对外转让的员工激励,则实际转让价格可以视同属于国税 2014 年第 67 号文第 13 条"(三)相关法律、政府文件或企业章程规定,并有相关资料充分证明转让价格合理且真实的本企业员工持有的不能对外转让股权的内部转让"规定的情形,实际转让价格可被确认为有合理理由的低价转让,可按实际转让价格而非公允价值作为股权转让所得,缴纳老股转让的所得税。

如果符合财税〔2016〕101 号文的条件,则员工在取得股权激励时可暂不纳税,递延至转让该股权时纳税；股权转让时，按照股权转让收入减除股权取得成本以及合理税费后的差额，适用"财产转让所得"项目，按照20%的税率计算缴纳个人所得税。如果不符合财税〔2016〕101号文的条件，则该文第4条规定，员工个人从任职受雇企业以低于公平市场价格取得股票（权）的，应在获得股票（权）时，对实际出资额低于公平市场价格的差额，按照工资、薪金所得项目计算缴纳个人所得税。

上述两个规定出现了矛盾。

首先，当以转让的方式由股东个人将激励的股权/股票授予员工时，这属于个人股权转让的一种，受制于国税2014年第67号文，假设本次激励符合第13条第3项规定的情形时可以按实际转让价格作为股权转让所得，那么正常情况下，这一次股权激励的转让已经完成了纳税申报，股权转让的两方均完成了申报备案义务。如果本次激励虽然符合国税2014年第67号文第13条第3项规定的情形、但不满足财税〔2016〕101号文规定的条件，依据财税〔2016〕101号文第4条的规定，员工得按公允价值与实际转让价格的价差缴纳工资薪金所得。此时需要注意，国税2014年第67号文规定的纳税人是转让方，即被税务机关核定价格征收所得税的是转让方，缴纳的是股权转让的个人所得税；而财税〔2016〕101号文规定的纳税人是受让方员工，须对公允价格与实际价格之差缴纳工资薪金个人所得税。这两个文件规定的纳税人不一样、税目、税率均不一样。换言之，可能出现的现象是，股权转让的低价受到认可后，员工却需要补缴工资薪金所得，或者股东按公允价格缴纳了转让个人所得税，但员工依然要对价差部分缴纳工资薪金个人所得税。笔者在执业实践中就遇到过税务机关如此不公的认定，后续案例有分析描述。笔者认为，税务机关应当正确理解财税〔2016〕101号文，如果股权激励的价差符合递延纳税的规定，其前提就是价差被认为是合理的，应自动适用国税2014年第67号文第13条第3项规定的情形，即转让方无须补缴价差的转让股权所得税。

其次，当员工缴纳了工资薪金所得后，员工持有的股权计税基础是否可以调整为公允价值？当转让方不是股东个人，而是股东法人或者是由公司将库存股转售给予员工股权激励时，股东法人或公司被按照公允价值核定征收了股权转让所得时，员工个人是否可以按核定征收的价格作为持股原值？

国税2014年第67号文第16条规定，"股权转让人已被主管税务机关核定股权转让收入并依法征收个人所得税的，该股权受让人的股权原值以取得股权时发生的合理税费与股权转让人被主管税务机关核定的股权转让收入之和确认"，但受让方补缴工资薪金税之后是否可按核定公允价值作为股权持股原值，却没有明确规定。对于公司或法人股东转让的情形，有部分税务机关认为不可以适用国税2014年第67号文第16条的规定，理由是该条规定仅适用于个人股东转让的情形，对于法人股东转让的情形不能适用。

也有观点认为，老股转让的激励只能适用于国税2014年第67号文第13条第3项规定的情形。公司库存股授予才能适用财税〔2016〕101号文,因为财税〔2016〕101号文行文写的是"非上市公司授予本公司员工的股票期权、股权期权、限制性股票和股权奖励……"说明仅限于公司授予。但反对者认为财税〔2016〕101号文规定的8个条件中没有激励股权必须来自公司,应该理解为包括公司统一安排的股权激励。实践中,税务机关纠结于授予股权的来源的比较少,但笔者协助企业进行财税〔2016〕101号文规定的备案时也遇到过类似质疑。

以上文件到底如何适用争论较大,形成了立法上的疏漏,给纳税人、税务机关造成极大困难,不利于鼓励企业与员工通过分享股权而互相价值成就,不利于鼓励企业主通过股权分享实现与员工共同富裕。

关于第二个问题,触发回购条件时按备案的法律文件所约定价格回购的,能否按回购实际价格而不是回购时公司股权公允价值计算回购股权的所得,相关法律文件没有明确规定。笔者认为,如果股权激励情况依照财税〔2016〕101号文已经如实向税务机关备案,后续回购也是依照备案文件执行,那么发生备案文件明确载明须回购的情况时(如离职)而予以回购的,应该认可事先约定回购价格的合理性、真实性且并非以避税为目的。

如果股权激励并未根据财税〔2016〕101号文的规定备案或者不符合财税〔2016〕101号文规定的条件而不被接受备案,则此时的授予方也是此时的回购方(公司或者原转让股权的老股东)应该可以依据国税2014年第67号文第13条"……(四)股权转让双方能够提供有效证据证明其合理性的其他合理情形"之规定,提交相关法律文件证明这种回购属于双方能提供有效证据证明回购价格合理性的其他合理情形。尤其是当一笔股权转让由老股东按低价转让给自己的员工,而后因为员工离职又按原价回购了这笔股权时。

关于第三个问题的答案没有分歧。员工获得股权/股票激励时的价差可能被视作工资薪金所得,但获得之后的股权/股票增值部分均按财产转让所得计算所得税或者免税。

汇总财税〔2016〕101号文及后续相关文件的规定,非上市公司实施股权激励如欲享受优惠政策,需满足的条件有以下几个方面。

一是股权激励计划的实施主体。享受税收优惠政策的应是境内居民企业,非居民企业、居民企业用境外主体的股票作为激励标的的,均不享受该优惠。

二是股权激励计划的审核批准。为体现股权激励计划的合规性,避免企业"暗箱操作",规定股权激励计划必须经公司董事会、股东(大)会审议通过。未设立股东(大)会的国有单位,须经上级主管部门审核批准。

三是激励股权标的。为体现激励对象与公司的利益相关性,激发员工的创业热情,规定激励股权标的应为本公司的股权,授予关联公司股权的不纳入优惠范围。同时,考虑到一些科研企事业单位存在将技术成果投资入股其他企业,并以被投资企业股权实施股权奖励的情况,因此规定股权奖励的标的可以是技术成果投资入股其他境内居民企业所取得的股权。

四是激励对象范围。为体现对企业从事创新创业的支持,避免企业将股权激励变相为一般员工福利,规定激励对象应为企业的技术骨干和高级管理人员,具体人员由公司董事会或股东(大)会决定,激励对象人数累计不得超过本公司最近6个月在职职工平均人数的30%。

五是股权持有时间。为实现员工与企业长期共同发展的目标,鼓励员工从企业的成长和发展中获利,而不是短期套利,应对股权激励的持有时间作出限定:期权自授予日起应持有满3年,且自行权日起持有满1年;限制性股票自授予日起应持有满3年,且自限售条件解除之日起持有满1年;股权奖励自获得奖励之日起应持有满3年。

六是行权时间。为体现股权激励计划的约束性,便于税收管理,借鉴国际经验,应规定股票(权)期权自授予日至行权日的时间不得超过10年。

七是股权奖励的限制性行业范围。考虑到股权奖励这一方式较为灵活,为避免企业通过这种方式避税,真正体现对企业因科技成果转化而实施股权奖励的优惠,需要对实施股权奖励的行业范围进行适当限制。鉴于目前对科技类企业的统一标准难以界定,对其审核确认较为困难,因此借鉴国际通行做法,采取反列举办法,通过负面清单方式,对住宿和餐饮、房地产、批发和零售业等明显不属于科技类的行业企业,限制其享受股权奖励税收优惠政策,负面清单之外的企业实施的股权奖励则可享受递延纳税优惠政策。

八是以备案为前提。未及时向税务机关备案的股权激励不能享受优惠政策。国家税务总局《关于进一步深化税务领域"放管服"改革 培育和激发市场主体活力若干措施的通知》(税总征科发〔2021〕69号)规定:"加强股权激励个人所得税管理。严格执行个人所得税有关政策,实施股权(股票,下同)激励的企业应当在决定实施股权激励的次月15日内,向主管税务机关报送《股权激励情况报告表》(见附件),并按照财政部、国家税务总局《关于个人股票期权所得征收个人所得税问题的通知》(财税〔2005〕35号)、财政部、国家税务总局《关于完善股权激励和技术入股有关所得税政策的通知》(财税〔2016〕101号)等现行规定向主管税务机关报送相关资料。股权激励计划已实施但尚未执行完毕的,于2021年底前向主管税务机关补充报送《股权激励情况报告表》和相关资料。境内企业以境外企业股权为标的对员工进行股权激励的,应当按照工资、薪金所得扣缴个人所得税,并执行上述规定。"换言之,2021年前实施的股权激励未备案且未在2021年前完成备案的则可能无法享受相关优惠政策;2021年后实施的股权激励必须在决定实施股权激励的次月15日内备案,否则可能影响优惠政策享受。

6.2.3 股权奖励

财税〔2015〕116号文规定,全国范围内的高新技术企业给予本企业相关技术人员(含技术人员、管理人员,经公司董事会或股东会批准的,非全员普惠性激励对象)的股权奖励,个人一次缴纳税款有困难的,可根据实际情况自行制订分期缴税计划,在不超过5个公历年度内(含)分期缴纳,并将有关资料报主管税务机关备案(同时有现金奖励的则现金优先纳税)。个人获得股权奖励时,按照"工资薪金所得"项目确定应纳税额。股权奖励的计税价格参照获得股权时的公平市场价格确定。如后续股权奖励对象处置相关权益收益不足税款的可以不征。

财税〔2016〕101号文规定,非上市公司授予本公司员工的股权奖励,符合规定条件的,经向主管税务机关备案,可实行递延纳税政策,即员工在取得股权激励时可暂不纳税,递延至转让该股权时纳税;股权转让时,按照股权转让收入减除股权取得成本以及合理税费后的差额,适用"财产转让所得"项目,按照20%的税率计算缴纳个人所得税。股权转让时,股权奖励取得成本为零。

上述两个政策说明,高新企业对员工进行的股权奖励,在符合财税〔2016〕101号文规定的条件下,员工既可以选择5年分期缴纳,也可以选择递延至奖励股权转让之时。

公司股东(或其他关联方)对公司员工进行股权奖励时,股东为个人,且赠与对象是员工本人的,有观点认为不适用财税〔2015〕116号文、财税〔2016〕101号文,因为这两个文件都是由公司授予股权激励,意味着只适用于公司以库存股作为激励的情形。而根据财税2019年第74号文和财政部、国家税务总局《关于个人无偿受赠房屋有关个人所得税问题的通知》(财税〔2009〕78号,部分失效)的规定,仅房屋产权所有人将房屋产权无偿赠与他人的,受赠人按"偶然所得"项目缴纳个人所得税,赠送股票的行为并未被包括在内。《个人所得税法实施条例》第6条第1款第9项规定,"偶然所得,是指个人得奖、中奖、中彩以及其他偶然性质的所得",也没有列举股权/股票赠与项目。根据课税法定的原则,可认为个人股东赠与个人员工股权不属于"偶然所得"项目,无须纳税。

也有观点认为个人股东赠与员工个人股权,是基于员工与股东投资企业之间的劳动关系衍生的报酬,属于《个人所得税法实施条例》第6条第1款第1项"工资、薪金所得,是指个人因任职或者受雇取得的工资、薪金、奖金、年终加薪、劳动分红、津贴、补贴以及与任职或者受雇有关的其他所得"之规定情形,属于与受雇有关的所得,应该计入工资薪金所得。

如果受赠的不是员工本人,而是员工持股平台,则应按持股平台的法律形式相关规定确定税费,此种情况下能不能享受5年分期或财税〔2016〕101号文规定的递延纳税优惠,后文将讨论。

笔者认为,当股东个人赠与员工个人股权时,税务机关不会认可无须纳税,0元股权价不可能被认定为公允的股权转让价格,税务机关至少可自行依法核定转让价并进行个人财产转让所得税的征缴。但是否还可以员工不符合递延纳税的税收政策文件为由,向员工征收工资薪金所得,存在争议。

▽ 6.2.4　股权增值权、延期支付、储蓄—股票参与计划、虚拟股票

股权增值权在非上市公司适用场景时，因为非上市公司股权不具备流动性，没有很好的市价作为参照，所以一般约定的是将每股对应的净资产变动作为股票增值权的参考，即在约定业绩目标实现期内，股权对应的净资产增加值与授予股权数量之乘积就是员工可以获得的奖励金额。税务机关仅对上市公司的股权增值权作了规定，但对非上市公司实施此类激励模式的纳税事项未作规定。

虚拟股票也是内部授予员工股票，但授予的股票并不是公司法意义上的真股票，仅代表利润分配比例。当公司盈利后，员工可以按虚拟股票持有比例享有当年全部分红的对应比例之现金。

从立法本意看，这两类应在发放现金奖励时，视作工资薪金项目缴纳个人所得税，也允许代扣代缴个人所得税之后在企业所得税前列支。但在个人所得税计算时，是否可以适用财税 2023 年第 25 号文的规定，不并入当年综合所得，全额单独适用综合所得税率表，计算纳税，存在争议。从文件文义看，此种个人所得税计算优惠不适用于非上市公司。

延期支付、储蓄—股票参与计划与股权增值权、虚拟股票不一样，延期支付是将现金奖励部分转变为等值股权／股票或者按当时的股权价值换算成对应的股权／股票数量，延期一段时间之后再给员工支付股票／股权或者延期之后对应的股票／股权等值现金；储蓄—股票参与计划则是扣留部分现金直接购入等值股权／股票。因为这两种股权激励的模式税务文件未作规定，从法理上分析，延期支付应该在延期支付时点发生工资薪金纳税义务；储蓄—股票模式则应在现金发放时点发生工资薪金纳税义务。

6.3　上市公司员工股权激励的涉税事项及纳税优惠

▽ 6.3.1　股权激励的来源

目前上市公司以股票直接作为激励标的物，激励的股权来源主要是对激励对象定向增发、公司从二级市场回购的本公司股份。结合员工持股计划的规定，激励的股权还可以来自股东自愿赠与、员工持股计划直接从二级市场购入的股份。

（1）上市公司激励股权的来源是定向增发的，则在授予环节不存在纳税问题。授予之后如何纳税将在下节详细讨论。

（2）上市公司回购本公司股票后再出售给员工时，上市公司转让股票这一环节是否涉及增值税问题？存在两种情况：一是转让给员工的价格低于回购均价。因为金融产品增值税是按

价差计税，所以此时不涉及公司的增值税问题。二是公司转让给员工的价格高于回购均价。笔者认为，根据财税〔2016〕36号文附件1《营业税改征增值税试点实施办法》第10条第3项的规定，单位或者个体工商户为聘用的员工提供服务属非经营活动的情形，公司转让股票给员工的行为属于为员工提供服务，应属非经营活动的情形，不征增值税。

上市公司回购均价与授予员工价格之差影响企业所得税缴纳。有观点认为，如果上市公司回购均价高于授予员工价格，则上市公司应按金融产品投资所得纳税。如果上市公司回购均价低于授予员工价格，由于股份支付确认情况影响企业净利润，是否可以在税前列支还需看员工个人所得税的代扣代缴情况。笔者认为，考虑到股权激励后续可能存在回购注销的情形，无论上市公司回购均价是高于还是低于员工授予价，都应作为股份支付（正负金额）计入公司净利润影响当中。能否当年在税前列支，详见本部分6.4.7的内容。

（3）假设员工持股计划从二级市场购买股票，且员工持股计划由信托、券商等机构代管，则应按本书对"资管产品股东持股"的分析缴纳增值税、计算持股成本。如果员工自行组织持股平台购买股票，则要看该平台的法律形式是公司制还是合伙制，按本书前文的分析缴纳增值税、计算持股成本。

（4）公司股东或员工任职公司的关联方自愿赠与员工股票。如赠与人为自然人，则不存在增值税缴纳问题；如果赠与人为法人、合伙企业组织，则应依法缴纳增值税。此时的员工所得税在下文讨论。

6.3.2 上市公司限制性股票、股票期权

根据《上市公司股权激励管理办法》及相关规定和实践，上市公司最为常用的激励方式为限制性股票、股票期权和员工持股计划。员工持股计划于本部分6.3.3中进行讨论。

汇总相关税务文件的规定及立法原则，有以下三点要注意。

1. 上市公司股票激励所得视同工资薪金所得

个人因任职、受雇从上市公司取得的股票增值权所得和限制性股票所得，由上市公司或其境内机构按照"工资、薪金所得"项目和股票期权所得个人所得税计税方法，依法扣缴其个人所得税。

股权激励不同于工资薪金之处在于，股权激励获得股权授予价差之后，还可能获得因公司业绩提升而股价提升的股票本身增值的好处。所以前段价差利益按工资薪金缴税之后，员工后段获得的股价上涨、股息红利所得应按照"财产转让所得"适用的征免规定，及"利息、股息、红利所得"适用的规定计算缴纳个人所得税。

2. 计算所得的方式

上市公司按授予日、解禁日均价与成本之差计算所得，非上市公司按转让所得与获得股

权实际成本之差计算所得。限制性股票的应纳税所得额＝(股票登记日股票市价＋本批次解禁股票当日市价)÷2×本批次解禁股票份数－被激励对象实际支付的资金总额×(本批次解禁股票份数÷被激励对象获取的限制性股票总份数)。股票期权形式的工资薪金应纳税所得额＝(行权股票的每股市场价－员工取得该股票期权支付的每股施权价)×股票数量。凡取得股票期权的员工在行权日不实际买卖股票，而按行权日股票期权所指定股票的市场价与施权价之间的差额，直接从授权企业取得价差收益的，该项价差收益应作为员工取得的股票期权形式的工资薪金所得。按以上方式计算的应纳税所得税额不并入当年综合所得，全额单独适用综合所得税率表，计算纳税。计算公式为：应纳税额＝股权激励收入×适用税率－速算扣除数。

3. 纳税义务的发生时间

上市公司在解禁日后给予了36个月的延期纳税优惠，而非上市公司应在员工实际处置股权时一次性缴纳税费。

上市公司授予个人的股票期权、限制性股票和股权奖励，经向主管税务机关备案，个人可自股票期权行权、限制性股票解禁或取得股权奖励之日起，在不超过36个月的期限内缴纳个人所得税。财税2024年第2号文规定："为支持企业创新发展，现将上市公司股权激励有关个人所得税政策公告如下：一、境内上市公司授予个人的股票期权、限制性股票和股权奖励，经向主管税务机关备案，个人可自股票期权行权、限制性股票解禁或取得股权奖励(以下简称行权)之日起，在不超过36个月的期限内缴纳个人所得税。纳税人在此期间内离职的，应在离职前缴清全部税款……"

按相关文件规定，36个月的起算时间应按如下规则确认：(1)股票增值权个人所得税纳税义务发生时间为上市公司向被授权人兑现股票增值权所得的日期。(2)限制性股票个人所得税纳税义务发生时间为每一批次限制性股票解禁的日期。

员工接受实施股票期权激励计划的企业授予的股票期权时，除另有规定外，一般不作为应税所得征税。员工行权时，其应按从企业取得的股票的实际购买价(施权价)低于购买日公平市场价(指该股票当日的收盘价，下同)的差额缴纳个人所得税。部分股票期权在授权时即约定可以转让，且在境内或境外存在公开市场及挂牌价格(以下简称可公开交易的股票期权)。员工接受该可公开交易的股票期权时，属于员工已实际取得有确定价值的财产，应按授权日股票期权的市场价格，作为员工授权日所在月份的工资薪金所得；如果员工以折价购入方式取得股票期权，则可以授权日股票期权的市场价格扣除折价购入股票期权时实际支付的价款后的余额，作为员工授权日所在月份的工资薪金所得。

财税2024年第2号文将纳税时点从解禁后12个月延长为36个月，是因为证券交易市场的减持规定在2023年发生了较大变化。例如，为了保护投资者利益和市场稳定，若上市公司存在破发、破净或分红不达标等情形,控股股东、实际控制人及其一致行动人(很多为董事、监事、高级管理人员)将不得通过二级市场减持股份,这时,股权激励对象按照财税2024年第2号文的规定,加之董事、监事、高级管理人员有25%减持总额的限制,很难在12个月内凑齐全部税款。

6.3.3 员工持股计划

相关法律文件只规定了限制性股票、期权、股票增值权三种激励模式,未确定员工持股计划等其他激励模式是否适用。

第一,员工持股计划的股票来自上市公司的定向增发,且多数员工持股计划的定向增发价格符合一般定向增发的价格区间(发行价格不得低于定价基准日前20个交易日公司股票均价的百分之90%)的,则员工持股计划与市场均价存在的价差不应作为员工工资薪金所得纳税。

第二,员工持股计划的股票来自公司回购再授予,如果存在价差(授予价格低于公司回购均价),则涉税事项与限制性股票、股票期权同理。如果不存在价差,则员工激励所得为零。

第三,员工持股计划的股票来自计划本身从二级市场购入的,说明员工持股计划属于按照市价购入,此时员工持股计划属于员工看好公司前景的一种投资行为,按普通资管计划、持股平台机构投资纳税。

第四,员工持股计划的股票来自股东自愿赠与的,按股票权奖励纳税。

6.3.4 股票增值权等

财税〔2009〕5号文规定,股票增值权,是指上市公司授予公司员工在未来一定时期和约定条件下,获得规定数量的股票价格上升所带来收益的权利。被授权人在约定条件下行权,上市公司按照行权日与授权日二级市场股票差价乘以授权股票数量,发放给被授权人现金。所发现金应作为工资薪金所得计税。

股票增值权应参考股票期权的相关规定执行,即凡取得股票期权的员工在行权日不实际买卖股票,而按行权日股票期权所指定股票的市场价与施权价之间的差额,直接从授权企业取得价差收益的,该项价差收益应作为员工取得的股票期权形式的工资薪金所得,按照财税〔2005〕35号文的有关规定计算缴纳个人所得税。

根据财税2023年第25号文的规定,居民个人取得股票期权、股票增值权、限制性股票、股权奖励等股权激励,符合相关条件的,不并入当年综合所得,全额单独适用综合所得税率表,计算纳税。计算公式为:应纳税额=股权激励收入×适用税率-速算扣除数。居民个人在一个纳税年度内取得两次以上(含两次)股权激励的,应合并按财税2023年第25号文第1条的规定计算纳税。

6.3.5 股票奖励

上市公司直接无偿授予员工股权奖励的情形比较少见，一般仅限于上市公司股东自愿赠与。

国税函〔2006〕902号文规定，"员工接受雇主（含上市公司和非上市公司）授予的股票期权，凡该股票期权指定的股票为上市公司（含境内、外上市公司）股票的，均应按照财税〔2005〕35号文件进行税务处理"。换言之，只要股权奖励的标的是上市公司股票，无论授予方是上市公司还是上市公司的股东，抑或上市公司将自身股票作为股权激励标的授予关联方的员工（如上市公司下属子公司的员工获得了来自非任职公司上市公司的股权奖励），员工均同样按工资薪金所得计算激励所得。

6.4 几个特殊问题

6.4.1 跨上市前后时点的股权激励适用非上市公司税费政策还是上市公司税费政策

根据《〈首次公开发行股票注册管理办法〉第十二条、第十三条、第三十一条、第四十四条、第四十五条和〈公开发行证券的公司信息披露内容与格式准则第57号——招股说明书〉第七条有关规定的适用意见——证券期货法律适用意见第17号》（中国证监会公告〔2023〕14号）的规定，发行人首发申报前制订、上市后实施的期权激励计划应当体现出其增强公司凝聚力、维护公司长期稳定发展的导向，并在原则上符合下列要求：

（1）激励对象应当符合相关上市板块的规定。

（2）激励计划的必备内容与基本要求，激励工具的定义与权利限制，行权安排，回购或者终止行权，实施程序等内容，应当参考《上市公司股权激励管理办法》的相关规定执行。

（3）期权的行权价格由股东自行商定确定，但原则上不应低于最近一年经审计的净资产或者评估值。

（4）发行人全部在有效期内的期权激励计划所对应股票数量占上市前总股本的比例原则上不得超过15%，且不得设置预留权益。

（5）在审期间，发行人不应新增期权激励计划，相关激励对象不得行权；最近一期末资产负债表日后行权的，申报前须增加一期审计。

（6）在制订期权激励计划时应当充分考虑实际控制人稳定，避免上市后期权行权导致实际控制人发生变化。

（7）激励对象在发行人上市后行权认购的股票，应当承诺自行权日起36个月内不减持，同时承诺上述期限届满后比照董事、监事及高级管理人员的相关减持规定执行。

根据上述规定,目前允许拟上市公司在上市申报前制订期权激励计划,上市后再实施,那么这种跨上市前后时点的股权激励适用的是非上市公司税费政策还是上市公司税费政策?

国税函〔2009〕461号文规定,"公司上市之前设立股权激励计划,待公司上市后取得的股权激励所得",不适用该文件规定的优惠计税方法,应直接计入个人当期所得征收个人所得税,但该文件发布时对非上市公司股权激励还没有规定,当财税〔2016〕101号文发布确认非上市公司可适用更加优惠的财税政策后,国税函〔2009〕461号文的该规定还适用吗?

从法条分析看,国税函〔2009〕461号文的该条款仍属有效,应当适用。这意味着公司上市后根据上市前制订的股权激励计划授予的期权激励,应按工资薪金一次性计入工资薪金合并缴纳个人所得税,既不能享受非上市公司按股权转让纳税的优惠,也不能享受上市公司延期36个月纳税的优惠。

6.4.2 以平台方式获得的股权激励,是否可以按财税〔2016〕101号文备案

非上市公司以持股平台为载体间接进行股权激励,在实务中越来越普遍。这种方式主要是由持股平台持有上市公司或新三板挂牌公司的相应股权,员工则作为持股平台的合伙人或股东,间接持有实施股权激励企业的股权。相较于直接进行股权激励,持股平台方式能够保持股权稳定,不会分散公司股权表决权,便于大股东实施控制,股票买卖均受控于大股东,既能满足大股东的控制要求又能满足监管部门要求。常见的持股平台主要有合伙企业和有限责任公司。其中,以合伙企业作为持股平台的形式,在实际操作中更为常见。目前,对于通过持股平台间接持有公司股权的股权激励,税务处理上存在争议。

财税〔2016〕101号文规定,"非上市公司授予本公司员工的股票期权、股权期权、限制性股票和股权奖励,符合规定条件的,经向主管税务机关备案,可实行递延纳税政策,即员工在取得股权激励时可暂不纳税,递延至转让该股权时纳税",因此,财税〔2016〕101号文针对的股权激励是授予员工本人的,员工持股平台并不符合上述规定。上市公司股权激励不授予给员工个人的情形只有员工持股计划这一种。同样,员工持股计划未被纳入上市公司股权激励税务文件的范畴,其是否可获得税务机关递延纳税的优惠待遇也存在争议。

如果税务机关不同意对授予员工持股平台的股权激励依法备案,会有哪些后果?

第一,授予方式是老股转让或公司回购后再授予的,授予价格低于公允值,可能会被认定为不合理,将按公允值确认纳税基数,计算相关税负。

第二,很多平台设立之后都有份额预留,预留的份额会以合伙份额转让的方式授予新的激励对象。如果合伙份额转让的价格低于公允值,则可能会被认定为不合理,税务机关将要求按公允值确认合伙份额转让的纳税基数,计算相关税负。

第三,持股平台内部一般设定了某些条件成就时按事先设定价格回购的机制。如果触发了这种回购机制,回购价格低于公允值,可能会被认定为不合理,将按公允值确认回购的纳税基数,计算相关税负。

如果员工平台持股方式无法获得财税〔2016〕101号文规定的备案,可否适用国税2014年第67号文第13条的规定,即"符合下列条件之一的股权转让收入明显偏低,视为有正当理由:……(三)相关法律、政府文件或企业章程规定,并有相关资料充分证明转让价格合理且真实的本企业员工持有的不能对外转让股权的内部转让;(四)股权转让双方能够提供有效证据证明其合理性的其他合理情形"?笔者认为,合伙企业作为员工持股平台,该平台仅用于激励持股,合伙协议文本上明确约定,员工持有的份额不得对外转让,在符合一定授予程序(董事会、股东会决议),符合身份等各种条件,及事先约定了授予转让、预留转让、回购转让的事项,且相关文件均实现工商备案的,这些相关文件可以作为说明文件提交税务主管部门证明价格合理且真实。

公司通过持股平台间接授予激励对象股权(票),具体应如何进行税务处理,实务中一直存在争议,企业应提前做好相关风险的研判。

6.4.3 上市前获得的股权激励,标的公司上市后适用税收政策分析

当公司IPO成功,成为上市公司后,在册股东中属于员工的一般都被要求在上市后12个月或36个月甚至42个月内不得出售股权,属于限售股。此时,在税务实践中不再区分员工持股还是非员工持股,统一适用限售股的相关税务规定。

6.4.4 新三板员工的股权激励所得适用的税收政策

《非上市公众公司监管指引第6号——股权激励和员工持股计划的监管要求》、财税〔2016〕101号文明确规定了新三板挂牌公司实施股权激励计划的,应按该两部文件的规定执行,即员工的股权激励所得应按"财产转让所得"计算缴纳个人所得税。

6.4.5 员工取得境外公司股权或股票的如何缴纳个人所得税

根据国税函〔2006〕902号文、国家税务总局《关于个人股票期权缴纳个人所得税有关问题的补充通知》的规定,境内企业以境外企业股权为标的对员工进行股权激励的,应当按照工资、薪金所得扣缴个人所得税,均按财税〔2005〕35号文的规定进行税务处理。

6.4.6 员工获得激励的限制性股票后,标的公司进行红股分配(送转股份)时如何纳税

根据国税函〔2009〕461号文,员工获得上市公司的限制性股票的,应该按照"工资、薪金

所得"项目和股票期权所得个人所得税计税方法,缴纳个人所得税,财税 2024 年第 2 号文规定,纳税义务发生时间为解禁后 36 个月内。财税〔2016〕101 号文第 4 条规定,员工持有递延纳税的股权期间,因该股权产生的转增股本收入,以及以该递延纳税的股权再进行非货币性资产投资的,应在当期缴纳税款。

被激励对象限制性股票应纳税所得额计算公式为:应纳税所得额 =(股票登记日股票市价 + 本批次解禁股票当日市价)÷ 2 × 本批次解禁股票份数 – 被激励对象实际支付的资金总额 ×(本批次解禁股票份数 ÷ 被激励对象获取的限制性股票总份数)。

假设上市公司按 3 元 / 股的价格授予员工限制性股票之后实施了"10 转 5 送 5"的利润分配方案,某员工持股数量由原来的 10 万股增加至除权后的 20 万股,但股票价格也相应作了除权处理,解禁时的 12 元相当于除权前的 24 元。但国税函〔2009〕461 号文并没有针对限制性股票发生送转股情形作出规定,那么应如何准确计算员工的限制性股票应缴纳的个人所得税?实务中争论较多。

第一种观点是,不考虑送转股的影响,股票数量及价格按原来的计算。该观点参照了股票期权的政策规定,财税〔2005〕35 号文指出:员工因拥有股权而参与企业税后利润分配取得的所得,应按照"利息、股息、红利所得"适用的规定计算缴纳个人所得税。财税〔2016〕101 号文第 4 条规定,员工持有递延纳税的股权期间,因该股权产生的转增股本收入,以及以该递延纳税的股权再进行非货币性资产投资的,应在当期缴纳税款。因此,该部分送转股在分红时就已经缴纳了个人所得税或免征个人所得税,与限制性股票的计税依据无关。按照此观点,股票登记日股票市价为 10 元,本批次解禁股票当日市价为 12 元,张某的限制性股票解禁时为 10 万股,所以员工应纳个人所得税数额为 80 万元[(10+12)÷ 2 × 10-30 ×(10 ÷ 10)]。

第二种观点是,国税函〔2009〕461 号文未考虑送转股的影响,但激励的限制性股票数量增加了,因此要做相应的调整。按照此观点,股票登记日股票市价为 10 元,本批次解禁股票当日市价为 12 元,则限制性股票解禁时为 20 万股,所以员工应纳个人所得税数额为 190 万元[(10+12)÷ 2 × 20-30 ×(20 ÷ 20)]。

第三种观点是,按照送转股原理,要考虑送转股的影响,相应调整股票数量。按照此观点,股票登记日股票市价原为 10 元,现调整为 5 元,授予价格由 3 元调整为 1.5 元,员工限制性股票解禁时的数量由 10 万股调整为 20 万股,本批次解禁股票当日市价为每股 12 元,所以员工的应纳个人所得税数额为 155 万元[(5+12)÷ 2 × 20-15 ×(20 ÷ 20)]。

第四种观点是,按照送转股原理,要考虑送转股的影响,相应调整股票价格。按照此观点,股票登记日股票市价原为 10 元,授予价格为 3 元,员工限制性股票解禁时的数量仍是 10 万股不做调整,本批次解禁股票当日市价由每股 12 元还原为送转之前的 24 元,所以员工的应纳个人所得税数额为 140 万元[(10+24)÷ 2 × 10-30 ×(10 ÷ 10)]。

在限制性股票授予日，被激励对象仅获取了被授予资格，股票尚未到账，尚无所有权；在股票登记日，被激励对象的股票虽然到账但并不能出售；只有在股票解禁日，被激励对象的股票才可以出售变现。所以在计算被激励对象的股票出售所得时，税法并没有采用股票授予日或解禁日的实际价格，而是采用了股票登记日的市价与股票解禁当日市价的算术平均价作为被激励对象的股票出售所得。第一种、第二种观点在计算股票价格时，股票登记日和解禁股票日的市价口径不统一，前者为送转前价格，后者为送转后价格，这不符合立法精神。

第三种、第四种观点虽然将市价口径前后统一为送股前后的价格，但缺乏政策支撑。因为上市公司发布的股权激励计划中会对限制性股票解限售前、送转股后的回购价格进行约定，所以可以考虑税法按事先规定的回购价格调整机制计算成送转股前统一口径的授予日股票价格、解禁日股票价格算术平均值作为计算依据。而一旦选择转换成送转股前的价格，则股票数量仍按送转前数量计算。

很多上市公司授予股票激励所做的方案公告中，一般都会如此描写股票在授予后、解禁前公司发生送、转的处理方式，比如"若限制性股票在授予后，公司发生资本公积转增股本、派送股票红利、股份拆细、配股或缩股等事项，公司应当按照调整后的数量对激励对象获授的尚未解除限售的限制性股票及基于此部分获得的股票进行回购。资本公积转增股本事项发生后，公司按下述公式调整限制性股票的回购价格：$P=P_0 \div (1+n)$，其中，P_0 为调整前的行权价格；n 为每股的资本公积转增股本、派送股票红利、股票拆细的比率（每股股票经转增、送股或拆细后增加的股票数量）；P 为调整后的行权价格"。这说明，股票激励方案本身是按送转之后的股数、除权的股票价格来计算回购价格、资金等，那么在计算应纳个人所得税数额时应该做同等考虑。

根据以上分析，如果只对相关规定进行文义分析，则应该适用第一种算法。

6.4.7 股份支付的企业所得税涉税事项

股份支付是指公司为获取职工和其他方提供的服务而授予其权益工具或者承担以权益工具为基础确定的负债的交易。公司授予职工期权、认股权证等衍生工具或其他权益工具，对职工进行激励或补偿，以换取职工提供的服务，该项权益实质上属于职工薪酬的组成部分。

那么公司作为支付股份对价的一方，税务问题应如何处理？

有观点认为，《企业所得税法》及其实施条例未明确规定以权益结算的股份支付的内容。但《企业所得税法》第8条规定，允许税前扣除的成本、费用等为"实际发生"的支出，而以权益结算的股份支付对企业来说并未实际发生支出，企业的资产没有减少，那么该"成本费用"就不允许税前扣除。无论是授予后可立即行权的换取职工服务的以权益结算的股份支付，还是完成等待期内的服务或达到规定业绩条件才可行权的换取职工服务的以权益结算的股份支付,抑或以权益结算的股份支付换取其他方服务的,都应进行纳税调整。

按照国税 2012 年第 18 号文的规定,在我国境内上市的居民企业为其职工建立了股权激励计划的,按照下列规定进行企业所得税的处理:(1)对股权激励计划实行后立即可以行权的,上市公司可以根据实际行权时该股票的公允价格与激励对象实际行权支付价格的差额和数量,计算确定作为当年上市公司工资薪金支出,依照税法规定进行税前扣除。(2)对股权激励计划实行后,须待一定服务年限或者达到规定业绩条件方可行权的。上市公司等待期内会计上计算确认的相关成本费用,不得在对应年度计算缴纳企业所得税时扣除。在股权激励计划可行权后,上市公司方可根据该股票实际行权时的公允价格与当年激励对象实际行权支付价格的差额及数量,计算确定作为当年上市公司工资薪金支出,依照税法规定进行税前扣除。

在我国境外上市的居民企业和非上市公司,凡比照《上市公司股权激励管理办法》的规定建立职工股权激励计划,且在企业会计处理上,也按我国会计准则的有关规定处理的,其股权激励计划有关企业所得税处理问题,可以按照国税 2012 年第 18 号文的规定执行。

也就是说,当个人所得税依法足额缴纳之后,对应形成的企业股份支付就可以在企业所得税前列支;但当个人获得激励递延缴纳个人所得税时,企业的股份支付费用不可以在企业所得税前列支。

6.5 案例分析

JX 股份于 2020 年 6 月以老股转让的方式对员工骨干进行了股权激励,即 JX 股份的大股东 JX 集团将名下部分股票,转让给激励对象 64 人,持股方式包括直接持股和通过持股平台间接持股两种形式。本次股权激励的价格为 7.5 元/股,定价依据参考公司经审计的截至 2019 年 12 月 31 日的每股净资产。JX 集团的初始持股成本为 1 元/股。股权激励授予给 3 人为直接授予,其他 61 人组成两个持股平台,激励的股票分别授予两个持股合伙企业平台。上述主体签订了《股份转让协议》。JX 股份以 2020 年 6 月 30 日为基准日进行资产评估,评估的公允价值折合每股公允价值约 14 元。2020 年至 2023 年 JX 股份合计确认股份支付近亿元。JX 股份成功上市后,股权激励限售期于 2025 年 3 月届满。JX 股份的股份支付作为应纳税所得额在缴纳年度企业所得税时并未扣减。

JX 股份实施完上述股权激励之后,国家税务总局《关于进一步深化税务领域"放管服"改革 培育和激发市场主体活力若干措施的通知》(税总征科发〔2021〕69 号)发布。JX 股份向当地税务机关申请备案,但只有直接授予 3 个自然人的股权激励获得了财税〔2016〕101 号文的备案,授予给两个持股平台的股权激励未获备案,备案专项汇报时当地税务机关并未提出需按 14 元/股征缴,表示支持企业上市工作。至 2024 年 4 月,当地税务机关提出 JX 集团应按 14 元 / 股的价格补足当初授予的全部股权激励份额的所得税及滞纳金。

JX 集团提出：第一，政府积极支持企业上市，企业当时已经向税务机关提出备案申请，也基本符合股权激励递延纳税优惠政策。已经获得备案的授予个人的股权激励应递延至个人减持后由受让人直接缴纳个人所得税。7.5 元 / 股的授予价格真实且并不以避税为目的，即使部分股权激励未及时获得备案，也不能否定价格的合理性。国税 2014 年第 67 号文第 13 条规定，"符合下列条件之一的股权转让收入明显偏低，视为有正当理由：……（三）相关法律、政府文件或企业章程规定，并有相关资料充分证明转让价格合理且真实的本企业员工持有的不能对外转让股权的内部转让"，JX 集团本次转让完全符合该条规定的情形。第二，7.5 元 / 股与初始持股成本 1 元 / 股的价差，JX 集团已经足额及时纳税。14 元 / 股与 7.5 元 / 股的价差之对价 JX 集团并未收到。JX 集团不应是这笔税款的纳税主体。第三，即使 JX 集团补足 14 元 / 股与 7.5 元 / 股的价差之所得税，也不应征收滞纳金。第四，如 JX 集团补足 14 元 / 股与 7.5 元 / 股的价差之所得税，则员工限售期届满后减持的初始持股成本应调整为 14 元。国税 2014 年第 67 号文第 16 条规定，"股权转让人已被主管税务机关核定股权转让收入并依法征收个人所得税的，该股权受让人的股权原值以取得股权时发生的合理税费与股权转让人被主管税务机关核定的股权转让收入之和确认"。第五，如 JX 集团补缴上述税款，则 JX 股份确认的股份支付应予以所得税前扣除相应部分的应纳税所得额。

当地税务稽查部门介入后，给出第一轮答复：第一，未获备案的均不可享受递延纳税的优惠政策。不能备案的原因在于授予对象非直接激励对象自然人。未获备案的激励则不能接受以 7.5 元 / 股的价格为合理价格。第二，本次补缴的税款为股权转让所得，依法纳税主体是转让方 JX 集团。税务机关只能找 JX 集团征缴税款。第三，需补缴税款必征收滞纳金。第四，员工的持股成本为 7.5 元 / 股，未来减持也只能以 7.5 元 / 股作为个人所得税计算的税基。JX 集团要缴纳的是企业所得税，不能适用国税 2014 年第 67 号文第 16 条针对个人股权转让所得的规定。

JX 集团再次沟通时表明：第一，依据《企业所得税法》第 48 条的规定，即使本次应补缴税款，也应不属于征收滞纳金，而是加收利息的情形。第二，既然转让方已经根据税务机关核定的价格补缴税款了，则受让方后续减持的税基应调整为税务机关核定价格与合理税费之和，否则重复纳税，极不公平，也有违立法本意。

经过多次反复沟通、汇报，当地税务机关最终答复：同意未来持股平台减持的个人所得税计算税基为 14 元 / 股；同意 JX 股份确认的股份支付可在所得税前扣除相应部分的应纳税所得额；同意 JX 补缴税款及利息，不征收滞纳金。

通过这个案例可知：如果是控股股东以低价股权转让的方式给与员工股权激励，员工以持股平台而不是个人方式获得并持有的，税务机关即使在实施当初未对股权激励转让的价格提出异议，事后仍可能以非个人持有而不满足财税〔2016〕101号文规定的法定条件为由拒绝备案或拒绝给予股权激励优惠待遇享受。纳税人对此不能存在侥幸心理。如果控股股东是法人而非自然人，即使本次基于股权激励的转让最后按税务机关核定的公允价格缴纳了法人的股权转让所得税，个人也不一定能由此获得以纳税的公允价格作为持股的成本，存在重复纳税的情况。上述案例完全符合"合理低价"转让股权的理由，但因目前法律在这一块规定上存在缺失，税务机关的自由裁量权较大，可能导致不公平税负情况，进而损害公众对税法的遵从性，更加迷信"关系"的"寻租"。笔者亦希望借此案例向立法者进言，公平合理的立法是法治建设的第一步，也是最重要的第一步。

7 增资与减资涉税事项

7.1 增资

企业在发展过程中，除对员工进行股权激励，凝聚内部动能，形成企业高速发展所需的人力保障、组织保障之外，绝大多数企业还会引进战略投资人，以聚集资金、行业资源等高速发展所需的外部支持。战略投资人对发展前景较好企业一般采取的是溢价增资扩股、以小股东身份参与其中，分享企业高速成长的红利和公司成功上市的股权价值增值的红利。以下专门就各种增资情况涉税事项进行总结和分析。

7.1.1 溢价增资涉税分析

增资扩股在一般情况下不涉及纳税事项。

溢价增资涉税的争议要从两则微博说起。2012年4月9日，深圳市松禾资本管理有限公司投资总监张某某通过其个人微博对外称："上海某些区税务机关已经开始资本公积转注册资本征25%税，包括增资溢价部分。从要求分开验到要求一起验，并且有追溯性。"上海汉理前景股权投资合伙企业之前也通过官方微博称："发现北京税务局开始追缴PE投资企业，因PE溢价投资而使公司创始人在账面上（注册资本）出现浮盈部分的所得税。"此外，有记者从创投人士处了解到，各地亦有类似案例出现。

实际上，创投界讨论的溢价增资税，指的是创投机构以溢价增资方式（溢价指增资总金额高于增加的注册资本总金额，比如投资2000万元现金，500万元计入注册资本，1500万元计入资本公积）投资于标的企业，当投资标的企业打算用资本公积转增股本的时候（常见于拟IPO企业股改时，一般都涉及资本公积转增股本），而投资机构管理的基金一般以合伙企业的形式存在，所以根据本书有关内容的分析，当合伙企业的有限合伙人是自然人时，就涉非以股票发行溢价形成的资本公积转增股本时需要按"股息红利"缴纳个人所得税的情形。

有观点认为，投资机构溢价增资后，标的公司再以投资机构溢价部分形成的资本公积转增注册资本时，是按各股东的持股比例均等地获得了原属于单个股东新增的溢价。对于非溢价增资的股东而言，其获得了溢价增资股东赠与，应当纳税。实际上，如果资本公积转增注册资本不纳税,则非溢价增资的股东转让时的入股成本也不能发生变化,所以当非溢价增资的股东转让股权时依法应缴纳所得税,此时税收并不会流失。

笔者在第一编已经分析过,这种将股票溢价仅限于股份公司增资溢价,而不包括资本溢价的规定存在不合理之处。股份有限公司与有限责任公司本身并没有本质区别,只不过股份有限公司将资本划分为股份而已,却获得了完全不一样的税收待遇,这样按照组织形式来划分的税收政策,完全是漠视了资本公积(溢价)本身的准资本的法律属性,因为它本身就属于股东投入的出资额或认购股份出资额的一部分,属于股东的投资成本,是在税法上计入股权或股份的计税基础的。各种投资机构(多以合伙企业出现)溢价增资后再做股改,用于转股的"溢价发行形成的资本公积"本身就源于自己当初所付出的溢价,现在只不过是把支付的投资对价转换为会计上的科目,反而还要再就此缴纳一笔个人所得税,情理法上恐怕均难以被公众接受。

7.1.2 折价增资涉税分析

折价增资涉税的争论源于《宁波市地方税务局个人所得税热点政策问答(2014年第1期)》:"8、问:企业增资,尤其是不同比例的增资情形,引起原股东股本结构发生变化,经咨询工商部门,其认为该行为不是股权转让,个人所得税如何处理?答:1、对于以大于或等于公司每股净资产公允价值的价格增资行为,不属于股权转让行为,不征个人所得税。上述行为中其高于每股净资产账面价值部分应计入资本公积,对于股份制企业,该部分资本公积在以后转增资本时不征收个人所得税;对于其他所有制企业,该部分资本公积转增资本时应按照'利息、股息、红利个人所得税'税目征收个人所得税。2、对于以低于每股净资产公允价值的价格增资行为,原股东实际占有的公司净资产公允价值发生转移的部分应视同转让行为,应依税法相关规定征收个人所得税。"

按照宁波市原地税机关的政策回答,其将增资分为两种情况:一是对于以大于或等于公司每股净资产公允价值的价格增资的行为,二是对于以平价增资或以低于每股净资产公允价值的价格增资的行为。第一种情况,宁波市原地税机关明确不征收个人所得税。第二种情况,宁波市原地税机关明确应征收个人所得税。

按宁波市原地税机关的理解,被投资企业的所股东所持被投资企业投后股权对应的净资产公允价值小于投资前股权对应的净资产公允价值,视同折价增资的股东获得了非折价增资股东净资产的"赠与"利益。但因为"折价增资"后的被投资企业在未来发生股权转让时,计算股权转让所得的历史基础是不变的,而且股权转让价格是以后发生股权转让时点的公允价,不会发生国家税收流失问题;并且,因"折价增资"后的被投资企业的新股东拥有的净资产溢价暂无征税的法律依据,不应征收所得税。所以宁波市原地税机关这种对于折价增资需老股东缴纳个人所得税的规定事实上并不被公众所理解和接受，实践中也未真正实现课税。

7.2 减资

《公司法》将减资的情形分成了两种描述，其中，对有限公司采取的是减少注册资本的概念，对股份公司采取的是回购股份的概念。股份公司回购股份后将发生两种结果：一是转让，如转让给员工就属于股权激励；二是注销，即为减资。从《公司法》的文义看，有限公司无法出于员工激励、用于转股的可转债目的回购自身股权，但若在必须由有限公司回购的情形下，回购后的股权在6个月内必须转让给其他人或注销减资，即有限公司仍然存在公司回购自身股权，再授予其他人或注销的情形。

笔者从公司回购自身股权/股份这一概念对《公司法》的相关规定进行归总，具体见表2-1。

表2-1 《公司法》规定的公司回购自身股权/股份情形

触发情形	有限公司	股份公司	上市公司
公司连续5年不向股东分配利润，而该5年连续盈利，并且符合《公司法》规定的分配利润条件	异议股东；6个月内转让或注销	异议股东；6个月内转让或注销	无
公司合并、分立	异议股东；6个月内转让或注销	异议股东；6个月内转让或注销	无
转让主要财产	异议股东；6个月内转让或注销	异议股东；6个月内转让或注销	无
公司的控股股东滥用股东权利，严重损害公司或者其他股东利益	小股东；6个月内转让或注销	无	无
公司章程规定的营业期限届满或者章程规定的其他解散事由出现，股东会通过决议修改章程使公司存续	异议股东；6个月内转让或注销	异议股东；6个月内转让或注销	无
将股份用于员工持股计划或者股权激励	无	可；10%以内，3年内转让或注销	集中交易收购，10%以内，3年内转让或注销
将股份用于转换公司发行的可转换为股票的公司债券	无	可；10%以内，3年内转让或注销	集中交易收购，10%以内，3年内转让或注销
为维护公司价值及股东权益所必需	无	无	集中交易收购，10%以内，3年内转让或注销

续表

触发情形	有限公司	股份公司	上市公司
一般性减资	非同比减资； 全体股东同意	非同比减资； 章程约定； 收购之日起10日内注销	可； 收购之日起10日内注销
与持有本公司股份/股权的其他公司合并	可	可； 6个月内转让或注销	可； 6个月内转让或注销
经催告仍不实缴的股东被董事会议决失权	可； 6个月内被转让或注销	可； 6个月内被转让或注销	无

注:"无"表示这种情况下公司无权回购;"可"表示公司可以回购;若既未注明"无"也未注明"可"则表示公司必须回购。

企业在依法完成认缴资本减资流程的同时，也应注意相关涉税问题。通常来讲，减资的情况有减少认缴的注册资本、减少实缴的注册资本（股东退出减资）、弥补亏损的减资三种。

建议股东应综合考虑最长认缴期限、现金流情况、关联债资比、税负影响从而确定注册资本额。简言之，减资的涉税问题存在一定的复杂性，亦有可能涉及特殊事项的税务裁定，因此要慎重采用。

7.2.1 减资的纳税一般规定

根据《公司法》，减资分为正常减资与简易减资。从股东角度看，减资又分为同比减资与定向减资。

《公司法》第224条第3款规定，"公司减少注册资本，应当按照股东出资或者持有股份的比例相应减少出资额或者股份，法律另有规定、有限责任公司全体股东另有约定或者股份有限公司章程另有规定的除外"。其中法定可以定向减资的情形包括，股东不按时、足额履行出资义务时的失权性定向减资及异议股东申请公司回购而定向减资，而上市公司为维护公司价值及股东权益必须通过定向减资。其他定向减资需经有限公司全体股东同意，或者股份公司章程明确规定，才能进行定向减资。在同比减资和定向减资的情况下，相关所得税纳税分析如下。

1. 法人股东减资的企业所得税处理

以法人股东的身份减资时，根据国税2011年第34号文第5条第1项"投资企业从被投资企业撤回或减少投资，其取得的资产中，相当于初始出资的部分，应确认为投资收回；相当于被投资企业累计未分配利润和累计盈余公积按减少实收资本比例计算的部分，应确认为股息所得；其余部分确认为投资资产转让所得"之规定，可知，法人股东减资或撤资收回的资产一共分为三个部分:第一部分是投资成本的收回,第二部分是收回的股息所得(投资企业盈余计算的部分),第三部分是投资资产转让所得。而根据《企业所得税法》第26条第2项的规定,符合条件的居民企业之间的股息、红利等权益性投资收益为免税收入,免征企业所得税。所以,法人股东减资或撤资收回的股息所得免征企业所得税,其中只有第三部分投资资产转让所得才需要缴纳企业所得税款。

2. 自然人股东减资的个人所得税处理

以自然人股东的身份进行减资时,根据国税2011年第41号文的规定,个人因各种原因终止投资、联营、经营合作等行为,从被投资企业或合作项目、被投资企业的其他投资者以及合作项目的经营合作人处取得股权转让收入、违约金、补偿金、赔偿金及以其他名目收回的款项等,均属于个人所得税应税收入,应按照"财产转让所得"项目适用的规定计算缴纳个人所得税。具体而言:应纳税所得额 = 个人取得的股权转让收入、违约金、补偿金、赔偿金及以其他名目收回款项合计数 − 原实际出资额(投入额)及相关税费。

3. 合伙企业股东减资的纳税分析

目前并没有出台对合伙企业股东减资的纳税规定,只能参考前述国税2011年第34号文和国税2011年第41号文的规定。

针对合伙企业的法人股东,当合伙企业投资的标的企业进行减资时,除投资成本收回外,股息所得和投资资产转让所得,法人股东均须作为股权投资收益合并纳入当年应纳税所得额一并缴纳企业所得税。

针对合伙企业的自然人股东,目前有两种做法。第一种认为,先按企业所得税相关规定,将减资获得的对价分为三部分,分别为投资成本的收回、合伙企业经营盈利所得分配及资产转让所得。其中转让所得按自然人财产转让所得以20%的税率缴纳个人所得税,合伙企业经营所得按企业经营盈利所得分配5%~35%超额累进税率税率缴纳个人所得税。第二种认为,所有收入扣除投资成本后不区分经营所得与转让所得,均依据国税2011年第41号文的规定,按股权转让所得并入经营所得,适用5%~35%超额累进税率纳税。目前看来,第二种理解在实践中更为常见。

另外,财政部、国家税务总局、国家发改委、中国证监会《关于创业投资企业个人合伙人所得税政策问题的通知》(财税〔2019〕8号)规定,创投企业选择按单一投资基金核算的,其个人合伙人从该基金应分得的投资标的股权转让所得和投资标的股息红利所得,均按照20%税率计算缴纳个人所得税。

笔者以下举例说明:某合伙企业有甲、乙两个自然人合伙人,合计投资100万元专门用于持有拟上市公司A股份3%,各占50%合伙份额;甲、乙个人持股3年内均未获得任何分红,也未处置所持股份,该合伙企业无任何其他经营活动。甲、乙个人持股第4年,合伙企业新增

1名合伙人丙，投入现金200万元，此时，甲、乙、丙各持合伙份额为33.3%。后A公司上市，合伙企业抛售其所持的A公司3%的股票获得现金1000万元（已经扣减了增值税等），向合伙人分配，应先按合伙企业经营所得缴纳个人所得税。甲、乙、丙三人均分利润，个人所得税相同，即应纳税所得为295.33万元［（1000万元－100万元）×35%－6.55万元×3，6.55万元为速算扣除额，三人平均计算］。此时合伙企业还剩下1004.65万元现金［（100万元+200万元）+1000万元－295.35万元］。

三人决定解散注销合伙企业。甲在300万元投资本金中可以分得100万元，扣除实际出资本金50万元后应缴纳转让所得税10万元［（100万元－50万元）×20%］，加之经营所得个人所得税98.45万元（295.35万元÷3），合计应纳税108.45万元，可以获得解散所得226.43万元（1004.65万元÷3-108.45万元）；乙与甲的所得相同；丙的转让所得是负数（100万元－200万元＝-100万元），但并不能抵减经营所得的个人所得税，实际获得的解散所得为334.88万元，需要缴纳的仅为经营所得个人所得税98.45万元（295.35万元÷3）。

4. 非居民纳税人减资的纳税分析

如果非居民企业在中国境内设立机构、场所，且其投资标的公司的行为与其所设机构、场所有实际联系，则根据《企业所得税法》第26条第3项的规定，在中国境内设立机构、场所的非居民企业从居民企业取得的与该机构、场所有实际联系的股息、红利等权益性投资收益为免税收入，免征企业所得税。

如果非居民企业在中国境内未设立机构、场所，或者虽设立机构、场所但投资甲公司的行为与其所设机构、场所没有实际联系，则根据《企业所得税法实施条例》第91条，非居民企业在中国境内未设立机构、场所的，或者虽设立机构、场所但取得的所得与其所设机构、场所没有实际联系的，应当就其源于中国境内的所得，减按10%的税率征收企业所得税。

境外自然人股东从所投资企业撤资，同样需要根据国税2011年第41号文的规定，按"财产转让所得"项目适用的规定缴纳个人所得税。根据财政部、国家税务总局《关于个人所得税若干政策问题的通知》（财税字〔1994〕020号）第2条第8款，外籍个人从外商投资企业取得的股息、红利所得，暂免征收个人所得税。这种情况下建议先分红再减资。

5. 减资的对价是非货币性资产的纳税分析

首先，确认非货币性资产的公允价值，减资的标的企业按公允价值视同销售缴纳增值税、所得税等；其次，接受减资对价的股东方按接受的非货币性资产公允价值计算投资收益、财产转让所得，并依法纳税。

7.2.2 以减资弥补亏损

《公司法》第225条规定，"公司依照本法第二百一十四条第二款的规定弥补亏损后，仍有亏损的,可以减少注册资本弥补亏损。减少注册资本弥补亏损的,公司不得向股东分配,也不得免除股东缴纳出资或者股款的义务。依照前款规定减少注册资本的,不适用前条第二款的规定,但应当自股东会作出减少注册资本决议之日起三十日内在报纸上或者国家企业信用信息公示系统公告。公司依照前两款的规定减少注册资本后,在法定公积金和任意公积金累计额达到公司注册资本百分之五十前,不得分配利润"。也就是说,公司可以减少注册资本金额,对应增加未分配利润余额,同时以简易程序(豁免不通知债权人,也无须获得债权人同意,只需减资后 30 日内进行公示)进行减资。

以减资弥补亏损引发的税务问题是,企业申报所得税后对减资弥补的亏损是否仍然可以依据《企业所得税法》第 18 条 "企业纳税年度发生的亏损,准予向以后年度结转,用以后年度的所得弥补,但结转年限最长不得超过五年" 之规定。另外,《公司法》(2018 年)第 168 条第 1 款规定 "……资本公积金不得用于弥补公司的亏损",而《公司法》(2023 年)第 214 条第 2 款规定 "公积金弥补公司亏损,应当先使用任意公积金和法定公积金;仍不能弥补的,可以按照规定使用资本公积金",完全颠覆了资本公积金的用途限制。同样地,以公积金弥补亏损引发的税务问题是,企业申报所得税后对公积金弥补的亏损是否仍然可以依据《企业所得税法》第 18 条,在 5 年内进行结转。

资本公积是否能用于弥补亏损,从 1993 年《公司法》开始经历过多次反复(此前允许、后来未明确禁止、再到明确禁止,直至 2023 年直接规定允许),但资本公积的本质主要是由股东出资形成的,不属于企业营利形成,而《企业所得税法》第 18 条的立法本意是允许企业在 5 年内以盈亏结转累计后的经营情况作为所得税的纳税事实依据;减资弥补亏损与资本公积弥补亏损本质一样,同样不属于盈亏结转累计后的这种情形,所以以减资弥补的亏损、以资本公积弥补的亏损应允在做企业所得税申报时作应纳税所得额的纳税调整。

7.2.3 不按公允价值减资的纳税分析

按减资的对价是否高于公司的净资产评估值,面临三种情况。

第一种,减资获得的对价(货币或非货币性资产评估值)等于公司的净资产评估值的,为平价减资。减资的标的公司不涉及税费的缴纳。减资的股东则按上文分析以财产转让所得纳税。

第二种,减资获得的对价高于公司的净资产评估值的,为溢价减资。这种行为实质是未减资股东对减资股东的一种利益输送,以获取减资股东退出或部分退出。减资的标的公司会计处理不变,不涉及税费的缴纳。减资的股东仍按上文分析以财产转让所得纳税。

第三种,减资获得的对价低于公司的净资产评估值的,税务机关如果认定减资价格明显偏低而无正当理由,则因为个人减资收回投资以个人财产转让所得计税,理论上可以依据股权转让的有关规定（如国税2014年第67号文）核定收入额。如核定征收的对象是个人，就会存在税务和会计处理上的差异。

下文结合案例进行分析。某公司于2020年成立，公司注册资本（实收资本）为1000万元。股东为甲、乙二人，其中甲投入400万元，占比为40%，乙投入600万元，占比为60%。2021年年底，甲、乙决定将公司的注册资本（实收资本）降低为800万元，实际减资并支付个人股东的资金为200万元。但税务机关确认2021年12月31日对应的净资产公允价值为1500万元，相应减资应确认取得的净资产公允价值为300万元（1500万元×20%）。可扣除的初始投资成本为200万元（1000万元×20%）。则应缴纳的个人所得税为20万元［（300万元-200万元）×20%］，其中甲应缴纳的个人所得税为8万元，乙应缴纳的个人所得税为12万元。2022年甲将持有的40%股权以500万元公允价转让给丙，甲可扣除的投资成本应为440万元［400万元+（300万元-200万元）×40%］。再减去上次减资中已经扣除的抵扣成本80万元（200万元×40%），所以本次可以扣除成本为360万元（440万元-80万元）。

因为税务机关对以股权转让的方式纳税的情况是严格监管的，所以就有人企图用低价减资再平价增资的方式实现类似股权转让的效果，但实际税务文件规定非常明确，并且从笔者服务的一线实践看，从2024年上半年开始，税务机关就已经开始对非同比减资的情况进行详细核查，并对低价减资的按公允价计算转让所得个人所得税了。

在2023年修订的《公司法》实施后，因为认缴出资必须在5年内全部实缴到位，所以很多公司对于未实缴的注册资本选择以减资方式免除出资义务，由此出现了很多按0元对价减资的情况。税务机关对这种减资核定公允价格有一个公式，即"（公司账面净资产+公司总注册资本-公司实缴注册资本）×减资股东拟减少的股权比例-减少股东应当缴纳的剩余出资额"，并用以核算净资产法对应的价格，实质是假设股东出资后可以获得的股权价值可作为减资的公允价值。

7.3 非货币性资产出资或增资

《企业会计准则第7号——非货币性资产交换》规定，非货币性资产交换，是指企业主要以固定资产、无形资产、投资性房地产和长期股权投资等非货币性资产进行的交换。该交换不涉及或只涉及少量的货币性资产（补差价）。税务上指称的非货币性资产，是指现金、银行存款、应收账款、应收票据以及准备持有至到期的债券投资等货币性资产以外的资产。2023年修订的《公司法》对于可以作为出资的非货币性资产作了扩大规定，其第48条第1款规定，"股东可以用货币出资，也可以用实物、知识产权、土地使用权、股权、债权等可以用货币估价并可以依法转让的非货币财产作价出资；但是，法律、行政法规规定不得作为出资的财产除外",其中债权、数据资产等被明确规定(债权出资在实务中早已可行,但《公司法》还是首次明确规定)可以作为出资物。

在 IPO 中常见的问题是历史沿革中股东曾以非货币性资产出资引发的各种瑕疵。有些瑕疵是出资(含增资)不实、虚增本身带来的税务问题,有些是因为申报 IPO 时需要采取置换、现金补足等方式弥补因上述瑕疵而形成的新税务问题。2023 年修订的《公司法》实施后,出资实物存在虚增时,负有责任的董事和股东均须承担相应的法律责任。

本部分所分析的非货币性出资或增资,不包括非货币性资产划转、以非货币性资产换取非股权类资产的情形,仅分析以非货币性资产换取投资标的企业的股权这种情形。前者将在本书其他部分中详细分析。

7.3.1 非货币资产出资的纳税分析

7.3.1.1 非货币性资产(除技术外)出资的所得税纳税分析

1. 法人股东

《企业所得税法实施条例》第 25 条规定,"企业发生非货币性资产交换,以及将货物、财产、劳务用于捐赠、偿债、赞助、集资、广告、样品、职工福利或者利润分配等用途的,应当视同销售货物、转让财产或者提供劳务",所以,居民企业以非货币性资产出资的总的原则是,按视同销售缴纳企业所得税。

根据财税〔2014〕116 号文的规定,居民企业以非货币性资产对外投资,应对非货币性资产进行评估并按评估后的公允价值扣除计税基础后的余额,计算确认非货币性资产转让所得。对外投资确认的非货币性资产转让所得,可在不超过 5 年期限内,分期均匀计入相应年度的应纳税所得额,按规定计算缴纳企业所得税。企业以非货币性资产对外投资而取得被投资企业的股权,应以非货币性资产的原计税成本为计税基础入账股权投资的价值,加上每年确认的非货币性资产转让所得,逐年进行调整。若投资方投资后 5 年内转让股权或投资收回,则递延期内尚未确认的非货币性资产转让所得不再递延,应并入当年应税所得纳税,股权的计税成本也要调整到位。

财税〔2014〕116 号文规定的递延缴纳仅是投资方的递延缴纳,而被投资方应以非货币性资产的公允价值为计税成本,故只有投资方在纳税时间上的递延缴纳。

2. 个人股东

根据财税〔2015〕41 号文的规定,个人以非货币性资产投资,应按评估后的公允价值确认非货币性资产转让收入。非货币性资产转让收入减除该资产原值及合理税费后的余额为应纳税所得额;取得现金补价的,现金部分应优先用于缴税;纳税人一次性缴税有困难的,可合理确定分期缴纳计划并报主管税务机关备案后,自发生上述应税行为之日起不超过 5 个公历年度内(含)分期缴纳个人所得税。

3. 合伙企业股东

根据对以上规定的理解,如合伙企业以非货币性资产投资,视同资产转让所得,并入合伙企业经营所得合并纳税,且无法享受5年分期的优惠。

4. 被投资企业

被投资企业取得非货币性资产的计税基础,按非货币性资产的公允价值确定,可在企业所得税前摊销扣除。

7.3.1.2 非货币性资产(除技术外)的其他税纳税分析

1. 增值税

《增值税暂行条例实施细则》第4条规定,单位或个体经营者将自产、委托加工或购买的货物作为投资,提供给其他单位或个体经营者,视同销售,应纳增值税。根据财税〔2016〕36号文附件1《营业税改征增值税试点实施办法》及国家税务总局于2016年5月12日发布的营改增视频政策解答的相关内容,以无形资产、不动产对外投资,取得被投资企业股权,符合有偿转让无形资产或者不动产的规定,应按销售无形资产和不动产缴纳增值税。

2. 土地增值税

财税2023年第51号文规定,单位、个人在改制重组时以房地产作价入股进行投资,对其将房地产转移、变更到被投资的企业(但投资人与被投资人均不得为房地产开发企业),暂不征收土地增值税。但是对于非货币性出资是否属于改制重组的一种形式,各地税务机关有不同理解。笔者认为,非货币性出资属于税法上的改制重组的一种。理由后文详述。

3. 契税

根据《契税法》的规定,以土地、房屋权属作价投资、入股的,视同土地使用权、房屋买卖赠与征收契税,根据财税2023年第49号文的规定,同一投资主体内部所属企业之间土地、房屋权属的划转(含母公司与其全资子公司之间,同一公司所属全资子公司之间,同一自然人与其设立的个人独资企业、一人有限公司之间,以及母公司向其全资子公司增资所涉及的土地、房屋权属的划转),免征契税,因此,一般情况下以土地使用权、房产权属增资的,按土地使用权、房屋买卖征收契税,但母公司对子公司、自然人对其全资企业的出资涉及土地、房屋权属划转的,免征契税。

7.3.1.3 技术出资的特殊优惠政策规定

在新质生产力或高科技企业中,以技术出资是非常普遍的情形。技术包括专利技术和非专利技术。专利技术和非专利技术都可以出资。国家为鼓励技术产业化,在税收政策上给予多种优惠。

1. 增值税

以技术成果投资入股视同转让技术成果。财税〔2016〕36号文附件3《营业税改征增值税试点过渡政策的规定》第1条第26款规定,纳税人提供技术转让、技术开发和与之相关的技术咨询、技术服务免征增值税;附件4《跨境应税行为适用增值税零税率和免税政策的规定》第1条第3款第10项规定,向境外单位提供"转让技术"服务适用增值税零税率。因此,所有纳税人提供技术转让、技术开发和与之相关的技术咨询、技术服务的,免征增值税(无论是专利技术还是非专利技术)。申请免征增值税时,技术成果投资入股书面合同须经所在地市级科技主管部门认定,出具审核意见证明文件,并持有关的书面合同和科技主管部门审核意见证明文件报主管税务机关备查。但读者需要注意,2023年修订的《公司法》实施后,很多人采取技术出资的方式履行出资义务,其中不乏虚增、夸大的部分。2024年以来地市级科技部门对于超过一定金额的技术转让、技术出资合同,在进行认定过程中非常审慎,导致很多所谓"税筹"方案实质不具备落地可能性。

2. 法人技术出资的所得税

技术成果投资入股在税务上被视同为转让技术成果和以技术成果投资两项业务。国税函〔2009〕212号文及财税〔2010〕111号文规定,符合条件的技术转让所得免征、减征企业所得税,即所得不超过500万元的免征企业所得税;超过500万元的减半征收企业所得税。具体条件如下。

(1) 享受优惠的主体必须是居民企业。

(2) 转让的技术属于财政部、国家税务总局规定的范围,即属于专利技术、计算机软件著作权、集成电路布图设计权、植物新品种、生物医药新品种,以及财政部和国家税务总局确定的其他技术。换言之,居民企业的专利技术的转让、投资是可以减免所得税的,而非专利技术的转让、投资不一定能享受该优惠。

(3) 技术转让,仅指转让技术的所有权或5年以上(含5年)全球独占许可使用权。非所有权转让、非独占许可不在此范围。

(4) 禁止出口和限制出口技术的转让所得,不享受减免税优惠,转让给直接或间接持股之和达到100%的关联方的技术转让所得,不享受减免税优惠。

(5) 境内技术转让须经省级以上(含省级)科技部门认定登记,向境外转让技术须经省级以上(含省级)商务部门认定登记。技术转让所得应单独计算,没有单独计算的,不享受优惠政策。

(6) 技术转让所得按照"技术转让收入-技术转让成本-相关税费"计算。技术转让收入不包括销售或转让设备、仪器、零部件、原材料等非技术性收入,不属于与技术转让项目密不可分的技术咨询、技术服务、技术培训等收入,不得计入技术转让收入。技术转让成本是指转让的无形资产的净值,即该无形资产的计税基础减除在资产使用期间按照规定计算的摊销扣除额后的余额。相关税费是指技术转让过程中实际发生的有关税费,包括除企业所得税和允许抵扣的增值税以外的各项税金及其附加、合同签订费用、律师费等相关费用及其他支出。财税〔2016〕101号文规定,法人技术入股的,还可以选择递延至股权转让时纳税,下文详细说明。

3. 个人技术出资的所得税

财税〔2015〕41号文对个人非货币性投资给予了5年的分期纳税优惠,技术出资同样享受该优惠。财税〔2016〕101号文规定:企业或个人以技术成果投资入股境内居民企业,被投资企业支付的对价全部为股票(权)的,企业或个人可选择继续按现行有关税收政策执行,也可选择适用递延纳税优惠政策。选择技术成果投资入股递延纳税政策的,经向主管税务机关备案,投资入股当期可暂不纳税,允许递延至转让股权时,按股权转让收入减去技术成果原值和合理税费后的差额计算缴纳所得税。财务〔2016〕101号文突破了财税〔2015〕41号文规定的5年的期限,只要投资人一直持有被投资企业的股权,就可以一直可以享受递延纳税优惠。而且,投资人递延纳税,不影响被投资人按技术成果投资入股时的评估值入账并在缴纳企业所得税前摊销扣除。

享受财税〔2016〕101号文优惠的条件如下。

(1)被投资方必须是境内居民企业,合伙企业等非居民企业不在此列。

(2)用于投资的技术在财税〔2010〕111号文列举的范围之内,即专利技术(含国防专利)、计算机软件著作权、集成电路布图设计专有权、植物新品种权、生物医药新品种,以及科技部、财政部、国家税务总局确定的其他技术成果。个人以非专利技术出资的,不能享受递延所得税的政策。

(3)以技术成果投资入股,即纳税人有将技术成果所有权让渡给被投资企业、取得该企业股票(权)的行为。换言之,非技术所有权转让,仅为技术许可不能享受优惠;被投资企业支付的对价全部为股票(权),如存在现金收入,须先缴纳个人所得税。

(4)取得技术成果的被投资企业为个人所得税扣缴义务人,递延纳税期间,该扣缴义务人应在每个纳税年度终了后向主管税务机关报告递延纳税有关情况。

(5)向税务主管机关备案。

4. 合伙企业以技术出资的所得税

目前尚未出台有关合伙企业非货币性资产出资的明确规定,而财税〔2015〕41号文明确规定的个人非货币性资产出资情形,多处问答或研究均显示不支持合伙企业适用该文。财税〔2016〕101号文规定的是"企业或个人以技术成果投资入股到境内居民企业,被投资企业支付的对价全部为股票(权)的,企业或个人可选择继续按现行有关税收政策执行,也可选择适用递延纳税优惠政策。选择技术成果投资入股递延纳税政策的,经向主管税务机关备案,投资入股当期可暂不纳税,允许递延至转让股权时,按股权转让收入减去技术成果原值和合理税费后的差额计算缴纳所得税""企业或个人选择适用上述任一项政策,均允许被投资企业按技术成果投资入股时的评估值入账并在企业所得税前摊销扣除"。此处规定的是"企业"并非居民企业,是否代表合伙企业以符合财税〔2016〕101号文规定条件的技术入股居民企业时,可以递延纳税至股权转让时?从该文出台的依据描述和背景看,笔者认为合伙企业有适用递延纳税的空间。

7.3.2 非货币性资产出资可选择改制重组递延纳税规定

非货币性资产投资的描述是从投资企业角度描述的,即投资人以非货币性资产换取了被投资人的股权;如果从被投资人角度描述,非货币性资产投资也可以视作被投资人以自身股权作为对价收购了投资人的非货币性资产,因而就可以对照财税〔2009〕59号文、国税2015年第48号文等文件看是否符合资产收购或股权收购的规定。

如果非货币性资产出资采用一般性税务处理,则如前文7.3.1"非货币资产出资的纳税分析"所述。如果符合以下条件,则可以采用特殊性税务处理,即出资人可以不即时确认视同销售资产的所得或损失,可以递延到出资人处置股份(权)时,此时,出资人处置股份(权)时的收入与原计税基础价之间的差额视同销售资产所得或损失;在出资当时,被投资企业则只能按非货币性资产原计税基础入账:

(1)本次入股具备合理的商业目的,不以减少、免除、推迟纳税为主要目的。(2)出资的非货币性资产不低于投资企业全部资产的50%(均按公允价值计算)。(3)非货币性资产获得的对价主要是股份(权),如果涉及补差价,则被投资企业提供的非股份(权)的对价不超过总对价的15%(均按公允价值计算)。同时补差价的部分视作一般性税务处理,即时缴纳所得税。(4)出资完成后连续12个月内,被投资企业接受非货币性资产后不改变原资产的实质性经营活动,如作为固定资产的厂房出资,被投资企业将厂房作为投资性房地产就是改变了原出资资产的实质经营活动。(5)如非货币性资产出资的企业持股投资企业20%以上,则出资完成后12个月内不得转让所取得股权。(6)目前仅限居民企业享受企业所得税递延政策。

另外,如果居民企业向境外非居民企业进行非货币性资产投资,当投资企业与被投资企业之间是100%直接控股的母子公司时,非货币性资产出资视同销售的所得可以分期10年均匀纳税。

财税〔2014〕116号文规定,居民企业发生非货币性资产投资,符合财税〔2009〕59号文等文件规定的资产收购或股权收购的特殊性税务处理条件的,可以选择特殊性税务处理,一旦选定,不得改变。

因为本部分讨论的非货币性资产出资不会涉及债权、负债、劳动力一并转让,所以非货币性资产出资无法按国税 2011 年第 13 号文的规定不征收增值税,只能按非货币性资产视同销售缴纳增值税,除非技术入股可以按本部分 7.3.1.2 中的增值税优惠事项处理。

笔者认为,非货币性出资是符合财税 2023 年第 51 号文规定的不征收土地增值税的情形,因为改制重组的概念定义只出现在财税〔2009〕59 号文等相关文件中,财税 2023 年第 51 号文本身并未对改制重组作出定义。而非货币性资产投资也可以视作被投资人以自身股权作为对价收购了投资人的非货币性资产,属于财税〔2009〕59 号文规定的改制重组范围。

契税的纳税分析同前文非货币性出资的其他税纳税分析中契税的描述一致。

7.3.3　法人以技术出资的所得税优惠政策存在竞合选择

第一,选择财税〔2009〕59 号文规定的改制优惠政策,技术入股可选择特殊性税务处理:(1)投资方转让非货币性资产暂不确认转让所得或损失;(2)投资方取得的股权以非货币性资产的原账面价值为计税成本;(3)被投资方取得的非货币性资产以其原账面价值为计税成本。

第二,选择财税〔2014〕116 号文规定的非货币性资产出资优惠政策,技术入股可享受以下优惠:(1)投资方不超过 5 年分期均匀纳税;(2)被投资方是以非货币性资产的公允价值为计税成本的。

第三,选择财税〔2016〕101 号文规定的技术入股专项优惠政策,技术入股获取 100% 股权/股票的,可享受以下优惠:(1)投资方技术入股当期可暂不确认转让所得,允许递延至转让股权时,按股权转让收入减去技术成果原值和合理税费后的差额计算缴纳所得税。(2)被投资方按技术成果投资入股时的评估值入账并在企业所得税前摊销扣除。

第四,选择《企业所得税法》第 27 条及国税函〔2009〕212 号文规定的技术转让减免所得税政策,技术入股对价(股权/股票对价)低于 500 万元的部分,投资企业可以免缴企业所得税,超过 500 万元的部分减半缴纳企业所得税。

上述政策不可叠加享受。

7.4　明股实债的股权投资

明股实债的投资方式,是指以股东的身份对标的企业进行投资,但获取的回报是固定的,不承担投资的风险,享受的是债权保本保息的收益。法律上明股实债的投资是劣后于普通债权的。

根据国税 2013 年第 41 号文的规定,对于明股实债的认定,司法的认定标准与税务的认定标准有较大区别,见表 2-2。

表 2-2　司法与税务对明股实债的认定标准差异

项目	税务认定标准	司法认定标准	《公司法》
回报机制	被投资企业接受投资后，需要按投资合同或协议约定的利率定期支付利息（或定期支付保底利息、固定利润、固定股息，下同）	以固定回报为主；固定为主+浮动为辅的回报机制可能不影响明股实债的认定	《公司法》规定了"类别股"，第144条规定，"公司可以按照公司章程的规定发行下列与普通股权利不同的类别股：（一）优先或者劣后分配利润或者剩余财产的股份；（二）每一股的表决权数多于或者少于普通股的股份；（三）转让须经公司同意等转让受限的股份；（四）国务院规定的其他类别股"。当章程设定了优先分红、财产分配优先等有所区别的类别股时，司法中会将其确认为股权投资。但优先财产利益分配的设定不代表公司对此类股东作出了保本保息的承诺，或者说公司由此形成的保本保息的承诺是不被司法支持的
投资成本保障	有明确的投资期限或特定的投资条件，并在投资期满或者满足特定投资条件后，被投资企业需要赎回投资或偿还本金	与税务一致	
剩余资产分配权	投资企业对被投资企业净资产不拥有所有权	允许约定当本金赎回的请求未能实现时，剩余资产分配优先	
选举权	投资企业不具有选举权和被选举权	允许约定董事、监事固定席位，以保障投资人知情权。因为债权人同样可以通过一定程度的知情以保障资金借款用途等符合约定	
经营参与	投资企业不参与被投资企业日常生产经营活动	允许非常有限的参与，仅为保障资金的安全、用途等	

如果被认定为属于税法上的明股实债，则投资方所获明面上的股息应按利息纳税，被投资方所支付的股息符合限额、条件的部分可以在企业所得税前扣除。未来明股实债实施回购时，税务机关可以不以股权公允价值核定回购价格，而将回购行为视同还本付息。税务实务中对于明股实债的确认是非常严格的。完全符合税务层面的明股实债的投资是比较少的，因而能按国税2013年第41号文，允许利息税前列支的情形也比较少。不能被认定为明股实债的，按照股权投资处理。

7.5　企业出资、增减资常见涉税事项

企业在发展过程中常见的出资不实情况有：未及时出资；虚假出资（例如，以无实际现金或高于实际现金的虚假的银行进账单、对账单骗取验资报告或者以虚假的实物投资手续骗取验资报告，从而获得公司登记）；以非法律规定资产出资；以非货币资产出资但未办理财产转移手续；出资资产实际价额明显低于规定或者约定；抽逃出资（例如，利用股东地位，特别是控股的关系，强行从公司账上划走资金）；未提取法定公积金和任意公积金即先行分配利润或者在弥补上一年亏损前分配利润；制作虚假财务会计报表，虚增利润进行分配；股东利用亲属或自己控制的其他经济主体，实施关联交易，转移利润等。

虽然中国证监会颁发的《首发业务若干问题解答（2020修订）》已因《监管规则适用指

引——发行类第 4 号》施行而失效，但其中对于发行人（拟上市公司）历史出资存在瑕疵，监管机构会如何关注的规定在实践中一直被沿用，值得我们继续研究：

"问：发行人历史上存在出资不实、出资方式不合法、非货币出资未履行评估程序或未办理产权变更、因会计差错追溯调整导致整体变更时净资产低于注册资本等出资瑕疵的，审核中主要关注哪些方面？答：《主板首发办法》《创业板首发办法》规定：发行人的注册资本已足额缴纳，发起人或者股东用作出资的资产的财产权转移手续已办理完毕。申报前，发行人的注册资本的缴纳应符合上述要求。发行人股东存在未全面履行出资义务、抽逃出资等情形的，或在出资方式、比例、程序等方面存在瑕疵的，应当在申报前依法采取补缴出资、补充履行相关程序等补救措施。保荐机构和发行人律师应当对出资瑕疵事项的影响及发行人是否因出资瑕疵受到过行政处罚、是否构成重大违法行为及本次发行的法律障碍，补足出资是否已取得其他股东的同意、是否存在纠纷进行核查并发表明确意见。发行人应当充分披露存在的出资瑕疵事项、采取的补救措施，以及中介机构的核查意见。我会在审核中充分关注发行人的出资瑕疵问题，综合考虑出资瑕疵性质、采取的补救措施及有效性、有权机关的行政处罚决定等因素，对于涉及金额较大、存在恶意隐瞒、提供虚假文件或者对股东权益有重大影响等重大出资瑕疵事项作为影响发行上市条件的问题进行重点关注，出现前述情况的，原则上构成发行上市的法律障碍。"

下文结合两个实践案例来对如何确定出资瑕疵，如何补救，以及相关涉税情况进行分析。

【案例 1】 2008 年 4 月，威传动力注册资本由 30 万元增至 1180 万元，其中李某波以货币出资 350 万元，以实物资产——机器、房产出资 458 万元，李某以实物资产——机器、房产出资 135 万元，以无形资产——土地使用权出资 207 万元。因缺乏客观、完整证据证明该等用于出资的非货币资产系李某波、李某所有，2016 年 7 月至 8 月，李某波、李某以货币出资置换其于 2008 年 10 月缴纳的实物出资及无形资产出资。为弥补出资瑕疵，经威传动力全体股东同意，李某波以货币出资 458 万元置换其于 2008 年 4 月向公司增资时以实物出资中的 458 万元，李某以货币出资 342 万元置换其于 2008 年 4 月向公司增资时以实物出资中的 342 万元。2016 年 8 月 19 日，宁夏永昌联合会计师事务所出具《验资报告》（宁永昌验报〔2016〕第 32 号），审验结果为：截至 2016 年 8 月 19 日，公司已收到李某缴纳的货币资金 342 万元，置换原非货币资产出资 342 万元；已收到李某波缴纳的货币资金 458 万元，置换原非货币资产出资的 458 万元。2021 年 4 月 2 日，天健出具《实收资本复核报告》（天健验〔2021〕175 号），对该次置换出资进行了复核验证。

上述案例的争议焦点是：股东以货币资金置换原实物出资，在税务上视同企业将实物出售给股东，还是视同股东的重新出资？

因为股东重新出资，是需要履行股东会确认、实物交付等程序的，所以应可以视同重新出资。但原实物出资已经在过往经营中以折旧、摊销等形式计入了成本,获得了所得税税前列支,如果视同重新出资,则原已经计入的折旧、摊销则须转出,则须补交过往年度的所得税。因此,拟 IPO 企业一般通行做法是,原非货币性资产出资置换出来的视同出售,账面值与置换出资差额纳入当期应纳税所得额。

【案例 2】 2007 年 12 月,创智和宇同意股东湖南和宇对创智和宇首期以无形资产增资 1450 万元。创智和宇于 2017 年 4 月委托具有证券业务资产评估资格的万隆(上海)资产评估有限公司对该项无形资产进行再次评估,评估基准日仍为 2007 年,最终评估价值比 2007 年的评估作价低 330 万元。出现上述差异主要系在 2007 年评估时点,该无形资产的评估价值主要依据预测的经营业绩而来,而 2017 年的评估按照同样的评估基准日,其中部分收入预测取决于企业实际发生的财务数据,并且公司自 2007 年以来,相关业绩发展的整体趋势虽然稳中向好,但 2007 年至 2016 年的业绩按照折现率回溯至 2007 年的收益实际小于前次评估时点的预测数所致。2017 年 5 月,湖南和宇以货币资金 390 万元补足发行人。该次无形资产出资已根据《公司法》的规定履行了评估、验资等程序,并办理了工商变更登记手续。

上述案例的争议焦点是:股东用货币补足的当初高估的出资物与公允值之间的差额算捐赠还是投资?

有理有据且对于标的企业而言最简单的做法是,股东用货币补足原来的出资,视同投资,计入资本公积。如果根据新的评估报告重新调整出资实物的入账价值,将面临以前年度多计折旧或摊销,须补缴过往年度的所得税的情形。拟 IPO 企业通过增加投资但不增加注册资本、只增加资本公积的股东会决议,不作为股东捐赠处理。

8 重组涉税事项

企业在发展过程中,经常要对现有股权、业务、资产、分子公司等按照有利于企业发展、有利于估值、有利于上市审核等方向作各种调整。这些调整并非企业日常经营行为,需与企业中长期战略目标适配。这种调整一般涉及公司较大金额的资产和业务调整,被称为重大资产重组。重组既涉及重组各方切身利益,还需满足法律程序规则的要求,兼顾会计处理的财务影响,税务成本更是决定重组实施成败的重中之重;如果属于上市公司重组,则还要考虑证券监管机构的审核、披露规则,更为繁杂。而截至笔者撰写本书时,我国并未出台一个全面、系统性的有关重组税务文件,目之所及也未出现结合了法、财、税、资本市场监管规则进行系统讨论的专著,虽然财政部会同税务总局等部门于2024年7月发布了《企业兼并重组主要税收优惠政策指引》,但该指引仅是对公司兼并重组涉及的税收优惠政策进行简单归集,并非系统性的税务政策性文件,也未解决税收优惠政策在实务中适用的难点与分歧。本书限于篇幅,分成多个部分,试图以税务为主要视角,结合法律、财务、资本市场监管等多维度做一次系统梳理。

8.1 企业重组概述

根据财政部会同税务总局于2024年7月发布的《企业兼并重组主要税收优惠政策指引》,目前已有的税务文件涉及重组的规则体系如表2-3所示。

表2-3 重组涉税规则体系

税种	相关文件	主要内容
企业所得税	财税〔2009〕59号文、国税2010年第4号文、财税〔2014〕109号文、国税2015年第48号文	明确重组的具体方式,即企业在日常经营活动以外发生的法律结构或经济结构重大改变的交易,具体包括企业法律形式改变、债务重组、股权收购、资产收购、合并、分立六种方式
	国税函〔2008〕828号文、国税2015年第40号文	明确了资产划拨、股权划拨的重组方式;企业将股权或资产划转给其他企业,按视同销售处理;如果划入方是划出方的股东,符合条件的可以按收回投资处理;如果划出方是划入方的股东,凡合同约定作为资本金(含资本公积)且会计如此处理的,不计入企业收入,按公允价值确定该资产的计税基础。凡作为收入的,则视同销售处理

续表

税种	相关文件	主要内容
个人所得税	财税〔2014〕116号文、国税2015年第33号文	企业非货币性资产投资（以资产/股权换股权）的所得税处理
	国税2014年第29号文	企业接收政府划入资产、企业接收股东划入资产的所得税处理
	国税2017年第34号文	规定了全民所有制企业公司制改制的所得税处理
	国税2011年第41号文、国税2015年第20号文、财税〔2015〕41号文	规定了自然人股东非货币性出资的所得税处理
	原海南省地方税务局《关于印发企业重组中分立业务所得税税收风险特征的通知》（琼地税函〔2014〕467号）、《宁波市地方税务局个人所得税热点政策问答（2014年第1期）》	各地实践不一致；宁波市认为企业按特殊性所得税处理则自然人股东暂不征收个人所得税；海南认为应拆分为"股东收回投资+再投资处理"
增值税	国办发〔2003〕8号文、国税2011年第13号文、国税2013年第66号文、财税〔2016〕36号文及其附件2	重组中将实物资产及与其关联的债权债务、劳动力一起转让的，涉及的货物、不动产等不征收增值税；重组中资产及与其关联的债权债务、劳动力经多次转让后，最终受让方与劳动力接收方为同一单位和个人的，其中货物的多次转让行为均不征收增值税；经国务院批准的债转股企业将实物资产投入新公司，除此前未贴花部分外免征增值税
土地增值税	财税2023年第51号文	整体改制、合并、分立、在改制时以土地作价入股，暂不增收土地增值税，但改制重组有关土地增值税免征的政策不适用于房地产转移任意一方为房地产开发企业的情形
契税	财税2023年第49号文	承受县级以上人民政府或国有资产管理部门按规定进行行政性调整、划转国有土地、房屋权属的，免征契税；改制重组的、同一控制下企业之间划转的，免征契税；国务院批准的债转股的企业，对债转股后新设公司承受原企业的土地、房屋权属免征契税
印花税	国办发〔2003〕8号文、国税函〔2004〕941号文、财税2024年第14号文	债转股以及重组改制经评估新增加的实收资本（股本）、资本公积应贴花纳税；对企业改制、合并、分立、破产清算以及事业单位改制书立的产权转移书据，免征印花税等

以所得税为例，特殊税收处理方式包括了改制、债务重组、股权收购、资产收购、合并、分立、股权划拨、资产划拨、以资产/股权换股权这9种重组方式。资产收购、股权收购、以资产/股权换股权（这一类重组，笔者概括为特殊收购类重组）将在本书第10部分分析；非货币性资产投资已经在本书第7部分中分析；改制、清算将在本书第9部分中涉及；故本部分内容主要涉及分立、合并、债务重组、股权或资产划拨（这一类重组，笔者概括为非收购类重组），这四类重组方式的主要差异如表2-4所示。

表 2-4　分立、合并、债务重组、股权或资产划拨重组方式的主要差异对比

类目	债务重组	分立	合并	股权或资产划拨
标的（计税的对象）	债务	被分立企业的部分资产负债	被合并企业的全部资产负债	划转的资产／股权
对价	股权支付、非股权支付、无偿			
支付对价的主体	债务人	其他投资主体、新设企业、分立企业	合并企业	划入方
接受对价的主体	债权人	被分立企业的股东	被合并企业的股东	划出方
税务主导方	债务人	被分立企业	被合并企业	划入方

8.2　分立

分立包括存续分立与新设分立两种。

存续分立是被分立企业分立后仍然继续存续，并且不改变企业名称和法人地位，同时分立企业作为另一个独立法人而存在，即 A 公司被分立为 A 公司和 S 公司。原股东同时持有 A 公司、S 公司股权，但原股东持有 S 公司的股权比例与持有 A 公司的股权比例可能一致，也可能发生变化。

存续分立在税务上理解为，S 公司发行自己的股份作为对价支付给 A 公司，以获得由 A 公司转入 S 公司名下资产的对价，而后 A 公司再将其分配给自己的股东。所以，支付对价的主体是 S 公司，收取对价的主体是 A 公司的股东；当 A 公司股东收到的对价是除 S 公司的股权外的其他资产、现金时，则说明 A 公司的股东收到了非股份支付。

新设分立是将被分立企业分设成两个或两个以上的企业，被分立企业依法注销，即 A 公司被分立为 S1 公司和 S2 公司，A 公司解散注销。原股东持有 S1、S2 公司股权，且持股比例与原持有 A 公司的股权比例可能一致，也可能发生变化。

新设分立在税务上理解为，A 公司将资产分别转让给 S1、S2 公司，S1、S2 公司发行自己的股份作为对价以得到 A 公司资产，A 公司将获得的 S1、S2 公司的股份分配给自己的股东，然后 A 公司注销。当 A 公司股东收到的对价除 S1、S2 公司股份外，还有其他资产、现金对价收入的，则说明 A 公司的股东收到非股份支付。

8.2.1　分立的所得税规定

8.2.1.1　分立的一般性税务处理

企业分立，一般情况下应视同被分立企业按照公允价值出售自己的资产，计算分立资产的转让所得或者损失。如果被分立企业继续存在，其股东获得的对价应视为分配处理，确

认为股息所得；若被分立企业不再存续，则被分立企业和其股东都应按照清算进行所得税处理。

根据财税〔2009〕59号文的规定，分立的一般性税务处理由当事各方按下列规定处理：

(1)被分立企业对分立出去资产应按公允价值确认资产转让所得或损失。

(2)分立企业应按公允价值确认接受资产的计税基础。

(3)被分立企业继续存在时，其股东取得的对价(获得的分立企业的股份＋非股份支付)应视同被分立企业分配进行处理。

(4)被分立企业不再继续存在时，被分立企业及其股东都应按清算进行所得税处理。

(5)企业分立相关企业的亏损不得相互结转弥补。

(6)分立后的存续企业性质及适用税收优惠的条件未发生改变的，可以继续享受分立前该企业剩余期限的税收优惠，其优惠金额按该企业分立前一年的应纳税所得额(亏损计为零)乘以分立后存续企业资产占分立前该企业全部资产的比例计算。

其中，被分立企业继续存在时，其股东取得的对价应视同被分立企业"分配"进行处理，在实务中，"分配"是视同"股息红利分配"，还是视同"撤资分配"，存在较大的争议。

一部分实务观点认为，该等"分配"属于"撤资分配"。主要原因在于原国家工商行政管理总局《关于做好公司合并分立登记支持企业兼并重组的意见》(工商企字〔2011〕226号)规定，"因分立而存续或者新设的公司，其注册资本、实收资本数额由分立决议或者决定约定，但分立后公司注册资本之和、实收资本之和不得高于分立前公司的注册资本、实收资本"，故在登记层面，分立企业的注册资本源于被分立企业的注册资本，导致被分立企业会减少部分注册资本，故被分立企业股东如为法人股东，则应当按国税2011年第34号文第5条的规定处理，即"投资企业从被投资企业撤回或减少投资，其取得的资产中，相当于初始出资的部分，应确认为投资收回；相当于被投资企业累计未分配利润和累计盈余公积按减少实收资本比例计算的部分，应确认为股息所得；其余部分确认为投资资产转让所得"。如被分立企业股东为个人股东，则应当按照国税2011年第41号文予以处理。如海南税务局于2021年9月17日在12366平台上答复"分立企业'其股东取得的对价应视同被分立企业分配进行处理'，是否适用《中华人民共和国企业所得税法》(中华人民共和国主席令第63号)'第二十六条　企业的下列收入为免税收入：……(二)符合条件的居民企业之间的股息、红利等权益性投资收益……'的规定，原股东在进行年度汇算清缴时按股息、红利所得免征企业所得税？"的问题时，虽未明确答复，但其不仅引用了《企业所得税法》关于免税收入的规定，还引用了国税2011年第34号文第5条的规定，并明确"被分立企业继续存在时，其股东取得的视同被分立企业分配的对价，请参照上述文件规定办理，如符合文件规定的条件，可以享受免征企业所得税"，据此推断海南省税务局是支持按照撤资分配处理的。

另一部分实务观点则认为,该等"分配"属于"股息、红利分配"。其主要理由是财税〔2009〕59号文已经明确规定,分立的主导主体是被分立企业,分立是指被分立企业将部分或全部资产分离转让给分立企业,被分立企业股东换取分立企业的股权或非股权支付,实现企业的依法分立,故应当是被分立企业来分配股息、红利。如厦门市税务局于2020年10月29日在12366平台上答复"我公司在存续分立时减少注册资本,在企业所得税适用一般性税务处理时,按财税〔2009〕59号文规定'被分立企业继续存在时,其股东取得的对价应视同被分立企业分配进行处理',这里的分配如何理解?股东取得的对价是要视同分配股息、红利,还是视同撤资进行企业所得税处理?"的问题时,明确了"财税〔2009〕59号文规定的分立,是指为被分立企业A将部分或全部资产分离转让给分立企业B,被分立企业A的股东换取分立企业B的股权或非股权支付,实现依法分立。分立可分为存续分立和新设分立。在一般处理中,规定'被分立企业A继续存在时,其股东取得的对价应视同被分立企业A分配进行处理',指的是视同被分立企业A的股东取得分配股息、红利再投资分立企业B等"。

故财税〔2009〕59号文关于分配性质的界定需要征询当地税务部门的意见。但笔者认为,按照股息红利界定分配性质存在不妥之处,如果被分立企业没有足够的未分配利润可分配,则按照股息、红利分配处理缺乏合理性和可行性,也违背《公司法》的相关规定。以下笔者以第二种实务观点为基础,举例说明被分立企业仍存续分立的财税处理。

甲公司的股东分别为A公司持股60%,出资额为现金600万元;B个人持股40%,出资额为现金400万元,注册资本合计1000万元,主要资产负债构成情况如表2-5所示。

表2-5 甲公司主要资产负债构成情况

单位:万元

类目	账面价值	公允价值
土地使用权	1000	1500
设备	2000	1800
债务	1200	1200
净资产	1800	2100
其中:实收资本	1000	—
留存收益	800	—

甲公司分立为甲公司和甲1两个公司,A公司和B个人持有分立后的甲公司和甲1公司股权比例仍均为60%和40%,甲公司将土地使用权分立至甲1公司,分立后甲1公司的注册资本为500万元,其他资产、负债继续留存于甲公司,分立后的资产与负债情况如表2-6所示。

表 2-6　甲公司与甲 1 在公司分立后主要资产负债情况

单位：万元

类目	分立后甲公司		分立后甲 1 公司	
	账面价值	公允价值	账面价值	公允价值
土地使用权	0	0	1500	1500
设备	2000	1800	—	—
债务	1200	1200	0	0
实收资本	500	—	500	—

上述分立如不考虑其他交易税费，仅按一般性税务规定处理所得税，所得税税率为 25%，财税具体操作如下：

（1）甲公司对土地使用权的处置视同销售，确认资产处置收益 500 万元，对应新增留存收益为 375 万元［500 万元 ×（1-25%）］；

（2）甲 1 公司按 1500 万元公允价值确认无形资产土地价值；

（3）甲公司出售土地使用权给甲 1 公司并获得甲 1 公司的股权，公允价值为 1500 万元，甲公司将 1500 万元的股权分配给 A 公司和 B 个人；

（4）A 公司实际获得分配的公允价值为 900 万元（1500 万元 ×60%），其中，自甲公司减少的注册资本份额为 300 万元（500 万元 ×60%）；分出去 500 万元到甲 1 公司，所以甲公司减少的投资初始成本为 300 万元，减少的留存收益对应为 225 万元（375 万元 ×60%），该部分留存收益视作居民企业股息、红利免税，差额部分 375 万元（900 万元 -300 万元 -225 万元）按照投资收益缴纳企业所得税；

（5）B 个人实际获得分配的公允价值为 600 万元（1500 万元 ×40%），其中，自甲公司减少的注册资本份额为 200 万元，差额部分 400 万元按照 20% 缴纳个人所得税 80 万元。

8.2.1.2　分立的特殊性税务处理

根据财税〔2009〕59 号文的规定，企业分立适用企业所得税特殊性税务处理的条件如下：

（1）分立具备合理的商业目的，不以避税为目的；

（2）被分立企业所有股东按原持股比例取得分立企业的股权；

（3）分立企业和被分立企业在分立后 12 个月内均不改变原来的实质经营活动；

（4）被分立企业股东在该企业分立发生时取得的股权支付（新设分立主体的股权）金额不低于其交易支付总额的 85%；

（5）原持有被分立企业 20% 以上股权的股东在本次分立中取得对价的股权自分立后 12 个月内不转让。

在实务操作过程中，关于原持有被分立企业 20% 以上股权的股东须锁定 12 个月的"股权"的范围存在争议。部分观点认为财税〔2009〕59号文所规定的须锁定12个月的股权仅限于"在本次分立中取得对价的股份",即分立公司的股权,而不包括被分立公司的原股权,原因在于分立公司的股权才是原股东所获得的对价。但部分税务征管部门认为,须锁定12个月的股权的范围应当扩大至被分立公司的原股权,其主要税务原理在于分立本质上属于集团资产划转的一种形式,若分立后将被分立公司的股权对外出售,将导致资产划转行为不再符合"集团内"划转的要求,从而不再适用特殊税务处理政策;故税务部门在特殊税务处理备案时即要求提交交易各方关于未来12个月内不能实施分立公司与被分立公司股权转让的承诺,以阻断股权变动。

经笔者核查,在上市公司披露的公司分立适用特殊税务处理规定的案例中,存在不同的操作。

一是在上市公司徐矿能源公司收购赛尔能源公司股权案中,上市公司认为被分立企业的股权不能发生转让,并以此为由设置了分立后股权转让的触发时点,基本情况如下:赛尔能源公司进行存续分立,将赛尔能源公司三矿、四矿等无效资产保留在分立后新成立的公司中。在赛尔能源公司分立后运行满12个月(赛尔能源公司分立适用财税〔2009〕59号文的特殊性税务处理规定,该文件规定在特殊性税务处理项下企业重组中取得股权支付的原主要股东,在重组后连续12个月内,不得转让所取得的股权)后,徐矿能源公司实施对赛尔能源公司100%股权的收购。

二是在永和制冷公司收购石磊氟材料公司持有的石磊氟化工公司100%股权案中,上市公司认为被分立企业的股权可以发生转让,但设置了风险承担条款(如因股权转让导致分立不符合特殊性税务处理重组条件,因此被税务机关追缴或补缴的税费及滞纳金、罚款均由出售方承担),基本情况如下:

2022年9月26日,石磊氟化工公司分立为石磊氟化工公司(存续公司,9500万元注册资本)以及石磊氟化学公司(500万元注册资本),均由石磊氟材料公司100%持股;2022年12月6日,永和制冷公司与石磊氟材料公司签署了《支付现金购买资产协议》,约定鉴于石磊氟化工公司于2022年进行派生分立的存续公司,出售方确认并承诺上述分立符合财税〔2009〕59号文等法律法规或规范性文件规定的特殊性税务处理重组的条件并已于主管税务机关处完成了特殊性税务处理重组备案,否则,由此产生或增加的税费及滞纳金、罚款(如有)由出售方承担;如因该次股权转让导致上述分立不符合特殊性税务处理重组条件,因此被税务机关追缴或补缴的税费及滞纳金、罚款(如有)均由出售方承担。

故在实务中涉及运用分立方式剥离资产后对外处置股权的,需要详询当地税务部门的具体意见。

根据财税〔2009〕59号文的规定,企业分立特殊性税务处理的具体操作规则如下:

(1)分立企业接受被分立企业资产和负债的计税基础,以被分立企业的原有计税基础确定,即被分立企业出售资产不计算出售资产的所得税;被分立企业不存续的不视同清算,不计算清算企业所得税;被分立企业股东获得的新设企业对价(股权部分)不计算分配的所得税。

(2)被分立企业已分立出去的资产相应的所得税事项由分立企业承继。

(3)被分立企业未超过法定弥补期限的亏损额可按分立资产占全部资产的比例进行分配,由分立企业继续弥补。

(4)被分立企业的股东取得分立新设企业的股权(以下简称"新股"),如需部分或全部放弃原持有的被分立企业的股权(以下简称"旧股"),"新股"的计税基础应以放弃"旧股"的计税基础确定。如不需放弃"旧股",则其取得"新股"的计税基础可从以下两种方法中选择确定:直接将"新股"的计税基础确定为零;或者以被分立企业分立出去的净资产占被分立企业全部净资产的比例先调减原持有的"旧股"的计税基础,再将调减的计税基础平均分配到"新股"上。

(5)重组交易各方获得的非股权支付仍应在交易当期确认相应的资产转让所得或损失,并调整相应资产的计税基础,非股权支付对应的资产转让所得或损失按照(被转让资产的公允价值－被转让资产的计税基础)×(非股权支付金额÷被转让资产的公允价值)计算。

承接上述采用一般性税务处理的案例,如该案例采用特殊性税务处理方式,则财税具体操作如下:

(1)被分立企业甲公司无须对分立出去的资产按公允价值确认资产转让所得或损失。

(2)甲1公司按照原计税基础即1000万元确定土地使用权账面价值。

(3)被分立企业甲公司减资500万元,A公司和B个人实质是以放弃的部分"旧股"换取了甲1公司股权,甲1公司股权的计税基础应以放弃"旧股"的计税基础确定,故A公司持有甲公司股权的计税基础应调减至300万元,持有甲1公司股权的计税基础应为300万元。

那么B个人是否应当缴纳个人所得税呢?国税2015年第48号文仅用一句"当事各方中的自然人应按个人所得税的相关规定进行税务处理"进行了概括性规定,其他相关税收规范也并没有明确规定,被分立企业原自然人股东是按照视同分配或者清算征收个人所得税,还是与企业股东享受同等递延纳税待遇,因此,实务中争议颇多。

部分实务观点认为,对分立中的自然人股东应征个人所得税。且根据对自然人股东的税务定性理解不同,征收个人所得税的方式存在差异:一是视同收回投资,根据国税2011年第41号文征收个人所得税。二是视同非货币性投资,根据财税〔2015〕41号文征收个人所得税。三是视同股权转让,根据国税2014年第67号文征收个人所得税。

亦有部分实务观点认为,应对分立中的自然人股东暂不征收个人所得税。其主要征管原理在于：一是在企业分立中，被分离的资产只是从被分立企业转移至分立企业，股东没有发生变化，被分离资产的实质经营性活动也没有发生变化，自然人股东的权益总体没有发生转移或者变化，因此不能将分立视为一般的股权转让或者非货币性投资行为，应比照企业股东适用特殊性税务处理，暂不征收个人所得税；二是根据《企业重组业务企业所得税管理办法》（国家税务总局公告2010年第4号，部分失效）第4条的规定，"同一重组业务的当事各方应采取一致税务处理原则，即统一按一般性或特殊性税务处理"，即无论重组当事方是自然人股东还是法人股东，应选择一致的税务处理口径，要么都按照一般性税务处理进行纳税，要么都按照特殊性税务处理暂免纳税。若重组企业既有自然人股东，又有法人股东，同时满足特殊性税务处理的条件要求时，对法人股东给予暂免缴纳企业所得税的递延纳税税收待遇，而仅仅因为主体身份不同而要求自然人股东当期缴纳个人所得税，会与前述"一致税务处理原则"相冲突，也明显违背了税收公平原则，会对重组业务造成实质性障碍。类似个人享受了特殊性税务处理的案例并不罕见，如伟康医疗、长龄液压等。

长龄液压（605389）成立于2006年，于2021年3月在上交所主板上市，创始人为夏氏父子。长龄液压主要从事液压元件及零部件的研发、生产和销售。2015年，夏氏父子开始规划公司上市，并将未来申报上市的主体公司确定为"长龄机械"（长龄液压原名）。长龄机械有两部分资产：一部分资产与液压业务相关；另一部分是厂房和土地，与液压业务完全无关，一直对外出租，未来计划用于自动化装备生产。为了使拟上市公司长龄机械的主业清晰，夏氏父子决定将与液压业务无关的房产、土地等剥离至长龄机械外。2015年3月，长龄机械召开股东会，决议长龄机械以派生分立方式，分立为长龄机械与长龄自动化，分立前的债权债务由分立后的两个公司承继，并承担连带责任。分立后，长龄机械的注册资本由700万元减少为500万元，长龄自动化的注册资本为200万元，分立后各公司股东的持股比例与分立前保持一致。夏氏父子在此次分立中以无个人所得为由获得了无须缴纳个人所得税的税务机关认定，成功上市。

另外，需要注意的是，无论是分立的特殊性税务处理还是一般性税务处理，《企业会计准则——基本准则》并未明确分立企业的会计处理方式，一般而言，如涉及特殊性税务处理，多数公司会按照分立资产的账面价值处理；如涉及一般性税务处理，既可以采用分立资产的账面价值确认，也可以采用分立资产的公允价值处理，但若采用分立资产的账面价值确认，将导致税会差异，则需要实施纳税调整。

8.2.2 分立涉及的其他税种处理

分立行为涉及的其他税种包括增值税、土地增值税、契税、印花税，具体见表2-7。

表 2-7 分立涉及的其他税种

税种	主要内容	应关注的内容
增值税	重组中将实物资产及与其关联的债权债务、劳动力一起转让的,涉及的货物、不动产等不征增值税;需注销企业的未抵扣的留抵税额可结转至新纳税人	法条中对于增值税免征的罗列项中没有无形资产、金融资产,所以这两项的转让是否征收增值税存在争议
土地增值税	企业分设为两个或两个以上与原企业投资主体相同的企业,对原企业将房地产转移、变更到分立后的企业,暂不征收土地增值税	法条只要求前后投资人不能变化,但对其持股比例是否可变化没有要求; 不征税政策不适用于房地产转移任意一方为房地产开发企业的情形
契税	公司分立为两个或两个以上与原公司投资主体相同的公司,对分立后公司承受原公司土地、房屋权属,免征契税	规定免征的法条行文写的是公司,一般理解仅限于公司分立可以免征; 投资人分立前后不得发生变化,但对持股比例未作要求
印花税	以合并或分立方式成立的新企业,其新启用的资金账簿记载的资金,凡原已贴花的部分可不再贴花,未贴花部分和后新增加的资金应按规定贴花; 企业改制前签订但尚未履行完的各类应税合同,改制后需要变更执行主体的,对仅改变执行主体、其余条款未作变动且改制前已贴花的,不再贴花; 企业因改制签订的产权转移书据免予贴花	—

8.3 合并

合并包括吸收合并与新设合并两种。

吸收合并是指两个或以上独立企业,一方或多方被另外一个独立企业合并后,被吸收企业注销解散,即 A 公司吸收合并 B 公司,形成合并企业 A 公司,此时 A 公司拥有 A 公司和 B 公司的全部资产负债,B 公司注销解散。

吸收合并在税务上理解为,视同 B 公司将其全部资产、负债整体转让给 A 公司,A 公司向 B 公司支付的对价是 A 公司所发行的股份及其他非股份资产,B 公司进行清算并将收到的对价分配给自己的股东。

新设合并是指两个或以上企业将其全部资产、负债合并在一起,并重新设立新公司,而后被吸收企业注销解散,即 A 公司与 B 公司合并为新设甲公司,此时甲公司拥有 A 公司和 B 公司的全部资产负债,A 公司与 B 公司注销解散。

新设合并在税务上理解为,视同 A 公司与 B 公司将其全部资产、负债整体转让给新设甲公司,甲公司向 A 公司和 B 公司支付甲公司的股份及非股份资产,A 公司和 B 公司进行清算并将收到的对价分配给自己的股东。

8.3.1 合并的所得税分析

8.3.1.1 合并的一般性税务处理

企业合并，一般情况下应视同被吸收企业按清算（出售公司资产＋清偿负债而获得的合并企业股权、非股权对价）计算企业所得，再将合并企业支付的股权、非股权对价分配给股东计算股东所得。

根据财税〔2009〕59号文的规定，合并的一般性所得税税务处理如下：

（1）合并企业应按公允价值确定接受被合并企业各项资产和负债的计税基础。

（2）被吸收企业及其股东都应按清算进行所得税处理，即被吸收企业按可变现价值处置资产（通常为获得合并企业股权的公允价值＋负债实际清偿金额），扣除资产的计税价值、清算费用、相关税费，清偿债务金额，所获收益计算企业所得税。被吸收企业股东按收回投资计算所得税，并将获得的资产重新投入合并企业。

（3）被合并企业的亏损不得在合并企业结转弥补。

（4）合并后的存续企业性质及适用税收优惠的条件未发生改变的，可以继续享受合并前该企业剩余期限的税收优惠，其优惠金额按存续企业合并前一年的应纳税所得额（亏损计为零）计算。

以下结合案例具体说明吸收合并的财税处理方式。

A公司和B个人共同投资成立了甲公司和乙公司，其中，甲公司注册资本共有1000万元，其中，A公司持股80%，货币出资800万元，B个人持股20%，货币出资200万元；乙公司注册资本共有1000万元，其中，A公司持股60%，货币出资600万元，B个人持股40%，货币出资400万元，股东在两公司均约定按照出资比例分红。乙公司账面净资产3500万元，其中实收资本1000万元，资本公积500万元，盈余公积金额未分配利润2000万元。乙公司净资产的公允价值为4500万元。现由于战略调整，甲公司需要吸收合并乙公司，且不支付任何现金对价，甲公司向A公司发行公允价值为2700万元的股份，向B个人发行公允价值为1800万元的股份。上述吸收合并如不考虑其他交易税费，仅按一般性税务处理所得税，所得税税率为25%，财税具体操作如下：

（1）乙公司以公允价值出售资产、负债，获得收益1000万元，缴纳企业所得税250万元，完税后乙公司所有者权益为实收资本1000万元、盈余公积和未分配利润2750万元、资本公积500万元。

（2）B个人所持乙公司股权的公允价值为1700万元〔（4500万元－250万元）×40%〕，计税基础为400万元，应纳税所得额为1300万元（1700万元－400万元），应缴纳的个人所得税为260万元（1300万元×20%）。

（3）A公司所持乙公司股权的公允价值为2550万元[（4500万元-250万元）×60%]，计税基础为600万元，根据财政部、国家税务总局《关于企业清算业务企业所得税处理若干问题的通知》（财税〔2009〕60号）的规定，确认股息所得部分为1650万元（2750万元×60%），该部分免税；确认投资成本600万元，差额部分300万元（2550万元-600万元-1650万元）按照财产转让所得计算投资收益75万元（300万元×25%）。

8.3.1.2 合并的特殊性税务处理

根据财税〔2009〕59号文以及财税〔2014〕109号文的规定，合并采取特殊性税务处理的条件如下：

(1) 合并具备合理商业目的，不以避税为目的；
(2) 被合并部分的资产比例超过被合并企业总资产的50%；
(3) 合并后12个月内不改变经营实质；
(4) 持有被合并企业股权20%以上的股东获得的股权支付12个月内不转让；
(5) 被合并企业股东在合并发生时取得的股权支付金额不低于其交易支付总额的85%，或同一控制下的不需要支付对价的企业合并。

实务对"同一控制下无须股权支付"情形认定存有分歧，集中于纵向的具有控股关系的公司之间的吸收合并以及母公司100%控股的兄弟子公司之间的吸收合并情形，具体有以下三种。

一是母公司吸收合并全资子公司，母公司本身就持有子公司的100%股权，该吸收合并无须支付对价，应当属于"同一控制下无须股权支付"的情形，可以适用特殊税务处理。

二是持股15%以下的母公司吸收合并参股公司，母公司向持有参股公司85%股权以上的股东发行股份，母公司自身持有的15%以下的股份无须支付对价，此时股权支付金额是按照85%以上股权部分公允价值计算，还是按照被合并企业净资产公允价值计算，直接影响特殊性税务处理的条件。大部分观点认为不应当按照被合并企业整体净资产公允价值计算，可以特殊性税务处理。如图2-1所示。

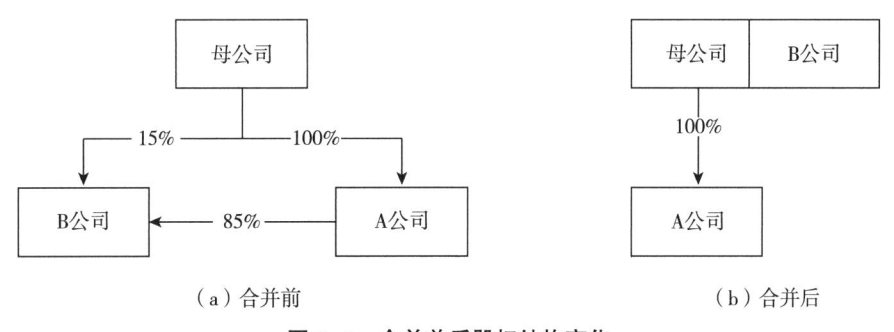

图2-1 合并前后股权结构变化

三是母公司100%控股的兄弟子公司之间横向吸收合并,合并企业不向被合并企业的股东(合并企业的母公司)支付任何对价(也不增发股份)时,应当属于"同一控制下无须股权支付"的情形,可以适用特殊税务处理。

合并的特殊性税务处理规则如下:

(1)合并企业接受被合并企业资产和负债的计税基础,以被合并企业的原有计税基础确定,即被吸收企业不按注销计算企业所得税、股东所得税。

(2)被合并企业合并前的相关所得税事项由合并企业承继。

(3)可由合并企业弥补的被合并企业亏损的限额=被合并企业净资产公允价值 × 截至合并业务发生当年年末国家发行的最长期限的国债利率。

(4)被合并企业股东取得合并企业股权的计税基础,以其原持有的被合并企业股权的计税基础确定。

(5)对交易中股权支付不确认资产转让所得或损失,对非股权支付应在当期确认相应资产转让所得或损失,并调整相应资产的计税基础。

非股权支付对应的资产转让所得=(被转让的资产公允价值－被转让资产的计税基础)×(非股权支付的金额÷被转让资产的公允价值)

非股权支付的占比=非股权支付金额÷被转让资产的公允价值

(6)合并后的存续企业性质及适用税收优惠的条件未发生改变的,可以继续享受合并前该企业剩余期限的税收优惠,其优惠金额按存续企业合并前一年的应纳税所得额(亏损计为零)计算。

承接上述采用一般性税务处理的案例,如该案例采用特殊性税务处理方式,则财税具体操作如下:

(1)甲公司承接乙公司的净资产,计税基础为乙公司原有的计税基础,即3500万元,无须缴纳企业所得税。

(2)A公司新取得甲公司股权的计税基础仍为600万元,无须缴纳企业所得税。

(3)B个人是否可以适用特殊性税务处理,该争议与个人股东在分立时是否可以适用特殊性税务处理的争议相同,有以下观点。

有观点认为个人股东应按一般性税务处理,不能享受递延纳税的政策。该观点是基于重组规则体系下所得税文件均只适用于企业所得税。如虽然已失效但颇具代表性的原大连市地方税务局《关于加强企业注销和重组自然人股东个人所得税管理的通知》(大地税函〔2009〕212号),其规定,"企业合并选择特殊性税务处理的,以被合并企业合并前的企业期末留存收益、资本公积和非股权支付对应清算所得和损失之和,按股东所占股份比例计算的部分确认为应纳税所得额,计算征收'利息、股息、红利所得'项目个人所得税,应纳税所得额=[企业期末留存收益+企业期末资本公积+(被转让资产的公允价值－被转让资产的计税基础)×(非股权支付金额÷被转让资产的公允价值)]×股东所占股份比例";"企业分立选择特殊性税务处理的,以被分立企业分立前的企业期末留存收益、资本公积和非股权支付对应清算所得和损失之和,按股东所占股份比例计算的部分确认为应纳税所得额,计算征收'利息、股息、红利所得'项目个人所得税,应纳税所得额=[企业期末留存收益+企业期末资本公积+(被转让资产的公允价值-被转让资产的计税基础)×(非股权支付金额÷被转让资产的公允价值)]×股东所占股份比例"。该种计算个人所得税的方式就是视同清算下个人股东的计税方式。

也有观点认为,被合并企业本身未确认企业所得的情况下,个人股东持有的股权净资产也未发生变化,个人无所得,应该跟法人股东一样暂不计付个人所得税。如《宁波市地方税务局个人所得税热点政策问答》(2014年第1期)关于企业合并中个人所得税的处理问题,其给出的答复是:一个企业吸收合并另一企业,如企业所得税处理符合特殊性重组条件,则被吸收合并企业的自然人股东取得合并企业的股权按历史成本计价的,暂不征收个人所得税。

上述征管差异需要在进行企业合并事项时征询税务部门的意见。

8.3.2 合并涉及的其他税种处理

合并涉及的其他税种包括增值税、土地增值税、契税、印花税,具体见表2-8。

表2-8 合并涉及的其他税种

税种	主要内容(主流观点)	应关注的内容
增值税	重组中将实物资产及与其关联的债权债务、劳动力一起转让的,涉及的货物、不动产等不征增值税;须注销企业的未抵扣的留抵税额可结转至新纳税人	对于无形资产、金融资产的转让是否应征收增值税存在争议
土地增值税	企业分设为两个或两个以上与原企业投资主体相同的企业,对原企业将房地产转移、变更到分立后的企业,暂不征收土地增值税; 单位、个人在改制重组时以房地产作价入股进行投资,对其将房地产转移、变更到被投资的企业,暂不征收土地增值税	原企业出资人必须存在于改制后的企业,但对持股比例是否变化没有要求;不征税的政策不适用于房地产转移任意一方为房地产开发企业的情形
契税	两个或两个以上的公司,依照法律规定、合同约定,合并为一个公司,且原投资主体存续的,对合并后公司承受原合并各方土地、房屋权属,免征契税	投资主体存续,企业改制重组的,是指原改制重组企业的出资人必须存在于改制重组后的企业; 事业单位改制的,是指履行国有资产出资人职责的单位必须存在于改制后的企业。出资人的出资比例可以发生变动
印花税	以合并或分立方式成立的新企业,其新启用的资金账簿记载的资金,凡原已贴花的部分可不再贴花,未贴花部分和后新增的资金按规定贴花; 企业改制前签订但尚未履行完的各类应税合同,改制后需要变更执行主体的,对仅改变执行主体、其余条款未作变动且改制前已贴花的,不再贴花; 企业因改制签订的产权转移书据免予贴花	—

8.4 债务重组

根据财税〔2009〕59号文、国税2015年第48号文的规定,债务重组是指在债务人发生财务困难的情况下,债权人按照其与债务人达成的书面协议或者法院裁定书,就其债务人的债务作出让步的事项。债务人以资产清偿债务,将债务转为权益工具或以其他方式(如调整本金、修改利息、变更还款期限等)形成重组债权和债务。

8.4.1 债务重组的所得税

8.4.1.1 债务重组的一般性税务处理

债务重组的一般性税务处理规则如下:

(1)债务人以非货币资产清偿债务,应当分解为转让相关非货币性资产、按非货币性资产公允价值清偿债务两项业务,确认相关资产的所得或损失。

(2)债务人发生债权转股权的,应当分解为债务清偿和股权投资两项业务,确认有关债务清偿所得或损失。

(3)债务人应当按照支付的债务清偿额低于债务计税基础的差额,确认债务重组所得;债权人应当按照收到的债务清偿额低于债权计税基础的差额,确认债务重组损失。

(4)债务人的相关所得税纳税事项原则上保持不变。

8.4.1.2 债务重组的特殊性税务处理

1. 以债转股进行的重组

如果以债转股进行重组符合以下条件,可使用特殊性税务处理。

(1)具有合理的商业目的,且不以减少、免除或者推迟缴纳税款为主要目的。

(2)债务重组中取得股权支付的主要股东(持股超20%),在重组后连续12个月内,不得转让所取得的股权。

债转股采用特殊性税务处理的方式为:企业发生债权转股权业务时,对债务清偿和股权投资两项业务暂不确认有关债务清偿所得或损失,股权投资的计税基础以原债权的计税基础确定。企业的其他相关所得税事项保持不变。

以下结合案例说明。甲公司欠乙公司1000万元应付账款,甲公司在债务到期时因经营困难不能及时清偿,提出以甲公司的股票抵债,甲公司的股票公允价为3元/股,双方协议甲公司以300万股清偿乙公司的1000万元债权。

如采用特殊性税务处理,甲公司新增300万元股本,600万元资本公积,报税时暂不确认100万元的债务重组收益。乙公司新增长期股权投资或金融资产1000万元,报税时暂不确认100万元的债务重组损失,直至乙公司以2.8元/股价格转让股票时确认债务重组损失100万元、投资损失 60 万元。

2. 以资产抵债进行的重组

如果以资产抵债进行重组符合以下条件，可使用特殊性税务处理。

（1）具备合理的商业目的，且不以减少、免除或者推迟缴纳税款为主要目的。

（2）企业债务重组确认的应纳税所得额（债务重组损益不包括资产转让本身的所得或损失）占该企业应纳税所得额 50% 以上。

以资抵债特殊性税务处理的方式是：企业债务重组确认的应纳税所得额可以在 5 个纳税年度的期间内，均匀计入各年度的应纳税所得额。

【案例】 甲公司欠乙公司 1000 万元应付账款，甲公司在债务到期时因经营困难不能及时清偿，提出以甲公司公允价为 900 万元的存货抵债。该存货成本为 700 万元，销售增值税为 103.54 万元。甲公司以存货转让的所得为 96.46 万元（900 万元 -700 万元 -103.54 万元），债务重组收益为 100 万元。乙公司新增 900 万元存货，债务重组损失为 100 万元。此时 50% 的衡量是看 100 万元（而非 196.46 万元）占甲公司当年整体应纳税所得额的比例是否超过 50%，超过的则可采用特殊性税务处理，即甲公司报税时暂确认了 20 万元（100 万元 ÷5）的债务重组所得。

有必要讨论的问题有以下三点：

（1）按对等的原则，债转股适用特殊性税务处理时，债务人的所得当期不确认，则债权人的损失当期也无法确认，直至债权人转让股权或股票时才予以确认，但债务人所得的确认应在何时确认没有明确规定。以资抵债适用特殊性税务处理时，债务人所得可以分 5 年确认，但债权人重组损失是否也必须按 5 年分期确认也没有明确规定。

（2）债务重组的特殊性税务处理不一定是对双方税费处理的最优解。债务人重组收益要么暂不确认要么分期 5 年确认，但很多时候债务人多为亏损，债务重组收益当期确认也不一定会增加当期所得税税负。但若选择特殊性税务处理则债权人无法进行当期损失的确认，丧失了当期减税的好处。

（3）如果债务人以关联公司的股份抵债，不属于应当视同资产抵债的情形，不视同债转股。

8.4.2 债务重组涉及的其他税种的处理

债务重组涉及的其他税种包括个人所得税、增值税、土地增值税、契税、印花税，具体见表 2-9。

表 2-9　债务重组涉及的其他税种

税种	主要内容（主流观点）	应关注的内容
个人所得税	债务人为个人所得税纳税主体时，不能延期确认所得	—
增值税	重组中将实物资产及与其关联的债权债务、劳动力一起转让的，涉及的货物、不动产等不征增值税； 经国务院批准的债转股企业将实物资产投入新公司，免征增值税及其他税费	对于无形资产、金融资产的转让是否征收增值税存在争议
土地增值税	视同土地使用权出售，须按规定依法缴纳土地增值税	—
契税	国务院批准的债转股的企业，对债转股后新设公司承受原企业的土地、房屋权属免征契税	—
印花税	经国务院批准的债转股企业将实物资产投入新公司，除此前未贴花部分外，免征印花税	—

8.5　股权或资产划转

8.5.1　划转的所得税分析

8.5.1.1　一般性税务处理

根据国税函〔2008〕828 号文和国税 2014 年第 29 号文的规定，企业之间的划转在一般情况下采用一般性税务处理，其规则如下：

（1）企业将股权或资产划转给其他企业，按视同销售处理。对于划入方，按划入资产的公允价值确认收入；如果划入方是划出方的股东，符合条件的可以按收回投资处理。

（2）如果划出方是划入方的股东，根据规定，凡合同约定作为资本金（含资本公积）且会计如此处理的，不计入企业收入，按公允价值确定该资产的计税基础。凡作为收入的，则视同销售处理。

8.5.1.2　划转的特殊性税务处理

根据财税〔2014〕109 号文与国税 2015 年第 40 号文的规定，符合以下条件的资产、股权划转，可以采用特殊性税务处理：

（1）划转发生在 100% 直接控制的居民企业之间，以及受同一或相同多家居民企业 100% 直接控制的居民企业之间；

（2）按账面净值划转股权或资产，划出方企业和划入方企业均未在会计上确认损益；

（3）具有合理商业目的、不以减少、免除或者推迟缴纳税款为主要目的；

（4）股权或资产划转后连续 12 个月内不改变被划转股权或资产原来实质性经营活动。

划转的特殊性税务处理规则如下：

（1）划出方企业和划入方企业均不确认所得。

（2）划入方企业取得被划转股权或资产的计税基础，以被划转股权或资产的原账面净值确定。

（3）划入方企业取得的被划转资产，应按其原账面净值计算折旧扣除。

从上述文件内容看，特殊性税务处理的划转可以分解为以下四种情形。

第一，100%直接控制的母子公司之间，母公司向子公司按账面净值划转其持有的股权或资产，母公司获得子公司100%的股权支付。该情形下，母公司应按增加长期股权投资处理，子公司按接受投资（包括资本公积）处理；母公司获得子公司股权的计税基础应以划转股权或资产的原计税基础确定。

第二，100%直接控制的母子公司之间，母公司向子公司按账面净值划转其持有的股权或资产，母公司没有获得任何股权或非股权支付。该情形下，母公司应按冲减实收资本（包括资本公积）处理，子公司按接受投资处理。

第三，100%直接控制的母子公司之间，子公司向母公司按账面净值划转其持有的股权或资产，子公司没有获得任何股权或非股权支付。该情形下，母公司应按收回投资处理，或按接受投资处理，子公司按冲减实收资本处理；母公司应按被划转股权或资产的原计税基础，相应调减持有子公司股权的计税基础。

第四，受同一或相同多家母公司100%直接控制的子公司之间，在母公司主导下，一家子公司向另一家子公司按账面净值划转其持有的股权或资产，划出方没有获得任何股权或非股权支付。该情形下，划出方应按冲减所有者权益处理，划入方按接受投资处理。

简言之，笔者以图2-2为例，子公司A或B接受母公司甲或共同母公司甲、乙划转的资产/股权，母公司甲或共同母公司甲、乙可以无偿也可以支付子公司股权作为对价；母公司接受子公司A或B划入资产/股权时为无偿划转；子公司A和B之间可进行资产/股权的无偿划转。

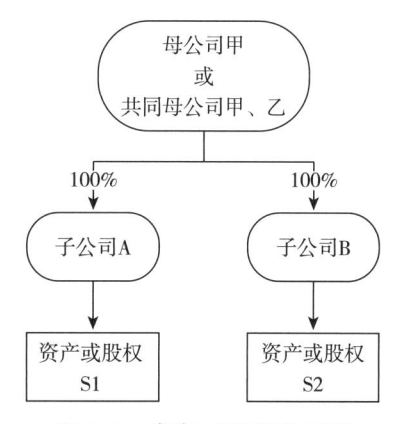

图2-2 资产、股权结构示意

需要讨论的有以下几点：

（1）100%直接控制的母子公司之间，母公司向子公司按账面净值划转其持有的股权或资产，母公司没有获得任何股权或非股权支付。母公司按冲减实收资本（包括资本公积）处理，子公司按接受投资处理。母公司冲减实收资本时需要履行减资程序，否则违反《公司法》等规定。如母公司资本公积不够冲减的，也应履行减资程序。但受同一或相同多家母公司100%直接控制的子公司之间，在母公司主导下，一家子公司向另一家子公司按账面净值划转其持有的股权或资产，划出方没有获得任何股权或非股权支付时，划出方按冲减所有者权益处理，划入方按接受投资处理。这说明划出方还可以冲减未分配利润。

（2）母公司与全资孙公司之间的划转"隔代"，能不能适用特殊性税务处理，存在争议。原因在于相关文件规定的是"直接控制"。但笔者认为应该将特殊性税务处理扩大适用于该种情形，因为该种情形依然符合税务文件的立法精神。

（3）含有负债的资产划转能否适用特殊性税务处理，存在争议。有观点认为带有负债的资产划转等于划转获得的对价属于有偿，可能造成政策滥用。有观点认为国税2015年第40号文将非货币性资产投资纳入了划转范围，说明政策规定并未排除有偿。从上市公司发布的公告看，大量的资产划转与关联负债连接在一起的，且适用了特殊性税务处理。

（4）有观点认为划转虽然是重组方式的一种，但国税2015年第40号文是专门针对划转的规定，而财税〔2009〕59号文规定的重组适用特殊性税务处理的5个条件未在国税2015年第40号文中予以明确，所以应该可以不作为适用划转特殊性税务处理的前提条件，例证是国税2015年第48号文附件1中企业重组所得税特殊性税务处理报告表及附表中不含划转。也有观点认为国税2015年第40号文是对财税〔2009〕59号文的细化，划转应该遵守财税〔2009〕59号文相关的所有规定。是否属于财税〔2009〕59号文规定范围内的划转，主要是对适用条件的理解有区别。

其中对"企业重组中取得股权支付的原主要股东在重组后12个月内不得转让所取得的股权"这个条件的理解，是不是意味着划出方在重组后12个月内持股超20%的股东不得转让股权？在经济活动中经常发生的情况，如母公司将全资子公司的全部资产划转入另外一家全资子公司后，会将划出方子公司注销或让其被母公司吸收合并，该注销或合并算不算违反了这个条件？有观点认为违反了这个条件；也有观点认为就整体而言该种情形并不会导致企业资源流出母公司范围，也没有导致税源流失，应该允许适用特殊性税务处理。

（5）当受同一或相同多家母公司100%直接控制的子公司之间，在母公司主导下，一家子公司向另一家子公司按账面净值划转其持有的股权或资产，而划出方没有获得任何股权或非股权支付时，受多个股东直接控制的股东是否可以是自然人，有观点认为国税2015年第40号文的规定不包括自然人，故不能是自然人；也有观点认为国税2015年第48号文规定了重组交易中可以是自然人,自然人按个人所得税规定进行税务处理即可。换言之,受多个股东直接控制的股东中存在个人股东时,法人股东仍然可以适用国税 2015 年第 48 号文。

(6)国务院国资委或政府部门担任出资人(或履行出资人职务)的全资企业之间进行划转时,可否适用特殊性税务处理,存在争议。因为国务院国资委或政府部门均不属于企业。

8.5.2 划转涉及的其他税种处理

股权或资产划转行为涉及的其他税种包括个人所得税、增值税、土地增值税、契税、印花税,具体见表 2-10。

表 2-10 股权或资产划转涉及的其他税种

税种	主要内容(主流观点)	与企业所得税特殊性税务处理适用条件不一致的地方
个人所得税	自然人作为划出方,应按个人非货币性资产出资处理;自然人作为划入方,且自然人是划出方股东,则按分配或收回投资处理;如果划入划出方的股东有自然人,划出划入方之间按资产或股权转让缴纳企业所得税,自然人作为股东无须纳税	—
增值税	重组中将实物资产及与其关联的债权债务、劳动力一起转让的,涉及的货物、不动产、土地使用权转让行为不征增值税;需注销企业的未抵扣的留抵税额可结转至新纳税人	对于无形资产、金融资产的转让是否征收增值税存在争议;重组形式列举仅限于合并、分立、出售、置换等方式,"等"字是否可以解释为含划转,存在争议
土地增值税	一般情况下划转不动产、土地使用权资产按公允价值计算确定视同销售,缴纳土地增值税;母公司向全资子公司划转,属于母公司非货币性资产投资,暂不征土地增值税	
契税	承受县级及以上政府或国有资产管理部门按规定进行行政性调整,划转土地、房屋权属的,免征契税;同一控制下企业之间资产划转的,免征契税;母公司以土地、房屋权属向其全资子公司增资,视同划转,免征契税	包括了同一自然人与其设立的个人独资企业、一人公司之间的土地、房屋权属的划转免征契税的情形
印花税	划转合同不在应收取印花税的列举合同之内;如土地房屋订立了单独合同,则对土地、房屋、股权转让的部分须按产权转移书据缴纳印花税	—

8.5.3 划转适用税务政策的竞合选择

国税 2015 年第 40 号文明确了"100% 直接控制的母子公司之间,母公司向子公司按账面净值划转其持有的股权或资产,母公司获得子公司 100% 的股权支付"属于划转,即将无偿划转扩大到有偿划转。此时,存在财税〔2014〕116 号文规定的非货币性资产投资递延纳税(5 年均匀分期计所得税)与财税〔2009〕59 号文规定的按股权、资产收购的特殊性税务处理(递延纳税)适用上的竞合。财税〔2014〕109号文规定,允许企业选择其中一项适用执行,一经选择不得改变。

按表2-11所列,如果母子公司均属于查账征收的境内居民企业,以有偿划转方式,将母公司的某项技术资产作为出资物(同时满足经营连续性、持股连续性、无避税目的等条件)投资至全资子公司时,既可以适用划转、资产/股权收购的特殊性税务处理规定,均不确认母子公司的所得,将技术资产按原账面净值入账;也可以适用非货币性投资的特殊性税务处理规定,选择5年内分期纳税或一直递延到出资股权转让时再纳税。

表2-11 母公司以非货币资产出资涉及税务处理竞合的规定

竞合规定	适用条件	税务处理要求
划转的特殊税务处理（国税2015年第40号文）	同时满足： (1)对100%直接控制的居民企业之间,以及受同一或相同多家居民企业100%直接控制的居民企业之间按账面净值划转股权或资产； (2)具有合理商业目的； (3)股权或资产划转后连续12个月内不改变被划转股权或资产原来的实质性经营活动	(1)划出方企业和划入方企业均不确认所得； (2)划入方企业取得被划转股权或资产的计税基础,以被划转股权或资产的原账面净值确定； (3)划入方企业取得的被划转资产,应按其原账面净值计算折旧扣除
非货币性资产出资递延纳税处理（财税〔2014〕116号文）	不同条件有不同政策： (1)居民企业以非货币性资产出资； (2)查账征收的居民企业,以技术成果投资、入股境内居民企业,被投资企业支付的对价全部为股票(权)的； (3)个人一次性缴税有困难的	(1)可在不超过5年期限内,分期均匀计入相应年度的应纳税所得额； (2)可递延至转让股权时； (3)自发生上述应税行为之日起不超过5个公历年度内(含)合理分期缴纳个人所得税
股权收购特殊性税务处理（财税〔2009〕59号文）	同时满足： (1)具有合理的商业目的； (2)被收购股权不低于被收购企业的50%； (3)企业重组后的连续12个月内不改变重组资产原来的实质性经营活动； (4)重组交易对价中涉及的股权支付金额不低于交易支付总额的85%； (5)企业重组中取得股权支付的原主要股东〔被收购企业股东(持有被收购企业20%以上的股权)〕,在重组后连续12个月内,不得转让所取得的股权	(1)被收购企业的股东取得收购企业股权的计税基础,以被收购股权的原有计税基础确定； (2)收购企业取得被收购企业股权的计税基础,以被收购股权的原有计税基础或者换出股权的原有计税基础确定； (3)收购企业、被收购企业的原有各项资产和负债的计税基础和其他相关所得税事项保持不变

8.5.4 划转在所得税与增值税、土地增值税特殊性税务处理中的条件分歧

在划转资产或股权时含关联负债一并划转的,可能存在税种之间适用条件无法平衡的问题,见表2-12。

表 2-12　涉及关联负债一并划转的各特殊性税务处理冲突

税种	适用条件分析	条件同时满足的冲突
企业所得税	有观点认为，划转的特殊性税务处理不允许含关联负债一并划转	如果有偿划转按非货币性资产出资处理，则增值税征收、土地增值税不征收；如果连同负债一起划转，增值税不征收，但无法视同非货币性出资，土地增值税须征收，企业所得税能不能按特殊处理存疑
增值税	明确规定只有资产及与其关联的债权债务、劳动力一并转让时，才能不征；如果有偿划转按非货币性资产出资处理，应按销售无形资产和不动产缴纳增值税	
土地增值税	如果有偿划转按非货币性资产出资处理，依据"单位、个人在改制重组时以房地产作价入股进行投资，对其将房地产转移、变更到被投资的企业（被投资企业是房地产开发企业以外的企业），暂不征收土地增值税"之规定，可以不征收	

下文以笔者办理过的一则案例为例，具体说明税务处理不同是如何影响重组方案设计的。

图 2-3 中，水务集团的主营业务为供水业务，因为供水业务具有公益性质，其承接部分公益项目后亏损严重；但其下属子公司水质净化公司的主营业务为污水处理，享有某区域范围内的污水处理的特殊经营权，年净利润额约 1 亿元。因水质净化单体公司基本满足当时主板 IPO 要求，经讨论决定，以水质净化作为上市主体，同时剥离其供水业务。具体如图 2-4 所示。

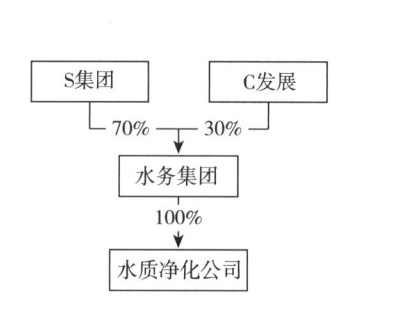

图 2-3　重组前的股权结构　　图 2-4　重组后的目标结构

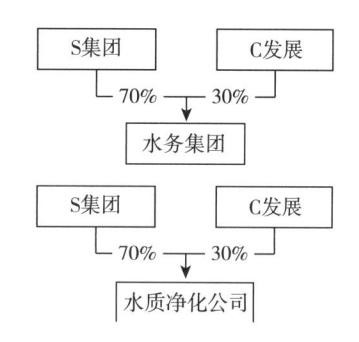

水务集团希望重组方案能同时实现以下几个需求：(1)重组成本要求最低，能够采用特殊性税务处理；(2)C 发展必须直接持有拟上市主体股份；(3)重组须在 1 年内完成，重组后 2 年内申请上市；(4)S 集团、C 发展均属于国有企业，但国资管理部门不同，希望重组的决策审批流程和决策尽量简单。

经多方讨论，可选方案有以下几种。

方案一：水务集团分立新设 A 公司，S 集团和 C 发展按原来股权比例 7∶3 持有 A 公司股权，分立时将水务集团自身的供水业务的所有资产分立剥离至新设 A 公司；水质净化公司再反向吸收合并水务集团，注销水务集团。此时，S 集团与 C 发展通过 A 公司持有原有供水业务资产，同时直接持有了水质净化公司。

方案二：S集团以原价购买C发展持有水务集团的股权，水务集团变为S集团100%的股东；水质净化公司变为S集团100%的孙公司，S集团内部决策，提升水质净化公司层级，直接将水质净化公司100%股权划转为S集团持有，水质净化公司变成与水务集团平级的兄弟公司。C发展以增资方式入股水质净化公司，S集团持股70%，C发展持股30%。

方案三：通过国有资产进行无偿划转的方式，水务集团持有水质净化公司的股权70%划转给S集团、30%股权划转给C发展。

方案四：S集团与C发展按照7∶3比例新设子公司，水务集团将水质净化的股权无偿划拨至新设子公司，新设子公司再与水质净化公司吸收合并，保留水质净化公司的主体资格；无偿划拨作特殊税务处理。

方案五：由水务集团以资产分配或减资的形式，以水务集团资产持有水质净化公司100%股权向两位股东按持股比例进行实物分配或实物减资。如水务集团有足够的未分配利润，就采取分配的形式；如水务集团无足够的未分配利润，就采取减资的形式。

笔者将分析以上5个方案是否可行及利弊。

方案一，需要分两步走。第一步是分立，将供水资产分立出去。第二步是合并，将空壳的水务集团与水质净化两公司合并。分立、合并可以采用特殊性税务处理，但被分立公司的股权是否可以在12个月内发生变动，存在争议。经沟通，税务机关认为被分立公司与分立公司股权在分立后12个月内均不可发生变化方满足特殊性税务处理的条件，那么必须等待12个月之后才能开展第二步，时间上不符合要求。

方案二，C发展对此方案表示赞同，但同时表示供水资产处于亏损当中，已无法再对新设A公司进行投资，只能继续对盈利资产即水质净化公司进行投资。S集团对此方案表示拒绝，认为此方案不符合设计的初衷，C发展不能借此退出供水板块。

方案三，《企业国有产权无偿划转管理暂行办法》（国资发产权〔2005〕239号）对企业国有产权无偿划转进行了定义，即企业国有产权在政府机构、事业单位、国有独资企业、国有独资公司之间的无偿转移。该办法第21条规定，企业实物资产等无偿划转参照该办法执行。因此，上述规定表明国有资产无偿划转的主体为政府机构、事业单位、国有独资企业、国有独资公司，客体为国有产权以及实物资产等。

再者，国务院国资委《关于企业国有资产交易流转有关事项的通知》（国资发产权规〔2022〕39号）第5条规定：国有控股、实际控制企业内部实施重组整合的，经国家出资企业批准，该国有控股、实际控制企业与其直接、间接全资拥有的子企业之间，或其直接、间接全资拥有的子企业之间，可比照国有产权无偿划转管理相关规定划转所持企业产权。因此，国有控股集团内企业资产的无偿划转也可按照上述《企业国有产权无偿划转管理暂行办法》的规定划转所持企业产权。但S集团对水务集团70%股权的划转、C发展对水务集团30%股权的划转并不符合上述无偿划转的规定情形。

最后,国税2014年第29号文第1条规定:"……(二)县级以上人民政府将国有资产无偿划入企业,凡指定专门用途并按《财政部国家税务总局关于专项用途财政性资金企业所得税处理问题的通知》(财税〔2011〕70号)规定进行管理的,企业可作为不征税收入进行企业所得税处理。其中,该项资产属于非货币性资产的,应按政府确定的接收价值计算不征税收入。县级以上人民政府将国有资产无偿划入企业,属于上述(一)、(二)项以外情形的,应政府确定的接收价值计入当期收入总额计算缴纳企业所得税。政府没有确定接收价值的,按资产的公允价值计算确定应税收入。"该规定也无法适用于方案三,因为S集团、C发展、水务集团均不属于县级以上人民政府,且上述国资管理部门也不是县级以上人民政府。

方案四,根据前述对股权划拨的四种形式的分析,方案四的划拨方案不符合划拨股权的特殊性税务处理的条件。

方案五,以实物作为减资收回,以实物作为分红,均应视同销售,即使居民企业之间的分红免税,但被分配的水质净化公司股权须按评估公允值视同转让,水务集团须缴纳企业所得税,上述操作税费成本较高。

综合分析之后,项目组决定以方案一为申报方案,说服上市领导小组对重组限定的12个月内完成的条件不做强制要求,但确保2年内完成IPO申报工作。

9　改制涉税事项

企业法律形式的改变,俗称企业改制,在税法上引发重大变化的企业改制可分为三大类。

第一类是法人组织与非法人组织相互转化,比如个人独资企业、合伙企业改制为公司,公司改制为个人独资企业、合伙企业;第二类是法人组织形式的内部转换,常见的是股份公司改制为有限公司、有限公司改制为股份公司、全民所有制企业或者集体所有制企业改制为公司等;第三类是将境内机构组织的登记注册地迁移至中华人民共和国境外(包括港澳台地区),即居民企业变成非居民企业。在企业 IPO 过程中,第二类企业改制属于常见情形,因为申请上市的企业必须是股份公司,所以很多拟 IPO 企业需要先从有限公司整体改为股份公司,该问题属于本部分重点讨论内容。

整体而言,从税务角度考虑,根据财税〔2009〕59 号文的规定,改制属于企业重组业务中的一种,且第一类以及第三类改制视同原企业进行清算、分配,股东重新投资成立新企业,企业的全部资产以及股东投资的计税基础均应以公允价值为基础确定;第二类改制属于企业发生其他法律形式简单改变的,可直接变更税务登记,除另有规定外,有关企业所得税纳税事项(包括亏损结转、税收优惠等权益和义务)由变更后企业承继,但因住所发生变化而不符合税收优惠条件的除外。

9.1　公司整体改制的纳税分析

根据《公司法》第 12 条的规定,"有限责任公司变更为股份有限公司,应当符合本法规定的股份有限公司的条件。股份有限公司变更为有限责任公司,应当符合本法规定的有限责任公司的条件。有限责任公司变更为股份有限公司的,或者股份有限公司变更为有限责任公司的,公司变更前的债权、债务由变更后的公司承继"。

在会计处理上,有限责任公司股改前的权益类科目分为四类,即注册资本(实收资本/股本)、资本公积、盈余公积、未分配利润。《公司法》第 108 条规定"有限责任公司变更为股份有限公司时,折合的实收股本总额不得高于公司净资产额。有限责任公司变更为股份有限公司,为增加注册资本公开发行股份时,应当依法办理",即改制视同净资产折股出资,所以,权益类科目在改制后只剩下两类,即注册资本、资本公积。由此,因资本公积、盈余公积、未分配利润、注册资本转变为注册资本、资本公积而形成5种折股方案。

股改方案一：净资产按照1∶1的比例整体折股，即公司将资本公积、未分配利润、盈余公积金全部转增注册资本。

股改方案二：净资产中一部分折股，其余转入资本公积，相较股改前，股改后的公司股本增加，同时资本公积缩减，实际上是公司将未分配利润、盈余公积金和部分的资本公积转增股本。

股改方案三：净资产中一部分折股，其余转入资本公积，相较股改前，股改后的公司股本增加，但资本公积不变，实际上是公司将未分配利润、盈余公积金转增股本。

股改方案四：净资产中一部分折股，其余转入资本公积，相较股改前，股改后的公司股本不变，但资本公积增加，实际上是公司将未分配利润、盈余公积金转入资本公积。

股改方案五：净资产中一部分折股，其余转入资本公积，相较股改前，股改后的公司股本缩减，但资本公积增加，实际上是公司缩股，同时将原部分注册资本、未分配利润、盈余公积金转入资本公积。

上述5种股改方案，涉及5个纳税问题，下文分而论之。

9.1.1 股改时资本公积转增股本的涉税分析

9.1.1.1 自然人股东在股改时资本公积转增股本过程中的涉税分析

诚如本书第1部分"居民个人持股涉税事项"提及的个人持股涉及资本公积转增股本的内容，股份有限公司将获得的"股票溢价发行收入所形成的资本公积"转增股本，无论该公司是否上市或挂牌成功，均不作为个人所得，不征个人所得税。股份有限公司将获得的"非股票发行溢价形成的资本公积"转增股本，如该股份有限公司属于上市或挂牌公司，符合条件可以免征个人所得税；如该股份有限公司属于上市或挂牌公司但属于中小高新技术企业，可以分期缴纳个人所得税；如该股份有限公司不属于上市或挂牌公司，也不属于中小高新技术企业，按照20%一次性缴纳个人所得税。

改制时，从现行法律规定的角度看，正在进行股改的企业尚不是股份有限公司，也就不存在股票这一持股凭证，因此，该企业资本公积中含有的溢价部分不属于"股票溢价发行收入"，而只是"资本溢价"；且即使改制成为股份有限公司，原有限责任企业的资本公积计入新股份有限公司的资本公积后，其中原"资本溢价"部分也不会因此变更为新股份有限公司的"股票溢价发行收入"，其性质仍然是"资本溢价"，故有人认为"先股改再转增，原资本溢价就变成股票溢价，即可免税"的说法存在税务风险。因此，无论是在股改时将资本公积转为股本，还是在股改后将资本公积转为股本，从法规理解均不符合国税函〔1998〕289号文项下不征税的条件，个人股东均应按照国税发〔2010〕54号文"对以未分配利润、盈余公积和除股票溢价发行外的其他资本公积转增注册资本和股本的,要按照'利息、股息、红利所得'项目,依据现行政策规定计征个人所得税"的规定,即改制时资本公积转增股本,个人应按"股息红利"项目缴纳个人所得税。

这个问题的不公平性、不合理性讨论具体详见本书第 1 部分"居民个人持股涉税事项"之"1.1.2 个人获得非上市非公众公司转增股本/资本的纳税分析"内容,笔者于此不再赘述。

9.1.1.2 法人股东在股改时资本公积转增股本过程中的纳税分析

根据国税函〔2010〕79 号文的规定,"被投资企业将股权(票)溢价所形成的资本公积转为股本的,不作为投资方企业的股息、红利收入,投资方企业也不得增加该项长期投资的计税基础"。因此,公司以股权(票)溢价所形成的资本公积转增股本,法人股东税务上不需要确认收入,也就无须缴纳企业所得税;若以其他所形成的资本公积转增股本,则属于居民企业之间直接投资取得的股息,免征企业所得税。

9.1.1.3 合伙企业股东在股改时资本公积转增股本过程中的纳税分析

合伙企业是个纳税"透明体",故应穿透至合伙人并根据合伙人的性质分别分析,具体而言:

一是若合伙企业的合伙人为自然人股东,应当按照上文"9.1.1.1 自然人股东在股改时资本公积转增股本过程中的涉税分析",按"股息红利"项目缴纳个人所得税。

二是若合伙企业的合伙人为法人股东,是否也应当按照上文"9.1.1.2 法人股东在股改时资本公积转增股本过程中的纳税分析",无须缴纳企业所得税?此需进一步区分:如资本公积由股权(票)溢价形成,则无须缴纳企业所得税;若资本公积由其他形成,则合伙企业的纳税"透明体"并不适用该等情形,即合伙企业的法人合伙人取得的股息红利所得属于通过合伙企业间接投资所取得的股息红利,不属于居民企业之间直接投资取得的股息,不能享受免征企业所得税的优惠,应当缴纳企业所得税。例如,国家税务总局东莞市税务局于 2021 年 5 月 27 日在 12366 平台答复"公司通过净资产折股方式进行股份制改造的过程中,通过资本公积转增:其股东 A 为有限责任公司,请问股东 A 是否需要缴纳企业所得税?其股东 B 为合伙企业,B 的股东有自然人与有限责任公司,请问 B 的自然人股东与有限责任公司股东是否分别需要缴纳个人所得税与企业所得税"的问题时明确,"二、对于股东 B(合伙企业)的法人合伙人,属于将股权(票)溢价所形成的资本公积转增股本的,法人合伙人不缴纳企业所得税;除此之外的资本公积转增股本的,法人合伙人按规定计算缴纳企业所得税。三、对于股东 B(合伙企业)的个人合伙人,属于将股份制企业股票溢价发行收入所形成的资本公积转增股本的,个人合伙人不作为应税所得征收个人所得税。除此之外的资本公积转增股本的,个人合伙人按'利息、股息、红利所得'应税项目计算缴纳个人所得税"。

9.1.1.4 未分配利润、盈余公积转增股本如何纳税

未分配利润、盈余公积转增股本,就是法律意义上的"股息、红利",个人股东需要缴纳个人所得税;法人股东符合享受居民企业直接投资取得的股息免税政策规定的,免缴企业所得税;合伙企业的自然人合伙人视同"股息红利"缴纳个人所得税,法人合伙人按规定缴纳企业所得税。

9.1.2 未分配利润、盈余公积转增资本公积如何纳税

一般情况下,未分配利润、盈余公积是不能转为资本公积的,只有在公司实施整体股改时才会有如此操作。对于将盈余公积和未分配利润转为资本公积的,是否视同利润分配,目前的税收政策对留存收益转增资本公积缴纳个人所得税并没有明确的政策规定,争议较大,甚至同一税务机关在短短两个月内针对这一问题给出了不同的咨询答复,如国家税务总局某省税务局于 2019 年 5 月 5 日在 12366 平台答复,"企业用未分配利润转增资本公积和盈余公积不用缴,但是如果用资本公积和盈余公积转增资本的话,需要缴",但在 2019 年 6 月 28 日在 12366 平台答复,"将以前年度未分配利润和盈余公积转入资本公积科目,我处认为应视同利润分配,并应扣缴个人所得税"。

有人认为留存收益转增资本公积,相当于企业税后利润内部积累的转移,并未进行分配,也没有一个分配的过程,且无论在哪个环节缴税,都不会减少税款的缴纳,所以留存收益转增资本公积不应产生纳税义务。但也有人认为,将以前年度未分配利润和盈余公积转入资本公积科目,应视同利润分配后股东再行增加投资计入资本公积,应扣缴个人所得税。

笔者检索了近几年上市公司 IPO 过程中关于股改涉及留存收益、盈余公积转入资本公积涉税的代表性案例,具体如表 2-13 所示。

表 2-13 股改涉及留存收益、盈余公积转入资本公积涉税的上市公司案例

公司名称	股改情况	缴税情况	处理方案
高义包装	2021 年 10 月,高义包装以截至 2021 年 7 月 31 日经审计的净资产 58,075.27 万元作为折股基数,将原注册资本折合股份公司股本 10,718.75 万股,其余 47,356.52 万元计入资本公积,由全体股东按照出资比例共享,由未分配利润和盈余公积转增资本公积金额 28,664.23 万元,公司注册资本未发生变更	未缴	申请税务局延缓缴纳;实控人股东出具税款追缴的兜底承诺
爱联科技	爱联科技以截至 2020 年 7 月 31 日经审计的账面净资产值 294,519,500.30 元折合股本 79,543,750 股(每股面值 1 元),发行人整体变更前后总股本没有变化,差额 214,975,750.30 元计入资本公积	未缴	实控人股东出具税款追缴的兜底承诺

续表

公司名称	股改情况	缴税情况	处理方案
中泰设计	股份公司变更前后注册资本未发生变化,不存在以未分配利润、资本公积、盈余公积转增注册资本的情况,但涉及未分配利润、盈余公积转增资本公积的部分,具体转增金额为982,784.45元	公司代扣代缴个人股东所得税	—
玉马遮阳	股份公司变更前后注册资本未发生变化,不存在以未分配利润、资本公积、盈余公积转增注册资本的情况,但涉及未分配利润、盈余公积转增资本公积的部分,具体转增金额为143,677,971.55元	未缴	项目组对国家税务总局寿光市税务局文家税务分局进行了实地走访,经访谈确认:未分配利润和盈余公积转增资本公积,不涉及个人所得税

实务中,需要加强与税务机关的沟通,希望遵循税收政策不明确时有利于纳税人的原则,按照不征税处理。同时,每一个会计科目的设置都有其一定的意义,不同的分类归集的内容不同,需提示企业存在会计科目核算不当策划的风险,即先将留存收益转增资本公积,适用不征税,再从资本公积转增股本,继续套用不征税,这种操作手法存在涉税风险。

针对个人股东而言,留存收益转增资本公积的行为如获得税务机构不征税的政策,那么选用将留存收益转入资本公积的股改方案将实质上可能产生税收减免的效应,即公司在上市或者挂牌后将资本公积转增股本,个人股东适用现行有关股息红利差别化政策(财税〔2015〕101号文、财税〔2012〕85号文、财税2024年第8号文)执行。

那么,未分配利润、盈余公积转增股本不纳税是否合算?

通过下面案例可知,虽然自然人股东暂时不缴纳个人所得税,法人股东却多缴了企业所得税。

【案例】某市A有限公司,注册资本5000万元,B投资公司和C自然人分别持有60%和40%的股权,A有限公司将依法整体变更为A股份公司。A有限公司原有股东按原出资比例持有A股份公司的股份,A有限公司截至股改基准日的经审计的净资产值假设为10,000万元,其中,盈余公积2000万元,未分配利润3000万元。依法按照1.25∶1的比例全部折为A股份公司股份(其中,8000万元作为股份公司注册资本,其余2000万元作为资本公积),共计折合股份数为8000万股,每股面值为人民币1元。A有限公司把未分配利润3000万元转增为A股份公司的股本,然后将剩下盈余公积2000万元直接转为A股份公司的资本公积。

A公司认为,将未分配利润3000万元转增为A股份公司的股本视同利润分配,股东B投资公司免企业所得税,股东C自然人缴纳个人所得税240万元(3000万元×40%×20%),将盈余公积2000万元直接转为A股份公司的资本公积不视同利润分配。这时,股东B投资公司投资成本为4800万元,股东C自然人投资成本为3200万元。

其后，A股份公司估值上涨为10元/股，股东B投资公司和股东C自然人均以10元/股的价格全部转让，纳税情况如下：股东B投资公司转让4800万股，转让收入48,000万元，投资成本4800万元，应纳企业所得税为10,800万元［（48000万元 -4800万元）×25%］。股东C自然人转让3200万股，转让收入32,000万元，投资成本3200万元，应纳个人所得税为5760万元［（32000万元 -3200万元）×20%］，前后个人股东合计缴纳个人所得税6000万元。

假如将盈余公积2000万元转为A股份公司的资本公积视同利润分配，那就相当于总共分配了5000万利润，股东B投资公司分得3000万元，免企业所得税，持股成本为6000万；股东C自然人分得2000万元，应缴个人所得税为400万元（2000万元 ×20%），持股成本为4000万元。A股份公司上市后，股东B投资公司和股东C自然人仍以10元/股的价格转让了全部股份，纳税情况如下：股东B投资公司转让4800万股，转让收入48,000万元，投资成本6000万元，应纳企业所得税为10,500万元［（48000万元 -6000万元）×25%］。股东C自然人转让3200万股，转让收入32,000万元，投资成本4000万元，应纳个人所得税为5600万元［（32000万元 -4000万元）×20%］。

通过算总账发现，整个过程股东B投资公司比不视同分配少缴企业所得税300万元。股东C自然人缴纳个人所得税6000万元，和不视同分配一致（400万元 +5600万元），只不过其中有160万元在改制时提前缴了。

9.1.3 未分配利润为负的情况下股改

9.1.3.1 未分配利润为负，能不能进行股改

股改在会计层面体现为将注册资本、资本公积、盈余公积、未分配利润四个科目金额变更为注册资本、资本公积两个科目金额。

在发展初期，不少企业（特别是互联网、生物医药等高新技术企业）在技术研发、市场培育等方面投入巨大，这种投入往往会超过企业在初创阶段的盈利能力，继而导致企业在整体变更为股份有限公司形式时，出现累计未弥补亏损情况较为常见。

在2023年修订的《公司法》实施前，当盈余公积为零、未分配利润为负数（公司存在未弥补亏损）时，资本公积和注册资本科目金额是无法弥补亏损的，因此，就《公司法》（2018年）角度而言，对存在未弥补亏损的企业实施股改，实质违反了《公司法》前述规定。

2019年，拉卡拉（300773.SZ）的成功上市开启了亏损股改上市的先河。在拉卡拉有限股改时，截至2015年6月30日，拉卡拉有限实收资本为302,916,209.81元、资本公积金为1,698,490,544.19元、未分配利润为 -477,275,024.26元、净资产值为1,524,131,729.74元，公司股改方案为资产账面价值1,524,131,729.74元折合成实收股本36,000万股，整体变更设立股份公司。

拉卡拉成功过会主要源于 2019 年 1 月 11 日中国证监会发布的《发行监管问答——关于首发企业整体变更设立股份有限公司时存在未弥补亏损事项的监管要求》(2020 年废止),该监管问答首次针对的目标为申请 IPO 的非试点创新企业,且明确了有限责任公司整体变更为股份有限公司时存在未弥补亏损或会计差错更正调整导致整体变更时存在未弥补亏损情形下的监管态度。2020 年,中国证监会发布《首发业务若干问题解答》(2020 年修订,2023 年 2 月 17 日废止),在第 52 项问题中再次明确"部分申请首次公开发行股票的企业,在有限责任公司按原账面净资产值折股整体变更为股份有限公司时存在未弥补亏损,或者整体变更时不存在未弥补亏损,但因会计差错更正追溯调整报表而致使整体变更时存在未弥补亏损"的监管要求,即"发行人应在招股说明书中充分披露其由有限责任公司整体变更为股份有限公司的基准日未分配利润为负的形成原因,该情形是否已消除,整体变更后的变化情况和发展趋势,与报告期内盈利水平变动的匹配关系,对未来盈利能力的影响,整体变更的具体方案及相应的会计处理、整改措施(如有),并充分揭示相关风险。保荐机构、发行人律师应对下述事项进行核查并发表意见:发行人有限责任公司整体变更设立股份有限公司相关事项是否经董事会、股东会表决通过,相关程序是否合法合规,改制中是否存在侵害债权人合法权益情形,是否与债权人存在纠纷,是否已完成工商登记注册和税务登记相关程序,整体变更设立股份有限公司相关事项是否符合《公司法》等法律法规规定"。

继拉卡拉之后,资本市场上亏损股改 IPO 企业开始逐渐出现,表 2-14 为近年来亏损股改并成功 IPO 的代表性企业情况。

表 2-14 亏损股改并成功 IPO 的代表性企业

公司名称	上市时间	股改情况	亏损原因
炬芯科技(688049)	2021 年 11 月 29 日	截至 2020 年 5 月 31 日(整体变更基准日),炬芯科技累计未分配利润为 -14,735.85 万元,实收资本 9150.00 万元,资本公积 55,902.63 万元,净资产 50,316.78 万元;炬芯科技以截至 2020 年 5 月 31 日的净资产 50,316.78 万元作为出资,按 5.4991∶1 比例折为股份公司股本 9150.00 万股,每股面值人民币 1 元,折股后剩余净资产 41,166.78 万元作为资本公积金	(1)炬芯科技成立时间较短,发展初期发行人主要进行技术和产品研发,研发投入相对较大,发行人 2017 年及以前处于亏损状态;(2)发行人对核心员工实施股权激励,导致发行人在整体变更基准日前存在较高金额的股份支付费用
光格科技(688450)	2023 年 7 月 24 日	截至 2020 年 7 月 31 日(整体变更基准日),光格科技实收资本 3321.43 万元,资本公积 6662.40 万元,盈余公积 186.19 万元,未分配利润 -2711.26 万元;光格科技以截至 2020 年 7 月 31 日的净资产 7458.76 万元按 1∶0.6636 的比例折股 4950 万股,每股面值 1.00 元,其余 2508.76 万元计入股份公司的资本公积	公司研发产品数量较多且研发难度较大,前期研发投入大且客户导入周期较长

续表

公司名称	上市时间	股改情况	亏损原因
电气风电（688660）	2021年5月19日	截至2019年5月31日（整体变更基准日），电气风电实收资本498,534.74万元，未分配利润 -139,374.39万元；电气风电以截至2019年5月31日的净资产359,160.35万元为基础，按照1：0.2227的比例折股80,000万股，每股面值1元，其余279,160.35万元列入股份公司的资本公积	报告期外大规模的技术研发及市场开拓投入
英方软件（688435）	2023年1月19日	截至2015年5月31日（整体变更基准日），英方软件净资产为2823.25万元，其中实收资本800.00万元，股本溢价形成的资本公积2420.00万元，未分配利润为 -396.75万元；英方软件以2015年5月31日为基准日的账面净资产28,232,469.03元按照1.1293：1的比例折股2500.00万股，每股面值为1.00元，溢价部分3,232,469.03元计入资本公积	公司在发展前期研发及营销投入较高而产品销售未达规模效应

《公司法》第214条前2款、第225条第1款第1句规定，"公司的公积金用于弥补公司的亏损、扩大公司生产经营或者转为增加公司注册资本。公积金弥补公司亏损，应当先使用任意公积金和法定公积金；仍不能弥补的，可以按照规定使用资本公积金"，"公司依照本法第二百一十四条第二款的规定弥补亏损后，仍有亏损的，可以减少注册资本弥补亏损"，至此，股改缩股以及亏损股改的法律障碍已不复存在。

9.1.3.2 以资本公积弥补的亏损能否以未来的利润弥补亏损

当未分配利润为负时，根据《企业所得税法》第18条的规定，"企业纳税年度发生的亏损，准予向以后年度结转，用以后年度的所得弥补，但结转年限最长不得超过五年"，其中高新技术企业和科技型中小企业根据财税〔2018〕76号文、国税2018年第45号文的规定，亏损结转年限延长至10年。

根据财税〔2009〕59号文的规定，"企业发生其他法律形式简单改变的，可直接变更税务登记，除另有规定外，有关企业所得税纳税事项（包括亏损结转、税收优惠等权益和义务）由变更后企业承继，但因住所发生变化而不符合税收优惠条件的除外"，因此，股改时由资本公积弥补的符合条件的亏损在税法上仍然可以结转。

9.1.4 注册资本部分转为资本公积、未分配利润

股改时，部分注册资本转为资本公积，意味着公司在改制同时进行了减资，且股东并未从公司获得对价。这种股改方式适用于公司存在亏损，且资本公积不足以弥补累计亏损的情况。

目前拟上市但累计亏损企业股改，普遍都存在高额的资本公积（一般是溢价增资形成的），足够弥补未分配利润科目负数，所以并不需要减少注册资本，公司净资产远高于折股数（股改后的股本）。换言之，采用这种折股方案的企业，资本公积弥补亏损后的净资产仍然低于公司现有注册资本数额。为了满足《公司法》第108条的规定而不得不同时减资，或先减资再

股改。减资时股东不获得对价,从而将注册资本转入资本公积,再由资本公积弥补累计亏损。比如 2023 年 IPO 申请获得上交所批准的金天钛业,在其整体变更前注册资本为 191,148.50 万元,高于股改基准日 2022 年 1 月 31 日的净资产账面价值 142,853.45 万元;2022 年 4 月 23 日,金天钛业股东会决议将公司注册资本由 191,148.50 万元减少至 37,000.00 万元并进行公告;2022 年 6 月 15 日,金天钛业决议以截至 2022 年 1 月 31 日经审计的扣除专项储备后的净资产 137,527.01 万元为基础,按 1:0.2690 的比例折为变更后股份有限公司的股本 37,000.00 万股,剩余部分计入资本公积。

值得注意的是,股改前的注册资本高于股改后的股本,等于股改时一并做了减资。《公司法》在 2023 年修改后,允许用注册资本、资本公积转未分配利润,此前对减资、股改是同时做还是分次做存在争议,此后再无争议,减资、股改可以同时进行。

9.1.5 有限责任公司整体改制为股份公司其他税种的缴纳

9.1.5.1 印花税

有限责任公司整体改制为股份公司的过程中,因涉及主体名称变更,对会计账簿、资产登记证书、合同均存在一定的影响,根据财税 2024 年第 14 号文的规定,对印花税也存在一定的影响,具体而言:

(1)对营业账簿所涉印花税的影响。新启用营业账簿记载的实收资本(股本)、资本公积合计金额,原已缴纳印花税的部分不再缴纳印花税,未缴纳印花税的部分和以后新增加的部分应当按规定缴纳印花税;企业其他会计科目记载的资金转为实收资本(股本)或者资本公积的,应当按规定缴纳印花税。

(2)对业务合同所涉印花税的影响。企业改制重组以及事业单位改制前书立但尚未履行完毕的各类应税合同,由改制重组后的主体承继原合同权利和义务且未变更原合同计税依据的,改制重组前已缴纳印花税的,不再缴纳印花税。

(3)对产权转移书据所涉印花税的影响。对企业改制书立的产权转移书据,免征印花税。

9.1.5.2 契税

根据财税 2023 年第 49 号文的规定,有限责任公司变更为股份有限公司,股份有限公司变更为有限责任公司,原企业投资主体存续并在改制(变更)后的公司中所持股权(股份)比例超过 75%,且改制(变更)后公司承继原企业权利、义务的,对改制(变更)后公司承受原企业土地、房屋权属,免征契税。

9.1.5.3 土地增值税

根据财税 2023 年第 51 号文的规定,有限责任公司变更为股份有限公司,股份有限公司变更为有限责任公司,对改制前的企业将国有土地使用权、地上的建筑物及其附着物转移、变更到改制后的企业,暂不征收土地增值税。

9.1.5.4 增值税

公司整体改制没有涉及货物、房产的转让或者投资,且在税务流程上,公司整体改制不是设立登记新公司,而是直接变更税务登记的,无须缴纳增值税。

9.2 非公司化国有企业、集体企业改制

9.2.1 非公司化国有企业改制

非公司化国有企业改制主要是指全民所有制企业、厂办大集体企业改制为国有控股公司,全民所有制企业、厂办大集体企业目前已经属于历史遗留产物,其中厂办大集体企业是指20世纪七八十年代由国有企业资助兴办的向主办企业提供配套产品或劳务服务的集体企业,在工商登记层面上,厂办大集体企业登记企业性质为"集体所有制",因其资金来源主要由国有主办企业提供,故将其纳入国有企业改制。

1. 企业所得税

国税 2017 年第 34 号文明确全民所有制企业改制为国有独资公司或者国有全资子公司,改制中资产评估增值不计入应纳税所得额;资产的计税基础按其原有计税基础确定;资产增值部分的折旧或者摊销不得在税前扣除。

对能够重组改制的厂办大集体,根据国务院办公厅《关于在全国范围内开展厂办大集体改革工作的指导意见》(国办发〔2011〕18 号)的规定,按照《关于国有大中型企业主辅分离辅业改制分流安置富余人员的实施办法》(国经贸企改〔2002〕859 号)等有关法律法规和政策规定,通过合资、合作、出售等多种方式,改制为产权清晰、面向市场、自负盈亏的独立法人实体,其中凡符合"利用原企业的'三类资产'""独立核算、产权清晰并逐步实现产权主体多元化""吸纳原企业富余人员达到 30%(含)以上""与安置的职工变更或签订新的劳动合同"条件的,经有关部门认定,税务机关审核,可享受 3 年内免征企业所得税的政策。

2. 契税

根据财税 2023 年第 49 号文的规定,非公司制企业改制为有限责任公司或股份有限公司,原企业投资主体存续并在改制(变更)后的公司中所持股权(股份)比例超过 75%,且改制(变更)后公司承继原企业权利、义务的,对改制(变更)后公司承受原企业土地、房屋权属,免征契税。

3. 土地增值税

根据财税 2023 年第 51 号文的规定,非公司制企业改制为有限责任公司或股份有限公司,

对改制前的企业将国有土地使用权、地上的建筑物及其附着物转移、变更到改制后的企业，暂不征收土地增值税。

4. 印花税

根据财税 2024 年第 14 号文的规定，实行公司制改造的企业，原企业投资主体存续并在改制（变更）后的公司中所持股权（股份）比例超过 75%，且改制（变更）后公司承继原企业权利、义务的，在改制过程中涉及的印花税与普通股份制改造享受优惠不征税的政策。

5. 增值税

根据国税 2011 年第 13 号文的规定，纳税人在资产重组过程中，通过合并、分立、出售、置换等方式，将全部或者部分实物资产以及与其相关联的债权、负债和劳动力一并转让给其他单位和个人，不属于增值税的征税范围，其中涉及的货物转让，不征收增值税。

9.2.2 集体企业改制

我国的企业类型可以根据股东性质划分为民营企业、国有企业和集体企业三类，其中，集体企业可根据举办主体的不同分为乡村集体所有制企业及城镇集体所有制企业，国务院分别颁布并实施了《乡村集体所有制企业条例》及《城镇集体所有制企业条例》，对农民集体举办的企业（农业生产合作社、农村供销合作社、农村信用社除外）及城镇的各种行业、各种组织形式的集体所有制企业进行规范。

涉及集体企业阶段的时间主要集中在 1990~2000 年。在集体企业改制为股份合作制企业时，将有关资产量化给职工个人，涉及个人所得税的处理问题。根据国家税务总局《关于企业改组改制过程中个人取得的量化资产征收个人所得税问题的通知》（国税发〔2000〕60 号）的规定，对职工个人以股份形式取得的仅作为分红依据，不拥有所有权的企业量化资产，不征收个人所得税；对职工个人以股份形式取得的拥有所有权的企业量化资产，暂缓征收个人所得税，待个人将股份转让时，就其转让收入额，减除个人取得该股份时实际支付的费用支出和合理转让费用后的余额，按"财产转让所得"项目计征个人所得税；对职工个人以股份形式取得的企业量化资产参与企业分配而获得的股息、红利，应按"利息、股息、红利"项目征收个人所得税。除厂办大集体改制 3 年所得税减免优惠政策尚无明文支持享受外，其他税种的优惠政策与国有企业改制所享受的税收优惠政策并无不同。

9.3 非法人组织与法人组织相互转换

根据财税〔2009〕59 号文的规定，法人组织与非法人组织之间的改制视同企业进行清算、分配，股东重新投资成立新企业。

这种形式的改制在实务中遇到相对较多的情况包括民办非企业转制为公司,以及近年来所倡导的"个转企"等。《民办学校分类登记实施细则》(教发〔2016〕19号)出台后,社会掀起了一波学校"非营转营"的现象;2022年,国务院发布《促进个体工商户发展条例》(国务院令第755号),倡导个体工商户转登记或者转型为企业。但是前述该等行为在工商以及税务层面均属于"先注销、后新设"的操作,企业的全部资产以及股东投资的计税基础均应以公允价值为基础确定。

在所得税层面,根据财税〔2009〕59号文的规定,企业由法人转变为个人独资企业、合伙企业等非法人组织,或将登记注册地转移至中华人民共和国境外(包括港澳台地区),视同企业进行清算、分配,股东重新投资成立新企业。企业的全部资产以及股东投资的计税基础均应以公允价值为基础确定。

而其他的非法人组织转变为法人,如民办非企业的非营利性民办学校转登记为公司制的营利性民办学校时,根据《民办学校分类登记实施细则》第15条的规定,应当进行财务清算,此与财税〔2009〕59号文所规定的原则并无较大差异。

至于土地增值税、契税、印花税等其他税种,笔者细读了改制重组的系列税收优惠文件,包括财税2023年第49号文、财税2023年第51号文、财税2024年第14号文等规定,除了前文所称之公司整体改制以及非公司化国有企业、集体企业改制,该系列税收优惠文件所规定的其他改制主体前身应为"非公司制企业",从文义和立法精神理解应包括个人独资企业、合伙企业。如个人独资企业、合伙企业改制为公司,应该享受相关税收优惠政策;其他情形如无明确的特殊税收政策,则难以享受。

下面详细说明一下清算、分配的税务注意事项。

清算企业按以下方式确认清算所得:(1)全部资产均应按可变现价值或交易价格,确认资产转让所得或损失;(2)确认债权清理、债务清偿的所得或损失;(3)改变持续经营核算原则,对预提或待摊性质的费用进行处理;(4)依法弥补亏损,确定清算所得;(5)计算并缴纳清算所得税;(6)确定可向股东分配的剩余财产、应付股息等;(7)企业的全部资产可变现价值或交易价格,减除资产的计税基础、清算费用、相关税费,加上债务清偿损益等后的余额,为清算所得。

清算企业所得税税率一律为25%,不再适用其他企业所得税率。

清算企业全部资产的可变现价值或交易价格(以非持续经营为前提的公允价值)减除清算费用、职工的工资、社会保险费用和法定补偿金,结清清算所得税、以前年度欠税等税款,清偿企业债务后,按规定计算可以向所有者分配剩余资产。相当于被清算企业累计未分配利润和累计盈余公积中按股东所占股份比例计算的部分,应确认为股息所得;剩余资产减除股息所得后的余额,超过或低于股东投资成本的部分,应确认为股东的投资转让所得或损失。

对于清算法人企业的法人股东而言，收回投资的部分中属于留存收益中符合条件的部分是免税的。收回投资扣除留存收益、投资成本的部分作为投资转让所得汇总法人股东合并纳税。

对于清算法人企业的个人股东而言，根据国税 2011 年第 41 号文，个人因清算分配获得的资产，扣除原实际出资额及相关税费后，全额按照"财产转让所得"项目适用的规定计算缴纳个人所得税。之所以没有加以区分，是因为股息性所得和财产转让所得适用的税率都是 20%。但也有可能产生差异，比如：被投资企业属于外商投资企业，其外籍个人股东做减资或撤资时，分回的资产中对应的属于股息性的收益可以享受免征个人所得税的优惠；个人对于公众公司的股息红利有差别化纳税优惠，相应在这种情况下，建议先分红再清算或改制。

存在争议的是合伙企业清算中个人合伙人纳税适用的问题，详见本书第 3 部分"合伙企业持股涉税事项"的分析。

10　收购涉税事项

外延式收购能够快速提升公司业绩；收购具备协同效应的标的并进行很好的资源整合后，还能产生补缺、补强的奇效。中国资本市场监管机构虽然反对短期拼凑上市（几个较小规模的同行业标的公司合并后共同上市），但实际反对的并不是收购、整合，增加行业集中度，而是要求达到一定体量的收购（如被收购方的收入、利润、资产达到收购方50%以上等）做好稳定运行，实现真正的内部集约化高效管理，等协同效应发挥出来后，进入资本市场。

公司收购的模式可以分为四类：人员、资产、业务、股权收购，具体说明如下。

（1）人员收购：业务是跟着人走的，招募有业务资源的人、吸纳新的合伙人都是所谓人员收购的方式。比如某企业有一部分主营业务是做国际货物运输代理的，有国际货物进出口需求的业务资源大量掌握在资深经营人才手中，所以我们为此设计了一套招募、吸引、整合、奖励、共创的模式进行人员、团队整建制收购。还有的人员收购方式是收购公司，但被收购标的并没有形成账面资产，只有一个充满创意、享有特殊技术的团队，成建制的收购团队是目的，但是以公司收购的形式体现。

（2）资产收购：一般是指经营性资产的整体收购。比如机器、厂房、专利、土地等资产合并的收购。

（3）业务收购：买断业务，将未履行的合同、即将签订的业务合同的权利义务从被收购人转为收购人享受和承担。

（4）股权收购：最为复杂，因为涉及资产、债务、业务、人员等，是一个综合性的收购。因为复杂，所以容易留下隐患，比如隐形债务、人员承接、资产瑕疵等。

从以往的收购情况看，牛市交易数量多，因为交易各方有良好的预期，容易成交；但从收购效率看，牛市收购往往为此付出更高溢价，日后整合风险加大，失败率较高；熊市也有收购发生，但交易量急剧减少，而且中途夭折的数量比较多，但收购成功的概率更高。因为这个时候被收购人的预期下降，更能以合适的价格购买到不错的资产。

不得不说的是，收购是一个高风险行为，《哈佛商业评论》的一份调研报告显示，收购失败的概率在70%以上。收购失败的最大风险点在于收购后的整合失败，这一点需要提高足够的警惕。对于拟IPO企业而言，收购更需要慎重，因为本来是寄希望于收购实现业绩快速达到IPO门槛条件，但收购后业绩不如预期甚至形成亏损的，会使合并业绩数据还低于收购前独立发展的业绩数据，会显著拖累 IPO 进程。

收购失败风险点还在于交易结构的设计。交易结构涉及双方风险分配方式，尤其涉及税费成本。实践中交易结构设计未充分考虑交易成本（主要指税费成本）而常常导致并收交易卡在收购签约过程中。甚至有一些案例，双方签署了收购协议，办理收购资产交割时发现税费远超预计而不得不夭折。

本部分主要着眼于股权收购过程中不同收购方式下的涉税分析，当企业开展收购动作时应提前将税费成本纳入收购整体交易设计中，合理降低收购交易成本，增加收购成功的概率。

10.1 以股权作为支付方式收购股权

股权收购，是指收购企业购买被收购企业的股权，以实现对被收购企业控制的交易。收购企业支付对价的形式包括股权支付、非股权支付或两者的组合。其中股权支付以收购企业的股权或收购企业控制的其他企业（直接持有股份的企业，下同）的股权作为支付对价，如果支付的对价不属于收购企业自身或其控制企业的股权，那就属于本书第 9 部分所述的以资产作为支付方式，划分到非股权支付。之所以如此区分，是因为两者在纳税上存在较大差异。非股权支付指支付的对价是收购企业及其控制企业的股权以外的资产，如现金、债权等。

10.1.1 以股权作为支付方式收购股权的所得税分析

10.1.1.1 一般性税务处理

根据财税〔2009〕59号文的规定，企业股权收购、资产收购重组交易，一般情况下应按以下规定处理：(1) 被收购方应确认股权、资产转让所得或损失。(2) 收购方取得股权或资产的计税基础应以公允价值为基础确定。(3) 被收购企业的相关所得税事项原则上保持不变。

按照上述规定，在一般性税务处理过程中，收购企业与被收购企业的资产计税基础分别如下：

(1) 收购企业：以非货币性资产收购股权，视同非货币性资产按公允价值出售依法缴纳相关税费，按出售资产公允价值确认收购的股权计税基础。获得的股权按公允价值作为计税基础。如果是收购企业增发股权作为对价，按接受投资处理。

(2) 被收购企业：以股权的公允价值计入收入，扣除股权的计税基础后确认股权转让所得。收到的非货币性资产按公允价值作为非货币性资产的计税基础。

下面以图 2-5 为例进行说明。甲公司收购乙公司持有的 B 公司 100% 股权，甲公司有两种支付对价的方式：一是甲公司以自身10%的股权增加注册资本的方式支付对价；二是甲公司以子公司A公司40%的股权转让给乙公司的方式支付对价。假设甲公司持有的A公司40%股权账面价值为400万元，评估值为500万元。甲公司10%股权账面价值为200万元，作价为500万元。乙公司持有B公司100%股权账面价值为200万元，评估值为500万元。

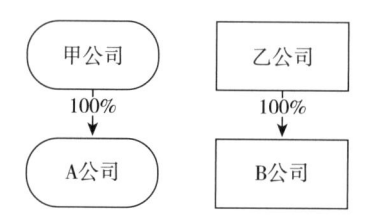

图 2-5　股权收购前的股权结构

采用一般性税务处理，若采用其一支付方式的，甲公司增加200万元注册资本，增加300万元资本公积，乙公司成为持股甲公司10%的股东。B公司成为甲公司持股的100%子公司。乙公司视同以500万元价格转让B公司的100%股权，确认300万元所得，重新以500万元计入长期股权投资，对应甲公司的10%股权。而甲公司增资无须缴纳所得税。上述处理完成后，股权结构如图2-6所示。

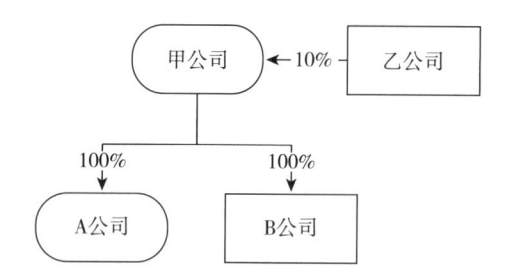

图 2-6　以定增换股方式收购后的股权结构

采用一般性税务处理，若采用其二支付方式的，甲公司视同以500万元价格转让持有的A公司40%股权，确认100万元所得，增加一项长期投资，对应B公司100%股权。乙公司视同以500万元价格转让持有的B公司100%股权，确认300万元所得，增加一项长期投资，对应A公司40%股权。上述处理完成后，股权结构如图2-7所示。

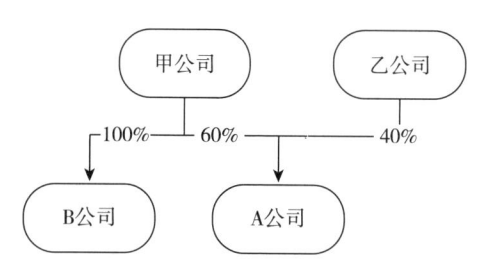

图 2-7　以子公司股权换股方式收购后的股权结构

10.1.1.2 特殊性税务处理

1. 适用条件

（1）具有合理的商业目的，且不以减少、免除或者推迟缴纳税款为主要目的。

（2）被收购的股权不低于被收购企业的50%。

（3）被收购企业重组后连续12个月内不改变重组资产原来的实质性经营活动。

（4）重组交易对价中涉及股权支付金额不低于交易支付总额的85%。

（5）企业重组中取得股权支付的原主要股东（被收购企业股东持股被收购企业20%以上股权），在重组后连续12个月内，不得转让所取得的股权。

股权支付比例 = 支付的股权公允价值 ÷ 交易总额

2. 特殊性税务处理规则

（1）被收购企业的股东取得收购企业股权的计税基础，以被收购股权的原有计税基础确定。不确认股权转让的所得或损失。

非股权支付的部分应该计算所得或损失，并调整相应的计税基础。

非股权支付部分损益 =（被转让股权的公允价值 − 被转让股权的计税基础）×（非股权支付 ÷ 被转让股权的公允价值）

取得股权支付的计税基础 = 被转让股权原计税基础 × 股权支付比例

非股权支付对价按公允值作为计税基础。

（2）收购企业取得被收购企业股权的计税基础，以被收购股权的原有计税基础确定。

（3）收购企业以其子公司股权作为对价支付的，收购企业取得被收购企业股东的计税基础以子公司股权原计税基础确认。

第2项和第3项规则说明，收购的股权按换出资产还是按换入资产作为原有的计税基础，在实践中是存在争议的。

（4）收购企业、被收购企业的原有各项资产和负债的计税基础和其他相关所得税事项保持不变。

下面举例说明。甲公司向乙公司收购乙公司持有的B公司100%股权，甲公司有两种支付对价的方式：一是甲公司以自身10%的股权增加注册资本的方式支付对价，二是甲公司以子公司A公司40%的股权转让给乙公司的方式支付对价。甲公司持有的A公司40%股权账面价值为400万元，评估值为500万元。甲公司10%股权账面价值为200万元，作价为500万元。乙公司持有的B公司100%股权账面价值为200万元，评估值为500万元。如表2-15所示。

表 2-15　各股权资产的账面价值与评估值

单位：万元

项目	账面价值	评估值
甲公司持有的 A 公司 40% 股权	400	500
甲公司自身的 10% 股权	200	500
乙公司持有的 B 公司 100% 股权	200	500

如果符合特殊性税务处理其他条件，用其一方式支付，如果均按换入资产原有计税基础入账，则甲公司取得 B 公司 100% 股权的计税入账价值为 B 公司 100% 股权原有计税基础 200 万元。乙公司取得甲公司 10% 股权的计税入账价值为 B 公司 100% 股权原有计税基础 200 万元。甲公司增发股权无所得，也无资本公积确认。乙公司不确认所得。

如果采用特殊性税务处理，用其二方式支付，如果按换出资产原有计税基础入账，则甲公司取得 B 公司 100% 股权的计税入账价值为子公司 A 公司 40% 原有计税基础 400 万元。乙公司取得 A 公司 40% 股权的计税入账价值为乙公司持有 B 公司 100% 的原有计税基础 200 万元。甲公司与乙公司均不确认所得。

在上述分析中，如果符合特殊性税务处理其他条件的，甲公司与乙公司均不确认所得，但甲、乙公司对于换入资产的计税基础存在不同的意见，如表 2-16 所示。

表 2-16　换出与换入资产的计税基础

单位：万元

项目	按换出资产原有计税基础	按换入资产原有计税基础
甲公司持有 A 公司 40% 股权	400	200
甲公司自身 10% 股权	200	200

问题在于，收购企业与被收购企业换股的资产都采用原有计税基础时，可能存在重复纳税的情况。以前述其一支付方式交付对价后，假设甲公司未来将 B 公司 100% 的股权转让，公允价值仍为 500 万元，则甲公司存在 300 万元价差作为应纳税所得额。如果乙公司随后将甲公司 10% 的股权转让，公允价值仍为 500 万元，则乙公司也要将差额 300 万元作为应纳税所得额。这样一笔换股形成了甲、乙公司两边重复纳税的局面。所以，笔者与很多学者意见一致，此处有一方换入资产的计税基础可以选择公允价值。

10.1.1.3　规则适用的竞合

收购企业以股权置换股权时，对收购企业而言是股权收购、对被收购企业而言是非货币性资产投资或者股权划转（因为国税 2015 年第 40 号文明确了"100% 直接控制的母子公司之间，母公司向子公司按账面净值划转其持有的股权或资产，母公司获得子公司 100% 的股权支付"属于划转，即将无偿划转扩大到有偿划转）。

下文举例说明。甲公司收购乙公司持有的B公司100%股权,甲公司以自身10%的股权增加注册资本的方式向乙公司支付对价,假设甲公司同时是乙公司的全资子公司,收购前后的股权结构如图2-8所示。A公司100%股权账面价值为800万元,评估值为1000万元。甲公司100%股权账面价值为300万元,评估值为500万元。B公司100%股权账面价值为200万元,评估值为500万元。

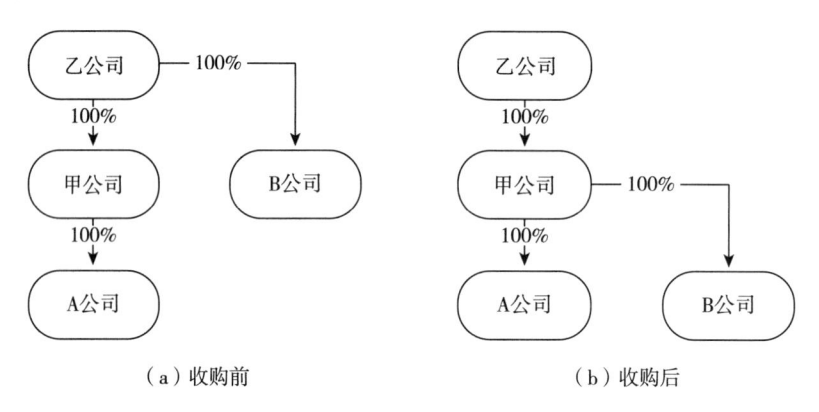

图 2-8　收购前后股权结构示意

如图2-8所示,乙公司将下属子公司B公司的100%资产划拨给甲公司,获得了甲公司新增的200万元注册资本,也可以理解为乙公司以B公司100%股权作为出资物增资入股至甲公司。另外,要实现甲公司对B公司的整合并表,还有两种方式,即A公司与B公司合并,B公司与甲公司合并,如图2-9所示。

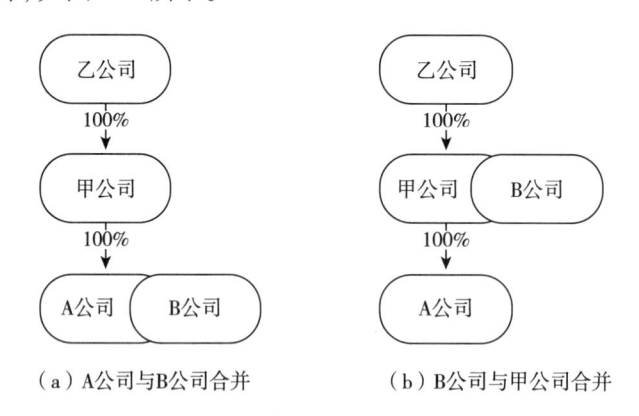

图 2-9　吸收合并后股权结构示意

所以,当甲公司欲合并B公司的业绩,实现外延式快速发展的目的时,有收购、大股东划拨资产、大股东增资、合并四种方式实现,同时面对相应六种不同的税务处理方式。如何在竞合的政策法律中进行选择,下文详细分析。

由表2-17可以看出,6种规定适用的前提条件不一致,税务处理也有所不同,企业应根据现实情况选择对自己最有利的方式。同时,根据财税〔2014〕109号文的规定,允许企业选择其中一项适用执行,一经选择不得改变。

表 2-17　股权换股权涉及税务处理规则的竞合

竞合规定	适用条件	对应的税务处理
划转的特殊税务处理（财税〔2014〕109号文、国税2015年第40号文）	（1）划转双方发生在100%直接控制的居民企业之间； （2）划转双方发生在受同一或相同多家居民企业100%直接控制的居民企业之间； （3）划转双方均按账面净值划转股权或资产； （4）划转具有合理商业目的； （5）股权或资产划转后连续12个月内不改变被划转股权或资产原来实质性经营活动	（1）100%直接控制的母子公司之间，母公司向子公司按账面净值划转其持有的股权或资产，母公司获得子公司100%的股权支付。母公司按增加长期股权投资处理，子公司按接受投资（包括资本公积，下同）处理。母公司获得子公司股权的计税基础以划转股权或资产的原计税基础确定。 （2）100%直接控制的母子公司之间，母公司向子公司按账面净值划转其持有的股权或资产，母公司没有获得任何股权或非股权支付。母公司按冲减实收资本（包括资本公积，下同）处理，子公司按接受投资处理。 （3）100%直接控制的母子公司之间，子公司向母公司按账面净值划转其持有的股权或资产，子公司没有获得任何股权或非股权支付。母公司按收回投资处理，或按接受投资处理，子公司按冲减实收资本处理。母公司应按被划转股权或资产的原计税基础，相应调减持有子公司股权的计税基础。 （4）受同一或相同多家母公司100%直接控制的子公司之间，在母公司主导下，一家子公司向另一家子公司按账面净值划转其持有的股权或资产，划出方没有获得任何股权或非股权支付。划出方按冲减所有者权益处理，划入方按接受投资处理
非货币性资产出资递延纳税处理（财税〔2014〕116号文、国税2015年第33号文）	（1）居民企业； （2）非货币性资产对外投资视同非货币性资产销售	（1）可在不超过5年期限内，分期均匀计入相应年度的应纳税所得额。 （2）投资企业取得被投资企业的股权，应以非货币性资产的原计税成本为计税基础，加上每年确认的非货币性资产转让所得，逐年进行调整；5年内转让上述股权、投资收回、投资企业注销的，停止执行递延纳税政策，未确认的非货币性资产转让所得一次性计算缴纳企业所得税。 （3）被投资企业取得非货币性资产的计税基础，按非货币性资产的公允价值确定
以股权收购股权的特殊性税务处理（财税〔2009〕59号文、财税〔2014〕109号文）	（1）具有合理的商业目的； （2）被收购股权不低于被收购企业的50%； （3）企业重组后连续12个月内不改变重组资产原来的实质性经营活动； （4）重组交易对价中涉及股权支付金额不低于交易支付总额的85%； （5）企业重组中取得股权支付的原主要股东（被收购企业股东持被收购企业20%以上股权），在重组后连续12个月内，不得转让所取得的股权	（1）被收购企业的股东取得收购企业股权的计税基础，以被收购股权的原有计税基础确定。 （2）收购企业取得被收购企业股权的计税基础，以被收购股权的原有计税基础或者换出股权的原计价基础确定。如为收购企业自身股权收购的，按收购企业股权公允值计（有争议）。 （3）收购企业、被收购企业的原有各项资产和负债的计税基础和其他相关所得税事项保持不变

续表

竞合规定	适用条件	对应的税务处理
收购、增资、划拨的一般性税务处理（财税〔2009〕59号文、财税〔2014〕109号文、财税〔2014〕116号文）	—	(1)被收购方应确认股权转让所得或损失。 (2)收购方取得股权的计税基础应以公允价值为基础确定。 (3)被收购企业的相关所得税事项原则上保持不变
合并的特殊性税务处理（财税〔2009〕59号文、财税〔2014〕109号文、国税2010年第4号文、国税2015年第48号文）	(1)具有合理的商业目的； (2)企业合并后连续12个月内不改变重组资产原来的实质性经营活动； (3)被合并企业股东取得的股权支付金额不低于其交易支付总额的85%，或者同一控制下且不需要支付对价的企业合并； (4)合并中取得股权支付的原主要股东合并后连续12个月内，不得转让所取得的股权	(1)合并企业接受被合并企业资产和负债的计税基础，以被合并企业的原有计税基础确定。 (2)被合并企业合并前的相关所得税事项由合并企业承继。 (3)可由合并企业弥补的被合并企业亏损的限额＝被合并企业净资产公允价值 × 截至合并业务发生当年年末国家发行的最长期限的国债利率。 (4)被合并企业股东取得合并企业股权的计税基础，以其原持有的被合并企业股权的计税基础确定
合并的一般性税务处理（财税〔2009〕59号文）	—	(1)合并企业应按公允价值确定接受被合并企业各项资产和负债的计税基础。 (2)被合并企业及其股东都应按清算进行所得税处理。 (3)被合并企业的亏损不得在合并企业结转弥补

那么，假设在上面的案例中，当6种方式均可以实现甲公司收购B公司的目的，5年后，甲公司以2000万元转让B公司100%股权，乙公司以2000万元转让10%甲公司股权，综合下来适用哪种政策税负率最优？如表2-18所示，对甲公司最有利但对乙公司纳税总额无影响的纳税方式是划拨、收购、增资的一般性税务处理，以及收购的特殊性税务处理两种。对乙公司最不利的纳税方式是划拨、收购、增资的一般性税务处理、合并一般性税务处理。可见，对双方最有利的解决方案是采用收购特殊性税务处理方式。

表2-18 不同方式不同税务处理下的应纳税额

单位：万元

适用税务处理	交易方	重组所得	后续所得	合计确认	双方合计确认
划拨、收购、增资的一般性税务处理	甲公司	0	2000−500=1500	1500	3300
	乙公司	500−200=300	2000−500=1500	1800	
划拨的特殊性税务处理	甲公司	0	2000−200=1800	1800	3600
	乙公司	0	2000−200=1800	1800	
收购的特殊性税务处理	甲公司	0	2000−500=1500	1500	3300
	乙公司	0	2000−200=1800	1800	

续表

适用税务处理	交易方	重组所得	后续所得	合计确认	双方合计确认
合并的一般性税务处理	甲公司	0	2000−500=1500	1500	3300
	乙公司	500−200=300	2000−500=1500	1800	
合并的特殊性税务处理	甲公司	0	2000−200=1800	1800	3600
	乙公司	0	2000−200=1800	1800	
非货币性资产出资递延纳税处理	甲公司	0	2000−500=1500	1500	3600
	乙公司	(500−200)÷5=60	2000−500=1500	1800	

需要注意的是，在股权换股权的规则竞合中，适用"非货币性资产出资递延纳税"的税收优惠政策仅限于以所持股权资产出资设立新企业以获得新企业的股权，以及以所持股权资产注资现存居民企业以获得现存居民企业的股权，若是以所持股权资产与第三方所持股权资产进行交易，或者以所持A公司股权资产与A公司所持B公司的股权进行交易，则经济实质为股权置换。国家税务总局深圳市税务局在其发布的《企业上市税务一本通》中，列举了AC科技为实现借壳MK天鹅（据推测，实际为原上市公司"恒天天鹅"，借壳后更名为"华讯方舟"，于2022年退市）上市错用非货币资产投资递延纳税的税收风险案例：

AC科技获得MK天鹅29.8%股份后，实施了股权置换：AC科技将优质资产即南京A公司100%股权、成都B公司100%股权置换给上市公司MK天鹅，置入资产账面价值2.41亿元，评估价值为17.09亿元，投资收益14.68亿元；上市公司MK天鹅将子公司100%股权置出给AC科技，评估值为10.82亿元，两项交易对冲后价差为6.27亿元，根据重组协议应由MK天鹅现金补足给AC科技。

AC科技因并未实际收到子公司应支付的现金，将该项交易视作对上市公司的非货币性资产投资，其中置入上市公司股权资产获得的投资收益14.68亿元，自2015年起分5年确认应纳税所得额计算缴纳企业所得税，每年确认293,691,083.1元。

国家税务总局深圳税务局评析认为，企业在重组过程中，通常希望尽可能享受税收优惠政策，但需要根据具体交易情况进行具体分析，判断其是否符合优惠适用条件。上述股权交易实际属于AC科技与上市公司间的股权置换交易，不符合财税〔2014〕116号文关于非货币性资产投资分5年递延确认所得的政策规定，AC科技不能适用分期确认所得的税收优惠政策。

此外，在定向增发并支付现金购买股权的交易中，是否属于非货币性资产投资存在极大的风险，国家税务总局深圳市税务局在其发布的《企业上市税务一本通》中，列举了如下定向增发以及配套募集资金享受非货币资产投资递延纳税的税收风险案例。

2015年B股份公司以其子公司B公司100%的股权（账面成本约7亿元），对换H公司5.75亿元现金及17.25亿元H股票。B股份公司对此次交易产生的投资收益适用5年内递延缴纳企业所得税。协议中承诺未来3年B公司累计实现利润预测数，否则需要补偿B股份公司一定比例的补偿金。协议同时约定，B股份公司优先使用持有的H公司进行折价补偿。此后，由于业绩仅达到预计利润的91%，双方按协议约定回购股票进行业绩补偿。回购在证券交易所完成，H公司回购B股份公司持有的其部分股票，完成补偿后，H公司对其回购的股份进行注销。

国家税务总局深圳市税务局评析认为，B股份公司在交易中收取部分现金对价以及用股票回购进行业绩补偿，不符合财税〔2014〕116号文关于"非货币性资产投资"的相关规定。同时，公告显示"核准H公司向B股份公司发行股份及支付现金购买持有的B公司100%股权并募集配套资金"，可见此次交易实质是H公司收购B公司100%股权，而不是B股份公司以B公司股权投资H公司。综上判断，2015年的交易不符合非货币性资产投资递延纳税政策。B股份公司应当就投资收益在2015年全额缴纳所得税，其取得的H公司股票核算的会计账面价和计税基础都为17.25亿元。

笔者认为，上述案例的主要判断点在于非货币性资产投资只能获得股权投资，而不应包括现金资产，若包含了现金资产，即于投资方而言，便不属于非货币性资产投资。

10.1.2 其他税种分析

以股权作为支付方式收购股权所涉及的其他税种分析，具体见表2-19。

表2-19 以股权作为支付方式收购股权的其他税种分析

税种	主要内容（主流观点）股权支付部分	与企业所得税特殊性处理适用条件不一致的地方
个人所得税	转让方：视同转让股权后再以所获对价进行再投资。转让股权的个税详见前述内容中关于个人持股转让所得税缴纳规定。 收购方：视同出售股权再投资，或者收购股权再增资	（1）被收购自然人即使未获得任何非股权支付，也要将个人转让股权的公允价值与持股计税基础之差额计付个人所得税； （2）涉及非以增资方式换股收购的，收购自然人也需按置出的股权公允价值与持股计税基础之差额计付个人所得税
增值税	股权处置不涉及增值税； 非股权支付部分视同非货币性资产出售，缴纳增值税； 如果收购的是上市公司股票，则为金融商品转让缴纳增值税	—
土地增值税	股权转让一般不涉及土地增值税	如果被认定为以股权转让形式转让国有土地使用权，可能被征收土地增值税。例如，安徽省、湖南省、广西壮族自治区均出台了相关规定

续表

税种	主要内容（主流观点）股权支付部分	与企业所得税特殊性处理适用条件不一致的地方
契税	股权转让不涉及契税	非股权支付的部分涉及土地、房屋权属转移的，缴纳契税
印花税	以增发新股方式收购，依法缴纳印花税；企业因改制签订的产权转移书据免予贴花；企业改制前签订但尚未履行完的各类应税合同，改制后需要变更执行主体的，对仅改变执行主体、其余条款未作变动且改制前已贴花的，不再贴花	—

10.2 以非货币性资产作为支付方式收购股权

以资产换购股权与以股权换购股权相比，很多规则条件趋同，也可以理解为股权就是资产的一种，不过股权的转让不涉及增值税、土地增值税、契税等，但非股权资产就有可能涉及增值税，如非股权资产属于房地产则还涉及土地增值税和契税等。所以讨论以资产换购股权时，重点在所得税以外的其他税种的分析。实践中，以资产换购股权如果不能采用特殊性税务处理，则资产转让税费负担较重，商事主体需慎用。

10.2.1 以资产换购股权的所得税分析

10.2.1.1 所得税一般性税务处理

根据财税〔2009〕59号文的规定，企业以资产换购股权重组交易，一般情况下应按以下规定处理：(1)被收购方应确认股权、资产转让所得或损失。(2)收购方取得股权或资产的计税基础应以公允价值为基础确定。(3)被收购企业的相关所得税事项原则上保持不变。

按照上述规定，在一般性税务处理过程中，收购企业与被收购企业的资产计税基础分别如下：

(1)收购企业：以非货币性资产收购资产，视同非货币性资产按公允价值出售依法缴纳相关税费，按出售资产公允价值确认收购的资产计税基础。获得的资产按公允价值作为计税基础。如果是收购企业增发股权作为对价，按接受投资处理。

(2)被收购企业：以被收购的资产的公允价值计入收入，扣除股权的计税基础后确认股权转让所得。收到的非货币性资产按公允价值作为非货币性资产的计税基础。

10.2.1.2 所得税的特殊性税务处理

根据财税〔2009〕59号文的规定，企业以资产换购股权重组交易，适用特殊性税务处理的条件如下：

(1)具有合理的商业目的，且不以减少、免除或者推迟缴纳税款为主要目的。

（2）被收购资产不低于转让企业全部资产的50%，收购资产比例按公允价值计算。

（3）资产收购后连续12个月内不改变购买资产原来的实质性经营活动。

（4）资产收购的对价中涉及股权支付金额不低于交易对价的85%，股权支付部分按公允价值占交易总价公允价值的比例计算。

（5）资产收购取得股权支付的主要股东（获得受让企业股权20%以上的转让企业），在重组后连续12个月内，不转让所取得的股权。

在特殊性税务处理过程中，收购企业与被收购企业的资产计税基础为：

（1）转让企业取得受让企业股权的计税基础，以被转让资产的原有计税基础确定。

（2）受让企业取得转让企业资产的计税基础，以被转让资产的原有计税基础确定。

10.2.1.3　规则适用竞合

收购企业以非货币性资产收购被收购企业的股权，也可以理解为：收购企业以非货币性资产增资入股被收购企业（当收购的股权是被收购企业增加的注册资本时）；收购企业将非货币性资产有偿划拨至下属子公司或兄弟关联公司（当收购企业与被收购企业之间存在母子、兄弟平行关联关系时）；被收购企业以自身或其控制企业的股权置换收购企业的资产。

根据表2-20可以看到，三者规定适用的前提条件不一致，税务处理也有所不同，企业应根据现实情况选择对自己最有利的方式。同时根据财税〔2014〕109号文的规定，允许企业选择其中一项适用执行，一经选择不得改变。

表2-20　非货币性资产换股权涉及税务处理的竞合

竞合规定	适用条件	对应的税务处理
划转的特殊税务处理（财税〔2014〕109号文、国税2015年第40号文）	（1）划转双方发生在100%直接控制的居民企业之间； （2）划转双方发生在受同一或相同多家居民企业100%直接控制的居民企业之间； （3）划转双方均按账面净值划转股权或资产； （4）划转具有合理商业目的； （5）股权或资产划转后连续12个月内不改变被划转股权或资产原来实质性经营活动	（1）100%直接控制的母子公司之间，母公司向子公司按账面净值划转其持有的股权或资产，母公司获得子公司100%的股权支付。母公司按增加长期股权投资处理，子公司按接受投资（包括资本公积，下同）处理。母公司获得子公司股权的计税基础以划转股权或资产的原计税基础确定。 （2）100%直接控制的母子公司之间，母公司向子公司按账面净值划转其持有的股权或资产，母公司没有获得任何股权或非股权支付。母公司按冲减实收资本（包括资本公积，下同）处理，子公司按接受投资处理。 （3）100%直接控制的母子公司之间，子公司向母公司按账面净值划转其持有的股权或资产，子公司没有获得任何股权或非股权支付。母公司按收回投资处理，或按接受投资处理，子公司按冲减实收资本处理。母公司应按被划转股权或资产的原计税基础，相应调减持有子公司股权的计税基础。 （4）受同一或相同多家母公司100%直接控制的子公司之间，在母公司主导下，一家子公司向另一家子公司按账面净值划转其持有的股权或资产，划出方没有获得任何股权或非股权支付。划出方按冲减所有者权益处理，划入方按接受投资处理

续表

竞合规定	适用条件	对应的税务处理
非货币性资产出资递延纳税处理（财税〔2014〕116号文）	(1)居民企业； (2)非货币性资产对外投资视同非货币性资产销售	(1)可在不超过5年期限内，分期均匀计入相应年度的应纳税所得额。 (2)投资企业取得被投资企业的股权，应以非货币性资产的原计税成本为计税基础，加上每年确认的非货币性资产转让所得，逐年进行调整；5年内转让上述股权、投资收回、投资企业注销的，停止执行递延纳税政策，未确认的非货币性资产转让所得一次性计算缴纳企业所得税。 (3)被投资企业取得非货币性资产的计税基础，按非货币性资产的公允价值确定
以资产收购股权特殊性税务处理（财税〔2009〕59号文、财税〔2014〕109号文）	(1)具有合理的商业目的； (2)被收购股权不低于被收购企业的50%； (3)企业重组后连续12个月内不改变重组资产原来的实质性经营活动； (4)重组交易对价中涉及股权支付金额不低于交易支付总额的85%； (5)企业重组中取得股权支付的原主要股东（被收购企业股东持股被收购企业20%以上股权），在重组后连续12个月内，不得转让所取得的股权	(1)被收购企业的股东取得收购企业股权的计税基础，以被收购股权的原有计税基础确定。 (2)收购企业取得被收购企业股权的计税基础，以被收购股权的原有计税基础或者换出股权的原计价基础确定。如为收购企业自身股权收购，按收购企业股权公允值计（有争议）。 (3)收购企业、被收购企业的原有各项资产和负债的计税基础和其他相关所得税事项保持不变
收购、增资、划拨一般性税务处理（财税〔2009〕59号文、财税〔2014〕109号文、财税〔2014〕116号文）	—	(1)被收购方应确认股权转让所得或损失。 (2)收购方取得股权的计税基础应以公允价值为基础确定。 (3)被收购企业的相关所得税事项原则上保持不变

10.2.2 其他税种分析

非货币性资产换股权所涉及的其他税种分析，具体见表2-21。

表2-21 非货币性资产换股权所涉及的其他税种分析

税种	主要内容（主流观点）股权支付部分	与企业所得税特殊性处理适用条件不一致的部分
个人所得税	转让方：视同转让资产后再以所获对价进行再投资。转让资产的个人所得税详见前述内容中关于个人持股转让所得税的缴纳规定。 收购方：视同出售股权再投资，或者收购资产加增资	即使未获得任何非股权支付，也要全额支付个人所得税

续表

税种	主要内容（主流观点）股权支付部分	与企业所得税特殊性处理适用条件不一致的部分
增值税	资产（含货物、不动产、土地使用权，其他资产并不明确）连同关联债权债务、劳动力一起转让的，不征增值税	如果以资产换股权，所换入资产不与关联债权债务、劳动力一起转让，则需征增值税
土地增值税	单位个人在改制重组时以房地产作价入股进行投资，不征土地增值税；但不适用于资产换出、换入方任一方为房地产开发企业	以房地产这种非货币性资产增资、以房地产换股均不征土地增值税；如果资产连带负债劳动力一起换股，就无法视同非货币性出资，所得税和增值税不征，土地增值税需征收
契税	同一控制下企业之间土地房产权属划转免征；母公司对全资子公司以土地房产权属增资，免征；母公司以土地、房屋权属向其全资子公司增资，视同划转，免征契税。非同一控制下土地房产权属换股权的，视同土地使用权、房屋买卖，应缴纳契税	—
印花税	企业因改制签订的产权转移书据免予贴花；以增发新股方式收购，依法缴纳印花税	—

下文以笔者办理过的一则案例为例，说明税务处理的不同方式是如何影响资产收购、重组方案设计的。

湖南一家医疗设备生产厂家 HET 公司（乙为 HET 公司股东）与 JZ 公司洽谈股权转让事宜。甲持有 JZ 公司 80% 的股份，因为年纪较大、JZ 公司经营情况恶化，甲决定按净资产账面值的价格即 1200 万元将 80% 的 JZ 公司股权转让给 HET 公司。HET 公司主要看重 JZ 公司现有的生产设备、厂房、一项专项技术、部分存货和部分经验丰富的生产技术员工，可以快速扩大 HET 公司产能和技术储备。HET 公司业绩蒸蒸日上，打算收购 JZ 公司后将其作为拟上市主体 HET 公司的子公司承担主要生产任务，为企业业绩快速扩展做准备。股权转让前后的股权结构如图 2-10 所示。

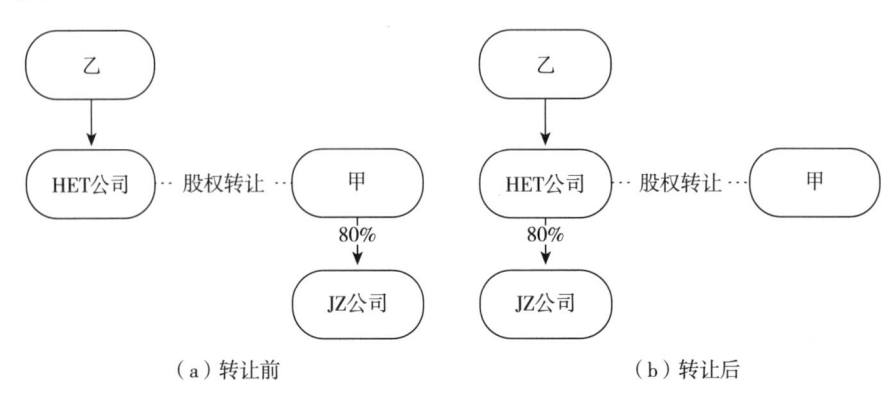

图 2-10 股权转让前后的股权结构示意

HET 公司与甲签署股权转让协议后，HET 公司开始实际控制 JZ 公司，但逐步发现 JZ 公司财务比较混乱，税务存在隐患，无法在短期内实现合规，同时发现 JZ 公司有多个未决诉讼，大额应收难以在短期内收回，收购后的风险较大。而后 HET 公司以上述原因起诉甲要求解除股权转让合同，在诉讼过程中双方达成和解，形成新的收购方案。

JZ 公司设立全资子公司 JZHET 公司，将 HET 公司看中的资产、人员一并划拨入 JZHET 公司。这样 JZ 公司的财务不规范、税务问题、未决诉讼、大额应收等隐患以及不良资产、负债仍然遗留在 JZ 公司，新设子公司 JZHET 公司重新设账。JZ 公司将 JZHET 公司的 100% 股权以评估公允价出售给 HET 公司，HET 公司支付对价是 1200 万元现金（原方案中双方约定 HET 公司应付甲的金额，且 HET 公司已经支付给甲）及 HET 公司的 10% 新增股权（价值 1600 万元），合计为 2800 万元。厂房（连同土地）评估值与账面值（扣除摊销后）升值不大，因为购入时间不足 3 年且工业地产在这 3 年内无较大价值增幅。专利技术有较高增值。生产设备作为二手设备贬值较多，评估值略低于账面值。存货评估值较账面值有少量增值。JZ 公司存在巨额亏损，未分配利润为大额负数。新收购方案实施的股权结构变化如图 2-11 所示。

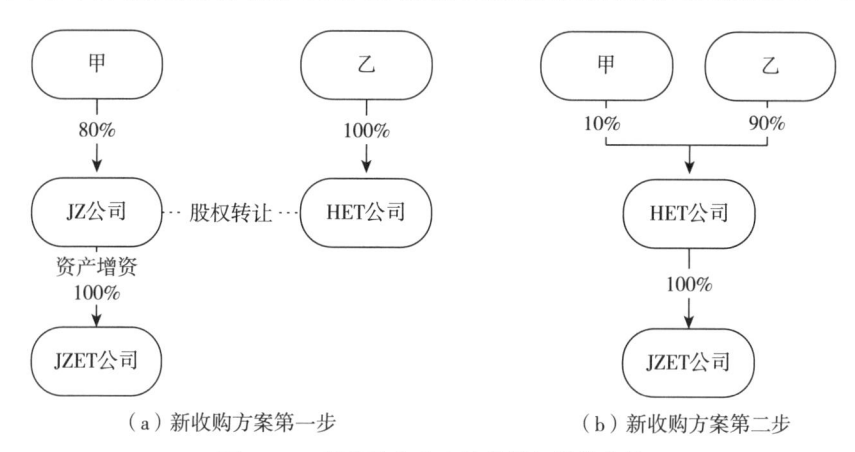

图 2-11 新收购方案实施的股权结构变化

新收购方案由 HET 公司聘请的 IPO 项目组设计和实施，其中笔者提供法律、财税部分的智囊支持。新收购方案实质是将原来从股权公司收购转变为剥离不良之后的资产收购，但不良剥离的方式是新设主体装入优质资产。如此安排，主要是从企业法律风险、财务合规要求方面考虑的。通过放弃不良的 JZ 公司壳，只收购 JZ 公司的核心优质资产，既能实现收购的主要目的，又能将潜在债权债务风险做适当隔离，还能免于在财务混乱的 JZ 公司做极其繁杂的财务合规整改工作。

装入资产方式的选择主要考虑的是税费成本。JZ 公司将生产设备、厂房、一项专利技术、部门存货和部分经验丰富的生产技术员工转入全资子公司 JZHET 公司，采用股权置换、划转还是增资，IPO 项目小组进行了多个沙盘推演。因为这些资产权属变化涉及所得税、增值税、土地增值税、契税（其他小税种暂不纳入方案设计考虑范围），需要每一项税费均做分析。该例分析不做定量分析（涉及大量案例真实数据，不便披露，也不利于读者理解），定性分析也能确定选择核心优质资产剥离方案。

从所得税角度看，JZ公司无论财务股权置换、划转、出资，都不构成重点考虑因素。因为所得税纳税义务人JZ公司存在大额负数未分配利润，即使该次交易产生了较大所得税，也无须实际纳税。

从增值税角度看，方案应尽量争取享受不征、免征的政策，因为增值税所缴税额较大，而JZ公司并无太多增值税留抵金额，且资金情况较差，缴税现金不足。

从土地增值税角度看，厂房（连同土地）评估值与账面值（扣除摊销后）升值不大，所以也不是该次交易方案的重点考虑问题。

从契税角度看，方案应尽量争取享受不征、免征的政策，因为JZ公司资金情况较差，缴税现金不足。

增值税基于国税2011年第13号文的规定，将实物资产与其关联的债权债务、劳动力一起转让的，涉及的货物、不动产等不征增值税。财税2023年第49号文规定，改制重组的、同一控制下企业之间土地房产划转的，免征契税。

所以，方案的第一步，JZ公司新设全资子公司JZHET，再将核心优质资产（含债权、房产土地、设备、无形资产等）与部分员工一起划转至子公司JZHET，从而可以享受全资母子公司之间资产划转不征增值税、契税的政策。土地增值税无法享受不征的政策，但因为土地房产增值很少，需要缴纳的土地增值税很低。

方案的第二步，JZ公司将JZHET公司的100%股权以评估公允价出售给HET公司，HET公司支付的对价是现金1200万元（原方案中双方约定HET公司应付甲的金额，且HET公司已经支付给甲）及HET公司10%新增股权（价值1600万元），合计为2800万元。虽然存在股权支付收购股权，但股权支付的比例不符合所得税特殊性税务处理的条件，所以JZ公司申报了本次股权转让的企业所得税，但因为JZ公司存在大额亏损，所以JZ公司也无须缴纳所得税。至此，本次方案暂不必缴纳所得税、增值税、契税，但需缴纳少量的土地增值税。

10.3 以股权作为支付方式收购资产

以股权作为支付方式收购资产，这是从收购方角度的描述；如果从被收购方角度描述，则可以理解为以非货币性资产作为支付方式收购股权。所以，这类资产收购的税务分析与"以非货币性资产收购股权"基本相同。

例如，甲向乙收购乙所有的S资产，甲有两种支付对价的方式：方式一是甲以自身10%的股权增加注册资本的方式支付对价，如图2-12所示。当乙同时是持有甲100%股权的母公司时，又可理解为乙将 S 资产划拨给甲，计入资本公积；还可以理解为乙以 S 资产增资入股甲，注册资本增加 10%。

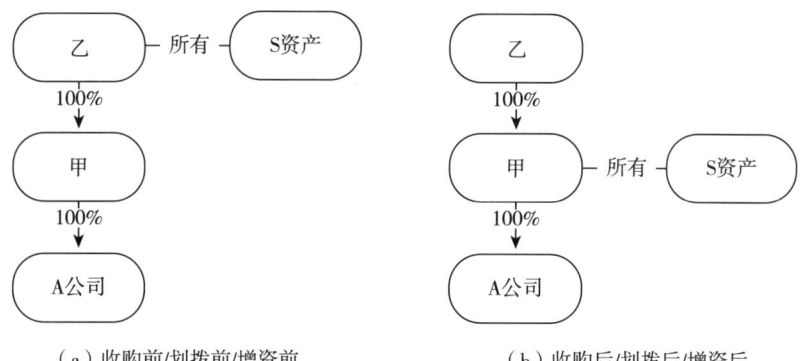

(a) 收购前/划拨前/增资前　　　　(b) 收购后/划拨后/增资后

图 2-12　收购／划拨／增资前后结构对比

方式二是甲以子公司 A 公司 100% 的股权转让给乙的方式支付对价，如图 2-13 所示。

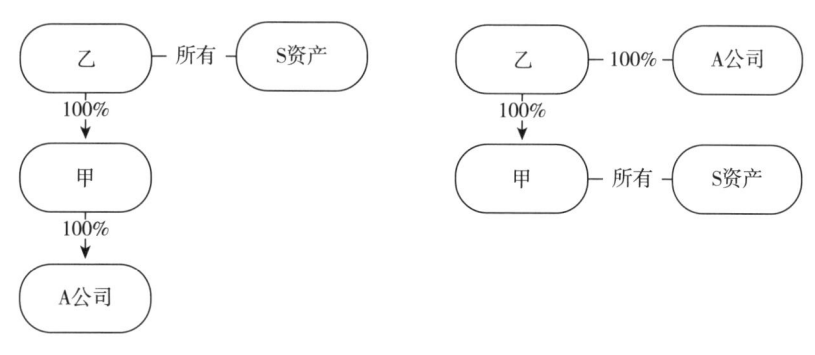

(a) 以S资产收购A公司股权前　　　(b) 以S资产收购A公司股权后

图 2-13　以 S 资产收购 A 公司股权前后结构对比

10.4　以非货币性资产作为支付方式收购资产

以资产收购资产，在税法上视同两次交易，即收购方转让资产、被收购方转让资产，两次交易均按公允价值、视同销售处理。无相关税收优惠政策可适用。

11 对赌涉税事项

企业在引入私募股权融资时,投资人以溢价现金增资企业或收购企业部分股权,经常同时附带业绩目标对赌或上市时限对赌等条件。在实施员工股权激励时,业绩考核目标实际也属于对赌的一种。企业收购经营性资产或者引入新的团队,也可能采取类似对赌的机制。在现代经营过程中,这种投资—对赌的思路无处不在。然而税务、法律对对赌的定性、定量分析还停留在模糊、原始状态,无法适应现实需求,给很多企业、企业家带来困难和困惑。笔者对此进行了深入研究,经历过若干对赌涉及的法律诉讼仲裁案件、税务争议案例,与税务监管机构进行了多次博弈,进而系统性思考形成本部分结构思维,也许可以算一点开创性研究。

11.1 如何认识对赌机制

笔者阅读了大量有关对赌机制分析、定义的文献,并对这些文献进行综述、对比分析,认为刘斌老师在《税务研究》2022年第8期上发表的《对赌协议的交易属性与税务认定研究》的分析是比较科学的。本部分结合该文以及笔者自身一线执业经验,对对赌机制进行以下归纳总结。

对对赌机制的本质认识,目前观点百花齐放,大体可分为三类。

第一类观点认为,对赌的本质是一种基于协议的补偿捐赠或违约或担保行为,或附条件合同。应该说,对赌机制确实有补偿、保障履约的功能,业绩目标实现与否与合同履行事宜直接联动,但对赌本质不是补偿支付,属于商事主体之间的利益安排;有保障履约的功能并不代表对赌属于担保,因为不符合担保增信的本质特点;附条件合同是指所附条件是否成就直接影响合同是否成立,显然对赌设定并不具备这个功能。

第二类观点认为,对赌本质上是一种期权工具。期权拥有者享有约定价格买入、卖出的选择权利,且期权本身是有对价的。前者跟对赌的形式基本吻合,但享有对赌失败后权益的那一方无须支付期权对价。在某些对赌机制中期权是符合双方约定的,比如投资方以有偿提供借款方式对标的公司进行债权投资,约定若投资标的经营业绩达到预期标准,投资方有权选择以事先约定的价格将债权(本金及应收利息)转为股权。此时,借款合同实则与债权转换安排密切相关：如果公司业绩达到预期，则投资者转换为股东身份；如果公司业绩未达到预期，则投资者维持其债权人身份。此债权就隐含了一个买入股权的选择权。

第三类观点认为，对赌机制本质上是一种转让价款调整。这种观点在理论界和实务界逐步占据主流。最高人民法院于2019年发布的《九民纪要》指出，实践中俗称的"对赌协议"，又称估值调整协议，是指投资方与融资方在达成股权性融资协议时，为解决交易双方对目标公司未来发展的不确定性、信息不对称以及代理成本而设计的包含了股权回购、金钱补偿等对未来目标公司的估值进行调整的协议。从订立"对赌协议"的主体来看，有投资方与目标公司的股东或者实际控制人"对赌"，投资方与目标公司共同"对赌"，投资方与目标公司的股东、目标公司"对赌"等形式。2014年原海南省地方税务局发布的《关于对赌协议利润补偿企业所得税相关问题的复函》（琼地税函〔2014〕198号）也指出，"对赌协议中取得的利润补偿可以视为对最初受让股权的定价调整，即收到利润补偿当年调整相应长期股权投资的初始投资成本"。

笔者认可第三种观点。在将对赌机制视作一种股权价格调整机制后，一般认为调整利益最终应当在合同当事方之间进行分配。但现实生活中，常常由第三方支付或得到业绩失败后的调整利益，此时对赌还是不是股权价格调整就存在争议。比如投资方以增资方式参股目标公司，对赌条款约定如果目标公司未完成预定业绩，则由原股东向目标公司以现金方式补偿等（具体情形后文详细分析解读）。由此，刘斌老师在其文章中将对赌协议进一步区分为"自我利益型对赌协议"和"涉第三人利益型对赌协议"。这种分类对税务认定具有实质影响，下文将详细分析。

刘斌老师提出，基于税收中性原则和实质课税原则，应该将合同交易安排与对赌机制合并起来进行税务认定，笔者非常认同。"如果严格贯彻税收中性原则，对赌协议各方无论以何种方式履行与纳税，均不应当影响其实际所得。这也正是分别税务处理模式的症结所在：基于单一的交易进行税务处理，必然与合并税务处理产生结果差异，也会对当事人的交易安排造成影响。由此，基于税收中性原则，应当尊重当事人所设定的自治性交易框架，在此基础上进行税务计算。""对于对赌协议项下的各项损益，应明确其实际价值和课税基础，而这又高度依赖对整个交易的合并计算。如果予以分别税务处理，将导致部分交易税负过重、部分交易税负过轻等不当后果……实质课税原则并不否认创新商业模式的私法效力，而是在税法范围内对其经济实质进行认定。"所以，笔者认为应当将交易安排与对赌实施作为同次交易对待。

从税务角度看对赌，难点在于：税务机关应该本着税收中性、实质课税等原则将对赌与其他合同交易安排视作整体，去理解和尊重商事主体的真实意思安排；同时要去审查对赌协议交易框架的范围，即哪些交易属于对赌协议范畴，哪些交易属于与对赌协议无关的交易。而作为商事主体的法律、财税服务机构,应该本着最利于税务机关理解、审查交易当事人真实意思表示的目的,简洁、清晰地作出交易安排,同时尽力匹配交易当事人对利益、风险分配的约定和需求。

正因为存在上述难点,对赌协议涉及事项多、时间跨度长、法律关系复杂,缺乏对对赌协议的全程监管,无法准确及时掌握对赌协议履行中的全面信息,难以确保有效的税务监管。所以,作为商事主体的法律、财税服务机构应当主动、及时、完整地向税务机关披露、备案对赌机制的约定、履行情况,减少不合规风险。笔者进而希望本部分的讨论有利于税务机关完善对赌协议税收制度建设。

11.2 附带对赌的股权收购的涉税分析

企业进行私募股权融资时,老股东可能会以老股转让的方式获得资金,这些资金多用于清偿创业过程中大股东背负的个人债务、解决企业发展过程中的历史出资瑕疵、改善个人生活等。另外,企业通过收并购外延式增长,此时也会涉及收购与业绩对赌。

实践中最为常见的是上市公司收购标的公司股权附带业绩对赌机制。因为证券监管当局明确,如果上市公司对收购标的进行评估时采用的是未来收益法,则说明标的公司未来收益与标的公司估值存在非常明确的联动关系,为了收购价格公允、不损害上市公司小股东权益,一般要求转让方对业绩做出承诺。如果涉及上市公司发行股份收购资产,附带业绩承诺的收购对价的支付方式均为反向收购(先假设对赌完成,一次性给予全部对价,对赌未完成的再索回相应对价),因为上市公司发行股票一般需要中国证监会或证券交易所批准,程序非常烦琐,而且股票价格时常波动,所以收购当时一次性确认当业绩完成时标的公司的估值金额,按此金额、当时的股票均价等确认支付总额。如果业绩不能完成,则业绩对赌承诺人退还全部或部分对价。

11.2.1 附带对赌的股权收购的特点

第一,转让方即对赌业绩承诺人。股权转让的对赌业绩承诺人一般就是接受转让款的转让方。但也存在这种情况,即部分转让方不参与业绩对赌,作为实际对企业经营业绩负责的经营团队、实际控制人、大股东对全部股权转让的对价做业绩对赌。比如,A 公司有甲、乙两位股东,其中甲持股 90%,乙持股 10%。甲、乙共同将 A 公司 100% 股权转让给上市公司 B 公司。B 公司以增发股份 1000 万股,增发价格 5 元/股收购。甲作为 A 公司大股东、总经理,对未来 3 年合计利润额不低于 5000 万元做业绩对赌。如果业绩低于 5000 万元,则甲按差额比例退回获得的 B 公司等额股票。但乙仅为 A 公司小股东,不参与经营,不对业绩做承诺。

这时候，甲退回的对价上限可以约定为甲方所获价值4500万元的900万股B公司股票，也可以约定甲退回的上限为价值5000万元的1000万股票。两种情形都不乏各类案例实践。

第二，对赌失败，一般触发的措施是降低收购价格（事先设定一个业绩与收购价格联动的调节机制），转让方退回部分或全部转让对价。也有约定业绩对赌承诺人负责补足业绩差额。有少量情况下是约定由转让方按预先约定的价格回购股权的。

第三，以反向对赌为主，即收购方按假设对赌方完成业绩的情况下支付全部对价，在对赌期届满后针对不足业绩的部分，收回对应的对价。分期支付的方式在现金收购情形下也时有发生。正向对赌（先支付一部分对价，待业绩对赌目标实现后再支付对应余下的对价）的情况比较少，在只涉及现金支付时存在，涉及股份等非货币性资产作为支付对价的，很少采用正向对赌。

第四，以收购方增发注册资本或股票为主要支付对价的方式。

第五，以获得被收购方控制权为目的的情形为主。

针对以上特点，本部分主要讨论在收购方以增发股票为股权收购的股权支付对价，业绩对赌失败时：转让方或主要转让方为业绩对赌承诺人的各方纳税分析；业绩对赌承诺人退回部分或全部转让对价的各方纳税分析；业绩对赌责任人补足业绩差额的各方纳税分析。

11.2.2 同次交易还是两次独立交易

分析业绩对赌失败需要转让方作为业绩承诺人退还部分或全部对价的税务问题，首先要解决的要点是转让与对赌条件触发补偿算同一次交易还是两次交易。

如果是一次交易的前后延续，则应该概括地看交易整体履行情况，按一次交易作为纳税事件。如果将转让与后面对赌条件触发后的补偿行为视作两个交易，则税务主管部门有权按照两次股权转让对待，即业绩承诺人退还转让对价时，视作双方之间的第二次独立交易，这样的做法极易引发非常不公的课税负担。

例如，A公司有甲、乙两位自然人股东，其中甲方持股90%，乙方持股10%。甲、乙共同将A公司的100%股权转让给上市公司B公司，A公司股权估值作价为5000万元。甲方作为A公司大股东、总经理，对未来3年合计利润额不低于3000万元做业绩对赌。如果业绩低于3000万元，则按实际业绩与目标业绩3000万元差额占比对应退回甲方已经收取的4500万元对价。3年后业绩对赌失败，根据双方约定的业绩与收购对价联动调节机制，甲方需要退还2000万元现金。如果3年前甲方转让A公司90%股权与退还2000万元现金视为一个交易，则甲方可以申请退还3年前已缴纳400万元（2000万元×20%）的个人所得税。B公司收到2000万元现金直接冲抵长期股权投资账面金额，无须纳税。如果将甲退回2000万元现金视作一个独立交易，则甲退还2000万元现金的行为属于甲的赠与，B公司收到2000万元现金作为主营外收入则须缴纳企业所得税。

引发业绩对赌失败补偿是一次交易还是两次交易的争论主要源于国税函〔2005〕130号文,其规定"……根据……有关规定,股权转让合同履行完毕、股权已作变更登记,且所得已经实现的,转让人取得的股权转让收入应当依法缴纳个人所得税。转让行为结束后,当事人双方签订并执行解除原股权转让合同、退回股权的协议,是另一次股权转让行为,对前次转让行为征收的个人所得税款不予退回……股权转让合同未履行完毕,因执行仲裁委员会作出的解除股权转让合同及补充协议的裁决、停止执行原股权转让合同,并原价收回已转让股权的,由于其股权转让行为尚未完成、收入未完全实现,随着股权转让关系的解除,股权收益不复存在,根据个人所得税法和征管法的有关规定,以及从行政行为合理性原则出发,纳税人不应缴纳个人所得税"。换言之,个人以转让方式获得股权后,另外签订解除或回购协议退回股权的,认定为两次交易,除非以仲裁诉讼方式解除或退回才可以认定为一次交易。

实务中,各地税务机关对个人股东和企业股东的表态有所不同。

2014年5月,原海南省地方税务局发布的《关于对赌协议利润补偿企业所得税相关问题的复函》明确"你公司在该对赌协议中取得的利润补偿可以视为对最初受让股权的定价调整,即收到利润补偿当年调减相应长期股权投资的初始投资成本"。也就是说,其认可业绩对赌收到的补偿与前次股权转让交易属于同次交易,因而可以直接调减受让方前次股权转让的股权投资成本;同时意味着转让方支付的利润补偿可以降低前次股转让的收入。

2019年6月,国家税务总局福建省税务局对纳税人关于"对赌协议"的个人所得税问题,即"企业股权转让签订对赌协议,协议要求三年净利润不低于3亿元,达不到要求则按规定进行现金补偿,个人所得税已缴纳。现三年已过,因净利润达不到要求,要现金补偿,那么之前缴纳的个人所得税是否可以申请退还?"的问题,回复:"您好,根据您提供的信息,您所述的情形没有退还个人所得税的相关政策"。这也就是说,其不认可业绩对赌失败应退还的股权转让款与前次股权转让构成同次交易。

但实际上,收购对赌失败的情况与适用国税函〔2005〕130号文规定的情况不一致。对赌失败,被收购人部分或全部退回收购对价,但已经转让的股权一般是不退回的。因为业绩对赌完全失败(如甲承诺3年完成5000万元净利润,实际最后3年合计利润为亏损),可能导致的后果是收购方不用一分钱收购一个净资产远大于0元的股权资产。但这是协议继续履行的结果,而不是协议解除或终止,对赌失败并不是失败这一方的违约行为。既然不存在退回股权,也就是说,收购双方从始至终只有一次股权交割,支付或退还收购对价行为均为一次股权交易的履行过程,所以并不存在国税函〔2005〕130号文适用的情况。

笔者认为,个人对赌失败这种情况应该适用国税2014年第67号文第9条的规定,"纳税人按照合同约定,在满足约定条件后取得的后续收入,应当作为股权转让收入"。虽然该条只规定了纳税人依据股权转让合同取得后续收入调增股权转让收入纳税，但是反推纳税人依据股权转让合同返回部分收入也应当由此调减股权转让收入纳税。

尤其常见的是，对赌约定中同时设计超额奖励机制的情况，即当业绩完成情况超过约定的目标时，超出部分的业绩中的全部或部分奖励给转让方，此时，转让方获得的超额奖励应当依据国税2014年第67号文第9条的规定，作为股权转让收入纳税，那么业绩完成低于目标，转让方退还部分收购对价，由此调减股权转让收入毋庸置疑。

《国家税务总局公告2017年第37号——关于非居民企业所得税源泉扣缴有关问题的公告》规定，在非居民转让境内公司股权资产时，扣缴义务人对"非居民企业采取分期收款方式取得应源泉扣缴所得税的同一项转让财产所得的，其分期收取的款项可先视为收回以前投资财产的成本，待成本全部收回后，再计算并扣缴应扣税款"。从税收征管的角度看，非居民企业其实更类似于个人，其按交易纳税的方式，在出现股权转让所得额发生调整时，如果无法退税就会产生巨大的不公平。从非居民税收管理便利性出发，税务机关规定扣缴义务人在其实际收到所得时再进行源泉扣缴，非常合理。那么，对居民个人为什么不能给与征税待遇上的一视同仁？

笔者在服务这类客户时，常常遇到的尴尬境况是：转让方转让时没有全额缴纳转让收入纳税，因为个人只收到了部分现金，大部分对价都是股票非货币性资产。而后业绩对赌失败后转让方向税务主管部门申请退税不成，准备以行政诉讼方式确认税务主管部门的退税责任，但起诉的前提是转让方足额缴纳全部所得税，且依据《行政诉讼法》"诉讼期间，不停止行政行为的执行"的规定，申请退税的企业开展行政诉讼的同时，不得影响税务机关先征缴前次未足额纳税的部分（包括滞纳金）。申请退税人要么没有这么多现金先补足前次少交税款（此时申请退税的转让方已经依据股权转让合同退还了全部或部分收购对价，没有多余资金）再起诉，要么考虑到退税成功获得的金额扣除税务机关征收的滞纳金之后几乎无所得，觉得行政诉讼意义不大继而放弃行政诉讼申请退税的方式。这些现实难度造成真正开展退税的行政诉讼非常少见，即使退税的法律依据是充分的，司法实践中也缺少支持退税的案例。

不过实践中各地税务机关理解不一致，执法也不一致，有直接认定为一次交易同意退税的案例，也有以法无明确规定为由不退税的案例。下文列举几个典型案例予以说明。

例如，在全信股份退税案中，全信股份在2017年以7亿元收购常州公司100%股权，以价值4亿元的股票和3亿元的现金作为对价支付给5位自然人股东，并对赌，2017年5位自然人按7亿元减去股权原值的余额的20%缴纳个人所得税；2018年对赌失败，上市公司收回并注销价值3.5亿元的股票，江苏地区主管税务机关在上述业绩对赌失败后退还了个人所得税。

而在银禧科技退税案中，银禧科技于2019年9月26日发布《关于收到兴科电子科技原股东部分业绩补偿款的公告》显示，银禧科技于2019年7月向国家税务总局东莞市税务局提交了个人所得税退税申请，根据兴科电子科技原股东胡某赐、许某明、高某义补偿的股票申请退税112,550,463.36元；银禧科技于2019年9月4日发布《关于收到兴科电子科技原股东部分业绩补偿款的公告》进一步显示，公司已收到胡某赐、许某明、高某义现金补偿款合计112,550,462.76元，其中胡某赐的现金补偿款为67,874,624.87元，许某明的现金补偿款金额为24,802,239.26元，高某义的现金补偿款金额为19,873,598.63元。

两份公告显示，国家税务总局东莞市税务局已就银禧科技于2019年7月提交的个人所得税退税申请办理了多缴税款的退税。

华闻传媒与邦富软件案则是一个自然人李某莲以其持有的邦富软件股权参与上市公司定向增发，而后对赌失败并被稽查补税的案例。2020年3月，国家税务总局广州市税务局第三稽查局在进行税务稽查时发现，李某莲在定向增发时未就相关股权转让事项足额申报缴纳个人所得税。根据《税务文书送达公告（李某莲税务处理决定书）》（国家税务总局广州市税务局第三稽查局2020年第91号送达公告），李某莲应在2014年11月（税款所属时期）就向华闻传媒转让邦富软件股权事项缴纳"财产转让所得"项目的个人所得税50,084,080.90元，但是其实际缴纳的部分仅为邦富软件代为申报缴纳的14,826,656.00元，因此应补缴个人所得税35,257,424.90元。换言之，广州税务部门在对华闻传媒收购邦富软件股权交易进行稽查时，允许减除对赌失败后自然人被回购的股票价值。

在王某与国家税务总局上海市税务局等不予退税决定及行政复议决定案中，上海市第三中级人民法院作出的(2024)沪03行终133号行政判决书判决驳回了当事人的退税申请。案情如下：2015年12月至2016年6月，A公司与王某等人签订《发行股份及支付现金购买资产的协议》《发行股份及支付现金购买资产的利润预测补偿协议》（以下简称《利润预测补偿协议》）、补充协议等，约定A公司以交易对价115,000万元购买王某等合计持股50%的B公司股权，支付方式为支付现金及发行股份。其中，王某出让B公司股权的现金对价为25,000万元，股票对价为32,500万元。王某承诺B公司2016~2019年净利润目标分别不低于一定金额。若B公司未达到承诺净利润数，王某等须按照协议约定进行补偿。因B公司2018年度、2019年度净利润未达标，A公司发布关于回购B公司未完成业绩承诺对应补偿股份的公告，2018~2019年王某补偿约2700万多股给A公司并注销。2022年10月11日，王某认为其股权转让交易多申报和缴纳个人所得税5300万多元，向国家税务总局上海市青浦区税务局申请退还。国家税务总局上海市青浦区税务局认为王某不符合误收多缴税款应退税情形，决定不予退税。

上海市第三中级人民法院认为，《利润预测补偿协议》关于保证责任及盈利预测与承诺中，交易各方约定了B公司各个年度的净利润目标值以及未达目标值须补偿的约定，但该约定并非对交易总对价115,000万元的调整，而是对B公司未来经营业绩的保证和经营风险的补偿安排。从《个人所得税法》角度来看，上诉人王某补偿股份义务的履行并不改变税收征管意义上的股权转让所得。王某认为其缴纳的 11,400 万元税款属于预缴性质，但从当时有效的《个人所得税法》来看，财产转让所得不适用预缴制。从现行有效的《个人所得税法》第 11 条、第 12 条的规定来看，采用预缴加汇算清缴模式的个人所得税，也仅限于居民个人取得综合所得或经营所得。因此，上诉人分两次补偿 A 公司股份，共获回购总价 2 元，该总价虽然与取得股份时的价值存在差额，但无法通过预缴加汇算清缴模式来重新核定应纳税额。

法院在判决书最后写道："本案所涉的股权转让和利润预测补偿模式，呈现了投融资各方为解决对目标公司未来发展不确定性而设计的交易新形态。案涉一揽子协议的合法有效履行，有助于提升市场活力，助推经济发展。为了营造更加规范有序、更显法治公平的税收营商环境，建议税务部门积极调整相关政策，持续优化税收征管服务举措，为经济新业态提供更合理更精准的税收规则，健全有利于高质量发展、社会公平、市场统一的税收制度。"笔者认为，此观点值得商榷。

11.2.3　收购对赌主要情形与涉税分析

实践比理论复杂得多，对赌补偿的形式也多种多样。以上探讨的适用还是要区分具体情形，下文分三种情形具体说明。

1. 转让方业绩对赌失败后，全部转让方均为业绩承诺人，按比例退还部分或全部收购对价

例如，A 公司有甲、乙两位自然人股东，其中甲方持股 90%，乙方持股 10%。甲、乙双方共同将 A 公司的 100% 股权转让给上市公司 B 公司，A 公司股权估值作价为 5000 万元。甲、乙双方均作为业绩承诺方，对未来 3 年合计利润额不低于 3000 万元做业绩对赌。如果业绩低于 3000 万元，则按实际业绩与目标业绩 3000 万元差额占比对应退回甲已经收取的对价（以 4500 万元为限）、乙已经收取的对价（以 500 万元为限）。或者乙不参与对赌，甲对赌的上限为 4500 万元所收取的对价。

这种情形的对赌是最为典型的估值调整机制，是否退税详见上文论证。

2. 转让方业绩对赌失败后，转让方承担补足业绩差额责任

业绩承诺人将业绩差额直接现金补偿给标的公司。差额补足并未让股权转让的交易双方之间发生对价的变化，也不能将补足的金额与转让对价做冲抵。其一，股权转让合同的交易双方是转让方与收购方，而差额补足人是转让方与标的公司。其二，股权转让价格与业绩差额计算机制不一致。股权转让价格一般根据评估报告确定，而评估方法会考虑非常多因素，有的定价是按 PE 倍数法（预期净利润 × 某个倍数）。而差额补足是实际业绩与目标业绩的差额由转让方直接现金支付给标的公司，使标的公司收到捐赠后的利润总额达到承诺目标。可见，业绩未完成额与因为业绩未完成形成的估值损失，是不对等的。

此时转让方做出的业绩差额补足只能视作业绩对赌责任人对标的公司的捐赠或者作为转让方（仍然是标的公司股东的情况下）增加标的公司资本公积。前者，转让方的这笔捐赠不能计入所获对价的股权支付计税基础。后者，转让方持有标的公司的成本可以由此增加。

3. 转让方业绩对赌失败后，部分转让方即对赌期内主要经营负责人以全部股权转让对价为限独自承担全额对赌失败退回对价的责任

例如，A公司有甲、乙两位自然人股东，其中甲方持股90%，乙方持股10%。甲、乙共同将A公司的100%股权转让给上市公司B公司，A公司股权估值作价为5000万元。甲方作为A公司大股东、总经理，对未来3年合计利润额不低于3000万元做业绩对赌。如果业绩低于3000万元，则按实际业绩与目标业绩3000万元差额占比对应退回对价，以5000万元全部对价为限，而不受限于甲方收取的4500万元。乙方不参与对赌。

这种情况下，如果甲方退回的对价超过了自己已收取的4500万元，则超出部分形成甲方代乙方退回对价，属于甲方对乙方的自愿赠与。B公司根据已收取退回对价调减长期股权投资成本。

下文以笔者经办的一起案件为例，具体分析说明。

2016年5月17日，SH科技的股东ABC与上市公司FL，同时签订《发行股份及支付现金购买资产协议》《业绩承诺和补偿协议》。主要内容如下：

（1）FL附条件以21亿元发行股份并支付现金的方式购买SH100%股权。（2）所附条件约定为，SH在利润承诺期限内（2016~2018年）实现的净利润合计6.13亿元。超过6.13亿元的部分给予适当奖励，不足6.13亿元的部分对应调减收购价格，申请人应将所获股票和现金均部分或全部退回FL。

2018年，经会计师事务所出具的《关于FL重大资产重组业绩承诺实现情况的专项审核报告》显示，2016~2018年SH累计实现的净利润为-77,110.09万元，与累计承诺的净利润61,300万元相差-138,410.90万元，未完成承诺的经营目标。ABC不得不依据《发行股份及支付现金购买资产协议》和《业绩承诺和补偿协议》的约定，将所获全部现金退还，所获全部股票按FL要求予以注销。

截至案件发生时，A已缴纳个人所得税3,140万元，B已缴纳个人所得税10,735,091.67元，C已缴纳个人所得税6,638,039.09元。

笔者接受A的委托向当地税务机关申请退税，理由如下：

（1）《发行股份及支付现金购买资产协议》及《业绩承诺和补偿协议》两者同时签订，构成完整的股权转让协议，且互为生效前提。《发行股份及支付现金购买资产协议》第5条约定"根据《上市公司重大资产重组管理办法》等相关规定，乙方（即ABC）对目标公司（SH）作出承诺，并将在本协议签署的同时和甲方（即FL）签署《业绩承诺和补偿协议》"，第6条约定，

"在《业绩承诺和补充协议》约定的补偿期间届满后的 3 个月内,甲方(即 FL)应聘请会计师事务所对标的资产(指 SH 股权)进行资产减值测试,具体以《业绩承诺和补偿协议》约定为准"。《业绩承诺和补偿协议》第 7.3 条约定 "本协议与《发行股份及支付现金购买资产协议》同时生效"。

以上条款说明,《发行股份及支付现金购买资产协议》及《业绩承诺和补偿协议》构成同一次股权交易的完整交易文本,且互为生效条件。据原《合同法》相关规定和上述协议约定,该次收购价格要视业绩对赌条件成就与否确定收购价格。本案中,21 亿元收购价格的条件没有成就,因而该次收购价格依约调整为零。

根据上述约定,该次股权交易是一个持续的过程,交易完成需要延续 3 年时间,申请人就该次股权转让缴纳个人所得税时并未最终获得股权转让收益。

(2) 国税 2014 年第 67 号文第 9 条规定,"纳税人按照合同约定,在满足约定条件后取得的后续收入,应当作为股权转让收入"。该案中,交易双方按照合同约定了标的资产 "减值测试" 的估值调整机制,如后续根据这种测试调整机制调增了股权转让所得,个人应该按该次、股权转让交易的最终交易金额调增股权转让所得;同理,双方按这种测试调整机制调减了股权转让交易金额的,个人应该可以申请退回相应的股权转让所得税。

《业绩承诺和补偿协议》第 3.2 约定 "若经审计,标的资产期末减值额 > 补偿期限内已补偿股份总数 × 本次交易中认购股份的发行价格 + 补偿期内已经补偿的现金总额,则乙方(即 ABC)应就差额部分对甲方进行补偿"。这充分说明,股权收购双方根据 SH 在对赌期内的业绩情况对标的资产进行减值测试,如发生估值下降,则收购价格同时调减,调减方式为乙方(即 ABC)以支付补偿的方式退还差额。

(3) 交易对手 FL 在 2018 年、2019 年分别收到 ABC 退还的股权转让收入后,依照国税函〔2008〕875 号文分期冲减了对应比例的长期股权投资成本,并将未收而应收的补偿金作为其他应收款计入,待到处置对标的公司这笔长期投资时,再确认为投资收益缴纳企业所得税,国家税源并未流失。

该案中,当地税务主管机构接受了上述理由,分期分批逐步退税给了业绩对赌失败方。

11.2.4 附带对赌的收购中如何设计对赌机制税务效果最优

结合笔者上述思考及多年实务经验,笔者建议附带对赌的收购在设计交易结构时尽量注意以下几点:

第一,着眼于让税务机关在审核协议约定时,能够非常清晰、全面地了解对赌是对股权收购价格的调解机制。

例如,将估值调整机制的约定清晰置于股权收购合同的 "价格与支付" 条款中,明确对赌目标的最终实现与收购价格的调整勾稽机制,让税务机关清晰了解对赌机制就是收购价格调解机制。又如,在不影响双方权益的情况下,既约定对赌目标完成后的收购价格调增机制,又约定业绩对赌目标未完成后的收购调减机制。将来发生需要退税的情形时,让税务机关更恰当地适用国税 2014 年第 67 号文第 9 条的规定。

收购合同行文一定要明确业绩对赌或者利润预测补偿等是双方约定的、以未来真实实现的业绩对最初股权价格估值进行的调整机制,非风险补偿安排,进而因估值调整对交易总价作出调整。最好同时约定超额业绩完成对应估值调整模式,更好印证这一点。不要留下误导税务部门、法院的空间。

第二,让税务机关相信对赌约定并非交易当事人事后约定,目的不是避税。

例如,对赌约定不要做成补充协议,尽量放在股权转让协议正本中;提交工商登记机构备案待查,在第一次股权交割做税务申报时一并提交税务机关备案。

第三,让税务机关从备案的收购文本、评估报告中了解股权收购价格定价依据,且这种定价依据与对赌机制设定息息相关。

第四,尽量安排转让股权的主体为非自然人。因为自然人股权转让的税务征缴制度不全面、系统性的立法漏洞较多,也缺乏政策优惠适用角度,征缴严格,说服税务机关的难度较大。

第五,尽量避免采用反向收购支付模式,采用正向收购模式交易成本更低,除非被收购人在明知此等税务成本风险的情况下,对业绩对赌目标非常有信心实现。

第六,2025 年修改后的《上市公司重大资产重组管理办法》实施后,建立了分期支付机制,允许上市公司在 48 个月内分期支付交易对价,后续发行无须重复审核,若能采用分期支付的方式,则建议采取分期支付的方式。

11.3 附带对赌机制的增资在对赌失败时的纳税分析

11.3.1 附带对赌的增资的分类

很多企业会接受外部投资人的战略投资、私募股权投资等,而这些投资有三个特点:一是外部融资以现金为主;二是以增资方式为主,增资主要用于企业发展所需;三是估值高溢价(远高于净资产)同时附带对赌条件。

从订立对赌协议的主体看,有投资方与目标公司的股东或者实际控制人"对赌"、投资方与目标公司"对赌"、投资方与目标公司的股东及目标公司同时"对赌"等形式。

从对赌价款支付的主体看,分正向和反向两种。正向对赌即当约定的目标实现时,投资或收购的一方补充支付对价。反向对赌即当约定的目标未实现时,接受对价的一方对投资或收购的一方进行对价补偿。

从对赌对价支付的形式看,分现金补偿、股份补偿(反向对赌)或者现金补充支付、股份补充支付(正向对赌)。

从对赌内容看,有业绩对赌(如净利润、销售额、某个产品如期上市等),也有成功上市的时间对赌,还有市值对赌(如后期上市、再融资达到多少市值)三类。

以上分类在讨论对赌的税务分析时都非常重要。

11.3.2 司法和证监监管部门对对赌机制的判断和评价

接受投资的企业在 B 轮以后的融资时附带对赌条件是比较常见的。其中,司法部门对此的意见如下。

2019 年 11 月,最高人民法院发布的《九民纪要》第 5 条规定,"投资方与目标公司订立的'对赌协议'在不存在法定无效事由的情况下,目标公司仅以存在股权回购或者金钱补偿约定为由,主张'对赌协议'无效的,人民法院不予支持,但投资方主张实际履行的,人民法院应当审查是否符合公司法关于'股东不得抽逃出资'及股份回购的强制性规定,判决是否支持其诉讼请求。投资方请求目标公司回购股权的,人民法院应当依据《公司法》第 35 条关于'股东不得抽逃出资'或者第 142 条关于股份回购的强制性规定进行审查。经审查,目标公司未完成减资程序的,人民法院应当驳回其诉讼请求。投资方请求目标公司承担金钱补偿义务的,人民法院应当依据《公司法》第 35 条关于'股东不得抽逃出资'和第 166 条关于利润分配的强制性规定进行审查。经审查,目标公司没有利润或者虽有利润但不足以补偿投资方的,人民法院应当驳回或者部分支持其诉讼请求。今后目标公司有利润时,投资方还可以依据该事实另行提起诉讼"。

2023 年 2 月,中国证监会发布《监管规则适用指引——发行类第 4 号》,在 4-3"对赌协议"中再次明确了其对附带业绩对赌的投资的态度:"投资机构在投资发行人时约定对赌协议等类似安排的,保荐机构及发行人律师、申报会计师应当重点就以下事项核查并发表明确核查意见:一是发行人是否为对赌协议当事人;二是对赌协议是否存在可能导致公司控制权变化的约定;三是对赌协议是否与市值挂钩;四是对赌协议是否存在严重影响发行人持续经营能力或者其他严重影响投资者权益的情形。存在上述情形的,保荐机构、发行人律师、申报会计师应当审慎论证是否符合股权清晰稳定、会计处理规范等方面的要求,不符合相关要求的对赌协议原则上应在申报前清理。发行人应当在招股说明书中披露对赌协议的具体内容、对发行人可能存在的影响等,并进行风险提示。解除对赌协议应关注以下方面:(1)约定'自始无效',对回售责任'自始无效'相关协议签订日在财务报告出具日之前的,可视为发行人在报告期内对该笔对赌不存在股份回购义务,发行人收到的相关投资款在报告期内可确认为权益工具；对回售责任'自始无效'相关协议签订日在财务报告出具日之后的，需补充提供协议签订后最新一期经审计的财务报告。（2）未约定'自始无效'的，发行人收到的相关投资款在对赌安排终止前应作为金融工具核算。"

11.3.3 附带对赌的增资特点

企业接受外部股东附带对赌机制的投资，最为常见的对赌约定如下：

第一，外部股东基于投资标的或投资标的控股股东的业绩承诺一个远高于净资产值的估值进行增资，部分增资款项计入注册资本，部分增资款项计入资本公积。

第二，对赌的条件是净利润为主的业绩，或者对赌为成功 IPO 的时间。

第三，对赌失败的补偿措施，一是拟 IPO 企业的大股东、实际控制人实施股权回购，回购价格为投资人的"投资本金＋利息"。二是调整拟 IPO 企业的估值，重新计算投资人的股权占比。三是由对赌承诺人现金补差（可能是补足业绩差额，也可能是补足业绩不足形成的估值损失差额）。

第四，对赌承诺人通常是拟 IPO 企业（这种情况日益少见，因为司法部门对这种约定的可执行性设置了较为复杂的程序要求，《公司法》2023 年修改之后明确要求有限公司全体股东同意、股份公司章程约定，才有真正执行到位的可行性）或拟 IPO 企业的控股股东（这种情况属于主流情况）。

分析附带对赌的增资在对赌失败时，前次增资行为与后次对赌触发补偿或者回购的行为是一次交易的履约，还是作为两个纳税事件，也同样是关键。但因为增资行为本身是无须缴税的，且增资的客体为标的企业，与对赌补偿、对赌回购的补偿主体常常不一致，所以在具体分析各类情况时也需要明确区分。

11.3.4 附带对赌的增资的纳税分析

附带对赌的增资在实务中存在不同情形，下文分别进行分析。

第一种情形，业绩承诺人为原股东，对赌失败，则原股东按事先约定的价格回购投资人持有的增资股份。

这种情况前后两次行为有区别。前次是投资人溢价增资入股标的公司。后次是原股东按约定受让投资人股权实现投资人退出。

前次行为无须纳税。后次回购的核心问题在于事先约定的受让价格是否低于受让当时股权的公允价值。回购一般是按"本金＋一定利息"为预设退出价格。如果约定的回购价格低于回购时的股权公允价值，则可能引发税务机关以核定的公允价值征收资产转让的所得税。

如果税务机关认定为一次交易，则回购是双方提前约定解除合同的一种情形，回购价格事先约定应当视同前次增资交易的继续履行,不以价格不公允为核定收取资产转让所得税。

实践中,这种情形比较难以说服前后两次行为属于同一次交易。如果税务机关不认定为一次交易,则投资人和原股东作为股权买卖的双方可以将国税2014年第67号文第13条"符合下列条件之一的股权转让收入明显偏低,视为有正当理由……(四)股权转让双方能够提供有效证据证明其合理性的其他合理情形"的规定作为说明回购价格合理性的依据。

第二种情形,业绩承诺人为原股东,对赌失败,则原股东按约定向投资人支付补偿,补偿的金额可能是估值损失差额也可能是业绩对赌差额。

原海南省地方税务局发布的《关于对赌协议利润补偿企业所得税相关问题的复函》明确:"海南航空股份有限公司:你公司《关于对赌协议利润补偿企业所得税相关问题的请示》(琼航财〔2014〕237号)收悉,经研究,现答复如下:依据《中华人民共和国企业所得税法》及《中华人民共和国企业所得税法实施条例》关于投资资产的相关规定,你公司在该对赌协议中取得的利润补偿可以视为对最初受让股权的定价调整,即收到利润补偿当年调整相应长期股权投资的初始投资成本。"

根据此函,如投资人为企业,则投资人收到现金补偿可以减少长期股权投资。但即使原股东为企业,能否相应增加原股东的长期股权投资的初始投资成本还存疑。如果投资人为自然人,收到利润补偿是作为捐赠收入,还是调减前次增资的持股成本,以及如果进行补偿的原股东是自然人,能否调增其原有持股成本?

有观点认为这种情况难以说服税务机关接受两次行为属于同次交易。该函针对的是股权转让,对赌作为估值调整机制,约定情况成就或不成就则调整标的公司的估值,但前后要视同一次交易,隐含的前提是前后调整的是同一当事人之间的权益。而这种情况下,投资人收到的现金补偿并非来自接受投资的标的公司,而是标的公司的原股东。因此,原股东为标的企业支付业绩补偿后,能否据此调增其原有持股成本,是存疑的。但笔者认为,这种交易结构下受益的和补偿的权利义务在不同主体之间明显不对等,法律上前后行为即使是一个交易,税务处理也无法达成勾稽关系。

实践中,投资人收到利润补偿作为收入基本能达成共识,但自然人是否可以由此增加持股成本,却难以定论。

第三种情形,对赌人为原股东,对赌失败则原股东按实际业绩情况重新计算标的公司的估值和投资人的股比,原股东通过一定方式支付股份补偿对价给投资人。

对赌失败后,双方确认业绩失败后标的公司估值调减计算的结果及投资人按调减后的结果调增的持股比例。此时,原股东有两种方式让投资人提升持股比例、增加计入注册资本/股本的金额,分述如下。

(1)前次增资金额中一部分计入了注册资本,另一部分计入了资本公积,计入资本公积的部分定向转增股本，即只让投资人独享本次转增的股本，从而实现投资人提高股权占比的目的。笔者认为，这种情况下，投资人无论为自然人还是企业，都应该视作同次交易，投资人不作任何收入确认、不调增自身持股成本，而投资标的企业增加实收资本科目，也不存在纳税义务。因为这种资本公积定向转增，转增来源均为投资人前次增资计入的资本公积，投资人为企业时当然无任何争议，投资人为自然人时，笔者认为不应当适用于有限公司资本公积转增个人股东注册资本纳税的规定。

因为业绩对赌少则3年，多达5年，业绩对赌期间届满后，投资人前次投资形成的资本公积余额是否还足够定向转增股本（如《公司法》明确资本公积可以用于弥补亏损；也可能业绩对赌期跨企业股改前后，股改时将资本公积科目做出调增；加之其他原因，都可能使得期满时资本公积余额不足），存在不确定性。若转增的资本公积不仅局限于投资人前面增资计入的部分，也可能源于其他资本公积，则投资人与标的公司约定的调减估值可能导致调减后的投资人实际增资成本低于面值即1元/股或注册资本。这个时候就需采用第二种股份补偿的方式。

（2）原股东按持股比例无偿赠与对应的股份/股权给投资人，使投资人持股占比上升。此时，就存在无偿赠与的税务问题了。笔者认为，这种股份补偿支付的方式很难说服税务机关认定为同次交易，毕竟前后两次行为指向和双方主体均不同。从投资人角度看，此时应该视同一笔投资分别从标的公司、原股东两处共同获得调增后的股权，由此计算出每股价格，从而计算出原股东赠与股权的对价，再计算出原股东转让股权的所得税。当然这种理解纯粹出于理论研讨，并无案例和法律依据。税务机关很可能会按无偿赠与的股份/股权公允价值确定交易双方的所得税和新的持股成本。

下文结合案例具体分析。某半导体产业的高新企业A公司有股东甲和乙，注册资本为5500万元，甲持有46.36%，乙持有53.64%。新增一名投资人丙，三方协商丙按投前估值2亿元价格增资入股A公司，投后占比9.09%。对赌期4年，在其中任意连续两个会计年度中，A公司当年度扣除非经常性损益后的净利润都需达到2500万元。若A公司未达到上述净利润要求，则标的公司估值从投前2亿元调减为投前0.9亿元，即原股东持股比例从9.09%调增为22.2%。甲、乙、丙均为企业。三方约定补偿方式如下：

原股东、投资方均同意使用A公司的资本公积金定向转增注册资本，新增注册资本1020万元，由投资方享有。转增后投资方共计持有A公司1570万元注册资本，且已全部完成实缴（投资方原已投入A公司2000万元中的430万元继续计入A公司资本公积）；转增后投资方合计持有A公司22.20%股权（22.20%的股权比例系基于投资方持有A公司1570万元注册资本，结合该次增资前A公司的注册资本计算。转增时A公司注册资本与该次增资前不一致的，持股比例依照届时A公司实际注册资本计算为准）。

对赌期内 A 公司如有新增股东入股,则 A 公司和原股东须确保新增股东在审议上述资本公积金定向转增事宜的股东会上投赞成票。

如 A 公司资本公积金不足或其他原因导致 A 公司、原股东未能如约定向转增注册资本给投资方,则原股东须将其所持 A 公司部分股权转让给投资方,使投资方共计持有 A 公司 1570 万元的注册资本,成为持股 A 公司 22.20% 股权的股东,且无须再支付任何资金及费用与股权转让款(见表 2-22～表 2-24)。

表 2-22 A 公司接受投资前的股权结构

股东名称或姓名	实缴出资/万元		持股比例/%
	实收资本	资本公积	
甲	2550	—	46.36
乙	2950	—	53.64
合计	5500	—	100

表 2-23 A 公司增资后的股权结构

股东名称或姓名	实缴出资/万元		持股比例/%
	实收资本	资本公积	
甲	2550	—	42.15
乙	2950	—	48.76
丙	550	1450	9.09
合计	6500	1450	100

表 2-24 A 公司业绩对赌失败后的股权结构

股东名称或姓名	实缴出资/万元		持股比例/%
	实收资本	资本公积	
甲	2550	—	36.07
乙	2950	—	41.73
丙	1570	430	22.20
合计	7070	430	100

第四种情形,对赌失败,由标的企业按事先约定的价格回购投资人股权,以减资的方式让投资人收回投资。

第五种情形,对赌失败,由标的企业定向单独分红支付给投资人以减少投资人原增资成本。

此两种情形在税务上可以一起讨论。

依据《公司法》和《九民纪要》的规定,投资人通过投资标的公司收回投资或收回部分投资以降低持股成本,在法律上需要走减资程序事先获得债权人同意(以通知或公告的方式送达),或者标的公司有足额未分配利润可供分配。

投资标的具备上述条件后,在第四种情形中,投资人减资收回投资直接按国税2011年第34号文分为收回投资、分红、转让所得三部分分别计税,或者按国税2011年第41号文分为收回投资、转让所得两部分分别计税。

在第五种情形中,投资人可直接按分红处理,投资人为居民法人主体的,可免企业所得税。如果投资人为自然人,这种因为估值调整、通过定向分红方式调整投资估值的,是否可以将定向分红与前次投资视作同一次行为?笔者认为,从法理上分析应该作为一次交易,免除这种情况下的个人分红所得税,同时调减初始持股成本,待个人收回投资、转让股权时缴纳个人所得税。但实务中缺乏明确的法理依据,难以获得税务机关的认可。

11.3.5 附带对赌的增资入股中如何设计对赌机制效果最优

第一,从本部分对不同对赌情形的分析看,如果要获得税务机关认定上的最优效果,即发生对赌失败需要履行补偿义务时不至于额外发生不必要的纳税义务,最好不使用"涉第三人利益型对赌协议"方式;如果必须要使用,也是在"自我利益型对赌协议"无法适用时(如减资未能获得债权人同意、无足额未分配利润予以定向分红),再以第三人业绩补偿方式为补充。

第二,让税务机关相信对赌失败回购约定的价格并非交易当事人事后约定,并非避税行为。比如,对赌约定不要做成补充协议,尽量放在股权增资决议正本中,交工商登记机构备案待查;或者对赌补充协议单独做好公证,证明签署时间是与增资协议同时。

第三编

日常经营行为

12　研发费用涉税事项

国家对先进制造业非常支持,在高新技术企业之外,又新增了对科技创新的税收优惠支持。但无论是高新技术企业,还是科技创新企业,涉及优惠政策适用多少都与研发费用挂钩。研发费用的归集、核算、适用优惠政策的条件在不同场景下均不尽相同。而在资本市场上,IPO审核机构对企业研发费用更为关注,目前IPO企业多为享受高企税收优惠政策的高新技术企业,但获得高新技术企业资质的企业并不一定满足IPO各板块关于上市的特殊要求,在IPO问询中,涉及高新技术企业资质问题的问询已经常态化。本部分对研发费用在高新技术企业资质、研发费用加计扣除、IPO研发投入指标三种场景下适用的特殊要求从规定到案例作出梳理。

12.1　高新技术企业与高新技术企业资质

12.1.1　高新技术企业资质认定条件

高新技术企业认定的主要依据是《高新技术企业认定管理办法》(国科发火〔2016〕32号),认定机构现为工业和信息化部,主要认定条件包括以下8个方面:

(1)企业存续时间:企业申请认定时必须注册成立满一年以上。

(2)知识产权:企业通过自主研发、受让、受赠、并购等方式,获得对其主要产品(服务)在技术上发挥核心支持作用的知识产权的所有权。

(3)技术符合领域范围:企业主要产品(服务)发挥核心支持作用的技术必须属于《国家重点支持的高新技术领域》规定的范围(八大领域:电子信息、生物与新医药、航空航天、新材料、高技术服务、新能源与节能、资源与环境、先进制造与自动化)。

(4)科技人员占比要求:企业从事研发和相关技术创新活动的科技人员占企业当年职工总数的比例不低于10%。

(5)研发费用占比要求:企业近三个会计年度的研究开发费用总额占同期销售收入总额的比例有一定要求,随企业销售收入规模而定。其中,最近一年销售收入小于5000万元(含)的企业,比例不低于5%;最近一年销售收入在5000万元至2亿元(含)的企业,比例不低于

4%；最近一年销售收入在2亿元以上的企业，比例不低于3%。此外，企业在中国境内发生的研究开发费用总额占全部研究开发费用总额的比例不低于60%。

（6）高新技术产品占比要求：近一年高新技术产品（服务）收入占企业同期总收入的比例不低于60%。

（7）创新能力评价达标要求：根据国科发火〔2016〕195号文的规定，企业创新能力主要从知识产权（30分）、科技成果转化能力（30分）、研究开发组织管理水平（20分）、企业成长性（20分）等四项指标进行评价。各级指标均按整数打分，满分为100分，综合得分达到70分以上（不含70分）为符合认定要求。

（8）无不良记录：企业在申请认定前一年内未发生重大安全、重大质量事故或严重环境违法行为。

12.1.2 高新技术企业可享受的税收优惠政策

高新技术企业可享受的税收优惠政策归总如下：

1. 减按15%所得税率征收所得税

根据《企业所得税法》的规定，高新技术企业减按15%的税率征收企业所得税。

2. 亏损结转年限延长至10年

根据财税〔2018〕76号文、国税2018年第45号文的规定，高新技术企业的亏损结转年限为10年。

根据国税2018年第45号文的规定，企业发生符合特殊性税务处理规定的合并或分立重组事项的，其尚未弥补完的亏损，按照财税〔2009〕59号文和国税2018年第45号文的有关规定进行税务处理：一是合并企业承继被合并企业尚未弥补完的亏损的结转年限，按照被合并企业的亏损结转年限确定；二是分立企业承继被分立企业尚未弥补完的亏损的结转年限，按照被分立企业的亏损结转年限确定；三是合并企业或分立企业具备资格的，其承继被合并企业或被分立企业尚未弥补完的亏损的结转年限，按照财税〔2018〕76号文第1条和国税2018年第45号文第1条的规定处理。若重组事项涉及高新技术企业的，则具体的税务处理方式为：

如果合并企业拥有高新技术企业资质，那么无论被合并方是否拥有高新技术企业资质，在重组日被合并方的未弥补亏损都享受合并企业的优惠政策，延长至10年结转。

如果合并企业未获得高新技术企业资质，则其因合并承继的被合并方的未弥补亏损继续执行被合并前的结转优惠政策，不会因合并而导致优惠政策取消。

如果被分立企业拥有高新技术企业资质，则分立企业因分立承继的未弥补亏损继续执行原在被分立企业中的结转优惠政策，不会因分立而导致优惠政策取消。

3. 高新技术企业中的制造业一般纳税人增值税进项税额加计 5% 抵扣

根据财税 2023 年第 43 号文的规定，自 2023 年 1 月 1 日至 2027 年 12 月 31 日，允许先进制造业企业按照当期可抵扣进项税额加计 5% 抵减应纳增值税税额；先进制造业企业是指高新技术企业（含所属的非法人分支机构）中的制造业一般纳税人。

4. 中小高新技术企业转增股本时个人股东递延纳税

根据财税〔2015〕116 号文的规定，全国范围内的中小高新技术企业以未分配利润、盈余公积、资本公积向个人股东转增股本时，个人股东一次缴纳个人所得税确有困难的，可根据实际情况自行制订分期缴税计划，在不超过 5 个公历年度内（含）分期缴纳，并将有关资料报主管税务机关备案。

5. 中小高新技术企业股权奖励个人股东递延纳税

根据财税〔2015〕116 号文的规定，自 2016 年 1 月 1 日起，全国范围内的高新技术企业转化科技成果，给予本企业相关技术人员的股权奖励，个人一次缴纳税款有困难的，可根据实际情况自行制订分期缴税计划，在不超过 5 个公历年度内（含）分期缴纳，并将有关资料报主管税务机关备案。

正是由于高新技术企业享受的税收优惠力度极大，在 IPO 企业的《首次公开发行股票招股说明书》阐述"风险因素"的章节中，经常会看到"若未来国家税收优惠政策出现不可预测的不利变化、因不满足相关认定条件被取消高新技术企业资格或未来无法通过高新技术企业资格的复审，公司则面临无法继续享受上述税收优惠导致利润水平有所下降的风险"之类的表述。由此可知，"高新技术税收优惠政策风险"是企业"税收优惠政策变化风险"的核心部分。

12.1.3 高新技术企业资质取消的涉税风险

2023 年是全国各地高新技术企业"摘帽"年，仅湖南省高新技术企业认定管理领导小组办公室先后发文取消 103 家企业的高新技术企业资质，主要理由是研发内控不规范（如未按项目归集研发费、研发费用核算不准确）、年度研究开发费达不到规定比例以及存在严重环境违法行为。而 2024 年监管力度进一步加大，高新技术企业认定管理工作网公告显示，仅 2024 年 1 月至 11 月，全国共有 2960 家企业的高新技术企业资质被取消。

从《高新技术企业认定管理办法》的规定分析，高新技术企业根据被"摘帽"的原因面临不同的税收征管结果。具体如表 3-1 所示。

表 3-1 高新技术企业被"摘帽"原因及其对应的税收征管结果

高新技术企业被"摘帽"的原因	税收征管结果
有关部门在日常管理过程中发现已认定的高新技术企业不符合认定条件，提请认定机构复核，复核后确认不符合认定条件	税务机关追缴其不符合认定条件年度起已享受的税收优惠
高新技术企业发生更名或与认定条件有关的重大变化（如分立、合并、重组以及经营业务发生变化等），在3个月内向认定机构报告，经认定机构审核不符合认定条件	自更名或条件变化年度起取消其高新技术企业资格，不再给予税收优惠
高新技术企业跨认定机构管理区域部分搬迁，由迁入地认定机构重新认定，经认定机构审核不符合认定条件	自部分搬迁年度起不再享受税收优惠
已认定的高新技术企业在申请认定过程中存在严重弄虚作假行为	税务机关追缴其自发生行为之日所属年度起已享受的高新技术企业税收优惠
未按期报告与认定条件有关重大变化情况	
发生重大安全、重大质量事故或有严重环境违法行为	
累计两年未填报年度发展情况报表	

表 3-1 中，"累计两年未填报年度发展情况报表"实属"疏忽大意"的公司内控管理漏洞问题，但因该原因被取消高新技术企业资格的上市公司并不鲜见。比如：心脉医疗（688016）于 2024 年 12 月 3 日发布公告，声称其不存在不符合《高新技术企业认定管理办法》第 11 条规定的认定高新技术企业的实质条件的情形，但因其累计两年（2021 年、2022 年）未填报企业年度发展情况报表，被国家税务总局上海市浦东新区税务局第二税务所取消高新技术企业资格；奥浦迈（688293）在披露的 2024 年第三季度报告中称其因"累计两年未填报年度发展情况报表"被取消高新技术企业资格。

在实务中，大部分高新技术企业被"摘帽"是滞后结果，除税务机关追缴税款外，往往还伴随高额的滞纳金。

12.1.4 资产出售、业务重组等对高新技术企业资质的影响

在高新技术企业资质认定成功后，高新技术企业应当需要持续满足《高新技术企业认定管理办法》的认定条件，其中，当高新技术企业涉及资产出售、业务重组等事项时，极容易对"科技人员占企业当年职工总数的比例不低于10%""近一年高新技术产品（服务）收入占企业同期总收入的比例不低于60%""近三个会计年度的研究开发费用总额占同期销售收入总额的比例要求"等条件产生较大影响，这些高新核心指标的摊薄，将使企业面临无法继续通过高新技术企业认定的风险。

1. 资产出售对高新技术企业资质的影响

在"近一年高新技术产品（服务）收入占企业同期总收入的比例不低于60%"这一指标中，根据国科发火〔2016〕195号文的规定，总收入是指收入总额减去不征税收入。收入总额与不征税收入按照《企业所得税法》及《企业所得税法实施条例》的规定计算。其中，收入总

额包括销售货物收入，提供劳务收入，转让财产收入，股息、红利等权益性投资收益，利息收入，租金收入，特许权使用费收入，接受捐赠收入，其他收入。而《企业所得税法实施条例》规定转让财产收入是指企业转让固定资产、生物资产、无形资产、股权、债权等财产取得的收入。

结合上述规定可知，高新技术企业认定所确认的"收入总额"，是指收入全额，不扣减取得收入对应的成本或支出，如处置固定资产的收入，不扣减固定资产账面价值和固定资产清理费用；也包括未计入"主营业务收入"科目的金额，如按权益法核算的"长期股权投资"，被投企业宣告分红时，分红金额调减"长期股权投资"科目历史成本，并未在"收入类"科目核算，但也应按实际收到的款项金额来确认收入总额中的"股息、红利等权益性投资收益"。所以，高新技术企业认定所确认的"收入总额"不能简单地将企业账面收入类科目相加，还要具体深入分析，才能算出正确的数据。

当企业出售一项重大资产时，须考虑资产出售收入总额对高新技术产品/服务收入占总收入总额的比例影响。

2. 业务重组对高新技术企业资质的影响

如果高新技术企业发生业务重组，根据《高新技术企业认定管理办法》第17条的规定，需要报告复核是否继续符合高新技术企业资质条件，如不符合认定条件，自更名或条件变化年度起取消其高新技术企业资格。为此，高新技术企业的重组业务需要充分考虑对高新技术企业资质的影响。以下将以笔者在执业过程中所遇到的案例进行分析。

一是研发业务拆分对高新技术企业资质的影响。笔者的一个客户为新三板企业（高新技术企业），其生产地与注册地在L市，但行政办公地在C市，在注册地和生产地无法迁移至C市的前提下，为申报C市的研发奖补项目，新三板企业拟在C市设立研发子公司；同时，为调整内部业务组织架构，新三板企业客户的初衷是将新设的研发子公司定位为新三板企业的研发中心，准备将新三板企业体内与研发有关的人员、资产、业务等全部划入研发子公司，并对研发子公司实施独立核算。此为高新技术企业将内部研发机构拆分成立独立子公司的业务调整案例。根据该方案初衷，研发子公司的成立势必会影响母公司研发人员的人数、研发费用的金额大小以及研发成果的知识产权归属等，进而导致母公司研发人员人数比例、研发费用占比、知识产权的数量无法满足高新技术企业资质认定条件。

二是吸收合并对高新技术企业资质的影响。以笔者处理的一起重组业务为例，A集团公司名下设有一家100%持股的供应链公司，收入规模高达上亿元，另有一家100%持股的设备生产企业，收入规模暂时偏小，但具有高新技术企业资质，供应链公司与设备生产企业属于平行兄弟公司，但分属不同的纳税地点。为将设备生产企业包装成规模化企业（暂不考虑供应链公司按照总额法还是净额法确认收入）以符合当地招商引资政策，同时，为申请银行贷款需要，A集团拟将供应链公司与设备生产企业实施业务重组。在重组业务讨论中，各方提出两个方案：方案一是以设备生产企业吸收合并供应链公司，将供应链公司的业务转移至设备生产企业体内，增加设备生产企业在当地的税收贡献度；方案二则是将供应链公司的股权划转至设备生产企业名下，优化设备生产企业的合并报表。经过讨论，最终选择了方案二，其主要原因是相较设备生产企业，供应链公司的业务收入规模过大，若吸收合并后，设备生产企业在"近三个会计年度的研究开发费用总额占同期销售收入总额的比例"以及"近一年高新技术产品（服务）收入占企业同期总收入的比例"指标上无法满足高新技术企业资质的条件。

12.1.5　高新技术企业资质对企业重组成本的影响与考虑

此多见于拟IPO主体的调整，当原主体在历史沿革、报告期外存在较大的瑕疵，不得不将拟上市业务剥离至新公司、以新公司作为上市主体时，高新技术企业资质对业务重组的成本影响非常大，主要是因为承接业务的主体往往为新设主体，不具有高新技术企业资质，而原主体的高新技术企业资质无法转移承继，新设主体承接上市业务后无法享受税收优惠政策，进而增加重组成本。为此，重组的实施进度以及重组过渡阶段的业务开展需要充分考虑高新技术企业资质的影响。笔者在2019年服务的一家食品生产企业IPO规范整改即属于此类情形。

经中介机构前期尽职调查，该食品生产企业历史上的税务、财务等问题严重，导致IPO规范整改成本奇高，且该食品生产企业名下的大额固定资产处于出租状态，于IPO而言属于低效资产。故经中介机构商议确定，抛弃该食品生产企业作为上市主体，由该食品生产企业另行设置子公司，以新设的子公司作为IPO主体。但新设子公司没有高新技术企业资质，一次性转移业务将导致利润无法获得所得税优惠政策，故中介机构确定3年过渡期间，将食品生产企业的业务、人员、资产逐步转移至新设子公司，并为新设子公司设定3年取得高新技术企业资质的业务目标。在3年过渡期间内，新设子公司争取按照享受小型微利企业所得税优惠政策的目标布局业务。与此同时，研发人员、研发费用支出、业务合同必须在食品生产企业以及新设子公司之间进行合理分配，既要保障食品企业继续符合高新技术企业资质要求，又要确保新设子公司未来能够符合高新技术企业资质的认定要求。在业务层面，新设子公司将部分产品委托食品生产企业进行生产，在符合关联交易公允定价的前提下，将部分生产利润留存在食品生产企业使其继续享受高新技术企业税收优惠政策。

12.2　高新技术企业资质审核与IPO审核关于研发相关指标的差异

资本市场监管机构针对研发费用问题的关注点包括：高新技术企业资质的可持续性；高新技术企业优惠政策对发行人经营能力的影响；已取得高新资质的发行人实质上是否符合高

新技术企业认定条件；发行人研发费用的合规性。

自注册制实施后，IPO各板块的定位差异越发鲜明，根据《首次公开发行股票注册管理办法》，科创板突出"硬科技"，即面向"符合国家战略，拥有关键核心技术，科技创新能力突出，主要依靠核心技术开展生产经营，具有稳定的商业模式，市场认可度高，社会形象良好，具有较强成长性的企业"，创业板突出"三创四新"，即面向"依靠创新、创造、创意的大趋势"，"传统产业与新技术、新产业、新业态、新模式深度融合"的成长型创新创业企业，而北交所定位为服务创新型中小企业的主阵地。因此，各板块内部对研发费用、研发人员、知识产权指标等要求各不同，与高新技术企业资质审核的认定标准也不一致。

12.2.1 高新技术企业资质审核与IPO审核关于研发费用指标的差异

高新技术企业资质审核与IPO审核关于研发费用指标的差异具体如表3-2所示。

表3-2 高新技术企业认定与科创板、创业板、北交所关于研发费用指标对比

项目	高新技术企业认定	科创板	创业板	北交所
法律法规依据	《高新技术企业认定管理办法》（国科发火〔2016〕32号）	《科创属性评价指引（试行）》、《上海证券交易所科创板企业发行上市申报及推荐暂行规定》（上证发〔2024〕54号）	《深圳证券交易所创业板企业发行上市申报及推荐暂行规定》（深证上〔2024〕344号）	《北京证券交易所股票上市规则（试行）》（北证公告〔2024〕22号）
具体标准	企业近3个会计年度（实际经营期不满3年的按实际经营时间计算）的研究开发费用总额占同期销售收入总额的比例符合如下要求： 1. 最近1年销售收入小于5000万元（含）的企业，比例不低于5%； 2. 最近1年销售收入在5000万元至2亿元（含）的企业，比例不低于4%； 3. 最近1年销售收入在2亿元以上的企业，比例不低于3%。 其中，企业在中国境内发生的研究开发费用总额占全部研究开发费用总额的比例不低于60%。	最近3年研发投入占营业收入比例5%以上，或最近3年研发投入金额累计在8000万元以上；软件行业研发投入占比应在10%以上	适用第1套财务指标的条件：最近3年研发投入复合增长率不低于15%，最近1年研发投入金额不低于1000万元，且最近3年营业收入复合增长率不低于25%； 适用第2套财务指标的条件：最近3年累计研发投入金额不低于5000万元，且最近3年营业收入复合增长率不低于25%	适用第3套财务与市值指标的条件：预计市值不低于8亿元，最近1年营业收入不低于2亿元，最近2年研发投入合计占最近两年营业收入合计比例不低于8%； 适用第4套财务与市值指标的条件：预计市值不低于15亿元，最近两年研发投入合计不低于5000万元

12.2.2 高新技术企业资质审核与IPO审核关于研发人员、知识产权指标的差异

目前，中国的资本市场监管规则仅有科创板对申报企业的研发人员与专利指标有要求，

科创板审核要求与高新技术企业在研发人员与知识产权数量方面的差异如表3-3所示。

表3-3 高新技术企业认定与科创板关于研发人员、知识产权指标对比

项目	高新技术企业认定	科创板IPO审核
依据	国科发火〔2016〕195号文	《科创属性评价指引(试行)》《上海证券交易所科创板企业发行上市申报及推荐暂行规定》《监管规则适用指引——发行类第9号：研发人员及研发投入》
研发人员	(1)企业从事研发和相关技术创新活动的科技人员占企业当年职工总数的比例不低于10%。 (2)企业科技人员是指直接从事研发和相关技术创新活动，以及专门从事上述活动的管理和提供直接技术服务的，累计实际工作时间在183天以上的人员，包括在职、兼职和临时聘用人员，但不包含劳务派遣人员。 (3)企业职工总数包括企业在职、兼职和临时聘用人员，兼职、临时聘用人员全年须在企业累计工作183天以上。 (4)企业当年职工总数、科技人员数均按照全年月平均数计算。 月平均数=(月初数+月末数)÷2 全年月平均数=全年各月平均数之和÷12	(1)研发人员占当年员工总数的比例不低于10%。 (2)对于既从事研发活动又从事非研发活动的人员，当期研发工时占比低于50%的，原则上不应认定为研发人员。 (3)发行人与客户签订合同，为客户提供受托研发，除有充分证据表明履约过程中形成发行人能够控制的并预期能给发行人带来收益的研发成果外，原则上单纯从事受托研发的人员不能认定为研发人员。 (4)劳务派遣人员原则上不能认定为研发人员。发行人将签订其他形式合同的人员认定为研发人员的，应当结合相关人员的专业背景、工作内容、未签订劳动合同的原因等，审慎论证认定的合理性
知识产权指标	没有知识产权不能申报高新技术企业，但知识产权数量、类型以及获得方式对申报高新技术企业评定评分有重大影响，其中发明专利(含国防专利)、植物新品种、国家级农作物品种、国家新药、国家一级中药保护品种、集成电路布图设计专有权等按Ⅰ类评价，实用新型专利、外观设计专利、软件著作权等(不含商标)按Ⅱ类评价，具体评分规则为： 1项及以上(Ⅰ类)(7~8分) 5项及以上(Ⅱ类)(5~6分) 3~4项(Ⅱ类)(3~4分) 1~2项(Ⅱ类)(1~2分) 自主研发(1~6分) 仅有受让、受赠和并购等(1~3分)	应用于公司主营业务并能够产业化的发明专利7项以上；或者形成核心技术和应用于主营业务，并能够产业化的发明专利(含国防专利)合计50项以上

12.3 研发费用归集在IPO审核、高新技术企业认定以及所得税前加计扣除层面的差异

目前，研发费用的归集主要有三个口径：一是会计核算口径，主要由财政部《关于企业加强研发费用财务管理的若干意见》(财企〔2007〕194号)规范；二是高新技术企业认定口径，由国科发火〔2016〕195号文规范；三是加计扣除口径，由财税〔2018〕64号文、财税〔2015〕119号文、国税2015年第97号文、国税2017年第40号文以及国家税务总局所得税司、科技

部政策法规与创新体系建设司于2023年7月核发的《研发费用加计扣除政策执行指引（2.0版）》规范。

在IPO中，监管部门通常会通过对各口径归集的研发费用进行比较，验证研发费用的真实性和归集的准确性，如果存在较大差异，必会引起监管部门的重点关注。因此，企业应当针对差异产生的原因做出合理解释。目前，研发费用三个口径的主要差异体现在以下几个方面。

1. 劳务派遣研发人员所产生的费用是否计入研发费用

科创板IPO审核以及高新技术企业认定已经明确劳务派遣研发人员不认定为研发人员，所发生的费用当然不计入研发费用。

但加计扣除税务口径明确"外聘研发人员是指与本企业或劳务派遣企业签订劳务用工协议（合同）和临时聘用的研究人员、技术人员、辅助人员。接受劳务派遣的企业按照协议（合同）约定支付给劳务派遣企业，且由劳务派遣企业实际支付给外聘研发人员的工资薪金等费用，属于外聘研发人员的劳务费用"，但前提是该劳务派遣人员全年须在企业累计工作183天以上。

2. 企业委外研发的费用是否计入研发费用

首先需要明确的是，委外研发的前提是企业以支付报酬的形式获得受托方的研发成果所有权，如果研发成果所有权仅属于受托方，则可能构成合作开发或者定制化买卖，不会被认定为委外研发。但若研发成果所有权归属于双方共有，是否影响加计扣除或高新技术企业认定口径，需要具体分析：在加计扣除税务口径方面，根据财税〔2015〕119号文的规定，企业共同合作开发的项目，由合作各方就自身实际承担的研发费用分别计算加计扣除。此条款意指税务部门不拒绝共同合作开发的项目所产生的研发费用加计扣除，而共同合作开发项目所产生的知识产权归属一般约定为共有。在高新技术企业认定层面，该问题则存在争议，如江苏省财政厅在其官网披露的《江苏省注协2021年6月18日专家网上答疑汇总》中明确，从谨慎性的角度考虑，共有技术成果的委外研发费用确认为高新技术企业专项报告中的研发费用有待商榷。

加计扣除税务口径明确，委托境内主体（包括机构或个人）研发发生的费用，按照研发活动发生费用的80%作为加计扣除基数，委托境外主体（仅限于机构）研发发生的费用，不超过境内符合条件的研发费用2/3的部分，按照费用实际发生额的80%计入委托方的委托境外研发费用。虽然加计扣除税务口径认可委外研发费用可以被纳入核算口径，但是根据《技术合同认定登记管理办法》（国科发政字〔2000〕63号）第6条的规定，未申请认定登记和未予登记的技术合同，不得享受国家对有关促进科技成果转化规定的税收、信贷和奖励等方面的优惠政策，因此，委托境内外主体进行研发活动所签署的合同须经科技行政主管部门登记，其中委托境内研发由受托方登记，委托境外研发因考虑受托方不便直接规定由委托方登记。

高新技术企业认定口径对受托主体并无限制，但强调研究开发活动成果与该企业的主要经营业务紧密相关，且按照实际发生额的80%计入委托方研发费用总额。

IPO审核口径仅要求签订委外研发合同,相关研发项目应与企业的研发项目或经营活动直接相关,委外研发具有必要性、合理性和公允性,研发成果归属于发行人即可。

3. 用于研发的房屋所产生的租赁、折旧、改建装修等费用是否计入研发费用

加计扣除税务口径仅通过列举式认可与研发活动有关的设备、机器的相关费用,如经营租赁费用,折旧费用,维护、检测等费用可计入可加计扣除的研发费用,但与房屋相关的费用,包括房屋租赁费用,房屋折旧费,研发设施的改建、改装、装修和修理过程中发生的长期待摊费用均不计入可加计扣除的研发费用。

高新技术企业认定口径以及IPO审核口径明显大于加计扣除税务口径,包含用于研发的房屋所产生的租赁、折旧、改建装修等费用。

4. 其他费用是否计入研发费用

加计扣除税务口径认定的其他费用,包括技术图书资料费,资料翻译费,专家咨询费,高新科技研发保险费,研发成果的检索、分析、评议、论证、鉴定、评审、评估、验收费用,知识产权的申请费、注册费、代理费,差旅费,会议费,职工福利费,补充养老保险费,补充医疗保险费,计入比例不超过研发费用总额的10%。

高新技术企业认定口径认定的其他费用,包括技术图书资料费,资料翻译费,专家咨询费,高新科技研发保险费,研发成果的检索、论证、评审、鉴定、验收费用,知识产权的申请费、注册费、代理费,会议费,差旅费,通信费,等等,不包括"研发成果的分析、评议、评估费用以及职工福利费、补充养老保险费、补充医疗保险费",且计入比例不超过研究开发总费用的20%。

而IPO审核口径并无特殊限制要求,仅要求与研发活动相关即可。

5. 研发过程中产出的产品或副产品是否计入研发费用

首先需要明确"研发过程中形成的下脚料、残次品、中间试制品"是否属于"副产品"?从会计角度出发,应当属于副产品,但从加计扣除税务口径而言,不属于"副产品"。

在加计扣除税务口径层面,生产单机、单品的企业,研发活动直接形成的产品或作为组成部分形成的产品对外销售,研发费用中对应的材料费用不得加计扣除;且在研发过程中形成的下脚料、残次品、中间试制品对外销售取得的特殊收入,直接冲抵已归集研发费用。

高新技术企业认定口径强调研发活动实际支出的全部发生额,并未要求在研发过程中产出产品或副产品对外销售时,须将相应材料成本从已归集研发费用中冲减,也未要求企业在研发过程中取得的下脚料、残次品、中间试制品等的销售收入从已归集研发费用中冲减。

在IPO审核口径层面,《企业会计准则解释第15号》(财会〔2021〕35号)以及《监管规则适用指引——发行类第9号:研发人员及研发投入》均明确,产品或副产品的成本不得计入研发投入,符合《企业会计准则第1号——存货》规定的,应当确认为存货,符合其他相关企业会计准则中有关资产确认条件的,应当确认为相关资产,在对外销售时,按照《企业会计准则第 14 号——收入》《企业会计准则第 1 号——存货》《企业会计准则解释第 15 号》等的规定，对销售相关的收入和成本分别进行会计处理。

6. 研发国补项目的成本是否计入研发费用

在加计扣除税务口径层面，根据国税 2017 年第 40 号文的规定，企业取得的政府补助，会计处理时采用直接冲减研发费用方法且税务处理时未将其确认为应税收入的，应按冲减后的余额计算加计扣除金额。

根据《企业会计准则第 16 号——政府补助》的规定，政府补助有总额法和净额法两种会计处理方法，其中，净额法可将政府补助作为相关成本费用的扣减项；而按照《企业所得税法》的规定，企业取得的政府补助应确认为收入，计入收入总额。故净额法产生了税会差异。若企业在所得税上将政府补助确认为应税收入，同时增加研发费用，加计扣除层面应以税前扣除的研发费用为基数；但企业未进行相应调整的，税前扣除的研发费用与会计的扣除金额相同，应以会计上冲减后的余额计算加计扣除金额。

在 IPO 审核口径层面，根据《监管规则适用指引——发行类第 9 号：研发人员及研发投入》的规定，"发行人从政府取得的经济资源适用《企业会计准则第 16 号——政府补助》的，如发行人采用净额法核算政府补助，在计算研发投入指标时，可以按照总额法做相应调整"。按此规定，政府补助不计入研发投入指标，但政府补助项目所支出的研发费用应当可以计入研发投入。

高新技术企业认定口径对政府补助项目所支出的费用并无其他明文限制。

12.4 研发费用所得税税前加计扣除的主要税务风险

根据财税 2023 年第 7 号文的规定，企业开展研发活动中实际发生的研发费用，未形成无形资产计入当期损益的，在按规定据实扣除的基础上，自 2023 年 1 月 1 日起，再按照实际发生额的 100% 在税前加计扣除；形成无形资产的，自 2023 年 1 月 1 日起，按照无形资产成本的 200% 在税前摊销；但烟草制造业、住宿和餐饮业、批发和零售业、房地产业、租赁和商务服务业、娱乐业除外。正是因为研发加计扣除享受税收优惠政策，有利可图，企业为表面符合税收优惠政策的享受条件甘冒风险；此外，研发活动本身具有专业性强、壁垒较高等特点，在业财衔接过程中，企业研发费用加计扣除的适用存在诸多风险。经核查税务部门公开的研发费用所得税前加计扣除的税务处罚案例，此类主要税务风险主要体现在如下几个方面。

一是研发费用列支超范围。根据柳市税三稽罚〔2023〕26 号行政决定处罚文书，广西梦科智联信息技术有限公司在 2020 年 1 月 1 日至 2022 年 12 月 31 日存在以下超范围列支研发费用的行为：(1) 将不属于研发人员的员工工资在"管理费用/研究费用"科目列支，并在当年企业所得税年度汇算清缴中按规定比例加计扣除;(2)将办公场所租金、汽车修理费、加油费、团建费等支出在"管理费用/研究费用"科目列支,并在当年企业所得税年度汇算清缴中按规定比例加计扣除。

二是将原有产品常规升级发生的费用计入研发费用。根据柳市税二稽罚〔2023〕14号处罚文书,柳州市环北农业生物技术有限公司在2020年至2021年申报的蔬果专用有机肥、牛粪为主料的有机肥、有机水溶肥料组合物三项研发项目,属于在该单位原有产品发酵牛粪的基础上,根据客户的不同需求对牛粪的发酵菌种、时间、发酵温度、湿度进行控制,来调整各种有效成分的含量,以适应客户的需求,此为企业原有产品的常规升级,不适用研发费用税前加计扣除政策。

三是正常业务与研发活动无法区分,导致研发费用归集不准确。根据襄税二稽罚〔2023〕18号处罚文书,湖北元天工程有限公司在2022年共有"保温墙体结构及施工方法"和"建筑反射隔热外墙涂料施工工艺"两个研发项目,该公司于2022年10月12日取得高新技术企业认证,并在2022年企业所得税汇算清缴中适用研发费用加计扣除政策。该公司把管理人员和现场施工人员等人员的工资、2台测量仪的折旧费用、1台全站仪的维修费计入"研发支出—费用化"会计科目中,没有建立研发辅助明细账,未提供研发活动必要的记录,也未将其人员工资按实际工时占比等合理方法在研发费用和生产经营费用间分配。

四是研发活动形成的产品对外销售获得收入,相应材料成本作为研发费用继续加计抵扣。根据武市税稽罚〔2019〕33545号处罚文书,吉林重通成飞新材料股份公司武威分公司投产以来主要生产2MW风力发电机组叶片,叶片的规格型号按长度分为5种,该公司将每一种型号均作为研发项目立项,研发的产品大部分用于销售,其中,2016年研发的CGI2.0-54.2A型号的产品9支和CGI2.0-57.0B型号的产品9支,均已销售并开具增值税专用发票,之后该公司又把已销售结转损益的成本通过调账还原为研发支出,在年度汇缴时上报总公司一并进行了加计扣除。

五是虚构研发项目。根据常税稽罚〔2022〕9号处罚文书,常州大朝金合铜业有限公司提供的2020~2021年研究开发活动项目一览表显示,该公司在2021年共成立研究项目6项,但上述6项研究一直没有正式开始研究,也没有相应的研究开发人员,该公司2021年未有研究开发新技术、新产品、新工艺,申报的加计扣除费用都是平时正常的生产投入,申报加计扣除的开发新技术、新产品、新工艺发生的研究开发费用与事实不符,不得申请加计扣除。

六是研发人员人工费用划分不清。根据乌税稽稽罚〔2024〕16号处罚文书,轻工业设计研究院(新疆)控股有限责任公司2021年的研发费用中包含公司董事长、法人代表卢某豹及总经理邓某山两位高管的工资、差旅费、社保费、医保费。两位公司高管虽然参加了课题组的指导工作,但只是挂名,并未实际参与课题的具体研究开发工作,该公司在2021年企业所得税研发费用加计扣除中多列支高管人员的工资、差旅费、社保费、医保费。

13 销售费用涉税事项

销售费用是企业在开拓市场的过程中所发生的内部费用与外部销售服务费用的合计。内部费用包括销售人员工资薪酬、福利待遇、差旅费用等；外部销售服务费用包括市场推广费用、代理费、销售佣金等。因企业业务性质的差异性，销售费用的支付比例以及内外部费用的相对支付比例存在行业性差异。相对而言，资源与关系依赖型企业（比如医药或医疗器械行业等）的销售费用整体占比较高，且外部销售服务费用支付比例比较高；而专业与技术依赖型企业的销售费用占比整体偏低。与此同时，销售费用的支付比例也与销售模式的选择挂钩，如直销模式与渠道销售模式，渠道模式中的代理销售与买断式经销模式等，影响差异显著。

金税系统对销售费用分布形式的不正常比例，尤其对名目为大额咨询费的发票真实性和比例非常关注。因为涉及不恰当的推广活动，或者某些推广活动无法获得合规发票，或者为降低员工提成领取的个人所得税，很多企业采用各类"替票"以抵减成本，这种行为很可能形成虚开发票的情况。

在 IPO 审核中，销售费用历来是关注重点，常见问询问题包括：销售费用的细项构成情况；各项目费用变动的原因及合理性，是否符合行业惯例；相关费用占收入的比例，是否合理；等等。

13.1 内部营销人员费用的处理

企业与销售业务人员在销售费用上的结算方法主要有两种：一是据实报销，即对发生的业务招待费、差旅费等费用凭票按实报销，对销售业务人员应得的报酬、提成奖金等以工资的形式发放给个人；二是销售费用包干制，即企业对销售业务人员因开展业务发生的营销费用实行承包办法，销售业务人员的收入中包含工资、提成奖金、差旅费（含出差补助费）、业务招待费等。

13.1.1 内部营销人员费用的违规处理情形

无论是据实报销还是销售费用包干制结算模式，若企业按照正常税务处理方式，代扣代缴销售业务人员的工资、提成、奖金所对应的个人所得税，则企业方以及销售业务人员均无税务风险；但若企业以及销售业务人员为了规避高额的个人所得税缴纳，以报销费用发票的方式向销售业务人员发放工资、提成奖励，则存在较大风险。

在笔者从业经历中，此类税务问题的稽核仍然多发于发票提供端口的"被动"案件，即销售业务人员提供的发票被认定为走逃失联发票或者被认定为虚开发票，从而导致受票单位受到税务部门或者公安机关的"特别关注"；此外，在IPO核查过程中，因中介机构对IPO企业采取的银行流水核查、关联方核查、财务数据指标异常分析等多种措施"轮番上阵"，IPO企业很难遮掩此类违规行为，其主动清理违规并补税的案例并不鲜见。

笔者筛选了近几年IPO申报案例中违规处理销售员工薪酬的代表性案例，供相关企业引以为鉴，具体如表3-4所示。

表3-4　历史上存在违规处理销售员工薪酬的IPO案例

违规税务处理方式	涉案企业	IPO违规案例
将提成奖金支付给销售负责人指定的公司，再由销售负责人在体外进行分配	百胜动力	公司按照杨某的要求向VOA公司支付153.40万元，以薪酬方式支付给杨某100.26万元，共计253.66万元。VOA公司系杨某朋友控制的企业，与南京分公司销售团队成员不存在关联关系，因VOA公司为杨某开展其他外贸业务提供了海运等服务，杨某要求公司将部分提成奖金支付给VOA公司，用于其与VOA公司的费用结算，结算剩余款项最终流向杨某控制的PS公司及OCEANUS。 对于提成奖金的分配，因当时南京分公司销售团队成员由杨某具体考核，销售团队14名成员的提成奖金亦由杨某负责发放，合计发放金额为128.30万元。为方便操作，杨某发放该部分提成奖金的资金直接源于其控制的其他账户
通过公司服务商发放提成奖金	山外山	报告期内涉及通过服务提供商发放部分销售提成的销售人员为31人，均由所涉销售人员个人补缴了个人所得税，并取得了个人所得税完税凭证
	麒麟信安	2018年和2019年，为降低销售人员的税务成本，麒麟信安通过2家服务商为12名销售人员发放部分销售提成，金额合计438.55万元。前述事项的整体资金流转过程为：麒麟信安将款项支付给服务商，服务商收到款项并扣除手续费后，通过转账或取现方式支付给代发人员，代发人员再支付给发行人对应销售人员
通过费用报销的方式发放奖金	赛恩斯	2018~2020年9月，发行人出于为员工降低个人所得税负的目的，通过由员工收集增值税普通发票并通过公司报销的形式支付至员工，或通过运费支付给与公司具有运输服务关系的物流供应商后由物流供应商返回款项至员工，用于向职工支付奖金及提成的情形，所涉人员较多，金额较大。 普通发票模式下，部分员工通过二级部门经理签字报销自行收集发票直接取得奖金，还存在少数员工汇集其他员工收集的发票集中报销后作为部门奖金池，在部门考核后再在二级部门经理的安排下统一对其他员工发放奖金。 增值税专票模式下，发行人通过运费支付给物流供应商后，物流供应商的股东或员工将奖金款返还至公司营销一部员工（向某、姜某），向某、姜某再在二级部门经理的安排下对其他员工或部门发放奖金
通过员工设立的个体工商户发放奖金	德斯泰	为降低薪酬（奖金和提成）发放过程中的个人所得税，自2015~2018年度，该公司通过向部分员工设立的个体工商户采购（该等采购并无真实交易内容）的方式，把本应支付给员工的薪酬以采购款的名义付给个体工商户，随后由上述个体工商户分别支付给原本应被发放薪酬的员工。2015年度、2016年度、2017年度和2018年度，该公司分别通过上述采购的方式共发放薪酬527.26万元、711.47万元、439.15万元和640.43万元。此种模式下，该公司将本主要应计入销售费用、管理费用和研发费用的上述人员薪酬错误地计入营业成本，且少缴纳了个人所得税

13.1.2 销售费用包干制模式下个人收入与实际费用占比的处理

在销售费用包干制的结算模式中，费用报销金额与销售业务人员个人收入的比例如何合理确定，才能既符合实际情况又不会引发税务风险预警，是企业与销售业务人员均关心的实际问题。

一般而言，在IPO核查以及税务稽查的过程中，针对内部销售人员的工资、提成奖金是否存在通过报销费用的方式发放的问题，核查思路一般体现为两个维度：一是对企业所在行业以及被核查企业相关数据指标实施横向比较；二是对被核查企业相关数据指标实施历史纵向比较。相关数据指标包括内部销售人员的平均薪酬金额、其他销售费用细项金额、内部销售人员的整体薪酬占整体销售费用或总营收的比重、其他销售费用细项占整体销售费用或总营收的比重等。如无法合理解释大额偏差，则可能被质疑存在内部销售人员的工资、提成奖金通过报销费用方式发放的违规操作。

在IPO核查过程中，要求当地税务部门出具合法合规证明文件是常规做法，在销售费用包干制模式下，公司处理销售业务费用的合法合规性可能需要当地税务部门出具专项税务证明或者进行专门答复。

经笔者检索，国家税务总局针对特定行业内销售业务人员的工资与费用比例存在统一的征管规定，如财政部、国家税务总局《关于个人所得税法修改后有关优惠政策衔接问题的通知》（财税〔2018〕164号）规定，保险营销员、证券经纪人取得的佣金收入，属于劳务报酬所得，以不含增值税的收入减除20%的费用后的余额为收入额，收入额减去展业成本以及附加税费后，并入当年综合所得，计算缴纳个人所得税，其中，展业成本按照收入额的25%计算。此即说明在保险、证券行业，税务认可保险营销员、证券经纪人的全部费用为不含增值税收入的40%。

针对其他行业内销售业务人员的工资与费用比例，国家税务总局并无明文统一征管规定，但历史上各地方税务局的相关规定表明了当年税务征管的态度，如原云南省地方税务局《关于企业营销人员所得提成或包干收入征收个人所得税有关问题的通知》（云地税二字〔2000〕66号）规定，报销费用与销售业务人员收入占比为20%～80%；原江苏省地方税务局《关于企业供销人员取得供销承包收入个人所得税征税问题的通知》（苏地税发〔2005〕239号，已失效）规定，报销费用与销售业务人员收入占比为50%以内；原辽宁省地方税务局《关于明确个人所得税若干政策问题的通知》（辽地税发〔2002〕4号，已失效）规定，报销费用与销售业务人员收入占比为60%～40%；原吉林省地方税务局《关于个人所得税若干问题规定的通知》（已失效）规定，报销费用与销售业务人员收入占比为区值，即报销费用占比为40%～70%，销售业务人员收入占比为30%～60%。

由此可看出，税务部门至少认为合理的费用报销是符合商业惯例的，至于具体比例，各地税务部门内部存在不同的理解与适用，企业需要与当地税务部门进行沟通咨询。

13.2 促销行为的涉税处理

在日常操作中，企业销售的促销行为主要包括打折、满减、买赠以及派赠等。

13.2.1 企业打折、减满、买赠的涉税处理

打折、减满、买赠在税务处理上属于"折扣销售"，而不属于无偿赠与，该等行为涉及增值税与企业所得税的处理如下。

在增值税层面，根据国税函〔2010〕56号文的规定，纳税人采取折扣方式销售货物，销售额和折扣额在同一张发票的"金额"栏分别注明的，可按折扣后的销售额征收增值税。但若未在同一张发票"金额"栏注明折扣额，而仅在发票"备注"栏注明折扣额的，折扣额不得从销售额中减除。

在企业所得税层面，根据国税函〔2008〕875号文的规定，企业为促进商品销售而在商品价格上给予的价格扣除属于商业折扣，应当按照扣除商业折扣后的金额确定销售商品收入金额；企业以买一赠一等方式组合销售本企业商品的，不属于捐赠，应将总的销售金额按各项商品的公允价值的比例来分摊确认各项的销售收入。

13.2.2 企业在业务推广活动中派赠礼品给他人的涉税处理

企业向个人客户或者潜在个人客户赠送小额礼品，如"进店有礼"，或节假日向重要客户馈赠过节礼物、拜访礼品等，属于销售活动中的常规操作，此涉及两个层面的税务处理问题。

1. 赠送企业的税务处理

无论是2024年年底新颁布的《增值税法》，还是《增值税暂行条例实施细则》，均规定企业外购礼品用于市场推广时，应视同应税交易，缴纳增值税；在企业所得税处理层面，根据《企业所得税法实施条例》第25条的规定，企业将货物、财产、劳务用于捐赠、偿债、赞助、集资、广告、样品、职工福利或者利润分配等用途的，应当视同销售货物、转让财产或者提供劳务，同时结转销售成本。

企业以自产产品用于市场推广的涉税处理与企业外购礼品的税务处理方式相同。

2. 被赠送的个人所得税处理

根据财税2019年第74号文以及财政部、国家税务总局《关于企业促销展业赠送礼品有关个人所得税问题的通知》（财税〔2011〕50号，部分失效）的规定，企业向客户赠送的礼品、

权益等产品，客户是否具有个人所得税的纳税义务，取决于该产品的赠送是否具有目的性。如赠送优惠券用于客户消费抵扣的，或者在销售商品和服务的同时给予赠品的，或企业对累积消费达到一定额度的个人按消费积分反馈礼品的，不征收个人所得税；但如果是随机向单位以外的个人赠送礼品，包括企业在业务宣传、广告等活动中，随机向本单位以外的个人赠送礼品（包括网络红包），以及企业在年会、座谈会、庆典及其他活动中向本单位以外的个人赠送礼品，个人取得的该等礼品所得应属于"偶然所得"，企业应当依法履行个人所得税代扣代缴义务。

以国家税务总局昆明市税务局稽查局于 2023 年 9 月 14 日对小提莫公司作出的昆税稽罚〔2023〕34 号税务文书为例，该公司每年 12 月 20 日左右进行一次年终盘点，盘盈产品全部用于在昆明地区进行线下品牌宣传推广活动，免费随机发放给消费者，以达到推广产品提高认知度的作用。其中，2020 年随机免费发放鲜花饼 36,706 个，按纳税人最近时期同类货物的平均销售价格计算，免费发放金额为 21,135.77 元（不含税）；2021 年免费发放鲜花饼、牛肉酱等商品 124,215 个（罐、袋），按纳税人最近时期同类货物的平均销售价格计算，免费发放金额为 133,659.51 元（不含税）；2022 年免费发放鲜花饼、牛肉酱等商品 142,741 个（罐、袋），按纳税人最近时期同类货物的平均销售价格计算，免费发放金额为 216,581.20 元（不含税）。以上金额均未被依法代扣代缴个人所得税。税务部门遂决定对该公司 2020~2022 年未代扣代缴的个人所得税处予 50% 的罚款。

13.2.3 销售返利的涉税处理

销售返利，是常见的一种促销手段，是指企业通过向经销商支付现金或实物奖励的方式，鼓励经销商积极销售其商品。

就财务会计处理角度而言，在 2017 年 7 月财政部发布《企业会计准则第 14 号——收入》（以下简称 2017 年新收入准则）实施前，企业常规操作是等客户实际采购额达标时一次性进行会计处理，并将其计入销售费用；2017 年新收入准则实施后，现金返利以及实物返利的会计处理方式有了更明确的规定，即根据《监管规则适用指引——会计类第 2 号》的相关规定，企业应当基于返利的形式和合同条款的约定，考虑相关条款安排是否会导致企业未来需要向客户提供可明确区分的商品或服务，在此基础上判断相关返利属于可变对价还是提供给客户的重大权利。一般而言，对基于客户采购情况等给予的现金返利，企业应当按照可变对价原则进行会计处理；对基于客户一定采购数量的实物返利或仅适用于未来采购的价格折扣，企业应当按照附有额外购买选择权的销售进行会计处理，评估该返利是否构成一项重大权利，以确定是否将其作为单项履约义务并分摊交易对价。例如，某一客户达到了获取返利的销售目标，公司按照其当年采购金额的一定比例计提返利金额，并在下一年将返利金额折算成指定产品后,以产品的形式向其兑现返利;此时,实物返利构成了一项重大权利,应将其作为单项履约义务,并将交易价格在商品和权利之间进行分摊,如果该客户下一年不再购买公司产品,那这项权利就失去了效力。此是与上述现金返利的本质区别。

上述会计处理发生调整后,销售返利产生了较大的税会差异。

在增值税层面,根据《增值税暂行条例实施细则》以及国家税务总局《关于纳税人折扣折让行为开具红字增值税专用发票问题的通知》(国税函〔2006〕1279号)的相关规定,纳税人销售货物并向购买方开具增值税专用发票后,由于购货方在一定时期内累计购买货物达到一定数量,或者由于市场价格下降等,销货方给予购货方相应的价格优惠或补偿等折扣、折让行为,销货方可按现行《增值税专用发票使用规定》的有关规定开具红字增值税专用发票,即销售返利属于销货方给予购货方相应的价格优惠或补偿等折扣、折让行为,应从发生销售货折让的当期(达到销售返利的当期)开具红字增值税专用发票冲减收入和销项税额。此项税会差异体现为:2017年新收入准则的规则是提前预计销售返利不确认收入,增值税征管的规则是销售行为发生时须全部确认收入,当达到销售返利的条件的当期开具红字发票冲减当期的销售收入。

而在所得税层面,税会差异体现为:2017年新收入准则的规则是提前预计销售返利不确认收入,企业所得税征管的规则是销售行为发生时须全部确认收入,当达到销售返利的条件的当期开具红字发票冲减当期的销售收入。如销售返利跨年度才能确认是否达到支付返利的条件,则在实现销售货物的当年汇算清缴时须调增应纳税所得额,在发生返利的年度汇算清缴时须调减应纳税所得额的操作。

13.3 向外部销售服务商支付费用的涉税风险

IPO审核对外部销售服务费用的关注点,主要集中于业务、财务角度。其中,业务角度关注该服务费存在的必要性、合理性,是否符合行业惯例,是否存在商业贿赂的情形,销售服务商对发行人业务的影响,是否对公司相关客户业务的持续性造成重大不确定性,是否实质上依赖服务商;财务角度则关注结算方式、会计处理的合理性、服务商是否与发行人存在关联关系、相关资金支付后是否形成体外资金循环,是否存在服务商替发行人承担垫付费用等情形。

↘ 13.3.1 医药企业销售费用的典型性

在IPO实务中,医药企业的销售费用具有典型性,其暴露的风险点也是本书的重点研究对象。其他行业多多少少存在相同或者类似的问题,故以医药行业为例予以特别说明,具备一定普适性。

药品与普通商品不同,消费者需要在专业人员的推介下才能放心使用,而作为专业人士的医生，其选择会直接影响医药公司的效益。医药公司的销售模式主要分为传统经销模式和专业化学术推广模式两种。在传统经销模式下，经销商同时承担配送及学术推广职能，多层分销情形较为普遍；但在"两票制"（药品生产企业到药品流通企业开具一次发票，药品流通企业到医疗机构开具一次发票）推行后，传统经销模式逐步向专业化学术推广模式转变，目前专业化学术推广模式逐渐成为医药制造业销售模式的主流模式。

从2015~2023年A股上市医药制造企业销售费用占营业收入比重的变动趋势来看，自"两票制"实施以来，医药行业呈现出高毛利率、高销售费率的特征，部分制药企业的销售模式从"低开"转"高开"，通过提高出厂价格来实现"加价上移"，并以高额医疗推广费的方式填补受"两票制"影响的利益输送空间；此外，当某项药品或医疗器械开始被纳入医保集采范围内时，价格骤降，销售模式从高毛利、高销售费率突然转变为低毛利、低销售费率，这种转变背后暴露出原来存在的不当竞争问题。

为此，《上交所发行上市审核动态》2023年第4期（总第17期）中对医疗企业开展销售推广活动的关注问题如何核查进行了明确规定：医疗企业销售费用占营业收入比例往往较高，销售推广活动的真实性、合规性颇受市场关注，销售推广费往往存在名目复杂、类别多样、可能用于隐性支出等问题，一直是审核关注的重点。对于已实现商业化的药品及医疗器械公司（发行人），销售推广活动按照承担主体可分为两类：一类由第三方承担销售推广职能。传统经销模式下，经销商承担了主要的推广和渠道维护职责，"两票制"之后，部分经销商转型成为专业推广机构，发行人通过专业推广机构开展销售推广活动；另一类主要由发行人自行或部分承担销售推广职能。中介机构对发行人的销售推广活动应重点关注以下事项。

一是各类推广活动开展的合法合规性。其一，推广服务商是否具有合法的经营资质，医药代表是否按照《医药代表备案管理办法（试行）》在国家药品监督管理局指定备案平台进行备案；其二，发行人、控股股东及实际控制人等是否通过推广活动进行商业贿赂或变相利益输送。若发行人、控股股东及实际控制人涉嫌商业贿赂被调查或被处罚，中介机构应核查相关问题的成因、分析影响，并主动报告最新进展及经核查的结论依据。

二是各类推广活动所涉各项费用的真实性和完整性。其一，各项推广活动如学术会议、展会、客户拜访、调研咨询等开展频次，参会人数，收费标准，人均费用是否合理，推广服务费率与同行业公司相比是否存在显著差异；其二，发行人是否严格执行支付结算报销流程，推广活动中出具及获取的各类发票、相关原始凭证是否真实、完整、有效；其三，发行人是否存在通过推广活动代垫成本和费用，或存在资金直接或间接流向客户后虚增销售收入的情形。

三是各类推广活动相关内控制度的有效性。其一，对于第三方承担推广职能的情形，发行人是否制定推广服务商的选取标准，相关定价机制、考核机制、结算机制、终端销售管理等制度的设计与执行是否健全有效，第三方与发行人销售部门的权责划分是否清晰；其二，对于发行人自身开展推广活动的情形,发行人对各类推广活动的审批及管理措施是否规范有效,主要销售人员的任职要求、薪资水平、资金流水情况是否合理。

四是经销商、推广服务商同发行人及其关联方的关联关系及交易公允性。其一,关注主要经销商、推广服务商成立时间、服务的主要内容、与发行人的合作历史,是否仅为发行人服务,销售规模变化是否异常;其二,关注经销商或推广服务商与发行人及其主要关联方或前员工是否存在关联关系,关联交易定价是否公允,是否与发行人及其主要关联方存在异常资金往来、利益输送等情形。

医药制造企业在"两票制"的销售模式下,为冲抵高毛利率带来的销售利润,减少企业所得税支出,需要取得大量"冲账"发票,而巨额的销售费用有可能就会成为藏污纳垢之地。一般而言,销售费用科目下属二级明细科目众多,包括但不限于会议费、广告费和业务宣传费、业务招待费、赞助费、提成佣金等,各类费用在企业所得税税前扣除的标准不同,具体如表3-5所示。

表3-5 销售费用细项在所得税税前抵扣限额

类目	文件名称	抵扣限额
佣金	财税〔2009〕29号文	除保险企业以外的企业发生与生产经营有关的手续费及佣金支出,按与具有合法经营资格中介服务机构或个人(不含交易双方及其雇员、代理人和代表人等)所签订服务协议或合同确认的收入金额的5%计算限额准予扣除;超过部分,不得扣除
广宣费	财税2020年第43号文	医药制造企业发生的广告费和业务宣传费支出,不超过当年销售(营业)收入30%的部分,准予扣除;超过部分,准予在以后纳税年度结转扣除
业务招待费	《企业所得税法实施条例》	企业发生的与生产经营活动有关的业务招待费支出,按照发生额的60%扣除,但最高不得超过当年销售(营业)收入的5‰
会议费	—	无扣除限制
赞助费	《企业所得税法》《企业所得税法实施条例》	与生产经营活动无关的各种非广告性质支出不得扣除

由表3-5可知,会议费的税前扣除比例最高,与生产经营活动无关的赞助费扣除比例为0。在会计处理实务中,上述费用的发生与列支界线均存在一定的模糊性与重叠性,如制药企业不以组织者的身份,而是以合作伙伴的身份参与大型学术会议,由于不承担主办、承办、协办的角色,其支付的费用应当作为赞助费、业务宣传费还是会议费?正因为同一笔支出可以归属于不同费用,企业出于追求利益最大化的动机,势必会选择税前扣除范围最大的方式,由此可能造成税务风险。

13.3.2 会议费的列支范围与税务处理思路

虽然会计准则、税法等目前均对会议费的列支范围没有明确的界定,但在实务中一般参照财政部、国家机关事务管理局、中共中央直属机关事务管理局《关于印发〈中央和国家机关会议费管理办法〉的通知》（财行〔2016〕214号，部分失效）第14条以及《关于〈中央和国家机关会议费管理办法〉的补充通知》（财行〔2023〕86号）第4条的规定认定，即"线下费用"——"住宿费、伙食费、会议场地租金、交通费、文件印刷费、医药费等"，"线上费用"——"能够明确对应具体会议的设备租赁费、线路费、电视电话会议通话费、技术服务费、软件应用费、音视频制作费等"。

对于会议费的税前扣除，《企业所得税税前扣除办法》（国税发〔2000〕84号）第52条规定，纳税人发生的与其经营活动有关的合理的会议费，能够提供证明其真实性的合法凭证的，可以在税前扣除，其中，会议费证明材料应包括会议时间、地点、出席人员、内容、目的、费用标准、支付凭证等。虽然前述文件已于2010年被废止，且目前国家税务总局暂时还没有专门针对会议费税前扣除出台规则，但是费用与成本的真实性、关联性以及合理性一直是所得税税前扣除的原则与前提，国税2018年第28号文亦对该原则进行了确认。

因此，企业列支会议费，除费用支出发票外，还应当保留会议费证明材料，比如会议材料、与会人员签到花名册、会议召开照片等，作为内部留存的证据，用以证明会议开展的真实性，否则很有可能被认定为虚假列支会议费。

13.3.3 赞助费与广告费、业务宣传费的界限

首先需要厘清赞助费与业务宣传费的差异。广告费和业务宣传费都是为了达到促销之目的进行宣传而支付的费用，其中广告费是指企业通过一定媒介和形式直接或者间接地介绍自己所推销的商品或所提供的服务，激发消费者对其产品或劳务的购买欲望，以达到促销的目的，而支付给广告经营者、发布者的费用；根据财税〔2016〕36号文附件的规定，广告服务属于现代服务项下的文化创意服务。广告服务，是指利用图书、报纸、杂志、广播、电视、电影、幻灯、路牌、招贴、橱窗、霓虹灯、灯箱、互联网等各种形式为客户的商品、经营服务项目、文体节目或者通告、声明等委托事项进行宣传和提供相关服务的业务活动。包括广告代理和广告的发布、播映、宣传、展示等。原《企业所得税税前扣除办法》明确规定，纳税人申报扣除的广告费支出除获得发票外，必须符合"广告是通过经工商部门批准的专门机构制作的""通过一定的媒体传播"等条件。

业务宣传费是指企业开展业务宣传活动所支付的费用，主要是指未通过广告发布者传播的广告性支出，如企业发放印有企业标志的礼品、纪念品等支出。

赞助费则主要是为了提高社会声誉进行的支出，而不是为了宣传促销，不对不特定公众进行宣传，因此，《企业所得税法实施条例》界定赞助费为"与生产经营活动无关的各种非广告性质支出"。

企业应当根据上述界限,结合实践情况,分别确认费用性质,并对应做好财税处理。

13.3.4 咨询费与佣金的边界

首先需要明确佣金应当满足什么条件。第一,佣金是对外支付给第三方的,而不是对内支付给销售人员的提成与奖金;第二,佣金是支付给中间人的费用,包括代办费、介绍费、居间费、推荐费、经纪服务费等。根据财税〔2009〕29号文的规定,佣金应该是企业与具有合法经营资格的中介服务机构或个人(不含交易双方及其雇员、代理人和代表人等)签订代办协议或合同约定的应当支付的费用,这个隐含的界定符合原国家工商行政管理局《关于禁止商业贿赂行为的暂行规定》(国家工商行政管理局令第60号)关于佣金的定义,即经营者在市场交易中给予为其提供服务的具有合法经营资格的中间人的劳务报酬。

药企在新品宣传或者业务推广过程中,往往会借助医药咨询服务公司(CSO)的服务,CSO此类服务收取的费用一般包括两类:一是提供不与销售业绩挂钩的咨询服务所收取的费用,如市场推广服务费、市场调研服务费;二是与销售业绩挂钩,按照销售量或者销售额的比例收取的提成费用,即佣金。在实务中,CSO统一向药企开具咨询服务发票(佣金的发票分类编码应该为"*经纪代理服务*佣金"),但此类费用发票在税法抵扣上存在较大区别。根据财税〔2009〕29号文的规定,除保险企业以外的企业,手续费及佣金支出"按与具有合法经营资格中介服务机构或个人(不含交易双方及其雇员、代理人和代表人等)所签订服务协议或合同确认的收入金额的5%计算限额"。据此,药企仅能按照该笔合同销售额(而非企业总收入)的5%进行税前限额扣除,超出5%的部分应当调增当期收入,并缴纳企业所得税。

此类税务风险不仅出现在医药行业,其他依靠渠道商拓展销售业务的企业亦应当予以特别关注。

13.3.5 咨询费的"真"与"假"

《发票管理办法》第21条明确,为他人、为自己开具与实际经营业务情况不符的发票,让他人为自己开具与实际经营业务情况不符的发票,以及介绍他人开具与实际经营业务情况不符的发票,均属于虚开发票行为。自2024年3月1日起施行的《发票管理办法实施细则》进一步规定,《发票管理办法》第21条所称"与实际经营业务情况不符"的行为,不仅包括"未购销商品、未提供或者接受服务、未从事其他经营活动,而开具或取得发票",也包括"有购销商品、提供或者接受服务、从事其他经营活动,但开具或取得的发票载明的购买方、销售方、商品名称或经营项目、金额等与实际情况不符"。

咨询服务作为一个较难判断真实性的业务,经常被企业用来虚构业务、虚列成本。在各税务处罚案例中,税务部门主要从商业合理性以及业务往来的真实性判断咨询费列支的真实性。

而商业合理性与业务往来真实性主要根据咨询费的支出占收入的比重、咨询费的计算方式以及支撑咨询费支出的成果类文件等进行判断，比如国家税务总局深圳市税务局稽查局在深税稽罚〔2022〕99号税务行政处罚决定书中明确，被处罚人在2014~2015年列支了大量咨询费支出，约占总收入的80%，被处罚人表示以上支出是被处罚人委托二级居间商服务客户提供居间服务所支付的费用，但税务局认为被处罚人提供的部分居间合同中，居间费用在签订合同时已直接注明金额，乙方需介绍多少客户、按何种比例计算手续费却都没有说明，不符合经营常规，被处罚人也无法提供完整的成本、费用资料，难以查账核实。

因此，原则上，咨询费的支出以及受票应当注意以下几个方面。

（1）应注意收入与规模相匹配。

（2）应签订规范的业务合同，合同内容应当符合商业合理性判断，比如合同应明确列明收费标准、咨询服务内容、结算依据、发生争议解决办法等。

（3）应关注提供服务方的资质与能力，须重点关注提供服务单位的专业资质、是否有相应的人员以及经营范围是否有相关的领域。

（4）保留完整的原始凭证，除咨询费发票、银行付款凭证以及咨询合同外，大额咨询费用的支出还应当与咨询项目内部立项书或内部会议纪要、咨询成果报告、咨询记录或者痕迹、咨询项目验收单等相匹配，形成具有商业实质的业务闭环。

（5）应注意不能用咨询行为掩盖违法犯罪行为。如某些商业贿赂行为掩藏在咨询发票背后。

14　关联交易涉税问题

关联交易是指关联方之间转移资源、劳务或义务的行为,与其他市场化的经济活动不同,关联交易较易遭受利益驱使,定价的高低取决于公司的需要,存在关联交易转移税负、关联交易非关联化、关联交易定价不公允等一系列行为。

无论企业是否处于股权证券化阶段,是否完成了股权证券化,关联交易事项历来都是各方利益群体关注的重点事项,此等利益群体包括以下几类。

一是公司股东、债权人。在日常交易中,关联交易并不绝对损害公司利益,其关注的重点是如何识别可能损害公司利益、不正当避税的关联交易并明确对应的责任规则。2023年修订的《公司法》在原有法律的基础上,构建了以第22条、第182条、第185条、第186条为中心的关联交易规则,不仅扩大了关联人的范围,增加了一般性的关联交易报告义务和回避表决规则,同时将关联交易规则从公众公司扩大到全部公司实体。换言之,以前仅对拟上市公司、上市公司重点关注的关联交易问题,通过《公司法》扩展为全部公司须共同遵守关联交易的普遍规则:披露、同意。关联交易须以恰当的方式向公司披露,并根据法律、章程等规定以回避表决等方式获得同意,核心确保的是关联交易不存在实质侵害公司权益的情形。

二是日常行政管理单位,如税务、海关等部门,其关注的核心在于公司是否利用关联交易偷逃税款,这是本部分的主体内容。

三是涉及公司股权证券化的主管单位,如证券交易所、中国证监会等。具体而言,相较普通公司,证券交易所、中国证监会对上市公司关联交易的审核关注点更加全面,归总而言包括如下五大类问题。

(1)关联交易的必要性与交易定价的公允性,即关联交易产生的背景和原因,是否具有合理的商业目的,以及关联交易的定价依据是否合理,定价是否符合独立交易原则。

(2)关联关系的披露,即是否按照上市规则等规定真实、完整披露关联交易的信息。

(3)通过关联交易不正当输送利润的情况,即是否存在通过内部价交易进行成本代垫或者不正当利润输送的情况。

(4)转让定价的合规,即关联交易的内部决策程序、内部控制措施及规范关联交易所采取的措施是否充分、有效,相关内部控制是否完善,是否有健全的内部交易关联制度,关联交易的决策和表决程序是否有瑕疵,是否利用了转让定价安排进行了税务筹划,且需关注该筹划是否合规合法,是否具有被税务机关处罚的风险。

(5)关联交易的依赖度,即关联交易金额及占比情况,对企业业务独立性及财务状况的影响,是否对关联方存在重大依赖,未来关联交易是否可持续,是否有减少和规范关联交易的具体安排,等等。

14.1 税收征管与资本市场监管的差异

14.1.1 税收征管与资本市场监管对关联方认定的差异

根据《企业所得税法实施条例》第 109 条的规定,《企业所得税法》第 41 条所称关联方,是指与企业有下列关联关系之一的企业、其他组织或者个人:(1)在资金、经营、购销等方面存在直接或者间接的控制关系;(2)直接或者间接地同为第三者控制;(3)在利益上具有相关联的其他关系。国税 2016 年第 42 号文、国税 2017 年第 6 号文的附表《关联关系认定表》进一步对关联关系的类型进行了规定,明确将关联关系的类型划分为 A 类股权关系、B 类资金借贷关系、C 类特许权关系、D 类购销和劳务关系、E 类任命或委派关系、F 类亲属关系和 G 类实质关系。

但与《企业会计准则第 36 号——关联方披露》《上市公司信息披露管理办法》《北京证券交易所股票上市规则(试行)》《深圳证券交易所股票上市规则》《上海证券交易所股票上市规则》相比,税法层面所认定的关联方与资本市场监管机构所认定的关联方具有较大的差异。对比具体如表 3-6 所示。

表 3-6 税收规则与资本市场监管规则界定关联方的差异

项目	税收规则定义的关联方	资本市场监管规则定义的关联方	备注
A类股权关系	(1)一方直接或者间接持有另一方的股份总和达到25%以上; (2)双方直接或者间接同为第三方所有的股份达到25%以上; (3)如果一方通过中间方对另一方间接持有股份,只要其对中间方持股比例达到25%以上,则其对另一方的持股比例按照中间方对另一方的持股比例计算; (4)两个以上具有夫妻、直系血亲、兄弟姐妹以及其他抚养、赡养关系的自然人共同持股同一企业,在判定关联关系时持股比例合并计算	(1)直接或者间接地控制公司的法人、自然人; (2)持有公司 5%以上股份的法人、自然人及其一致行动人; (3)由前述法人、组织、自然人直接或者间接控制的法人、其他组织; (4)在过去 12 个月内或者根据相关协议安排在未来 12 个月内会形成上述控制、持股关系的法人、其他组织	监管各有侧重

续表

项目	税收规则定义的关联方	资本市场监管规则定义的关联方	备注
B类资金借贷关系	双方存在持股关系或者同为第三方持股，虽持股比例未达到A类股权关系的规定，但双方之间借贷资金总额占任一方实收资本比例达到50%以上，或者一方全部借贷资金总额的10%以上由另一方担保（与独立金融机构之间的借贷或者担保除外）	—	税收规则以财务不独立作为认定标准；资本市场监管规则无此单独认定，但可适用实质重于形式的原则认定
C类特许权关系	双方存在持股关系或者同为第三方持股，虽持股比例未达到A类股权关系的规定，但一方的生产经营活动必须由另一方提供专利权、非专利技术、商标权、著作权等特许权才能正常进行	—	税收规则以业务不独立，无形资产重大依赖作为认定标准；资本市场监管规则无此单独认定，但可适用实质重于形式的原则认定
D类购销和劳务关系	双方存在持股关系或者同为第三方持股，虽持股比例未达到A类股权关系的规定，但一方的购买、销售、接受劳务、提供劳务等经营活动由另一方控制；上述控制是指一方有权决定另一方的财务和经营政策，并能据以从另一方的经营活动中获取利益	—	税收规则层面的该项认定等同于资本市场监管规则层面的"实际控制"
E类任命或委派关系	一方半数以上董事或者半数以上高级管理人员（包括上市公司董事会秘书、经理、副经理、财务负责人和公司章程规定的其他人员）由另一方任命或者委派，或者同时担任另一方的董事或者高级管理人员；或者双方各自半数以上董事或者半数以上高级管理人员同为第三方任命或者委派	（1）公司董事、监事及高级管理人员；（2）直接或者间接地控制公司的法人的董事、监事及高级管理人员；（3）在过去12个月内或者根据相关协议安排在未来12个月内会形成上述关系的自然人；（4）关联自然人担任董事、高级管理人员的法人、其他组织；（5）企业主要投资者个人、关键管理人员或与其关系密切的家庭成员控制、共同控制或施加重大影响的其他企业	—
F类亲属关系	具有夫妻、直系血亲、兄弟姐妹以及其他抚养、赡养关系的两个自然人分别与双方具有A类至E类关系之一	关系密切的家庭成员，包括配偶、父母、年满18周岁的子女及其配偶、兄弟姐妹及其配偶，配偶的父母、兄弟姐妹，子女配偶的父母	税收规则层面对家庭成员的认定严于资本市场监管规则层面的认定
G类实质关系	双方在实质上具有其他共同利益	中国证监会、证券交易所或者上市公司根据实质重于形式的原则认定的其他与上市公司有特殊关系，可能或已经造成上市公司对其利益倾斜的法人（或者其他组织）、自然人	兜底条款

14.1.2 税收征管与资本市场监管对关联交易披露口径的差异

相较资本市场监管的关联交易信息披露内容,税务机关对在披露关联交易公允性信息方面的要求更为细致、全面,二者对比具体如表 3-7 所示。

表 3-7 税收征管与资本市场关联交易披露规则比较

类目	税收征管关联交易披露规则		资本市场关联交易披露规则
披露依据	国税 2016 年第 42 号文		《监管规则适用指引——发行类第 4 号》
	《中华人民共和国企业年度关联业务往来报告表(2016 年版)》		—
披露内容	国别报告(适用于"为跨国企业集团的最终控股企业,且其上一会计年度合并财务报表中的各类收入金额合计超过 55 亿元"的居民企业或者"被跨国企业集团指定为国别报告的报送企业")	主要披露最终控股企业所属跨国企业集团所有成员实体的全球所得、税收和业务活动的国别分布情况	(1)关于关联方认定。发行人应当按照《公司法》(2018 年)、《企业会计准则》和中国证监会、证券交易所的相关规定认定并披露关联方。 (2)关于关联交易的必要性、合理性和公允性。发行人应披露关联交易的交易内容、交易金额、交易背景以及相关交易与发行人主营业务之间的关系;还应结合可比市场公允价格、第三方市场价格、关联方与其他交易方的价格等,说明并摘要披露关联交易的公允性,是否存在对发行人或关联方的利益输送。对于控股股东、实际控制人与发行人之间关联交易对应的营业收入、成本费用或利润总额占发行人相应指标的比例较高(如达到 30%)的,发行人应结合相关关联方的财务状况和经营情况、关联交易产生的营业收入、利润总额合理性等,充分说明并摘要披露关联交易是否影响
	主体文档(适用于"年度发生跨境关联交易,且合并该企业财务报表的最终控股企业所属企业集团已准备主体文档"的企业以及"年度关联交易总额超过 10 亿元"的企业)	1. 组织架构: 以图表形式说明企业集团的全球组织架构、股权结构和所有成员实体的地理分布。成员实体是指企业集团内任一营运实体,包括公司制企业、合伙企业和常设机构等。 2. 企业集团业务: (1)企业集团业务描述,包括利润的重要价值贡献因素。 (2)企业集团营业收入前五位以及占营业收入超过 5% 的产品或者劳务的供应链及其主要市场地域分布情况。供应链情况可以采用图表形式进行说明。(3)企业集团除研发外的重要关联劳务及简要说明,说明内容包括主要劳务提供方提供劳务的胜任能力、分配劳务成本以及确定关联劳务价格的转让定价政策。(4)企业集团内各成员实体主要价值贡献分析,包括执行的关键功能、承担的重大风险,以及使用的重要资产。(5)企业集团会计年度内发生的业务重组,产业结构调整,集团内企业功能、风险或者资产的转移。(6)企业集团会计年度内发生的企业法律形式改变、债务重组、股权收购、资产收购、合并、分立等。 3. 无形资产: (1)企业集团开发、应用无形资产及确定无形资产所有权归属的整体战略,包括主要研发机构所在地和研发管理活动发生地及其主要功能、风险、资产和人员情况。(2)企业集团对转让定价安排有显著影响的无形资产或者无形资产组合,以及对应的无形资产所有权人。(3)企业集团内各成员实体与其关联方的无形资产重要协议清单,重要协议包括成本分摊协	

续表

类目		税收征管关联交易披露规则	资本市场关联交易披露规则
披露内容	本地文档〔适用于"有形资产所有权转让金额（来料加工业务按照年度进出口报关价格计算）超过2亿元"的企业，金融资产、无形资产所有权转让金额超过1亿元的企业以及"其他关联交易金额合计超过4000万元"的企业〕	议、主要研发服务协议和许可协议等。(4)企业集团内与研发活动及无形资产相关的转让定价政策。(5)企业集团会计年度内重要无形资产所有权和使用权关联转让情况，包括转让涉及的企业、国家以及转让价格等。 4.融资活动： (1)企业集团内部各关联方之间的融资安排以及与非关联方的主要融资安排。(2)企业集团内提供集中融资功能的成员实体情况，包括其注册地和实际管理机构所在地。(3)企业集团内部各关联方之间融资安排的总体转让定价政策。 5.财务与税务状况： (1)企业集团最近一个会计年度的合并财务报表。(2)企业集团内各成员实体签订的单边预约定价安排、双边预约定价安排以及涉及国家之间所得分配的其他税收裁定的清单及简要说明。(3)报送国别报告的企业名称及其所在地 1.企业概况： (1)组织结构，包括企业各职能部门的设置、职责范围和雇员数量等。(2)管理架构，包括企业各级管理层的汇报对象以及汇报对象主要办公所在地等。(3)业务描述，包括企业所属行业的发展概况、产业政策、行业限制等影响企业和行业的主要经济和法律问题，主要竞争者，等等。(4)经营策略，包括企业各部门、各环节的业务流程，运营模式，价值贡献因素，等等。(5)财务数据，包括企业不同类型业务及产品的收入、成本、费用及利润。(6)涉及企业或对企业产生影响的重组或者无形资产转让情况，以及对企业的影响分析。 2.关联关系： (1)关联方信息，包括直接或者间接拥有企业股权的关联方，以及与企业发生交易的关联方，内容涵盖关联方名称、法定代表人、高级管理人员的构成情况、注册地址、实际经营地址，以及关联个人的姓名、国籍、居住地等情况。(2)上述关联方适用的具有所得税性质的税种、税率及相应可享受的税收优惠。(3)本会计年度内，企业关联关系的变化情况。 3.关联交易： (1)关联交易概况。①关联交易描述和明细，包括关联交易相关合同或者协议副本及其执行情况的说明，交易标的的特性，关联交易的类型、参与方、时间、金额、结算货币、交易条件、贸易形式，以及关联交易与非关联交易业务的异同，等等。②关联交易流程，包括关联交易的信息流、物流和资金流，与非关联交易业务流程的异同。③功能风险描述，包括企业及其关联方在各类关联交易中执行的功能、承担的风险和使用的资产。④交易定价影响要素，包括关联交易涉及的无形资产及其影响，成本节约、市场溢价等地域特殊因素。地域特殊因素应从劳动力成本、环境成本、市场规模、市场竞争程度、消费者购买力、商品或者劳务的可替代性、政府管制等方面进行分析。⑤关联交易数据，包括各关联方、各类关联交易涉及	发行人的经营独立性，是否构成对控股股东或实际控制人的依赖，是否存在通过关联交易调节发行人收入利润或成本费用、对发行人利益输送的情形；此外，发行人还应披露未来减少与控股股东、实际控制人发生关联交易的具体措施。 (3)关于关联交易的决策程序。发行人应当披露章程对关联交易决策程序的规定，已发生关联交易的决策过程是否与章程相符，关联股东或董事在审议相关交易时是否回避，以及独立董事和监事会成员是否发表不同意见，等等。 (4)关于关联方和关联交易的核查。保荐机构及发行人律师应对发行人的关联方认定，发行人关联交易信息披露的完整性，关联交易的必要性、合理性和公允性，关联交易是否影响发行人的独立性、是否可能对发行人产生重大不利影响，以及是否已履行关联交易决策程序等进行充分核查并发表意见

续表

类目	税收征管关联交易披露规则	资本市场关联交易披露规则
披露内容	的交易金额。分别披露关联交易和非关联交易的收入、成本、费用和利润，不能直接归集的，按照合理比例划分，并说明该划分比例的依据。 (2)价值链分析。①企业集团内业务流、物流和资金流，包括商品、劳务或者其他交易标的从设计、开发、生产制造、营销、销售、交货、结算、消费、售后服务、循环利用等各环节及其参与方。②上述各环节参与方最近会计年度的财务报表。③地域特殊因素对企业创造价值贡献的计量及其归属。④企业集团利润在全球价值链条中的分配原则和分配结果。 (3)对外投资。①对外投资基本信息，包括对外投资项目的投资地区、金额、主营业务及战略规划。②对外投资项目概况，包括对外投资项目的股权架构、组织结构，高级管理人员的雇佣方式，项目决策权限的归属。③对外投资项目数据，包括对外投资项目的营运数据。 (4)关联股权转让。①股权转让概况，包括转让背景、参与方、时间、价格、支付方式，以及影响股权转让的其他因素。②股权转让标的的相关信息，包括股权转让标的所在地，出让方获取该股权的时间、方式和成本，股权转让收益等信息。③尽职调查报告或者资产评估报告等与股权转让相关的其他信息。 (5)关联劳务。①关联劳务概况，包括劳务提供方和接受方，劳务的具体内容、特性、开展方式、定价原则、支付形式，以及劳务发生后各方受益情况，等等。②劳务成本费用的归集方法、项目、金额、分配标准、计算过程及结果，等等。③企业及其所属企业集团与非关联方存在相同或者类似劳务交易的，还应当详细说明关联劳务与非关联劳务在定价原则和交易结果上的异同。 (6)与企业关联交易直接相关的，中国以外其他国家税务主管当局签订的预约定价安排和作出的其他税收裁定。 4.可比性分析： (1)可比性分析考虑的因素，包括交易资产或者劳务特性，交易各方功能、风险和资产，合同条款，经济环境，经营策略，等等。(2)可比企业执行的功能、承担的风险以及使用的资产等相关信息。(3)可比对象搜索方法、信息来源、选择条件及理由。(4)所选取的内部或者外部可比非受控交易信息和可比企业的财务信息。(5)可比数据的差异调整及理由。 5.转让定价方法的选择和使用： (1)被测试方的选择及理由。(2)转让定价方法的选用及理由，无论选择何种转让定价方法，均须说明企业对集团整体利润或者剩余利润所作出的贡献。(3)确定可比非关联交易价格或者利润的过程中所做的假设和判断。(4)运用合理的转让定价方法和可比性分析结果，确定可比非关联交易价格或者利润。(5)其他支持所选用转让定价方法的资料。(6)关联交易定价是否符合独立交易原则的分析及结论	

续表

类目	税收征管关联交易披露规则	资本市场关联交易披露规则
披露内容	企业签订或者执行成本分摊协议的,应当准备成本分摊协议特殊事项文档,包括以下内容:(1)成本分摊协议副本。(2)各参与方之间达成的为实施成本分摊协议的其他协议。(3)非参与方使用协议成果的情况、支付的金额和形式,以及支付金额在参与方之间的分配方式。(4)本年度成本分摊协议的参与方加入或者退出的情况,包括加入或者退出的参与方名称、所在国家和关联关系,加入支付或者退出补偿的金额及形式。(5)成本分摊协议的变更或者终止情况,包括变更或者终止的原因、对已形成协议成果的处理或者分配。(6)本年度按照成本分摊协议发生的成本总额及构成情况。(7)本年度各参与方成本分摊的情况,包括成本支付的金额、形式和对象,作出或者接受补偿支付的金额、形式和对象。(8)本年度协议预期收益与实际收益的比较以及由此作出的调整。(9)预期收益的计算,包括计量参数的选取、计算方法和改变理由	
	企业关联债资比例超过标准比例需要说明符合独立交易原则的,应当准备资本弱化特殊事项文档,包括以下内容:(1)企业偿债能力和举债能力分析。(2)企业集团举债能力及融资结构情况分析。(3)企业注册资本等权益投资的变动情况说明。(4)关联债权投资的性质、目的及取得时的市场状况。(5)关联债权投资的货币种类、金额、利率、期限及融资条件。(6)非关联方是否能够并且愿意接受上述融资条件、融资金额及利率。(7)企业为取得债权性投资而提供的抵押品情况及条件。(8)担保人状况及担保条件。(9)同类同期贷款的利率情况及融资条件。(10)可转换公司债券的转换条件。(11)其他能够证明符合独立交易原则的资料	

因此,当 IPO 监管机构反馈问询"说明发行人内部交易定价方式,结合不同纳税主体适用企业所得税率不同的情况,分析是否存在通过内部交易不公允定价方式规避税负的情形"时,发行人引用已向税务部门申报的关联交易以及同期资料文件,足以支撑关联交易公允性问询的分析和答复。需要注意的是,拟上市公司对关联交易的定义等以《企业会计准则第 36 号——关联方披露》为基础,因发行人与其纳入合并报表范围内的子公司所发生的交易实施了合并抵消,交易价格并不会影响合并报表数据,故此等母子公司之间的关联交易并不在监管重点关注范围内;但税务机关要求只要符合关联方的认定,就需要申报关联交易。

14.2 关联交易的稽查关注情形以及纳税调整

企业与其关联方之间的关联交易,无论是境内交易还是跨境交易,无论是关联债权投资还是经营性采供销业务,都应该贯彻独立交易原则。独立交易原则亦称"公平交易原则",是指没有关联关系的交易各方,按照公平成交价格和营业常规进行业务往来遵循的原则。《税收征收管理法》第 36 条明确,企业或者外国企业在中国境内设立的从事生产、经营的机构、场所与其关联企业之间的业务往来,应当按照独立企业之间的业务往来收取或者支付价款、费用;

不按照独立企业之间的业务往来收取或者支付价款、费用，而减少其应纳税的收入或者所得额的，税务机关有权进行合理调整。

14.2.1 税务部门重点关注的关联交易降低税负率情形

从税务稽查的角度看，关联交易降低税负率的情形主要包括以下几种。

1. 关联交易规模及盈利表现异常

该风险点主要体现在关联交易的企业，观察其利润率水平及波动情况是否异常，并结合企业关联交易规模进行综合分析，以识别企业是否存在转让定价风险。关联交易规模及盈利表现异常风险识别的具体表现有以下几种情况。

（1）关联交易规模较大或者类型较多，或同比增幅较大但盈利表现较差或是同比降幅明显。

（2）集团内企业存在长期亏损、微利或者跳跃性盈利的情况，重点关注亏损或微利3年以上的企业，亏损或微利时间越长越应加强关注。

（3）利润率受控，低于同行业平均利润率。

2. 职能定位与利润表现不符

该风险点是将企业职能定位与利润水平、享受税收优惠情况进行比较，识别是否存在不匹配的风险。主要识别是否利用关联交易侵蚀税基，具体表现有以下几种情况（主要针对跨境交易，但境内关联交易亦可参照）。

（1）来料加工企业和外协企业，利润率水平异常。跨国企业在中国境内设立的承担单一生产（来料加工或进料加工）、分销或合约研发等有限功能和风险的企业，一般不应承担市场和决策等风险，但要同时考虑不同企业集团的功能以及市场定位，综合分析后开展风险应对。

（2）全功能企业、利润率水平没有体现出全功能企业的特点。按照独立交易原则，全职能企业具备的功能较全，承担的风险较大，因此在关联交易中获取更多利润的可能性更大。因此，如果出现利润率水平异常的情况，应考虑开展风险应对。

（3）介于单一功能与全功能企业之间的关键功能企业，出现功能与收益不相匹配的情况。

（4）受托加工企业，同时享受高新技术优惠。在核实企业为受托加工企业的基础上，企业同时又享受高新技术带来的优惠，应对此类企业进行风险分析应对，看其享受的税收优惠是否实至名归。

（5）高新技术企业，却支付巨额关联特许权使用费且利润率偏低。高新技术企业多是具备核心知识产权的企业，如果大量支付（特别是对境外支付）关联特许权使用费，应对此关注，并进行风险分析应对。

（6）关注企业关联销售货物、应税劳务、无形资产或不动产的价格是否明显偏低，以判断其是否存在增值税的避税风险。

国家税务总局江苏省税务局官网公布的《"走出去"常见涉税风险应对指南》以及国家税务总局深圳税务局发布的《企业上市税务一本通》载明的案例，在企业的日常经营中具有较高的典型性。

一是集团内职能定位和利润归属存在重大失衡。境内 A 集团的市场主要在境外并在境外设立了销售公司，随后境内公司利润大幅下降。税务机关深入分析发现，境外公司仅有两名雇员，销售合同虽然以境外公司名义签署，但实质上客户仍由境内公司的销售团队开发、维护，货物由境内公司向客户发货，而境外公司实现的利润却占集团的 85%。境外公司对集团价值链的贡献与其利润归属明显不匹配，最终调整补税及利息 1800 万元。国家税务总局江苏省税务局评析认为，境内企业集团应按照实质重于形式的原则，准确定位境内外公司履行的职能和承担的风险，并根据各个公司在全球价值链中的地位与实际贡献合理归属各企业利润，避免价值创造与利润归属之间产生重大失衡。

二是境外关联公司无偿使用境内公司技术。境内 D 公司为大型的合金研发、生产、销售公司，并在境外设立了子公司 E 公司。境外 E 公司独立承担生产和销售职能，在生产过程中使用境内 D 公司研发形成的生产技术，却并未支付技术使用费，造成境内 D 公司承担的研发职能未获得应有的收益。税务机关对此开展调查，确定了境内 D 公司应当向境外 E 公司收取的技术使用费，并追征了企业所得税及利息。国家税务总局江苏省税务局评析认为，境内企业集团应准确界定集团内各成员企业所拥有的技术、商标、客户清单等无形资产的权属。当集团内发生无形资产共享等实质为许可使用的交易时，应准确识别交易并按照独立交易原则确定合理的特许权使用费。

三是无偿内保外贷。X 证券公告披露，X 证券以自身信用为境外间接全资子公司 M 公司设立的境外中期票据计划及欧洲商业票据项目提供无条件及不可撤销的连带责任保证担保，担保额度共 60 亿美元。2019~2021 年 M 公司发债募资约 188 亿元人民币（合计约 27.88 亿美元）。M 公司是在 BVI 成立的、专门为境外发行债券而设立的特殊目的实体（SPV）。具体流程为：X 证券以自身信用作担保，作为 M 公司发行境外票据的担保人，由 M 公司发行票据向第三方债权人募资。X 证券对 M 公司所募资金的用途不做决策和管理，M 公司将资金提供给 X 证券的子公司，用于在境外融资、股权投资等业务的开展，并由实际用资主体按市场利率偿还本金和利息。X 证券承担了连带担保责任，但未收取担保费；而境外实际用资主体仅因关联关系就取得借款而不用支付对价，是内保外贷业务的实际受益方。国家税务总局深圳税务局评析认为，X 证券、M 公司和境外实际用资主体没有遵循独立交易原则，X 证券应该对其为相关境外方担保的行为收取担保费，并缴纳企业所得税、增值税。

14.2.2 税务机关对关联交易实施纳税调整的基本原则

在税务层面,是否所有的不公允关联交易都需要实施纳税调整呢?其实并不尽然,需要根据纳税种类的不同进行具体分析。

一是增值税。除另有特别规定外,根据《增值税暂行条例》第7条的规定,"纳税人发生应税销售行为的价格明显偏低并无正当理由的,由主管税务机关核定其销售额",此外,财税〔2016〕36号文第44条进一步将价格明显偏高且不具有合理商业目的的行为也纳入了主管税务机关核定销售额的范围。2024年12月25日通过的《增值税法》第20条则是吸收前述两个文件的规定,明确"销售额明显偏低或者偏高,但无正当理由的,税务机关可以依照《中华人民共和国税收征收管理法》和有关行政法规的规定核定销售额"。

二是消费税。根据《消费税暂行条例》第10条的规定,"纳税人应税消费品的计税价格明显偏低并无正当理由的,由主管税务机关核定其计税价格"。

三是企业所得税。根据《企业所得税法》第41条第1款的规定,企业与其关联方之间的业务往来,不符合独立交易原则而减少企业或者其关联方应纳税收入或者所得额的,税务机关有权按照合理方法调整。根据《特别纳税调整实施办法(试行)》第30条的规定,"实际税负相同的境内关联方之间的交易,只要该交易没有直接或间接导致国家总体税收收入的减少,原则上不做转让定价调查、调整",具体而言:(1)若关联境外交易不符合独立交易原则,须进行特别纳税调整;(2)若关联境内交易不符合独立交易原则且直接或间接导致国家总体税收收入的减少,须进行特别纳税调整;(3)若关联境内交易不符合独立交易原则但没有直接或间接导致国家总体税收收入的减少,原则上不作特别纳税调整。

如何理解"没有直接或间接导致国家总体税收收入的减少"?从所得税的征管实务来说,应该包括以下两个方面:(1)双方实际执行的企业所得税相同,若一方适用的企业所得税税率是25%,另一方适用的企业所得税税率是小型微利企业或者是高新技术企业税收优惠政策,则可能涉及利润从高税率企业转移至低税率企业,造成国家整体税收收入减少;(2)关联交易的双方均为盈利企业抑或是均为亏损企业,若一方为盈利企业,另一方为亏损企业,则可能涉及利润从盈利企业转移至亏损企业,利用亏损企业以前年度形成的未弥补亏损的抵税作用,造成国家整体税款的减少。

此外,若涉及所得税特别纳税调整,根据《企业所得税法》第48条、《企业所得税法实施条例》第121条与第122条的规定,税务机关依照特别纳税调整章节的规定作出纳税调整需要补缴的税款,自税款所属纳税年度的次年6月1日起至补缴税款之日止的期间,按照税款所属纳税年度中国人民银行公布的与补税期间同期的人民币贷款基准利率加5个百分点按日加收利息;但若企业依照税法规定在进行年度所得税申报和税务机关在进行关联业务调查时提供有关资料的,可以只按人民币贷款基准利率计算利息,不再追加五个百分点的利息。此特别注意与偷逃税款所涉及的每日5‰的滞纳金有着本质区别。

四是个人所得税。个人所得税的纳税调整主要集中于国税2014年第67号文关于股权转让所得个人所得税的规定,即当个人股东申报的股权转让收入明显偏低且无正当理由的,主管税务机关可以核定股权转让收入。

前述税种关于纳税调整都涉及"不公允"价格,那么,如何判定"价格明显偏低"或者"价格明显偏高"呢？除卷烟、白酒的消费税,以及个人股权转让的个人所得税存在特殊规定外,似乎税收征管上并无统一的解释,但《民法典》第539条关于债权人撤销不合理价格交易行为的规定应该具有可借鉴意义,即根据最高人民法院《关于印发〈全国法院贯彻实施民法典工作会议纪要〉的通知》(法〔2021〕94号)的规定,"对于民法典第五百三十九条规定的明显不合理的低价或者高价,人民法院应当以交易当地一般经营者的判断,并参考交易当时交易地的物价部门指导价或者市场交易价,结合其他相关因素综合考虑予以认定。转让价格达不到交易时交易地的指导价或者市场交易价百分之七十的,一般可以视为明显不合理的低价;对转让价格高于当地指导价或者市场交易价百分之三十的,一般可以视为明显不合理的高价。当事人对于其所主张的交易时交易地的指导价或者市场交易价承担举证责任"。

14.2.3　税务机关对关联交易重新定价的方法

14.2.3.1　税务机关对关联交易涉及增值税重新定价的方法

增值税纳税人发生应税销售行为的价格明显偏低或偏高并无正当理由的,主管税务机关核定其销售额的方式按照《增值税暂行条例实施细则》第16条以及财税〔2016〕36号文第44条的规定处理,即优先按照纳税人最近时期销售同类服务、无形资产或者不动产的平均价格确定销售额;无法确定的,按照其他纳税人最近时期销售同类服务、无形资产或者不动产的平均价格确定销售额;仍然无法确定的,按组成计税价格"成本×(1+成本利润率)"确定销售额。

14.2.3.2　税务机关对关联交易涉及消费税重新定价的方法

消费税纳税人发生应税销售行为的价格明显偏低并无正当理由的,主管税务机关核定其销售额的方式按照《消费税暂行条例实施细则》第21条的规定处理,即卷烟、白酒和小汽车的计税价格由国家税务总局核定,送财政部备案,其他应税消费品的计税价格由省、自治区和直辖市国家税务局核定,进口的应税消费品的计税价格由海关核定。

14.2.3.3　税务机关对关联交易涉及企业所得税重新定价的方法

根据国税2017年第6号文的相关规定,税务机关对企业关联交易进行分析评估时,采用的转让定价方法包括可比非受控价格法、再销售价格法、成本加成法、交易净利润法、利润分割法及其他符合独立交易原则的方法,具体如表 3-8 所示。

表 3-8　税务机关对企业关联交易转让定价方法

项目	定义	具体适用范围	适用注意事项
可比非受控价格法	以非关联方之间进行的与关联交易相同或者类似业务活动所收取的价格作为关联交易的公平成交价格	可以适用于所有类型的关联交易	应当按照不同交易类型,特别考察关联交易与非关联交易中交易资产或者劳务的特性、合同条款、经济环境和经营策略上的差异
再销售价格法	以关联方购进商品再销售给非关联方的价格减去可比非关联交易毛利后的金额作为关联方购进商品的公平成交价格。其计算公式如下:公平成交价格 = 再销售给非关联方的价格 ×(1- 可比非关联交易毛利率);可比非关联交易毛利率 = 可比非关联交易毛利 ÷ 可比非关联交易收入净额 ×100%	一般适用于再销售者未对商品进行改变外形、性能、结构或者更换商标等实质性增值加工的简单加工或者单纯购销业务	再销售价格法的可比性分析,应当特别考察关联交易与非关联交易中企业执行的功能、承担的风险、使用的资产和合同条款上的差异,以及影响毛利率的其他因素,具体包括营销、分销、产品保障及服务功能,存货风险,机器、设备的价值及使用年限,无形资产的使用及价值,有价值的营销型无形资产,批发或者零售环节,商业经验,会计处理及管理效率,等等
成本加成法	以关联交易发生的合理成本加上可比非关联交易毛利后的金额作为关联交易的公平成交价格。其计算公式如下:公平成交价格 = 关联交易发生的合理成本 ×(1+ 可比非关联交易成本加成率);可比非关联交易成本加成率 = 可比非关联交易毛利 ÷ 可比非关联交易成本 ×100%	一般适用于有形资产使用权或者所有权的转让、资金融通、劳务交易等关联交易	成本加成法的可比性分析,应当特别考察关联交易与非关联交易中企业执行的功能、承担的风险、使用的资产和合同条款上的差异,以及影响成本加成率的其他因素,具体包括制造、加工、安装及测试功能,市场及汇兑风险,机器、设备的价值及使用年限,无形资产的使用及价值,商业经验,会计处理,生产及管理效率,等等
交易净利润法	以可比非关联交易的利润指标确定关联交易的利润。利润指标包括息税前利润率、完全成本加成率、资产收益率、贝里比率等。具体计算公式如下: 1. 息税前利润率 = 息税前利润 ÷ 营业收入 ×100%; 2. 完全成本加成率 = 息税前利润 ÷ 完全成本 ×100%; 3. 资产收益率 = 息税前利润 ÷ [(年初资产总额 + 年末资产总额)÷ 2] ×100%; 4. 贝里比率 = 毛利 ÷(营业费用 + 管理费用)×100%	一般适用于不拥有重大价值无形资产企业的有形资产使用权或者所有权的转让和受让、无形资产使用权受让以及劳务交易等关联交易	交易净利润法的可比性分析,应当特别考察关联交易与非关联交易中企业执行的功能、承担的风险和使用的资产,经济环境上的差异,以及影响利润的其他因素,具体包括行业和市场情况,经营规模,经济周期和产品生命周期,收入、成本、费用和资产在各交易间的分配,会计处理及经营管理效率,等等

续表

项目		定义	具体适用范围	适用注意事项
利润分割法		利润分割法根据企业与其关联方对关联交易合并利润（实际或者预计）的贡献计算各自应当分配的利润额，主要包括一般利润分割法和剩余利润分割法。 一般利润分割法通常根据关联交易各方所执行的功能、承担的风险和使用的资产，采用符合独立交易原则的利润分割方式，确定各方应当取得的合理利润；当难以获取可比交易信息但能合理确定合并利润时，可以结合实际情况考虑与价值贡献相关的收入、成本、费用、资产、雇员人数等因素，分析关联交易各方对价值做出的贡献，将利润在各方之间进行分配。 剩余利润分割法将关联交易各方的合并利润减去分配给各方的常规利润后的余额作为剩余利润，再根据各方对剩余利润的贡献程度进行分配	一般适用于企业及其关联方均对利润创造具有独特贡献，业务高度整合且难以单独评估各方交易结果的关联交易。利润分割法的适用应当体现利润应在经济活动发生地和价值创造地征税的基本原则	利润分割法的可比性分析，应当特别考察关联交易各方执行的功能、承担的风险和使用的资产，收入、成本、费用和资产在各方之间的分配，成本节约、市场溢价等地域特殊因素，以及其他价值贡献因素，确定各方对剩余利润贡献所使用的信息和假设条件的可靠性等
其他符合独立交易原则的方法	成本法	以替代或者重置原则为基础，通过在当前市场价格下创造一项相似资产所发生的支出确定评估标的价值的评估方法	适用于能够被替代的资产价值评估	—
	市场法	利用市场上相同或者相似资产的近期交易价格，经过直接比较或者类比分析以确定评估标的价值的评估方法	适用于在市场上能找到与评估标的相同或者相似的非关联可比交易信息时的资产价值评估	—
	收益法	通过评估标的未来预期收益现值来确定其价值的评估方法	适用于企业整体资产和可预期未来收益的单项资产评估	—

14.3 关联方资金拆借所涉的税务风险

14.3.1 关联方无偿资金拆借涉税问题

14.3.1.1 关联方无偿资金拆借增值税的处理

在增值税层面，根据《关于明确养老机构免征增值税等政策的通知》（财税〔2019〕20号）及财税2023年第68号文的规定，自2019年2月1日至2027年12月31日，对企业集团内单位(含企业集团)之间的资金无偿借贷行为,免征增值税。

需要注意的是,如何理解"企业集团内单位(含企业集团)",各地税务局在不同时期的把握程度不同。例如,国家税务总局厦门市税务局于2019年3月27日在12366平台答复,"建议参照相关的《企业集团登记管理暂行规定》";国家税务总局吉林省税务局于2020年3月6日在12366平台答复,"企业集团的具体确定暂无税收法律法规规定,建议通过相关部门进行确定";国家税务总局福建省税务局12366纳税服务中心于2021年4月29日在12366平台答复,"在《国务院关于取消一批行政许可等事项的决定》(国发〔2018〕28号)取消企业集团核准登记后,集团母公司应按照市场监管部门的要求,将企业集团名称及集团成员信息通过国家企业信用信息公示系统向社会公示,原已取得《企业集团登记证》的,可不再公示。因此,是否属于企业集团成员应以集团母公司通过国家企业信用信息公示系统公示的信息为准,或以已经取得的《企业集团登记证》为准"。

事实上,"企业集团"的认定发生了较大的历史演变。2018年7月前,参考税务机关对统借统还政策的执行口径,企业集团需要取得《企业集团登记证》才属于政策规定的企业集团。2018年8月17日,国家市场监管总局发布了《关于做好取消企业集团核准登记等4项行政许可等事项衔接工作的通知》(国市监企注〔2018〕139号),规定各地工商和市场监管部门不再单独登记企业集团,不再核发《企业集团登记证》,集团母公司应当将企业集团名称及集团成员信息通过国家企业信用信息公示系统向社会公示。并明确放宽名称使用条件,即企业法人可以在名称中组织形式之前使用"集团"或者"(集团)"样,该企业为企业集团的母公司。企业集团名称应与母公司名称的行政区划、字号、行业或者经营特点保持一致。需要使用企业集团名称和简称的,母公司应当在申请企业名称登记时一并提出,并在章程中记载。母公司全资或者控股的子公司、经母公司授权的参股公司可以在名称中冠以企业集团名称或者简称。各级工商和市场监管部门对企业集团成员企业的注册资本和数量不做审查。取消企业集团核准登记后,自2023年10月1日起,新施行的《企业名称登记管理规定实施办法》(国家市场监督管理总局令第82号)第17条、第18条规定,已经登记的企业法人控股3家以上企业法人的,可以在企业名称的组织形式之前使用"集团"或者"(集团)"字样,企业集团母公司应当将企业集团名称以及集团成员信息通过国家企业信用信息公示系统向社会公示。此也就意味着,如果仅控股2家子公司,则母公司无法登记为"集团"。

由上可知,如果税务部门采用登记主义原则来认定是否为"集团企业",若母公司不符合登记为"集团"字号的条件,或者母公司符合登记为"集团"字号的条件但未登记为"集团"字号,或者母公司未在企业信用信息公示系统中公示"集团成员"企业,那么母子公司之间的无偿资金拆借难以享受增值税税收优惠政策。

14.3.1.2　关联方无偿资金拆借所得税的处理

实务中对企业之间无偿使用资金是否缴纳企业所得税存在较大争议。

认为需要"确认利息收入，缴纳企业所得税"的理由在于：关联企业一方将资金无偿提供给另一方使用，从表面上看，一方没有取得任何经济利益，但是由于关联关系的存在，此项交易不符合独立交易原则。根据《税收征收管理法》第36条的规定，企业或者外国企业在中国境内设立的从事生产、经营的机构、场所与其关联企业之间的业务往来，应当按照独立企业之间的业务往来收取或者支付价款、费用；不按照独立企业之间的业务往来收取或者支付价款、费用，而减少其应纳税的收入或者所得额的，税务机关有权进行合理调整。《税收征收管理法实施细则》第54条规定，纳税人与其关联企业之间的融通资金所支付或者收取的利息超过或者低于没有关联关系的企业之间所能同意的数额，或者利率超过或者低于同类业务的正常利率的，税务机关可以调整其应纳税额。

而认为需要"不确认利息收入，无须缴纳企业所得税"的理由在于：如果符合国税2017年第6号文第38条的规定（"实际税负相同的境内关联方之间的交易，只要该交易没有直接或间接导致国家总体税收收入的减少，原则上不作特别纳税调整"），则不需要确认利息收入，缴纳企业所得税。需要注意的是，"实际税负相同"并不等于"所得税率相同"，实务中税负水平的平衡，要考虑诸多因素的影响，不仅包括双方企业所得税率，还需要对所得税税收优惠政策、亏损弥补期限等作出准确判断予以权衡。

因此，笔者认为，当关联方税负相同时，关联方无偿资金拆借不存在所得税风险；但若关联方税负不同，关联方无偿资金拆借面临所得税纳税调整。

14.3.2　关联方有偿资金拆借涉税问题

14.3.2.1　关联方有偿资金拆借增值税的处理

关联方有偿资金拆借行为区分为"统借统还业务"以及其他业务，其中符合条件的"统借统还业务"免征增值税。

财税〔2016〕36号文附件3《营业税改征增值税试点过渡政策的规定》第1条第19项对"统借统还业务"进行了清晰的界定，即包括两类业务：一是企业集团或者企业集团中的核心企业向金融机构借款或对外发行债券取得资金后，将所借资金分拨给下属单位（包括独立核算单位和非独立核算单位），并向下属单位收取用于归还金融机构或债券购买方本息的业务；二是企业集团向金融机构借款或对外发行债券取得资金后，由集团所属财务公司与企业集团或者集团内下属单位签订统借统还贷款合同并分拨资金，并向企业集团或者集团内下属单位收取本息，再转付企业集团，由企业集团统一归还金融机构或债券购买方的业务。与此同时，前述文件还规定，在统借统还业务中，企业集团或企业集团中的核心企业以及集团所属财务公司按不高于支付给金融机构的借款利率水平或者支付的债券票面利率水平,向企业集团或者集团内下属单位收取的利息免征增值税,但统借方向资金使用单位收取的利息,高于支付给金融机构借款利率水平或者支付的债券票面利率水平的,应全额缴纳增值税。

14.3.2.2 关联方有偿资金拆借所得税的处理

在企业所得税层面,关联方有偿资金拆借如何缴纳企业所得税,受"独立性"的原则约束,具体而言,涉及两个方面的内容。

1."债资比"的限制

根据财税〔2008〕121号文的规定,企业实际支付给关联方的利息支出,按照其接受关联方债权性投资与其权益性投资比例(金融企业为5∶1,其他企业为2∶1)部分准予扣除,超过的部分不得在发生当期和以后年度扣除。但企业如果能够按照税法及其实施条例的有关规定提供相关资料,并证明相关交易活动符合独立交易原则,或者该企业的实际税负不高于境内关联方的,其实际支付给境内关联方的利息支出,在计算应纳税所得额时准予扣除。

在实务中,根据《特别纳税调整实施办法(试行)》以及《企业所得税法实施条例》的规定,"关联方债权投资"包括直接的债权性投资与间接的债权性投资。其中,对直接的债权性投资比较容易理解,即企业向关联方提供借款并收取利息的行为;间接的债权性投资包括"关联方通过无关联第三方提供的债权性投资"(如委托贷款)、"无关联第三方提供的,由关联方担保且负有连带责任的债权性投资"(包括一般担保还是连带担保)、"其他间接从关联方获得的具有负债实质的债权性投资"。

2.认缴与实缴的限制差额

根据国税函〔2009〕312号文的规定,"凡企业投资者在规定期限内未缴足其应缴资本额的,该企业对外借款所发生的利息,相当于投资者实缴资本额与在规定期限内应缴资本额的差额应计付的利息,其不属于企业合理的支出,应由企业投资者负担,不得在计算企业应纳税所得额时扣除。具体计算不得扣除的利息,应以企业一个年度内每一账面实收资本与借款余额保持不变的期间作为一个计算期,每一计算期内不得扣除的借款利息按该期间借款利息发生额乘以该期间企业未缴足的注册资本占借款总额的比例计算,公式为:企业每一计算期不得扣除的借款利息 = 该期间借款利息额 × 该期间未缴足注册资本额 ÷ 该期间借款额"。

需要注意的是,统借统还业务是否受到"债资比"以及"认缴与实缴差额"的限制呢?早期国家税务总局在《关于中国农业生产资料集团公司所属企业借款利息税前扣除问题的通知》(国税函〔2002〕837号,已失效)中规定,集团公司统一向金融机构借款,所属企业申请使用,只是资金管理方式的变化,不影响所属企业使用的银行信贷资金的性质,不属于关联企业之间的借款,因此,对集团公司所属企业从集团公司取得使用的金融机构借款支付的利息,不受原《企业所得税税前扣除办法》第 36 条"纳税人从关联方取得的借款金额超过其注册资本 50% 的,超过部分的利息支出,不得在税前扣除"的限制,凡集团公司能够出具从金融机构取得贷款的证明文件,其所属企业使用集团公司转贷的金融机构借款支付的利息,不高于金融机构同类同期贷款利率的部分,允许在税前全额扣除。该办法虽已失效,但该项政策精神在房地产开发企业的企业所得税处理中已得到明确,即《房地产开发经营业务企业所得税处理办法》(国税发〔2009〕31 号,部分失效)第 21 条第 2 项的规定,"企业集团或其成员企业统一向金融机构借款分摊集团内部其他成员企业使用的,借入方凡能出具从金融机构取得借款的证明文件,可以在使用借款的企业间合理地分摊利息费用,使用借款的企业分摊的合理利息准予在税前扣除"。原河北省国家税务局《关于企业所得税若干政策问题的公告》(河北省国家税务局公告 2014 年第 5 号)将此适用房地产开发企业的政策直接扩大至其他行业企业,且此政策将统借方由集团企业扩大至其他成员企业。

14.4 母子公司费用收取与分摊所涉的税务风险

14.4.1 母子公司管理费收取的涉税问题

母公司从子公司收取的管理费,应当缴纳增值税,但根据《企业所得税法实施条例》第 49 条以及国税发〔2008〕86 号文第 4 条的规定,子公司不得在税前扣除。

14.4.2 母子公司服务费用收取或分摊的涉税问题

根据国税发〔2008〕86 号文的规定,母公司为子公司提供服务(如技术服务)而发生的费用,应按照独立企业之间公平交易原则确定服务的价格,作为企业正常的劳务费用进行税务处理,双方应签订服务合同或协议,明确规定提供服务的内容、收费标准及金额等;母子公司未按照独立企业之间的业务往来收取价款的,税务机关有权予以调整。如果母公司向其多个子公司提供同类项服务,其收取的服务费可以采取服务分摊协议的方式,即由母公司与各子公司签订服务费用分摊合同或协议,以母公司为其子公司提供服务所发生的实际费用并附加一定比例利润作为向子公司收取的总服务费,在各服务受益子公司(包括盈利企业、亏损企业和享受减免税企业)之间按《企业所得税法》第 41 条第 2 款的规定合理分摊。

母子公司费用分摊应当符合国家税务总局《关于规范成本分摊协议管理的公告》(国家税务总局公告 2015 年第 45 号)的规定,即需要符合"独立交易原则和成本与收益相匹配原则",

且应自与关联方签订（变更）成本分摊协议之日起30日内向主管税务机关报送成本分摊协议副本。

14.4.3 母子公司广告费和业务宣传费分摊的涉税问题

根据财税2020第43号文的规定，对签订广告费和业务宣传费（以下简称广宣费）分摊协议的关联企业，其中一方发生的不超过当年销售（营业）收入税前扣除限额比例（即15%）内的广宣费支出可以在本企业扣除，也可以将其中的部分或全部按照分摊协议归集至另一方扣除。另一方在计算本企业广宣费支出企业所得税税前扣除限额时，可将按照上述办法归集至本企业的广宣费不计算在内。分摊前后关联企业广宣费的扣除限额"合计数"不变，仅是各公司扣除的金额内部发生变动。

广宣费分摊的操作在规划中较为常见，下文举例说明广宣费分摊所带来的税务利益：

假设甲公司和乙公司是关联企业，主营业务为销售饮品，适用25%的企业所得税，其中，甲公司当年度销售收入为2000万元，实际发生的广告费为400万元，账面税前利润为400万元，未分配利润为-1000万元；乙公司当年度销售收入为3000万元，实际发生的广告费为600万元，账面税前利润为400万元，未分配利润为正数。在不考虑税前利润有无其他调整事项、广宣费有无往年结转金额的前提下，若不考虑广宣费分摊操作，甲、乙双方缴纳的所得税情况为：

甲公司税前可抵扣的广宣费为300万元，甲公司所得税税前利润调增至500万元，因存在可弥补亏损-1000万元，故无须缴纳企业所得税；乙公司税前可抵扣的广宣费为450万元，乙公司所得税税前利润调增至550万元，缴纳企业所得税137.5万元。

若甲、乙双方签署广宣费分摊协议，甲公司将税前可抵扣的广宣费的40%（即120万元）归集至乙公司扣除，则甲、乙双方缴纳的所得税情况调整为：

甲公司税前可抵扣的广宣费为180万元，甲公司所得税税前利润调增至620万元，因存在可弥补亏损-1000万元，故无须缴纳企业所得税；乙公司税前可抵扣的广宣费为570万元，乙公司所得税税前利润调减至430万元，缴纳企业所得税107.5万元。

当然，需要注意的是，广宣费分摊也应以合理的商业目的为前提，并符合独立交易原则，否则，很可能面临纳税调整。

14.5 跨国集团公司成员间的费用分摊

跨国公司将集团内劳务通过分摊管理费用的方式在集团成员之间分摊，税务征管的重点在于境内居民企业是否向境外非居民企业支付不具备真实业务背景或者与实际金额不符的管理费用,以转移境内居民企业利润,侵蚀境内企业所得税税基。对此,国税 2017 年第 6 号文第 37 条明确规定,"企业向未执行功能、承担风险,无实质性经营活动的境外关联方支付费用,不符合独立交易原则的,税务机关可以按照已税前扣除的金额全额实施特别纳税调整"。与此同时,国税 2017 年第 6 号文将需要实施特别纳税调整的集团内劳务定义为"非受益性劳务",并基于独立交易原则,提出了 6 项测试判断标准。

一是真实性测试,即是否属于劳务接受方已经购买或者自行实施的劳务活动。如果劳务接收方从关联方接受的劳务属于已经购买或者自行实施的劳务活动,则此类费用属于虚构的劳务分摊费用,不得税前扣除。

二是股东费用测试,即是否属于为保障劳务接受方的直接或者间接投资方的投资利益而实施的控制、管理和监督等劳务活动。比如:(1)董事会活动、股东会活动、监事会活动和发行股票等服务于股东的活动;(2)与劳务接受方的直接或者间接投资方、集团总部和区域总部的经营报告或者财务报告编制及分析有关的活动;(3)与劳务接受方的直接或者间接投资方、集团总部和区域总部的经营及资本运作有关的筹资活动;(4)为集团决策、监管、控制、遵从需要所实施的财务、税务、人事、法务等活动;等等。如果劳务接收方从关联方接受的劳务属于前述情形,则此类费用不属于接受方企业经营管理需要而支付的费用,应当由股东自行承担,故不能由股东通过成本费用方式分摊给成员方。

三是附带性收益测试,即是否属于并非针对接收方具体实施的,只是因附属于企业集团而获得额外收益的劳务活动。附带性收益简言之就是集团内的母公司提供的集团内劳务只与某些集团成员有关,但附带为其他成员带来收益。比如:(1)为劳务接受方带来资源整合效应和规模效应的法律形式改变、债务重组、股权收购、资产收购、合并、分立等集团重组活动;(2)企业集团信用评级提高,为劳务接受方带来融资成本下降等利益的相关活动;等等。因获得附带性收益的企业通常不会支付费用,故不构成集团内劳务,接收方针对该笔费用不能在企业所得税前列支。

四是补偿性/重复性测试,即是否属于接收方已经在其他关联交易中给予补偿的劳务活动。例如,(1)从特许权使用费支付中给予补偿的与专利权或者非专利技术相关的服务;(2)从贷款利息支付中给予补偿的与贷款相关的服务;等等。若接受方企业已通过其他途径对接受的劳务服务支付过费用,或者给予过其他形式的回报,则集团母公司要求接收方再额外承担费用,即属于重复支付,接收方属于被动接受,不符合独立性原则,故针对该笔费用需要纳税调增。

五是相关性测试,即是否属于与劳务接受方执行的功能和承担的风险无关,或者不符合劳务接受方经营需要的关联劳务活动。如果集团内劳务提供方提供的劳务与劳务接受方企业的功能风险无关,则该项劳务于接受方无益,接收方属于被动接受,不符合独立性原则,故针对该笔费用需要纳税调增。

六是受益性测试,即是否属于其他不能为劳务接受方带来直接或间接经济利益,或者非关联方不愿意购买或不愿意自行实施的关联劳务活动。如果该项劳务不能为接受方企业带来价值,接收方属于被动接受,不符合独立性原则,则接收方支付的费用不能在企业所得税前列支。

在实务中,集团内费用分摊需要注意分摊基数以及分摊标准的问题。分摊基数是指集团内归集成本的"成本池",可能是区域的"成本池"(如新加坡成本池),也可能是全球的"成本池",当"成本池"内的成本存在差异时,需要合理解释选择大额"成本池"作为分摊基数的合理性。分摊标准则是分摊方法,可以由企业根据实际情况选择一种或多种,但应确保分摊标准根据劳务的性质选择,确保合理性,如与人员相关的劳务成本分摊标准可以选择按照"人头"分配等。在设置分摊标准时,还要考虑标准的一致性,同类型的集团内的劳务应采用相同的分摊标准进行分摊,且后续年度不应随意变更。另外,劳务分摊应当遵循独立性交易原则,即母公司按照成本加成率进行分配,成本加成率应符合《跨国企业与税务机关转让定价指南》的规定,即对于所有低附加值劳务,无论具体类型,都应使用同一成本加成率,该成本加成率通常不超过5%。

14.6 跨境关联交易中的海关估价与转让定价税务调整

海关估价,是指一国或地区的海关为执行关税政策和对外贸易政策,根据法定的价格标准和程序,对进出口货物确定完税价格的方法和程序,其目的是正确确定关税的税基即完税价格,对有关物品征收关税,为关税政策服务。而转让定价税务调整是税务机关按照税法有关规定,对企业与其关联方之间的业务往来(关联交易)是否符合独立交易原则进行审核评估和调查调整等,其目的是防止企业因关联交易的价格制定影响其在境内的留存利润,进而减少其应缴纳的企业所得税额。海关与税务机关属于两套独立的监管体系,对于同一笔跨境关联交易,海关与税务机关可能会得出不同的公允价格参照标准。

14.6.1 税务机关与海关部门对关联方的认定差异

税务机关和海关部门对交易双方是否存在关联关系的判断标准存在不同,国税2016年第42号文列举了7种转让定价关联关系的判定,海关总署《海关确定进出口货物计税价格办法》规定的海关估价关联关系有9种类型,二者差异具体如表3-9所示。

表 3-9 税务机关与海关关于关联方的认定比较

种类	税务机关关注关联方	海关部门关注关联方	备注
A 类	一方直接或者间接持有另一方的股份总和达到 25% 以上；双方直接或者间接同为第三方所持有的股份达到 25% 以上。如果一方通过中间方对另一方间接持有股份，只要其对中间方持股比例达到 25% 以上，则其对另一方的持股比例按照中间方对另一方的持股比例计算。两个以上具有夫妻、直系血亲、兄弟姐妹以及其他抚养、赡养关系的自然人共同持股同一企业，在判定关联关系时持股比例合并计算	（1）一方直接或者间接地受另一方控制的。（2）买卖双方都直接或者间接地受第三方控制的。（3）买卖双方共同直接或者间接地控制第三方的。（4）一方直接或者间接地拥有、控制或者持有对方 5% 以上（含 5%）公开发行的有表决权的股票或者股份的	海关层面的关联方认定要宽于税法层面的关联方认定
B 类	双方存在持股关系或者同为第三方持股，虽持股比例未达到 A 类规定，但双方之间借贷资金总额占任一方实收资本比例达到 50% 以上，或者一方全部借贷资金总额的 10% 以上由另一方担保（与独立金融机构之间的借贷或者担保除外）	—	—
C 类	双方存在持股关系或者同为第三方持股，虽持股比例未达到 A 类规定，但一方的生产经营活动必须由另一方提供专利权、非专利技术、商标权、著作权等特许权才能正常进行	买卖双方在经营上相互有联系，一方是另一方的独家代理、独家经销或者独家受让人，如果同时具有其他列明的特殊关系（如家庭成员、雇员等），也应当视为存在特殊关系	—
D 类	双方存在持股关系或者同为第三方持股，虽持股比例未达到 A 类规定，但一方的购买、销售、接受劳务、提供劳务等经营活动由另一方控制。上述控制是指一方有权决定另一方的财务和经营政策，并能据以从另一方的经营活动中获取利益		
E 类	一方半数以上董事或者半数以上高级管理人员（包括上市公司董事会秘书、经理、副经理、财务负责人和公司章程规定的其他人员）由另一方任命或委派，或者同时担任另一方的董事或高级管理人员；或者双方各自半数以上董事或者半数以上高级管理人员同为第三方任命或者委派	（1）买卖双方互为商业上的高级职员或者董事的。（2）一方是另一方的雇员、高级职员或者董事的。（3）买卖双方是同一合伙的成员的	—
F 类	具有夫妻、直系血亲、兄弟姐妹以及其他抚养、赡养关系的两个自然人分别与双方具有 A 类至 E 类关系之一	买卖双方为同一家族成员的	—
G 类	双方在实质上具有其他共同利益	—	—

◣ 14.6.2 税务机关与海关部门对关联交易定价机制的差异

税务机关和海关部门对定价方法的适用存在不同，国税 2017 年第 6 号文列举了 6 类定价方法，海关总署《海关确定进出口货物计税价格办法》确定了 5 类定价方法，且该 5 类定价方法须按照顺位适用，具体如表 3-10 所示。

表 3-10 税务机关与海关部门关于关联交易定价机制的差异

项目	税务机关的定价方法（无顺位适用）	海关部门的定价方法（按顺位适用）		备注
可比非受控价格法	以非关联方之间进行的与关联交易相同或者类似业务活动所收取的价格作为关联交易的公平成交价格	第一顺位：相同货物成交价格估价方法	海关以与进口货物同时或者大约同时向中国境内销售的相同货物的成交价格为基础，确定进口货物的计税价格的估价方法	税法更加注重产业的可比性，海关则更加注重产品的可比性
		第二顺位：类似货物成交价格估价方法	海关以与进口货物同时或者大约同时向中国境内销售的类似货物的成交价格为基础，确定进口货物的计税价格的估价方法	
再销售价格法	以关联方购进商品再销售给非关联方的价格减去可比非关联交易毛利后的金额作为关联方购进商品的公平成交价格。其计算公式如下：公平成交价格 = 再销售给非关联方的价格 ×（1 - 可比非关联交易毛利率）；可比非关联交易毛利率 = 可比非关联交易毛利 ÷ 可比非关联交易收入净额 ×100%	第三顺位：倒扣价格估价方法	海关以进口货物、相同或者类似进口货物在境内的销售价格为基础，扣除境内发生的有关费用后，确定进口货物计税价格的估价方法	税法对货物相同程度要求更高，即只能是该批货物；海关采用 90 天内的销售价格，而税法无此限制
成本加成法	以关联交易发生的合理成本加上可比非关联交易毛利后的金额作为关联交易的公平成交价格。其计算公式如下：公平成交价格 = 关联交易发生的合理成本 ×（1+ 可比非关联交易成本加成率）；可比非关联交易成本加成率 = 可比非关联交易毛利 ÷ 可比非关联交易成本 ×100%	第四顺位：计算价格估价方法	海关以"生产该货物所使用的料件成本和加工费用"、"向境内销售同等级或者同种类货物通常的利润和一般费用（包括直接费用和间接费用）"以及"该货物运抵境内输入地点起卸前的运输及相关费用、保险费"的总和为基础，确定进口货物计税价格的估价方法	—
交易净利润法	以可比非关联交易的利润指标确定关联交易的利润。利润指标包括息税前利润率、完全成本加成率、资产收益率、贝里比率等。具体计算公式如下： 1. 息税前利润率 = 息税前利润 ÷ 营业收入 ×100%； 2. 完全成本加成率 = 息税前利润 ÷ 完全成本 ×100%； 3. 资产收益率 = 息税前利润 ÷ [（年初资产总额 + 年末资产总额）÷ 2] ×100%； 4. 贝里比率 = 毛利 ÷（营业费用 + 管理费用）×100%	—	—	—

续表

项目	税务机关的定价方法（无顺位适用）		海关部门的定价方法（按顺位适用）	备注
利润分割法	利润分割法根据企业与其关联方对关联交易合并利润（实际或者预计）的贡献计算各自应当分配的利润额，主要包括一般利润分割法和剩余利润分割法。		—	—
	一般利润分割法通常根据关联交易各方所执行的功能、承担的风险和使用的资产，采用符合独立交易原则的利润分割方式，确定各方应当取得的合理利润；当难以获取可比交易信息但能合理确定合并利润时，可以结合实际情况考虑与价值贡献相关的收入、成本、费用、资产、雇员人数等因素，分析关联交易各方对价值作出的贡献，将利润在各方之间进行分配。剩余利润分割法将关联交易各方的合并利润减去分配给各方的常规利润后的余额作为剩余利润，再根据各方对剩余利润的贡献程度进行分配		—	—
其他符合独立交易原则的方法	成本法	以替代或者重置原则为基础，通过在当前市场价格下创造一项相似资产所发生的支出确定评估标的价值的评估方法	第五顺位：合理方法（兜底）	当海关不能根据成交价格估价方法、相同货物成交价格估价方法、类似货物成交价格估价方法、倒扣价格估价方法和计算价格估价方法确定计税价格时，海关遵循客观、公平、统一的原则，以客观量化的数据资料为基础确定进口货物计税价格的估价方法	—
	市场法	利用市场上相同或者相似资产的近期交易价格，经过直接比较或者类比分析以确定评估标的价值的评估方法			
	收益法	通过评估标的未来预期收益现值来确定其价值的评估方法			

由表 3-10 对比可知，同一跨境货物进口关联交易同时受海关及税务机关的双重监管，但两者又有着相反的监管倾向，其中，海关更加倾向于提高进口货物的完税价格，进而增加进口环节的税款收入，而税务部门则引入"合理利润"的概念，更加倾向于降低境外支付的采购成本，进而增加境内企业的企业所得税收入。

15　零工业务涉税事项

　　平台经济是以信息技术为支撑，基于虚拟或真实的交易场所，由平台作为中间组织者或资源提供商，挖掘社会经济潜在需求，促成双边或多边交易的一种商业模式。平台经济模式中，消费者和商品服务提供者通过平台完成信息交换、需求匹配、资金收付、货物交割等经济活动。

　　2023年2月，国家信息中心信息化和产业发展部分享经济研究中心发布《中国共享经济发展报告（2023年）》，初步估算2022年我国共享经济市场交易规模约为38,320亿元，同比增长约3.9%。从市场结构上看，生活服务领域的共享经济市场规模居第一位，平台经济与共享经济已经深入千家万户，而平台经济孕育出的平台类企业，陆续登陆资本市场，如美团服务商、灵活用工趣活科技（QH.US）于2020年成功在美国纳斯达克上市。监管机构基于平台经济新业态，更为关注业务资质合规、用工合规、数据合规、纳税合规等相关问题。

　　基于平台连接主体的不同，可将平台经济的商业模式划分为消费者对消费者（C2C）模式、商业对商业（B2B）模式、商业对消费者（B2C）模式以及线上对线下（O2O）模式。不同商业模式下的合同流、信息流、票据流和资金流既有相同之处，也存在一定的差异。

　　C2C模式下，平台连接的多边主体是个人，如直播平台、滴滴出行等。以滴滴为例，私家车车主接入平台或者司机租赁车辆成为供给方，可获取平台提供的信息和资源，乘客作为被服务方通过平台支付报酬，平台公司与供给方进行报酬分成；以抖音直播平台为例，个人主播向平台提供内容信息，获得在平台直播的权利，网友观看直播打赏主播，打赏通常由平台和主播分成或者平台向主播每月支付特定的报酬。

　　B2B模式下，平台连接的供给方与需求方都是企业，如阿里巴巴、环球贸易网。以阿里巴巴跨境贸易为例，海关负责进口税款的征收，境外企业通过物流将商品邮寄至我国海关，按规定缴纳关税、增值税和消费税后运达境内；而境内企业将资金汇给境外企业。阿里巴巴主要充当中介作用，为交易双方提供信息交换和资源匹配的平台，撮合货物交易。

　　B2C模式下，平台连接着的供给方与需求方，一方为企业，另一方为个人，如滴滴出行中的专车和出租车、跨区域的共享零工平台。以跨区域的共享零工平台为例，用工单位通常是企业，服务或劳务的供给方一般是个人（自由职业者）。平台开展业务的前置条件是必须获得税务局委托代征代缴的资质或者获得税务局委托代征代缴的默许，交易方式分为两个部分：

第一部分为用工企业与平台签订共享经济服务协议，平台为用工企业匹配相应的自由职业者提供服务，用工企业支付结算费用和一定比例的服务费给平台，平台向企业开具增值税专用发票，完成现金流和票据流的转移；第二部分是平台与自由职业者签订共享经济服务协议，平台为自由职业者匹配服务需求方，待人员提供服务后，平台完成税务委托的代扣代缴个人所得税后，将事先约定的税后报酬发放给自由职业者。

O2O模式实际是线上与线下交易相结合的模式，线上提供推广和交易，线下完成服务或商品的交付，如美团、饿了么。以美团外卖为例，一方面，平台向商家提供平台展位，商家获得平台的用户流量，平台向消费者提供入驻商家信息，商家的平台展位主要根据门店选择的营销方案以及消费者的个性化需求实现，商家与消费者达成交易后，平台从商家交易收入中抽取一部分费用作为佣金收入；另一方面，商家与消费者达成交易后，平台匹配外卖骑手在接单后到商家取单并送到订单指定地点。

平台经济模式中，如果供给方为个人，则容易催生出"灵活用工经济"问题。零工经济是根据劳动力就业形态进行命名的概念，其核心是利用互联网技术和网络平台促进劳动力的供需实现快速匹配，从而创造更多、更加灵活的就业岗位拉动就业来增加居民收入。零工经济下的用工模式为按需雇佣，就业呈现临时性、即时性，工作的时间、地点、种类灵活等特征，此类特征加剧了税务征管问题。

15.1　零工经济下个人与平台的法律关系界定

伴随共享经济平台快速发展而出现的新就业形态，在基于工业经济时代建立起来的劳动保障制度和社会保障体系面前，不适应性问题凸显；平台企业部分的用工行为游走在"灰色地带"，导致在平台注册的个人的权益保障不足。

2021年7月，人力资源和社会保障部等部门印发《关于维护新就业形态劳动者劳动保障权益的指导意见》（人社部发〔2021〕56号），明确了三种类型从业者的规范用工和权益保障责任：第一类是与平台企业具有劳动关系的从业者；第二类是不完全符合确立劳动关系情形，但平台企业对劳动者进行劳动管理的从业者；第三类是依托平台开展经营活动，从事自由职业等的个人。平台与第二类、第三类从业人员的法律关系相对而言是比较复杂的，前述指导意见出台的重大意义在于改变了原来以劳动关系为考量基础的单一"二分法"，在"有劳动关系""无劳动关系"之外确立了"不完全劳动关系"。与此同时，该指导意见明确了"对采取外包等其他合作用工方式，劳动者权益受到损害的，平台企业依法承担相应责任"，即无论平台经营企业采用哪种用工模式，都应该对新就业形态劳动者承担一定的雇主责任。

2023年2月21日，人力资源和社会保障部办公厅发布《新就业形态劳动者劳动合同和书面协议订立指引（试行）》，进一步明确："新就业形态劳动者，是指线上接受互联网平台根据用户需求发布的配送、出行、运输、家政服务等工作任务，按照平台要求提供平台网约服务，并获取劳动报酬的劳动者"，为此，人力资源和社会保障部办公厅专门出台了三套示范性合同版本。

一是适用于"平台＋平台用工合作方＋个人"模式的示范性合同版本，即平台企业采取合作用工方式，由平台用工合作企业招用劳动者并组织其提供平台网约服务。从该示范性合同版本的内容来看，平台企业与平台用工合作企业之间形成了分包合作的法律关系，平台用工合作企业与个人之间形成了劳动法律关系，平台企业与个人之间无法律关系。

二是适用于"平台＋个人"模式的示范性合同版本，即平台直接与不完全符合确立劳动关系情形的新就业形态劳动者订立书面协议，内容一般包括平台企业和劳动者的基本信息、订单推送与确认、报酬、服务时间与休息、职业保障、协议的变更和解除、违约责任和争议解决等事项。从该示范性合同版本的内容来看，平台企业与劳动者之间没有建立常规的劳动法律关系，而是更倾向于建立民事合作法律关系的新型用工关系。

三是适用于"平台＋经营性人力资源服务机构＋个人"模式的示范性合同版本，即平台委托经营性人力资源服务机构为不完全符合确立劳动关系情形的新就业形态劳动者提供人力资源管理服务。从该示范性合同版本的内容来看，该模式只是"平台＋个人"模式的补充形式。

在司法实务中，具体判断平台与个人之间的真实法律关系为劳动关系、不完全符合确立劳动关系情形的新型用工关系还是其他民事关系，须结合实际用工情况考察其是否符合劳动关系的核心特征来予以认定。2022年12月26日，最高人民法院发布《关于为稳定就业提供司法服务和保障的意见》（法发〔2022〕36号），在平台与个人的法律关系方面作出了明确规定，具体如下。

一是应当依法合理认定新就业形态劳动关系。劳动者主张与平台企业或者用工合作单位存在劳动关系的，"人民法院应当根据用工事实和劳动管理程度，综合考虑劳动者对工作时间及工作量的自主决定程度、劳动过程受管理控制程度、劳动者是否需要遵守有关工作规则、劳动纪律和奖惩办法、劳动者工作的持续性、劳动者能否决定或者改变交易价格等因素，依法审慎予以认定"；同时，为了堵住平台企业或者用工合作单位"要求劳动者登记为个体工商户后再签订承揽、合作等合同"，以此来规避与劳动者建立劳动关系的漏洞，该意见明确要求人民法院应当在查明事实的基础上依法作出相应认定。

二是对于不完全符合确立劳动关系情形但企业对劳动者进行劳动管理的，可以结合新业态劳动者权益保障指导意见有关规定，依法保障劳动者权益，包括：(1)依法保护劳动者按照约定或者法律规定获得劳动报酬的权利；(2)劳动者因不可抗力、见义勇为、紧急救助以及工作量或者劳动强度明显不合理等非主观因素,超时完成工作任务或者受到消费者差评,主张不能因此扣减应得报酬的,人民法院应当依法支持;(3)推动完善劳动者因执行工作任务遭受损害的责任分担机制;(4)依法认定与用工管理相关的算法规则效力,保护劳动者取得劳动报酬、休息休假等基本合法权益;(5)与用工管理相关的算法规则存在不符合日常生活经验法则、未考虑遵守交通规则等客观因素或者其他违背公序良俗的情形,劳动者主张该算法规则对其不具有法律约束力或者请求赔偿该算法规则不合理造成的损害的,人民法院应当依法支持。

15.2 "经营所得活动"与"劳务活动"、"劳动行为"的界定

剔除与共享经济平台建立劳动合同关系的劳动者(如饿了么的蜂鸟配送员、滴滴打车的专车司机等),针对在法律关系上构成不完全符合确立劳动关系情形的新型用工关系或者其他民事关系的个人,其从平台取得的收入,如何确定所得的性质?根据《个人所得税法》的规定,劳务报酬所得与工资薪金所得、稿酬所得和特许权使用费所得统一归入"综合所得",故劳务报酬所得与工资薪金所得并无实质性差异,实务中给征税带来争议的点是个人从平台取得的收入是属于"劳务报酬所得"还是"经营所得"?此关系到征税税目与适用税率的问题。而造成此问题有如下几个原因。

一是《个人所得税法实施条例》列举的"经营所得活动"与"劳务活动"本身存在重叠且模糊不清。《个人所得税法实施条例》第6条第1款第2项和第5项规定,"劳务报酬所得,是指个人从事劳务取得的所得,包括从事设计、装潢、安装、制图、化验、测试、医疗、法律、会计、咨询、讲学、翻译、审稿、书画、雕刻、影视、录音、录像、演出、表演、广告、展览、技术服务、介绍服务、经纪服务、代办服务以及其他劳务取得的所得";而"经营所得,是指:1.个体工商户从事生产、经营活动取得的所得,个人独资企业投资人、合伙企业的个人合伙人来源于境内注册的个人独资企业、合伙企业生产、经营的所得;2.个人依法从事办学、医疗、咨询以及其他有偿服务活动取得的所得;3.个人对企业、事业单位承包经营、承租经营以及转包、转租取得的所得;4.个人从事其他生产、经营活动取得的所得"。例如,个人从事的医疗行为既可能是劳务报酬所得中个人提供医疗劳务取得的所得,也可能是经营所得中个人从事医疗服务活动取得的所得。

二是国家税务总局对此问题的答复亦模糊不清。2020年8月,国家税务总局作出《对十三届全国人大三次会议第8765号建议的答复》,明确:"灵活用工人员从平台获取的收入可能包括劳务报酬所得和经营所得两大类。灵活用工人员在平台上从事设计、咨询、讲学、录音、录像、演出、表演、广告等劳务取得的收入,属于'劳务报酬所得'应税项目,由支付劳务

报酬的单位或个人预扣预缴个人所得税，年度终了时并入综合所得，按年计税、多退少补。灵活用工人员注册成立个体工商户、或者虽未注册但在平台从事生产、经营性质活动的，其取得的收入属于'经营所得'应税项目，'经营所得'以每一纳税年度的收入总额减除成本费用以及损失后的余额为应纳税所得额，适用经营所得税率表，按年计税。因此，灵活用工人员取得的收入是否作为经营所得计税，要根据纳税人在平台提供劳务或从事经营的经济实质进行判定，而不是简单地看个人劳动所依托的展示平台，否则容易导致从事相同性质劳动的个人税负不同，不符合税收公平原则。比如，从事教育培训工作的兼职教师，在线下教室里给学生上课取得收入按劳务报酬所得缴税，在线上平台的直播间给学生上课取得收入按经营所得缴税，同一性质劳动，不宜区别对待。"但前述答复仅强调不宜以形式作为判定属于"劳务报酬所得"还是"经营所得"的标准，并没有确定劳务行为与经营行为的区分标准。

笔者认为，原则上，若自然人注册成立了个体工商户，并以该个体工商户的名义对外提供服务，则该个体工商户获得的收入属于经营所得。但在实务中，大部分平台上注册的灵活用工人员未能注册个体工商户。2025年6月27日，国家税务总局发布《国家税务总局关于互联网平台企业为平台内从业人员办理扣缴申报、代办申报若干事项的公告》(国家税务总局公告2025年第16号)，并在解读答复"从业人员自互联网平台企业取得的劳务报酬所得包括什么？"时，明确"从业人员自互联网平台企业取得的劳务报酬所得一般包括：通过互联网平台提供直播、教育、医疗、配送、家政、家教、旅行、咨询、培训、经纪、设计、演出、广告、翻译、代理、推广、技术服务等营利性服务取得的所得"，并明确"未取得市场主体登记证照的平台内的经营者和从业人员通过互联网平台销售货物、提供运输服务取得的所得，属于经营所得"。按此理解，除销售货物所得以及提供运输服务所得属于经营所得外，其他常见业务均被界定为劳务性质，按照劳务报酬所得征收个人所得税。在本部分成文修改之际，笔者与多家零工平台讨论，零工平台尚没有统一的答复，多数平台认为也需要根据地方政策进行调整，而税源地税务局尚未给出明确的指示，尚待未来税务部门的指导性意见。

2018年修改的《个人所得税法》实施后，劳务报酬所得被纳入综合所得计征范围，适用3%~45%的累进税率，而经营所得仍适用最高35%的累进税率，导致劳务报酬所得的最高边际税率高于经营所得的。而法律对"劳务报酬所得"与"经营所得"性质的认定存在模糊的地带，进而给逃避税行为提供了空间，即通过所谓的"税收筹划"将所得形式在两类所得之间进行转换，通常的做法是通过注册成立个体工商户、个人独资企业或合伙企业的形式，将个人取得的劳务报酬所得转换为经营所得。同时，这种模糊也给人们对于纳税合规性的预期带来较大不确定性。

以薇娅偷逃税款案为例，从杭州市税务部门披露的有关消息可以了解大致案情：网络主播黄某（网名薇娅）在2019~2020年，通过隐匿个人收入、虚构业务转换收入性质虚假申报等方式偷逃税款6.43亿元,其他少缴税款0.6亿元,其中就有通过设立多家个人独资企业、合伙企业虚构业务,将其直播带货取得的佣金、坑位费等劳务报酬所得转换为企业经营所得进行虚假申报偷逃税款的情形。

15.3 零工经济下的"纳税地之争"

在传统经济模式下,依据《增值税法》第29条及财税〔2016〕36号文附件1《营业税改征增值税试点实施办法》第46条的规定,个人通过互联网销售服务或商品,应当向销售货物或服务行为发生地主管税务机关申报纳税,未申报纳税的,由其居住地主管税务机关补征税款。根据国税2018年第62号文的规定,纳税人取得综合所得,有两处以上任职、受雇单位的,选择向其中一处任职、受雇单位所在地主管税务机关办理纳税申报,没有任职、受雇单位的,向户籍所在地或经常居住地主管税务机关办理纳税申报。纳税人取得经营所得,向经营管理所在地主管税务机关办理纳税申报,从两处以上取得经营所得的,选择向其中一处经营管理所在地主管税务机关办理年度汇总申报。

但在共享经济零工平台模式下,平台只是媒介,供给方与需求方分布在全国各地,零工经济的交易事项加剧了地域分散性。为适应此类难以监管的,交易数量大、交易金额规模小的共享经济交易活动形成的税款征收难度,减少税务部门的征管成本,多地税务部门通过资质审查,明确了一批实施委托代征税款的企业,其中不乏此类灵活用工平台、综合服务平台企业。此类共享经济零工平台依据其所在地税务部门核发的委托代征资质,直接代个人申报增值税以及个人所得税。平台企业的税收收入以及代征收入全部汇集于机构所在地,直接打破了现行传统的纳税申报地规定,产生税收与税源背离的结果,进而引发一种"共享经济平台设立越多、税源就越广"的全国省与省之间税源地之争的怪现象。

15.4 零工经济下个人所得税核定征收与汇算清缴

灵活用工平台能够汇集诸多税源,依赖于其所在地税务部门核发的委托代征资质。在实际操作过程中,各地税务部门会对零工平台上注册的自然人获得的所得实施核定征收率。例如,河南省规定,对取得生产、经营所得的自由职业者代征个人所得税时,应按照原河南省地方税务局《关于个人所得税核定征收问题的公告》(河南省地方税务局公告2017年第4号)的规定,按开具发票金额(不含增值税)的1.5%核定征收个人所得税,不享受按月30,000元以下(含)免征的优惠政策。需要注意的是,部分省份对灵活用工平台不再核发委托代征资质,仅会以咨询回复方式,明确对除工薪金所得,劳务报酬所得,特许权使用所得,利息、股息、红利所得、财产租赁所得、财产转让所得、偶然所得外的其他个人所得不代扣代缴个人所得税。

在实务中，一个自然人可能存在自多个零工平台获得经营所得的情形，根据国税 2018 年第 62 号文的规定，纳税人取得经营所得，按年计算个人所得税，由纳税人在月度或季度终了后 15 日内，向经营管理所在地主管税务机关办理预缴纳税申报，并报送《个人所得税经营所得纳税申报表（A 表）》；在取得所得的次年 3 月 31 日前，向经营管理所在地主管税务机关办理汇算清缴，并报送《个人所得税经营所得纳税申报表（B 表）》；从两处以上取得经营所得的，选择向其中一处经营管理所在地主管税务机关办理年度汇总申报，并报送《个人所得税经营所得纳税申报表（C 表）》。但囿于纳税遵从度较低，多数自然人并未在年底对多处经营所得办理汇算清缴申报。与此同时，各地税务局的经营所得汇算清缴规则与国家税务总局的规定存在一定的差异，如国家税务总局广西壮族自治区税务局发布的《关于 2023 年度个人所得税经营所得汇算清缴和汇总申报有关事项的通告》（国家税务总局广西壮族自治区税务局通告 2024 年第 2 号）规定个人取得"经营所得"适用汇算清缴的范围为"个人在广西区内依法从事办学、医疗、咨询以及其他有偿服务活动取得的所得且实行查账征收""个人在广西区内从事其他生产、经营活动取得的所得且实行查账征收"，即只有查账征收的且从广西壮族自治区区域内获得的个人经营所得才适用年度汇算清缴申报，而核定征收的个人经营所得或者从跨广西壮族自治区的平台获得的个人经营所得不适用年度汇算清缴申报。从此类规定可知，自然人在各平台上取得经营所得，各平台如已按照各自的代征规则核定征收了个人所得税，则该自然人无须进行年度汇算清缴申报办理。此平台代征漏洞进一步衍生出所谓的"税筹"现象：一个高收入的自然人可以通过各种委托代征的零工平台，尤其是跨省域的零工平台，将总收入拆分为单平台最优惠代征范围的收入，实现最低的税收成本。

15.5 零工经济下平台企业的税前成本列支问题

零工平台最大的对外支出无疑是向个人支付的经营所得，根据国家税务总局于 2020 年 8 月作出的《对十三届全国人大三次会议第 8765 号建议的答复》，"企业在境内发生的支出项目属于增值税应税项目的，对方为依法无须办理税务登记的单位或者从事小额零星经营业务的个人，其支出以税务机关代开的发票或者收款凭证及内部凭证作为税前扣除凭证；企业在境内发生的支出项目不属于增值税应税项目的，对方为个人的，以内部凭证作为税前扣除凭证。这些规定，能够解决平台企业在一定条件下使用内部凭证作为税前扣除凭证的问题。如果允许平台企业所有经营活动均使用内部凭证列支成本费用，在企业所得税征管上会造成平台企业与非平台企业之间的差异，不利于营造公平竞争的市场环境。特别是增值税应税项目如果均使用内部凭证作为税前扣除凭证，不利于增值税发票的规范管理，破坏了增值税抵扣链条的完整性，易引发偷漏税风险。因此,建议平台企业依法依规使用内部凭证和外部凭证列支成本费用"。

零工平台"税前扣除凭证"问题实际与自由职业者的临时税务登记问题息息相关,因为灵活用工自然人注册会员办理临时税务登记是代开发票的前提条件。由于税务部门无法批量办理自由职业者的临时税务登记,平台企业无法取得税务部门为自由职业者代开的发票,只能使用第三方银行付款凭证和每月按期报送给主管税务机关的自由职业者收入清单作为成本凭证进行税前扣除。但税务部门却难以认同此等操作。

以原上市公司顺利办信息服务股份有限公司为例,其6家孙公司(为灵活用工平台)在2021年11月收到了国家税务总局舟山港综合保税区税务局下发的《责令限期改正通知书》,税务部门以6家孙公司在汇算清缴期内未能及时取得成本发票为由,要求其"于2022年1月3日前补开、换开符合规定的发票"。因涉及灵活用工业务形态多样、对应企业及灵活用工人员数量和规模庞大、涉及地区遍及全国各地、资金结算及成本发票取得方式不一,6家孙公司申请延期整改,但主管税务机关于2022年3月9日回复不同意延期整改申请,并要求其按规定补缴相应的税款和滞纳金。根据该上市公司披露的文件,该公司与税务机关存在争议的具体情况在于:税务机关认为,根据《企业所得税税前扣除凭证管理办法》,该公司向业务承接人员支付的服务费用须取得合规的发票后才能进行所得税税前扣除,否则相应支出不得在发生年度作税前扣除;而该公司则认为以上服务费用虽未取得发票,但已实际向业务承接人员支付,支付款项的记录可作为证明。此外,该公司已对收入成本按照净额法核算,因此希望主管税务机关对成本的认定与企业会计准则保持一致,即使需作出纳税调整也应以净额法下的成本金额调整,否则按照总额法作出纳税调整,应交所得税额将与该公司盈利情况严重不匹配,该公司也将面临超出公司盈利的大额补税,严重影响公司经营情况。2023年7月6日,顺利办信息服务股份有限公司从主板摘牌,上述涉税事项处理并无公论。

所幸的是,在本部分成文修改之际,2025年6月27日,国家税务总局发布了《国家税务总局关于互联网平台企业为平台内从业人员办理扣缴申报、代办申报若干事项的公告》(国家税务总局公告2025年第16号),明确规定"互联网平台企业已为从业人员同时办理个人所得税扣缴申报、增值税及附加税费代办申报,且已完成税费缴纳的,可凭个人所得税扣缴申报表、个人所得税完税凭证、互联网平台企业代办申报表、增值税及附加税费完税凭证作为扣除凭证,在企业所得税税前据实扣除向从业人员支付的劳务报酬",彻底解决了零工平台企业的税前扣除的"隐痛"。

15.6 第三方税务共享平台嫁接入其他共享经济平台的税务问题

由于交易主体为自由职业者,出现了税务机关税收征管难,自由职业者税负高,企业面临索取发票难、用工成本高、"业务流、发票流、资金流"三流不合一的困境等一系列税收难题，为了解决这些问题，现实中出现了具有代征资质、向自由职业者代征个人所得税的第三方税务共享平台。该类第三方税务共享平台嫁接进入共享经济平台，主要运营模式有两种：一是共享经济平台委托第三方税务共享平台向自由职业者发放报酬；二是第三方税务共享平台承包共享经济平台业务，成为共享经济平台的合作用工主体，由第三方税务共享平台与自由职业者建立平等的合作关系。

在湖南省，国家税务总局湖南省税务局曾将零工平台分为灵活用工平台、为灵活用工平台提供服务的平台，并将后者的服务方式区分为撮合交易和服务转售两种类型。

在撮合交易方式下，为灵活用工平台提供服务的平台一般是专业"经济代理人"和"税务事项代理人"，按照灵活用工平台的"分包"或"转包"服务内容，代理服务提供方（灵活用工平台的注册会员）办理登记注册、申请代开发票等涉税事宜，一方面是对灵活用工平台支付的"分包"或"转包"服务费开具发票，另一方面是通过委托代开发票或在税务机关代开发票的形式，代理服务提供方向服务购买方直接开具发票。

在服务转售方式下，为灵活用工平台提供服务的平台一般直接加入并参与服务的"买卖"，按照灵活用工平台的"分包"或"转包"服务内容，向服务提供方买入服务后（须取得服务提供方的发票或符合规定的凭证等作为企业所得税税前扣除凭证），再卖出给灵活用工平台（须向灵活用工平台就买入的全部服务全额开具发票），最后由灵活用工平台卖出给服务购买方。

在此类共享经济平台中，如果第三方税务共享平台是撮合交易，第三方税务共享平台实际赚取的是撮合服务费，如全额向企业开具销售服务发票，则存在虚开发票的风险；对企业用户而言，其下单和交易的直接对象是共享经济平台，全额支付了费用，理应取得全额购买服务的发票，但若取得第三方税务共享平台开具的全额发票，则存在接受虚开发票的风险。

15.7 灵活用工平台的涉税风险

灵活用工平台已渗透各行业，泰盈科技在2023年披露的IPO文件显示，泰盈科技自2019年1月1日起至2021年11月累计与11家灵活用工平台进行人员合作，2020年支付金额为16,167.79万元，2021年为13,313.34万元。2021年11月，此等合作戛然而止，泰盈科技对外解释的口径为"由于现有法律法规暂未对灵活用工的法律关系进行明确界定，为减少由此可能引发的潜在法律风险，保障公司运营稳定，提高服务质量，公司于2021年11月以后停止使用灵活用工模式"。该公司实控人与控股股东出具兜底承诺："如发行人及/或其控股子公司因前述灵活用工安排被有权主管部门处罚，或被追缴、责令补缴社会保险费或住房公积金等相关费用及滞纳金,本企业/本人将承担应补缴或被追偿的金额、滞纳金和罚款等相关费用。"外界猜测,灵活用工平台用人模式的合法合规性导致泰盈科技在IPO申报过程中不得不放弃低成本的用人模式。

在实务中,若不考虑自主参与违法违规开票的情形,灵活用工平台本身容易"被动"地卷入如下税务风险事件。

一是企业客户将员工、股东等高税率人员挂靠在灵活用工平台上,借此逃避或降低扣缴个人所得税。以光环国际为例,其在IPO申报文件中披露,该公司主要通过灵活用工平台招聘兼职讲师、辅导员等,在合作过程中,经了解第三方服务平台可提供人力资源服务及代发奖金业务,该公司出于便捷性以及为员工节税的考虑,通过上述平台代发部分人员奖金。2021年2月,该公司意识到上述事项不符合相关法律法规的规定之后,已主动对上述事项进行整改,相关员工已完成该部分奖金的个人所得税和滞纳金的补缴,合计补税251.05万元,含滞纳金34.01万元。

二是无真实交易虚开。实务中,企业客户为从企业套取资金,在没有真实业务的前提下,唆使、指派人员在灵活用工平台上注册,利用灵活用工平台"中间人"的政策,发布虚假的用工信息,骗取平台虚开发票。当灵活用工平台开票后,企业客户便会从私户将资金回流至股东、高管控制的账户。

在上述税务风险事件中,公安机关及检察院指控灵活用工平台涉嫌虚开增值税发票的主要理由为灵活用工平台"应知"或"明知"虚开行为,即在客户业务虚假、提供的资料明显不真实、开票需求不合理等"一眼假"的情况下,灵活用工平台有较高可能怀疑业务真实性,但未采取合理措施查证或叫停,可以认为灵活用工平台应当明知客户正在进行虚开行为,属于放任客户虚开行为,构成间接故意的作为。

一般而言,针对上述指控,灵活用工平台的抗辩空间集中于"不具有主观故意":一是灵活用工平台在合同中已明确告知企业客户禁止使用平台的情形,不具有协助、配合企业客户的主观故意;二是灵活用工平台与企业客户形成平等的民事法律关系,没有实质审查业务真实性的义务与能力,灵活用工平台在合同中已明确告知由企业客户对材料的准确性、完整性、真实性、合法性负责,灵活用工平台仅负有审查形式要件的义务,在没有相反证据的情况下,灵活用工平台有理由相信业务真实,即使最终证明客户的业务虚假,属于虚开,灵活用工平台也因尽到了合理的形式审查义务,而应被认为没有主观过错。

虽然灵活用工平台不构成虚开刑事犯罪,但极可能涉嫌构成行政法意义上的虚开增值税发票行为。行政法意义上的虚开增值税发票行为,是指企业虚开增值税发票的行为违反税法的规定,面临被税务机关行政处罚的风险。根据《发票管理办法》第21条第2款的规定,为他人、为自己开具与实际经营业务情况不符的发票,让他人为自己开具与实际经营业务情况不符的发票,以及介绍他人开具与实际经营业务情况不符的发票均属于虚开发票行为;2024年3月1日施行的《发票管理办法实施细则》第29条进一步规定,《发票管理办法》第21条所称之"与实际经营业务情况不符"的行为,不仅包括"未购销商品、未提供或者接受服务、未从事其他经营活动,而开具或取得发票"的行为,也包括"有购销商品、提供或者接受服务、从事其他经营活动,但开具或取得的发票载明的购买方、销售方、商品名称或经营项目、金额等与实际情况不符"的行为。简言之,行政法意义上的虚开是"无中生有",只要发票项的销货方、购货方、品名、数量、单价、金额中的一项与实际经营业务不一致,就属于虚开。但需要注意的是,在实务中,我们遇到更多的是"善意"取得虚开发票的情形,于受票方而言,虽然是"善意"取得虚开发票,但因发票取得不合规,其仍然面临补税以及支付税款滞纳金的风险。而对于灵活用工平台"善意"虚开发票的行为,需要进一步分析:于企业客户端口而言,理论上灵活用工平台作为开票方已经完成税收征缴入库,不存在补税行为,但灵活用工平台扰乱国家税收征管秩序,仍然面临行政罚款的风险;于个人客户端口而言,灵活用工平台的开票行为实际上属于将高税率应税行为转换为低税率应税行为的违规行为,基于平台在个人客户端口存在代扣代缴的义务与责任,税务机关可能根据国家税务总局《关于贯彻〈中华人民共和国税收征收管理法〉及其实施细则若干具体问题的通知》(国税发〔2003〕47号,部分失效)关于"扣缴义务人违反征管法及其实施细则规定应扣未扣、应收未收税款的,税务机关除按征管法及其实施细则的有关规定对其给予处罚外,应当责成扣缴义务人限期将应扣未扣、应收未收的税款补扣或补收"的规定,责成平台补扣税款以及对其进行行政罚款。

第四编

专 题

16 股权证券化税务关注重点

在股权证券化过程中,税务是绕不开的重要问题,拟 IPO 企业在早期阶段因盲目实施所谓的"税务筹划"、税务管理失当等所形成的历史涉税瑕疵,可能成为未来上市路上的"绊脚石"。

16.1 近年来股权证券化过程中关注的涉税事项

根据天健会计师事务所的统计(见表 4-1),在 2022 年度 583 家 IPO 审核企业中,涉税问询率高达 75.34%,涉税问题 1630 个;在 2023 年度 306 家 IPO 审核企业中,涉税问询率达 63.07%,虽然 IPO 企业及涉税问询企业的数量都同步大幅减少,但税务问题数量增加了 807 个,增幅为 49.51%,反映出监管机构对 IPO 企业涉税事项越发重视,问询的涉税问题的范围及深度也在不断扩展。

表 4-1 天健会计师事务所统计的 IPO 审核企业涉税问题情况

涉税问题	2023 年度 问题次数	占比/%	2022 年度 问题次数	占比/%	涉税问题增减变化[1]	占比变动/%[2]
关联交易定价的公允性问题	635	26.06	505	30.98	130	-4.92
收入确认的涉税问题	567	23.27	101	6.20	466	17.07
研发费用归集问题	407	16.70	82	5.03	325	11.67
股权激励的涉税问题	155	6.36	21	1.29	134	5.07
对赌协议涉及的税务合规问题	100	4.10	33	2.02	67	2.08
企业代持股的涉税问题	86	3.53	55	3.37	31	0.16
享受税收优惠的披露	78	3.20	80	4.91	-2	-1.71
企业出口退税问题	72	2.95	108	6.63	-36	-3.68
股权变更过程中的涉税问题	69	2.83	133	8.16	-64	-5.33
高新技术企业资质问题	64	2.63	49	3.01	15	-0.38
税收滞纳金和税收行政处罚问题	47	1.93	106	6.50	-59	-4.57
企业注销的税务合规问题	41	1.68	13	0.80	28	0.88

续表

涉税问题	2023年度 问题次数	占比/%	2022年度 问题次数	占比/%	两年数据对比 涉税问题增减变化	占比变动/%
并购重组过程中的涉税问题	34	1.40	19	1.17	15	0.23
企业转增资本过程中的涉税问题	28	1.15	30	1.84	−2	−0.69
费用税前扣除问题	10	0.41	28	1.72	−18	−1.31
软件企业享受增值税即征即退问题	8	0.33	33	2.02	−25	−1.69
企业红筹架构的税务合规问题	8	0.33	10	0.61	−2	−0.28
企业股份制改造过程中的涉税问题	8	0.33	3	0.18	5	0.15
会计核算收入与应税收入的匹配问题	6	0.25	80	4.91	−74	−4.66
企业税费结构问题	6	0.25	63	3.87	−57	−3.62
定向分红的税务合规问题	6	0.25	19	1.17	−13	−0.92
享受税收优惠的合规问题（所得税）	2	0.08	26	1.60	−24	−1.52
享受税收优惠的合规问题（增值税）	0	0.00	23	1.41	−23	−1.41
享受税收优惠的合规问题（其他税种）	0	0.00	10	0.61	−10	−0.61
合计	2437	100	1630	100	807	

〔1〕涉税问题增减变化=2023年度问题次数−2022年度问题次数
〔2〕占比变化=2023年度占比−2022年度占比

在上述问题中，股权激励的涉税问题、对赌协议涉及的税务合规问题、企业代持股的涉税问题、并购重组过程中的涉税问题、企业转增资本过程中的涉税问题、企业红筹架构的税务合规问题、企业股份制改造过程中的涉税问题、股权变更过程中的涉税问题、定向分红的税务合规问题，这九大类问题可以归集为"股权类涉税问题"，此"股权类涉税问题"在2022年、2023年占整体IPO税务问题的比重分别为19.82%、20.27%，呈现出逐年攀升之势。此是本书前文通过"主体""行为"两编的篇幅介绍的重点性内容。而关联交易定价的公允性问题、研发费用归集问题、高新技术企业资质问题、费用税前扣除问题等亦占比较高，故本书后文将以专题的形式呈现。

以"股权类涉税问题"为例，笔者根据截至 2024 年 7 月 8 日反馈时间排序，摘录了前 10 家 IPO 审核企业反馈问题中的"股权类涉税问题"，如表 4-2 所示。

表 4-2　IPO 审核企业股权类涉税问题示例

公司	问询问题
亚德林	……(3)结合发行人设立的发起外资股东实际系代实际控制人持有股权的情况，说明发行人、实际控制人是否存在受到相关税收处罚的风险，是否存在相关税收优惠返还的情形，如是，请测算对发行人的具体影响……(7)说明发行人历次股权变动的价格公允性，股权变动中所得税代扣代缴义务履行情况，是否存在其他不符合税务管理相关法律法规规定的情形，自然人股东的资金来源及价款支付情况
明朝万达	根据申报材料和首轮问询回复：(1)发行人实控人王某海、王某、喻某在报告期内分别于 2020 年和 2022 年集中对外转让部分股权，交易总额为 5821.8 万元，老股转让取得的资金中 2525.34 万元用于回购国投创合、厦门国兴持有公司的股份，同时三人尚未缴纳上述股份转让所涉及的税款；(2)除实控人外，报告期内历次股权变动涉及公司的目前股东中，发行人监事孙某光、发行人副总经理刘某丽以及创始团队成员、前监事周某秀三人未缴纳个人所得税；(3)此外，其余 6 名非公司员工股东范某坤、郎某伟、李某梅、刘某、王某选、张某，发行人已向其发出督促缴纳个人所得税的书面沟通函。 请发行人说明：……(2)前述发行人股东未缴纳个人所得税及滞纳金的具体金额及补缴情况，是否存在被税务机关处罚的风险，发行人实控人及董事、监事、高级管理人员未缴纳个人所得税是否构成重大违法行为，对本次发行上市的影响
浙江雅虎	请保荐人、发行人律师发表明确意见，说明发行人历次股权转让、整体变更、分红、转增股本过程中的纳税情况及是否合法合规，发行人控股股东、实际控制人是否存在应缴纳所得税未缴纳的情形，是否存在税收处罚风险
百图股份	说明历次股权变动尤其是报告期内 10 余次股权变动的价格公允性，股权变动中所得税代扣代缴义务履行情况，是否存在其他不符合税务相关规定的情形
新麦机械	历次股权转让、增资、转增股本、利润分配及整体变更等过程中涉及的控股股东及实际控制人缴纳所得税、发行人代扣代缴的情况，是否存在违反税收法律法规等情形，是否构成重大违法行为
格蓝若	张某宇的基本情况及其与实际控制人的关系，入股公司的背景及股东适格性，短期内取得和转让公司股权的原因；黄某礼、冯某刚、严某与实际控制人的关系，以 0 元的价格受让和转让股权的合理性，与公司经营情况及发展阶段是否匹配，认定股权受让和转让的依据，是否涉及股权代持或者其他利益安排，前述 0 元转让是否存在被税务处罚的风险
科瑞德	说明历次股权转让、增资、分红、整体变更等过程中涉及的控股股东及实际控制人缴纳所得税、发行人代扣代缴的情况，是否存在因股权转让而涉及税费缴纳方面的重大违法违规的情况
德斯泰	说明历次增资款是否及时足额实缴，是否存在出资瑕疵，历次股权转让、整体变更、分红、转增股本过程中的纳税情况及是否合法合规
小伦智造	(1)公司历次股权变动是否符合关于境外投资、外商投资、返程投资、外汇管理、税收等相关法律法规的规定……(5)历次股权转让、增减资、分红、整体变更等过程中涉及的控股股东及实际控制人缴纳所得税、发行人代扣代缴的情况
弘景光电	结合易某军、高某成的简历，其投资和控制的企业等，说明易某军、高某成入股发行人的背景原因和在发行人的历史任职情况，易某军与高某成的股权转让背景原因，相关价款是否真实支付；汇总列示发行人历次股权变动的背景原因、价格是否公允及定价依据、是否涉及股份支付、款项是否实际支付、是否存在应缴纳未缴纳税款等

上述涉税问题均在IPO监管机构反馈问题大类——"历史沿革"问题中出现，此即表明，股权变动（包括增资、转让、股改等）涉税问题是IPO无法逃避的常规性问题。一旦拟IPO企业出现税收处罚或者滞纳金缴纳等情形，监管机构将进一步延伸关注公司内控的有效性以及是否对IPO构成实质性障碍等问题。

16.2 股权证券化过程中涉税瑕疵的整改措施

拟IPO企业或多或少存在税务瑕疵，具体原因各有不同，后期补税、支付滞纳金是比较普遍的现象。

16.2.1 补税

根据《税收征收管理法》第52条的规定，除偷税、抗税、骗税外，税务机关的责任导致纳税人未缴少缴税款的，存在3年追征期限制；发生纳税人、扣缴义务人计算错误等失误导致纳税人未缴或者少缴税款的，存在"3年+2年"的追征期限制。根据国家税务总局《关于欠税追缴期限有关问题的批复》（国税函〔2005〕813号）的规定，"税收征管法第52条有关追征期限的规定，是指因税务机关或纳税人的责任造成未缴或少缴税款在一定期限内未发现的，超过此期限不再追征"。

在实务中，造成未缴或者少缴税款的原因要复杂得多，尤其是在2021年前，全国各地"打擦边球"，出台地方性政策，以奖励、补助、返还、核定征收等各种形式，违规将财政资金输送给特定纳税人，从而形成税负比较低的"税收洼地"；2021年12月31日，财政部、国家税务总局公告出台财税2021年第41号文，封堵了对个人独资企业、合伙企业实施核定征收的路径；2023年，国家市场监管总局、国家发展和改革委员会、财政部、商务部联合发布《关于开展妨碍统一市场和公平竞争的政策措施清理工作的通知》（国市监竞协发〔2023〕53号），明确将"违法给予特定经营者优惠政策，如违法给予税收优惠、通过违法转换经营者组织形式不缴或者少缴税款等"作为妨碍建设全国统一大市场和公平竞争的行为之一进行清理，进一步封堵非法税收优惠的漏洞；2024年8月1日，国务院发布的《公平竞争审查条例》正式实施，首次以行政法规的形式加强公平竞争审查刚性约束，并明确不得"给予特定经营者税收优惠"。随着这一形势，笔者陆续发现近期部分税务部门开始追征在核定征收模式下的少缴税款，而大部分采用核定征收的纳税主体或者代扣代缴义务人已经完成税务清算与工商注销程序。在此等情形下，引发出"税务部门能否追征税款"的问题。笔者认为，回答此问题的关键在于确定"核定征收"的原因是什么？核定征收是在企业收入核算正确，但成本费用核算不正确，或收入核算和成本费用核算均不正确的前提下，税务机关采取应税所得率或核定税额的一种征管措施。于所得税而言,查账征收是常态,核定征收是例外。企业不符合核定征收条件,但故意利用核定征收降低税负的,税收监管层面对该行为的定性以及税务处理并无明确的规定。一般而言,若纳税人账务完整,收入、成本可以准确核算,但"未提供真实的经营信息和相关的涉税资料",致使主管税务机关作出错误认定的,极可能会被认定为纳税人的过错,甚至会被认定为无追征期限的偷税行为。

16.2.2 税收滞纳金

"税收滞纳金"源于《税收征收管理法》的规定,即《税收征收管理法》第 32 条规定:"纳税人未按照规定期限缴纳税款的,扣缴义务人未按照规定期限解缴税款的,税务机关除责令限期缴纳外,从滞纳税款之日起,按日加收滞纳税款万分之五的滞纳金。"

16.2.2.1 税收滞纳金的性质与核算上限

如按照全年 365 天换算,每日 5‰ 的税收滞纳金相当于 18.25% 的年利率,已远高于民间借贷年利率的上限——12.4%(4 倍一年期 LPR,全国银行间同业拆借中心于 2025 年 3 月 20 日公布的一年期 LPR 为 3.1%)。此在实务中引申出两个问题:一是税收滞纳金是否属于税收处罚;二是税收滞纳金能否超过补税本金。

笔者认为,前述两个问题其实属于紧密相关、一脉相承的关系,若税收滞纳金属于行政处罚,则根据《行政强制法》的规定,不得超过本金,即《行政强制法》第 45 条规定,"行政机关依法作出金钱给付义务的行政决定,当事人逾期不履行的,行政机关可以依法加处罚款或者滞纳金","加处罚款或者滞纳金的数额不得超出金钱给付义务的数额";若税收滞纳金不属于行政处罚,则不适用《行政强制法》限制上限的规定。

2020 年,财政部在《关于"优化税收征管支持经济发展"建议的答复(摘要)》中对于滞纳金的问题明确答复如下:"《行政强制法》第四十五条规定,行政机关依法作出金钱给付义务的行政决定,当事人逾期不履行的,行政机关可以依法加处罚款或者滞纳金。加处罚款或者滞纳金的数额不得超出金钱给付义务的数额。《税收征收管理法》第三十二条规定,纳税人未按照规定期限缴纳税款的,扣缴义务人未按照规定期限解缴税款的,税务机关除责令限期缴纳外,从滞纳税款之日起,按日加收滞纳税款万分之五的滞纳金。由此可见,《税收征收管理法》所规定的滞纳金属于利息性质,在《税收征收管理法》修订过程中,我部会同税务总局等有关部门正在研究厘清税收利息与滞纳金的关系,并合理确定征收比例。"笔者经检索 12366 平台发现,大部分税务机关认为,税收滞纳金不属于行政处罚,核算金额没有上限,具体如表 4-3 所示。

表 4-3　12366 平台关于税收滞纳金答复示例

答复机关	答复时间	答复内容
国家税务总局深圳市税务局	2022 年 6 月 1 日	《税收征收管理法》(第十二届全国人民代表大会常务委员会第十四次会议修正)第 32 条规定:"纳税人未按照规定期限缴纳税款的,扣缴义务人未按照规定期限解缴税款的,税务机关除责令限期缴纳外,从滞纳税款之日起,按日加收滞纳税款万分之五的滞纳金。" 对于纳税人未按照规定期限缴纳税款产生的滞纳金没有上限规定,故存在超过本金的情形
国家税务总局湖南省税务局	2021 年 1 月 25 日	《行政强制法》第 45 条规定,加处罚款或者滞纳金的数额不得超出金钱给付义务的数额。税收滞纳金本质上是税收征收行为,不是《行政强制法》所规定的"加处罚款或者滞纳金"行为,不适用《行政强制法》,因此可以超过欠缴税款的金额
国家税务总局内蒙古自治区税务局	2021 年 1 月 25 日	根据国家税务总局答复口径:税收滞纳金本质上是税收征收行为,《税收征收管理法》中的罚款是行政处罚行为,二者均不是《行政强制法》所规定的"加处罚款及滞纳金"行为,不适用《行政强制法》,因此二者均可以超过欠缴税款的金额
国家税务总局安徽省税务局	2020 年 11 月 10 日	税收滞纳金本质上是税收征收行为,《税收征收管理法》中的罚款是行政处罚行为,二者均不是《行政强制法》所规定的"加处罚款及滞纳金"行为,不适用《行政强制法》,因此二者均可以超过欠缴税款的金额
国家税务总局河南省税务局	2019 年 12 月 19 日	税收滞纳金本质上是税收征收行为,不是《行政强制法》所规定的"加处罚款及滞纳金"行为,不适用《行政强制法》,因此可以超过欠缴税款的金额

然而,在司法审判中,法院作出了截然相反的判决。入选人民司法案例库国家税务总局南京市某区税务局诉南京某公司破产债权确认纠纷案(入库编号:2023-08-2-295-007)即为典型的代表。在该案中,江苏省南京市中级人民法院认为,税务机关加收滞纳金是税务机关实施行政强制执行的方式,应当要符合《行政强制法》的规定,其对滞纳税款加收的滞纳金数额不得超过税款数额,其裁判理由如下。

首先,税务机关加收滞纳金系依法强制纳税人履行缴纳税款义务的行为。《税收征收管理法》第 32 条规定,纳税人未按照规定期限缴纳税款的,扣缴义务人未按照规定期限解缴税款的,税务机关除责令限期缴纳外,从滞纳税款之日起,按日加收滞纳税款 5‰的滞纳金。纳税人应当在规定的期限内缴纳税款,此系纳税人依法所负的纳税义务。纳税人未按照规定期限缴纳税款的,系不依法履行义务,税务机关应当责令限期缴纳。同时,法律规定税务机关在滞纳税款之外加收滞纳金。因此,滞纳金系税务机关依法对纳税人的税款义务之外加收的金额,其目的在于促使纳税人履行其依法应当负担的缴纳税款义务。而《行政强制法》第 2 条第 3 款规定,行政强制执行是指行政机关或者行政机关申请人民法院,对不履行行政决定的公民、法人或者其他组织,依法强制履行义务的行为。故加处滞纳金属于《行政强制法》设定的行政强制执行的方式之一,是行政机关对逾期不履行义务的相对人处以一定数额的、持续的金钱给付义务,以促使其履行义务的一种强制行为。税务机关为依法强制纳税人履行缴纳税款义务而加收滞纳金,属于税务机关实施行政强制执行的方式。

其次，税务机关加收滞纳金的行为应当符合《行政强制法》的规定。作为规范行政机关设定和实施行政强制的一般性程序法，《行政强制法》通过明确规定行政强制行为及其具体的种类、实施条件和程序等，对行政强制予以统一规范。《税收征收管理法》在税款征收方面规定了税务机关可以采取加收滞纳金、税收保全以及强制执行措施等行为。对于其中税务机关实施的属于行政强制性质的行为，除法律明确规定有例外情形外，应当遵守《行政强制法》的规定。《行政强制法》第45条规定，行政机关依法作出金钱给付义务的行政决定，当事人逾期不履行的，行政机关可以依法加处罚款或者滞纳金。加处罚款或者滞纳金的标准应当告知当事人。加处罚款或者滞纳金的数额不得超出金钱给付义务的数额。《税收征收管理法》及其实施细则规定了加收税款滞纳金的起止时间、计算标准，而针对滞纳金这一事项，《行政强制法》明确规定了行政机关在实施该行为时须遵守的上述限制性规定，应当依法适用。因此，税务机关加收滞纳金的行为，符合《行政强制法》第45条规定的适用条件，应当遵守滞纳金的数额不得超出金钱给付义务数额的规定。此外，税务机关在实施税收征收管理行为时应当适当，对于税务机关加收滞纳金的行为，适用滞纳金的数额不得超出金钱给付义务数额的规定，在促使义务人履行缴纳税款义务的同时，既可以避免对相对人造成过重的金钱义务负担，在税收征收管理和相对人利益保护之间形成均衡，也有利于督促税务机关积极履行职责，及时采取其他强制执行措施，提高行政管理效率，符合税收征收管理的目的。

河北省石家庄市中级人民法院在国家税务总局平山县税务局南甸税务分局、国家税务总局平山县税务局税务行政管理（税务）案的二审判决［裁判文书号：(2020)冀01行终476号］中亦持相同的观点。

因此，在税务实际操作中，针对滞纳金的缴纳，其实存在与税务部门沟通的空间，当无法达到沟通的理想目标时，采用行政复议方式交由司法系统裁决也未尝不可。

16.2.2.2 税收滞纳金的收取情形

根据《税收征收管理法》第52条以及《税收征收管理法实施细则》第94条的规定，发生纳税人、扣缴义务人计算错误等失误，导致未缴或者少缴税款的，或者偷税、抗税、骗税的，或者纳税人拒绝代扣、代收税款的，税务机关可以加收滞纳金。总结而言，税收滞纳金的收取以纳税人、扣缴义务人具有过错为前提条件。除此之外，以下情形下，税务机关不得加征税收滞纳金。

一是若税务机关的责任，导致纳税人、扣缴义务人未缴或者少缴税款，则税务机关不得加收滞纳金。

二是《关于纳税人善意取得虚开增值税专用发票已抵扣税款加收滞纳金问题的批复》（国税函〔2007〕1240号）明确，纳税人善意取得虚开的增值税专用发票被依法追缴已抵扣税款的，不属于《税收征收管理法》第32条"纳税人未按照规定期限缴纳税款"的情形，不适用该条"税务机关除责令限期缴纳外,从滞纳税款之日起,按日加收滞纳税款万分之五的滞纳金"的规定。

三是国家税务总局《关于行政机关应扣未扣个人所得税问题的批复》(国税函〔2004〕1199号)规定,扣缴义务人应扣未扣税款,无论适用修订前还是修订后的《税收征收管理法》,均不得向纳税人或扣缴义务人加收滞纳金。

四是《企业所得税法》第48条以及《个人所得税法》第8条规定,税务机关依照作出纳税调整,需要补征税款的,应当补征税款,并按照国务院规定加收利息,此处"利息"并非指滞纳金。《企业所得税法实施条例》第122条规定:"企业所得税法第四十八条所称利息,应当按照税款所属纳税年度中国人民银行公布的与补税期间同期的人民币贷款基准利率加5个百分点计算。企业依照企业所得税法第四十三条和本条例的规定提供有关资料的,可以只按前款规定的人民币贷款基准利率计算利息。"《个人所得税法实施条例》第23条规定:"个人所得税法第八条第二款规定的利息,应当按照税款所属纳税申报期最后一日中国人民银行公布的与补税期间同期的人民币贷款基准利率计算,自税款纳税申报期满次日起至补缴税款期限届满之日止按日加收。纳税人在补缴税款期限届满前补缴税款的,利息加收至补缴税款之日。"以股权转让个人所得税为例,若申报的转让收入明显偏低且无正当理由的,税务机关按净资产核定法调整转让收入,导致需要补税的,则无须按照每日5‰的标准支付滞纳金,只须按照同期的人民币贷款基准利率支付利息即可。

除上述情形外,在司法实务中,还存在两类无须支付滞纳金的情形。

一是最高人民法院在广州德发公司与原广州市地方税务局第一稽查局案的再审行政判决书〔裁判文书号:(2015)行提字第13号〕中确认的滞纳金缴纳规则——如果税务机关未能证明纳税人具有责任,则应当基于有利于纳税人的解释原则,参照"因税务机关的责任"致使少缴税款的规定,不加收纳税人的滞纳金。在该案中,最高人民法院认为:"根据依法行政的基本要求,没有法律、法规和规章的规定,行政机关不得作出影响行政相对人合法权益或者增加行政相对人义务的决定;在法律规定存在多种解释时,应当首先考虑选择适用有利于行政相对人的解释。有权核定并追缴税款,与加收滞纳金属于两个不同问题。根据税收征管法第三十二条,第五十二条第二款、第三款规定,加收税收滞纳金应当符合以下条件之一:纳税人未按规定期限缴纳税款;自身存在计算错误等失误;或者故意偷税、抗税、骗税的。本案中德发公司在拍卖成交后依法缴纳了税款,不存在计算错误等失误,税务机关经过长期调查也未发现德发公司存在偷税、抗税、骗税情形,因此德发公司不存在缴纳滞纳金的法定情形。被诉税务处理决定认定的拍卖底价成交和一人竞买拍卖行为虽然能证明税务机关对成交价格未形成充分竞价的合理怀疑具有正当理由,但拍卖活动和拍卖价格并非德发公司所能控制和决定,广州税稽一局在依法进行的调查程序中也未能证明德发公司在拍卖活动中存在恶意串通等违法行为。同时本案还应考虑德发公司基于对拍卖行为以及地方税务局完税凭证的信赖而形成的信赖利益保护问题。在税务机关无法证明纳税人存在责任的情况下,可以参考税收征管法第五十二条第一款关于'因税务机关的责任,致使纳税人、扣缴义务人未缴或者少缴税款的,税务机关在三年内可以要求纳税人、扣缴义务人补缴税款,但是不得加收滞纳金'的规定,作出对行政相对人有利的处理方式。因此,广州税稽一局重新核定德发公司拍卖涉案房产的计税价格后新确定的应纳税额,纳税义务应当自核定之日发生,其对德发公司征收该税款确定之前的滞纳金,没有法律依据。"

二是吉林省四平市中级人民法院在吉林省丰达高速公路服务有限公司诉原公主岭市国家税务局、原公主岭市国家税务局稽查局税务行政处理案的二审行政判决书[裁判文书号:(2017)吉03行终36号]中所确认的滞纳金缴纳规则——税务检查、税务稽查程序补充实施期间不征收滞纳金。在该案中,一审法院与二审法院均认为:自2012年5月25日原公主岭市国家税务局稽查局向吉林省丰达高速公路服务有限公司送达税务检查通知书始,到2016年1月8日原公主岭市国家税务局稽查局作出公国税稽(2016)1号税务处理决定时止,该案历时4年,其间,2013年6月28日因原公主岭市国家税务局稽查局前期调查认定事实部分存在问题将该案退回重新调查一次。此期间发生的滞纳金全部由吉林省丰达高速公路服务有限公司承担显失公平。《税收征收管理法》第52条第1款规定:"因税务机关的责任,致使纳税人、扣缴义务人未缴或者少缴税款的,税务机关在三年内可以要求纳税人、扣缴义务人补缴税款,但是不得加收滞纳金。"该案办理期限较长是因为税务机关前期调查认定事实部分存在问题,将该案退回重新调查了一次,因此补充调查期间所产生的滞纳金,即2013年6月28日之后产生的滞纳金,不应由吉林省丰达高速公路服务有限公司承担。

16.3 股权证券化过程中的税务瑕疵应对思路

一般而言,IPO审核中税务瑕疵可能体现为如下几种结果:一是拟IPO企业受到税收处罚;二是拟IPO企业未受到税收处罚,仅涉及补缴税款以及滞纳金;三是拟IPO企业未受税收处罚,也未补缴税款。笔者分析大量的IPO案例,归总出拟IPO企业与中介机构的应对思路,在下文中详细说明。

16.3.1 受到税收处罚的应对思路

当受到税收处罚时,IPO企业与中介机构应首先判断税收处罚是否构成影响上市的实质性障碍。是否构成影响上市的实质性障碍应从金额、性质等方面视情节严重程度判断,若发行人相关违法行为轻微、罚款数额较小,且未导致社会影响恶劣等后果,则不构成影响上市的实质性障碍。在判定税收处罚不构成影响上市的实质性障碍的前提下，IPO企业的常规应对思路包括如下几个部分：一是详细披露被处罚的原因和背景；二是公司积极整改情况；三是由税务主管部门就有关处罚出具证明，证明处罚行为不属于重大违法行为，或者由中介机构论证不属于重大违法行为；四是由中介机构发表核查意见，说明该事项对发行上市不构成实质性障碍。

以国浩律师（北京）事务所作为保荐人律师服务的陕西能源IPO为例，根据其所披露的文件，发行人在报告期内存在3项税务处罚：(1)子公司渭河发电在2019年1月14日受到国家税务总局西咸新区税务局稽查局的税务处罚，因2015~2017年少缴纳增值税、企业所得税、房产税、城建税，少代扣代缴个人所得税被处罚14.89万元；(2)子公司冯家塔运营分公司于2021年5月17日受到国家税务总局西安高新技术产业开发区税务局唐延路税务所的税务处罚，因未按期申报增值税被处罚0.20万元；(3)子公司麟北煤业于2021年6月23日受到国家税务总局宝鸡市税务局稽查局的税务处罚，因2017年1月1日至2019年12月31日欠缴房产税1,687,002.21元，欠缴水利建设基金94,790.39元，对少缴房产税处以50%的罚款84.35万元。

在答复监管机构关于"(1)报告期内发行人是否存在重大违法违规行为，是否对发行上市构成障碍；(2)报告期内发行人及其子公司一再被行政处罚的原因，公司治理机制是否健全，内控是否完整、合理和有效等，是否对本次发行上市构成障碍"的问题时，陕西能源及其中介机构的答复思路如下。

(1)积极整改。"根据公司提供的资料及书面确认并经本所核查，针对上述行政处罚事项，发行人已积极进行整改，及时缴纳了罚款"。

(2)取得税务部门关于不属于重大违法行为的证明文件。针对子公司渭河发电税务行政处罚事项，"国家税务总局西咸新区税务局稽查局出具了说明：该公司已及时足额缴纳了税款及罚款，该行为不属于重大税收违法失信案件和重大违法行为"；针对子公司麟北煤业税务行政处罚事项，"国家税务总局宝鸡市税务局稽查局出具了说明：该公司立即对税务工作进行了自查，按期上缴税款及罚款，未造成重大不良后果，该行为不属于重大违法违规行为"。

(3)论证不构成重大违法行为。针对子公司冯家塔运营的分公司税务行政处罚事项，虽然未取得行政处罚所涉主管政府部门出具的证明文件，但"根据《陕西省税务行政处罚裁量基准（试行）》第二类第9项的规定，违反本条规定3次以上属于严重违法程度、根据国家税务总局西安高新技术产业开发区税务局出具的《涉税信息查询结果告知书》，该分公司自成立并办理税务登记以来，除本次事项外，无其他违法违规事项。该分公司无其他违法违规行为且涉及金额较小，故该处罚所涉及行为不属于严重违法行为"。

(4)论证治理与内控的有效性。"①根据发行人提供的资料及书面确认并经本所核查，发行人已按照《公司法》《证券法》《上市公司治理准则》等有关法律法规的要求,建立了股东大会、董事会、监事会、经营管理层为主体的公司治理结构;发行人制定了公司内部控制制度。公司在具体的日常合规运营方面,就人力资源、资金管理、资产管理。环境保护、质量管理、安全生产、对控股子公司的管理等方面制定了更为详尽的管理制度。②根据公司董事会出具的内部控制评价报告,公司董事会对公司报告期内的内部控制有效性进行了评价,认为报告期内,公司对纳入评价范围的业务与事项均已建立了内部控制,并得以有效执行,达到了公司内部控制的目标,不存在重大缺陷。③根据大华会计师出具的大华核字[2022]002952号《陕西能源投资股份有限公司内部控制鉴证报告》,陕能股份公司按照《企业内部控制基本规范》和相关规定于2021年12月31日在所有重大方面保持了与财务报表相关的有效的内部控制"。

16.3.2　未受到税收处罚,仅涉及补缴税款以及滞纳金的应对思路

当未受到税收处罚,仅涉及补缴税款以及滞纳金时,IPO企业与中介机构的常规应对思路为:一是详细披露补税与滞纳金的原因和背景;二是论证滞纳金不属于税收行政处罚范畴;三是说明税务部门已对发行人出具税务合规证明,发行人没有受到税务处罚。

以国浩律师(南京)事务所服务的华阳智能IPO为例,其所披露的文件显示,2020年,华阳智能及其子公司合计缴纳滞纳金16.89万元,其中华阳智能自查补缴房产税产生的滞纳金10.29万元,自查补缴企业所得税产生的滞纳金0.98万元,自查补缴印花税产生的滞纳金0.86万元,吸收合并华星电机时税务注销的时间较晚,延迟缴纳增值税、城建税、印花税,合计滞纳金3.78万元;子公司江苏德尔福自查补缴增值税等税费产生的滞纳金0.95万元,子公司泗洪赛欧、英耐尔智控因增值税延迟扣款1天产生的滞纳金合计0.03万元。2021年度,华阳智能及其子公司合计缴纳滞纳金3.53万元,其中华阳智能自查补缴企业所得税产生的滞纳金2.26万元,子公司华阳精密、泗洪赛欧自查补缴印花税、企业所得税产生的滞纳金合计1.28万元。

在答复监管机构关于"是否受到行政处罚,是否构成重大违法行为及本次发行上市的法律障碍"的问题时,华阳智能及其中介机构答复思路如下。

(1)加收滞纳金不属于行政处罚。"根据《中华人民共和国税收征收管理法(2015修正)》第三十二条规定,纳税人未按照规定期限缴纳税款的,扣缴义务人未按照规定期限解缴税款的,税务机关除责令限期缴纳外,从滞纳税款之日起,按日加收滞纳税款万分之五的滞纳金。根据《中华人民共和国行政处罚法(2021修订)》第九条规定,行政处罚的种类:(一)警告、通报批评;(二)罚款、没收违法所得、没收非法财物;(三)暂扣许可证件、降低资质等级、吊销许可证件;(四)限制开展生产经营活动、责令停产停业、责令关闭、限制从业;(五)行政拘留;(六)法律、行政法规规定的其他行政处罚。根据《税务行政复议规则(2018修正)》第十四条

规定,可提出行政复议申请的具体行政行为包括了'征税行为'、'行政处罚行为'等,其中'征收税款、加收滞纳金'被列入'征税行为'中,'罚款'则被列入'行政处罚行为'。因此,'加收滞纳金'不属于行政处罚行为,而应视为税款征收。"

（2）发行人没有行政处罚事项,且已取得税务部门的合法合规证明文件。"根据国家税务主管部门对发行人及其子公司出具的合规证明,发行人报告期内纳税申报的税种、税率符合税法的相关规定,无税费欠缴情况,未有重大税务违法行为不良记录,亦未受到过国家税务主管部门的处罚。"

16.3.3　未受到税收处罚,也未补缴税款的应对思路

未受到税收处罚也未补缴税款的行为,一般出现在拟IPO企业既不是纳税义务人,也不是纳税扣缴义务人的情形中,如历史个人股东应缴未缴个人所得税,此时,拟IPO企业不具有补税的义务与责任;同时也会出现于纳税瑕疵历史"久远"的情况中。对此,拟IPO企业与中介机构的常规应对思路为:一是详细披露未缴税款的背景;二是论证不补缴税款不构成对《税收征收管理法》的违反;三是说明税务部门已对发行人出具税务合规证明,发行人没有受到税务处罚;四是由发行人的控股股东和实控人出具兜底承诺,承诺未来若出现补缴税款、滞纳金及罚款等,由其承担;五是最终判断未补缴税款对发行人不构成上市的实质性影响。

以国浩律师（上海）事务所服务的文依电气IPO为例,其披露的文件显示,2003年7月,文依电气第一次以未分配利润按照1.00元/注册资本转增股本,其中陈某应缴未缴税款24万元,毛某军应缴未缴税款16万元;2005年9月,文依电气第二次以未分配利润按照1.00元/注册资本转增股本,其中陈某应缴未缴税款82.5万元,毛某军应缴未缴税款19.8万元,陈某军应缴未缴税款7.7万元;2007年12月,毛某军将持有的18.00%的股权以1.31元/注册资本转让给郑某,毛某军应缴未缴税款9.4万元,陈某军将持有的7.00%的股权以1.14元/注册资本转让给郑某,陈某军应缴未缴税款1.7万元。针对上述未缴情况,陈某已于2017年6月补缴其应缴纳的个人所得税税款106.5万元;历史股东毛某军、陈某军暂未申报缴纳前述税款54.6万元。在答复监管机构关于"是否存在违法违规情形,相关瑕疵是否已弥补,是否导致行政处罚"的问题时,文依电气及其中介机构答复思路如下。

（1）已超过行政处罚的时效。"根据《中华人民共和国税收征收管理法（2015修正）》第六十二条规定,纳税人未按照规定的期限办理纳税申报和报送纳税资料的,或者扣缴义务人未按照规定的期限向税务机关报送代扣代缴、代收代缴税款报告表和有关资料的,由税务机关责令限期改正,可以处二千元以下的罚款;情节严重的,可以处二千元以上一万元以下的罚款。该法第六十四条第二款规定,纳税人不进行纳税申报,不缴或者少缴应纳税款的,由税务机关追缴其不缴或者少缴的税款、滞纳金,并处不缴或者少缴的税款百分之五十以上五倍以

下的罚款。该法第八十六条规定,违反税收法律、行政法规应当给予行政处罚的行为,在五年内未被发现的,不再给予行政处罚。根据《国家税务总局关于未申报税款追缴期限问题的批复》(国税函〔2009〕326号)的规定,税收征管法第六十四条第二款规定的纳税人不进行纳税申报造成不缴或少缴应纳税款的情形不属于偷税、抗税、骗税,其追征期按照税收征管法第五十二条规定的精神,一般为三年,特殊情况可以延长至五年。截止本反馈意见回复报告出具之日,发行人历史股东毛某军、陈某军暂未申报缴纳前述税款,发行人未曾被税务机关追缴前述股权转让及转增股本的个人所得税,亦未受到税务机关行政处罚;前述所涉及的未申报缴纳个人所得税的情形发生于2007年前,距今已有十年以上,已经超过相关法律法规规定的五年最长追征期限及处罚期限。"

(2)发行人控股股东与实控人兜底承诺。"发行人控股股东、实际控制人陈某已出具承诺函,承诺:'若发行人及/或相关自然人因发行人历次股权转让、增资中所涉个人所得税事宜,被有关税务机关要求补缴相关税费,或因此被有关税务机关处以罚款、滞纳金或被追究其他法律责任的,其将承担所有补缴款项、罚款、滞纳金及其他支出并承担全部法律责任,且在承担后不向发行人追偿,保证发行人不会因此遭受损失,确保发行人免受任何风险和损害'。"

(3)发行人没有行政处罚事项,且已取得税务部门的合法合规证明文件。"根据国家税务总局上海市浦东新区税务局出具的《税务证明》并经查询中国裁判文书网、中国执行信息公开网、信用中国等网站,报告期内,发行人不存在有欠税、偷逃税款和重大违反税收管理法规的情形,亦不存在行政处罚事项。"

17 法财税结合的综合性律师服务在投资并购、资本市场中的作用和价值

合同在商业交易和日常生活中扮演着至关重要的角色，尤其是商事交易中，书面的合同为明确当事人权利义务、保障交易安全、促进交易效率、解决纠纷提供了明确的框架。可以说，一切交易，无论其规模大小、复杂程度如何，最终都将回归到合同这一基石之上。基于合同的重要性，律师在上述交易中的重要性已获得普遍性的认可，但律师的重要作用具体体现在哪里呢？笔者认为，真正具有商业价值的律师服务，应当成为连接法律规则、财务逻辑与税务效率的"转换器"。

17.1 合同与财务、税务

17.1.1 交易形成合同，合同决定税收

我国目前的十八个税种可以分为行为税、财产税、流转税和所得税四大类，其中，包括增值税、消费税、关税在内的财产流转税占据主导地位，所得税、财产税、行为税中的大部分税种基于经济交易行为而产生；而财产流转关系中的交易关系在法律层面的主要表现形态就是合同文书。因此，交易、合同与税收之间的关系可以归总为：交易形成合同，合同决定税收。

根据《民法典》第470条的规定，合同一般包括"当事人的姓名或者名称和住所""标的""数量""质量""价款或者报酬""履行期限、地点和方式""违约责任""解决争议的方法"8个部分，其中绝大多数条款与税收征管事项挂钩。具体如表4-4所示。

表4-4 合同条款对涉税事项的影响

合同条款	影响涉税事项
合同主体	影响纳税主体的确定，进而影响税种、税率、纳税期限和地点、纳税义务履行等，如单位作为买方、个人作为卖方，买方需要代扣代缴个人所得税
合同标的	影响税种和税率，如买卖服务与买卖动产涉及的税率不同，买卖股权与买卖证券涉及的税种不同

续表

合同条款	影响涉税事项
合同价款	影响税基,如卖方将产品以0元价格赠与买方试用,属于视同销售行为,卖方应按照正常销售价格缴纳增值税与企业所得税
合同履行时点	影响纳税义务的时间,如采用分期或赊销的,增值税纳税义务在发货时或合同约定收款时,若未约定具体付款时间,则增值税纳税义务发生时间为货物发出的当天
合同履行地点	影响纳税义务的地点,如建安企业机构所在地与建安项目所在地不同,且不属于同一地级行政区内,建安企业在收到预收款时应在项目经营地预缴增值税
标的验收与交付条款	影响收入确认时点。如合同约定货物在卖方工厂验收,验收合格后,买方提货,此时,卖方不能在买方验收合格后即确认收入;如合同约定货物到达买方指定地点后,卖方负责安装调试,买方负责验收,此时,卖方不能在货物到达指定地点后确认收入,也不能在安装调试后确认收入
合同价款支付进度	影响应收账款信用减值损失。如合同约定某部分进度款在验收合格后18个月内支付,则根据会计准则,无论该进度款是否在按约定支付,若12个月内未能支付,则卖方应当计提一定比例的信用减值损失,进而影响当年度的利润损益

合同是处理涉税事项的重要工具,在实务中,我们可以看到,交易所形成的合同,商务内容一般由业务主导,法务内容一般由法务或者律师主导,财务内容一般由财务负责,但合同的税务内容在企业决策和合同签署过程中往往被忽略和遗忘。虽然在大部分时候财务兼管税务,但大多数企业的财务偏重"税后"核算,而非"税前"规划与测算。一项法财税结合的综合性律师服务,能够在交易之初兼顾法律、税务目的的实现。

17.1.2　合同不仅隐含税务安排,还隐含财务安排

每个企业的任何一项交易,都隐含深层次的"财务战略安排",大部分非上市公司的财务规划目的更多是"低调赚钱",所以,私卡收款、尽可能低价格购买设备而不开票等行为大量存在;而大部分上市公司、拟上市公司、拟被并购公司则更多地着眼于"高调赚钱",以吸引投资者的青睐,所以,提前确认收入、虚开发票确认收入等行为屡禁不止。

一项上市公司的并购交易,表层的目的在于优化财务报表,只不过优化报表存在近期目标或远期目标、直接目标或间接目标之分。若为直接目标,则是否符合财务某项实质性条件决定了交易的核心要素。

以笔者亲历的某上市公司资产出售为例,交易的背景是在当年"老退市"条件下,如果上市公司连续两年净利润为负,则面临退市风险。某上市公司为优化财务报表、实现"保壳"目的,在年底以溢价方式出售一亏损子公司的控制权,在合同条款的设计上,双方针对何时实施交割、支付价款进度、办理工商变更手续等事项发生了争议,买方因其付款现金流匹配问题,不愿在12月31日前完成价款支付,而卖方上市公司则强势要求完成大部分价款支付,并在12月31日前完成控制权交割与工商变更登记。

卖方上市公司如此"着急"的主要原因在于卖方上市公司要将子公司在12月31日前实现"出表"并确认投资收益,而实现"出表"的标志性事件,需参考《〈企业会计准则第20号——企业合并〉应用指南》关于"控制权转移"的条件,即"同时满足下列条件的,通常可认为实现了控制权的转移:(一)企业合并合同或协议已获股东大会等通过。(二)企业合并事项需要经过国家有关主管部门审批的,已获得批准。(三)参与合并各方已办理了必要的财产权转移手续。(四)合并方或购买方已支付了合并价款的大部分(一般应超过50%),并且有能力、有计划支付剩余款项。(五)合并方或购买方实际上已经控制了被合并方或被购买方的财务和经营政策,并享有相应的利益、承担相应的风险"。

为此,双方基于上述5个核心条件,转化出了如表4-5所示的合同条款。

表4-5 控制权转移条件转化为合同控制条款

控制权转移条件	合同条款
企业合并合同或协议已获股东大会等通过	本协议自签署之日起成立,自转让方股东会审批通过后生效,但若转让方股东会无法在12月15日前审批通过,则本协议自动解除
企业合并事项需要经过国家有关主管部门审批的,已获得批准	—
参与合并各方已办理了必要的财产权转移手续	标的公司应在12月31日前完成本次交易的工商变更登记手续的,转让双方应于12月25日前配合标的公司提供办理工商变更登记所需的各项文件资料
合并方或购买方已支付了合并价款的大部分(一般应超过50%),并且有能力、有计划支付剩余款项	自本协议生效后的2个工作日内,受让方向转让方支付转让价款的60%,自工商变更登记后1个月内,受让方向转让方支付转让价款的30%;余款10%在自工商变更登记后6个月内支付完毕
合并方或购买方实际上已经控制了被合并方或被购买方的财务和经营政策,并享有相应的利益、承担相应的风险	当转让方收到转让价款的60%后,转让方向受让方代表移交公章印鉴、重要合同资料,受让方有权向标的公司委派总经理、财务总监等经营管理层,转让方撤回原隶属于转让方控制下的经营管理层且标的公司不承担劳动合同项下的经济补偿金、赔偿金

↘ 17.1.3 法财税结合的综合性律师服务的合法性、可行性、节税性以及高效性

一个合同通常由商务、法务、财务、税务四个部分的内容构成,与此对应,一份严谨的合同,从拟定到决策再到签署,一般需要反复经过业务、法务、财务、税务四个环节。以一项"明股实债"的投资业务为例,投资部要求为确保投资交易安全,需要设计一项保本保息的远期回购条款;站在法律风控的角度,虽然是带有"收益兜底但不限额"条款(类似于明股实债,但并不符合税法明股实债的认定条件)的投资,但仍需对投资行为通过委派董事、财务等方式实施监管,且保本保息的远期回购义务方只能是大股东,而公司承担远期回购义务存在巨大风险;站在财务确认的角度,为确保财务收入提前确认,优化财务报表,类似利息的收益可进一步细

分设计为按年支付;站在税务成本的角度,如果由大股东每年付息则要缴税,最好调整为公司每年分红免税;此时,该项投资业务模式再次转回到法律风控角度,如果公司没有利润分红或者利润不足分红,兜底收益如何实现?是要防控法律风险,还是要节省财税成本?有没有一个兼顾法律风险、财务利益、财税成本的方案?

答案当然有,如果一个同时具有法律、财务、税务复合知识背景的律师对该项业务交易进行搭建,关于"利息"支付的方案可直接调整为:投资后,标的公司每年强制分红,直至投资方获得兜底的年化收益为止;若分红不足,则不再按比例分红,将其他股东的分红优先分配给投资方,直至投资方获得兜底的年化收益;分红仍不足或者无利润可分,则差额部分由大股东承担。投资到期且回购条件触发,大股东按照约定金额回购投资方所持标的公司股权。按照上述调整后的方案,既可以确保投资风险控制,同时又可以在一定条件下兼顾财税成本,实现投资的合法性、可行性、节税性以及高效性。

17.2 财税律师在投资并购、资本市场中的工作和价值

在投资并购与资本运作领域,选择的目标交易方不同、交易方式不同、支付方式不同、融资方式不同,税负也会不同,不同环节的不同决策对税务风险的影响也会有所差异。近年来,投资并购中的节税规划越来越受到重视,"不缴冤枉税、合理少缴税、尽量晚缴税"已经成为降低交易成本的重要考量,基于此,财税律师的专业价值逐步开始得到体现。一个能够同时提供法财税服务的综合型律师(以下简称财税律师),能够利用其法律、财务、税务知识的融会贯通,设计出既符合法律法规要求,又能有效降低财税成本的综合性解决方案,最终实现法律风险与财税成本之间的微妙平衡。

不考虑律师在投资并购与资本运作中的常规性法律工作,一般而言,财税律师在投资并购中的工作内容主要分为如下几个阶段:一是交易前期,财税律师的工作重点在于对交易标的实施税务调查,排查、规避税务风险,对交易模式实施税负测算,并着眼于退出的长远考虑提供交易架构的法律与税务建议;二是交易进行中,财税律师的工作重点在于参与税务条款的拟定、修改和谈判,协助企业实施税务申报;三是退出环节,财税律师的工作重点在于协助客户最终完成交易退出的实现。

17.2.1 税务尽职调查

在投资并购过程中,法律尽职调查、业务尽职调查以及财务尽职调查十分常见,普遍认为财务尽职调查应当包含税务尽职调查,但实际上,税务尽职调查在投资并购业务中具有独特的重要性和独立价值。财务尽职调查虽然涵盖了企业的财务状况和历史财务数据,但往往无

法深入分析税务合规性、潜在税务风险以及税务规划的合理性。而独立的税务尽职调查通常有助于发现企业历史上的税务违规行为、评估企业的税务规划的合理性，因此，税务尽职调查在投资并购过程中具有不可替代的作用。

17.2.1.1 税务尽职调查关注的事项

2022年，中国注册税务师协会颁布了《税务尽职调查业务指引——税务师行业涉税专业服务规范第3.3.4号（试行）》，明确了税务尽职调查的关注事项，具体如表4-6所示。

表4-6 税务尽职调查关注事项

要点	具体内容
目标单位的内控制度制定是否完善，执行是否到位	（1）分析目标单位的内部控制制度，包括采购制度、报销制度、存货管理制度、销售管理制度、财务核算制度、合同管理制度、研发制度、纳税申报复核制度等，识别目标单位是否存在内部控制制度缺失导致的涉税风险； （2）结合账簿凭证、内部及外部报告、经济业务合同等资料，对目标单位的内部控制制度进行测试，调查内控制度执行是否到位，识别目标单位制度执行不到位导致的涉税风险； （3）关注目标单位是否接受过或者正在接受税务、财政、审计、证券监督等机关检查，以及检查结果、整改情况； （4）结合财务账表、经济业务合同、各税种纳税申报表等资料，对目标单位被委托期间的申报数据进行分析，并结合历史申报数据对税种之间的纵向及横向比较，核实数据准确性及重大差异原因，调查目标单位纳税申报数据是否存在重大涉税风险； （5）关注目标单位是否存在补税的情况，了解补税的原因及有关法律文书
目标单位日常生产、经营的涉税处理的合规性	（1）梳理目标单位生产流程、销售和提供服务模式，关注不同销售模式或服务种类中的涉税处理是否合规、审慎； （2）梳理目标单位投、融资业务模式，关注不同模式投融资业务中的涉税处理是否合规、审慎； （3）分析目标单位资产购入、管理、处置等环节，关注各环节的涉税处理是否合规、审慎； （4）分析目标单位人员和薪酬的构成情况，关注涉税处理是否合规、审慎； （5）分析目标单位获得利得的情况，包括收入、成本、费用、接受捐赠、税收返还、诉讼、担保或仲裁等情况，关注涉税处理是否合规、审慎； （6）重点关注目标单位选择适用的税收优惠政策是否合规、审慎，享受的税收优惠事项是否按规定进行申报或备案（查）
目标单位重大经济事项涉税处理的合规性	（1）重点关注目标单位的重大并购或重组业务方案和合同，特别是重组业务选择适用特殊性税务处理是否合规、审慎，对商业事务涉及并购的，重点关注并购后目标对象适用税收政策变化，特别是优惠政策； （2）重点关注目标单位的关联交易类型和业务流程，相关涉税处理是否合规、审慎； （3）重点关注目标单位的重大资产确认、管理、处置等环节的相关情况，相关涉税处理是否合规、审慎； （4）重点关注目标单位的重大投资业务初始投资、取得投资收益、投资处置等环节的相关情况，相关涉税处理是否合规、审慎，对商业事务涉及投资的，重点关注商业事务达成对目标单位以前年度重大事项的税务处理影响； （5）重点关注目标单位的重大经济业务合同，包括影响重大或金额重大的经济业务合同，相关涉税处理是否合规、审慎； （6）重点关注目标单位境外投资情况、对境外所得及亏损等事项的涉税处理是否合规、审慎； （7）重点关注目标单位其他尽职调查结果，包括法律尽职调查、财务尽职调查、业务尽职调查等，对相关事项和结论进行对比，分析涉税情况

17.2.1.2 税务尽职调查关注的主要税种

实施税务尽职调查首先应厘清企业日常涉及的税种以及税率,一般而言,包括增值税及附加、企业所得税、印花税、个人所得税、契税、房产税、消费税。

1. 增值税

在企业的日常经营过程中,增值税层面常见的"踩坑"情形大类主要包括适用税率风险、没有足额确认或者没有及时确认收入的风险、进项税抵扣风险、进项税转出风险以及税收优惠风险,具体如表4-7所示。

表4-7 增值税相关风险

风险	具体内容
代开或者虚开增值税发票	企业开具与实际经营情况不相符的发票,如没有销售商品、未提供服务等经营活动,却虚构经济活动的项目、数量、单价、收取金额等,代开或者虚开增值税发票,作为增值税合法抵扣凭证抵扣进项税额,或申请出口退税。 在智能税务监管体系下,需要特别关注如下几种情况:①企业发生大量异地采购常规物资;②进、销严重背离,尤其是商贸企业;③开票项目与公司实际经营范围严重不匹配
合同流、资金流、发票流不一致涉嫌收受虚开增值税发票	企业购进货物或应税劳务,所支付款项的单位与开票对象、开具抵扣凭证的单位名称不一致,在进行进项税额抵扣时,无法证实业务的真实性,将该部分税款予以抵扣
签订阴阳合同隐瞒收入,少缴增值税	合同当事人就同一事项订立两份以上内容不相同的合同,其中对内合同列示真实的合同履行金额,对外合同列示的金额少于真实发生的合同履行金额,隐瞒收入,少缴增值税
未按规定时间确认增值税收入,导致少缴纳当期增值税	增值税收入的确认时点为纳税人收讫销售款项或者取得索取销售款项凭据的当天,但先开具发票的,为开具发票的当天;进口货物为报关进口的当天
从事兼营行为未分别核算销售额的没有从高适用税率	企业在生产经营过程中同时提供不同税率的货物与服务,对税率不同的货物与服务,企业未对其分别核算,也没有按照税法规定对其从高适用税率,存在补缴税款及补缴罚款和滞纳金的税务风险
销售货物销售额与折扣额不在同一张发票而在核算时减除了折扣额	企业采取折扣方式销售货物,销售额和折扣额未在同一张发票"金额"栏注明折扣额,而是分别开具销售发票和红字发票的,折扣额不得从销售额中减除
混合销售行为未以主营业务确定适用税率	一项销售行为如果既涉及服务又涉及货物,则为混合销售。从事货物的生产、批发或者零售的单位和个体工商户的混合销售行为,按照销售货物缴纳增值税;其他单位和个体工商户的混合销售行为,按照销售服务缴纳增值税。企业在实务中可能统一按照应税服务税率缴纳增值税,导致适用税率有误;抑或并没有对该部分销售形成的收入缴纳增值税,从而少缴税款,给企业带来税务风险
销售商品的价外费用未入账	企业在销售商品和服务时,在价外向购买方收取的手续费、补贴、基金、集资费、返还利润、奖励费、违约金、滞纳金、延期付款利息、赔偿金、代收款项、代垫款项、包装费、包装物租金、储备费、优质费、运输装卸费以及其他各种性质的价外收费应该计入销售额,并计算销项税额

续表

风险	具体内容
企业支付与贷款相关的财务顾问费、咨询费等进项税额直接抵扣	企业接受贷款服务向贷款方支付的与该笔贷款直接相关的投融资顾问费、手续费、咨询费等费用,其进项税额不得从销项税额中抵扣
平销行为返还资金的没有冲减当期进项税额	企业的平销行为,因购买货物而从销售方取得的各种形式的返还资金在取得的当期未冲减进项税额,致使多抵扣当期进项税额,存在少缴增值税税款的风险
以物抵债未计销售额,未缴纳增值税	企业以自有资产冲抵其对外负债,未及时确认收入,产生少缴纳增值税的风险
以自有资产对外投资或者分配给股东未计销售额,未缴纳增值税	企业以自有资产对外投资或者分配给股东,未及时将自有资产按照公允价值确认收入,产生少缴纳增值税的风险
以自有资产无偿赠与未计销售额,未缴纳增值税	企业以自有资产无偿赠与第三人,未及时将自有资产按照公允价值确认收入,产生少缴纳增值税的风险
以自产产品资产发放员工福利,未计销售额,未缴纳增值税	企业以自产产品向员工集体发放福利,未及时将自产产品按照公允价值确认收入,产生少缴纳增值税的风险
非正常损失,未按规定作进项税额转出	企业管理不善造成货物被盗、丢失、霉烂变质,以及违反法律法规造成货物或者不动产被依法没收、销毁、拆除等非正常损失(但自然灾害造成的货物损失、企业因产品质量原因或者产品滞销过期而主动销毁的货物损失除外),涉及购进货物及相关的加工修理修配劳务和交通运输服务不得从销项税额中抵扣,已抵扣的进项税额应作转出处理
利用推迟或者提前确认增值税收入的方式享受税收优惠政策	企业通过推迟或者提前确认增值税收入的方式,将小规模纳税人发生的增值税应税销售金额控制在优惠范围内,从而享受增值税小规模纳税人减免增值税等政策。在智能税务监管体系下,需要特别关注诸如同一笔销售发票当月作废、下月重开,且金额恰好在起征点范围内的情形
销售给关联方的价格明显偏低且无正当理由	企业销售给关联企业时的销售价格低于同期、同类、相同的产品价格,且低于其他企业的平均价格,存在利用关联企业逃避缴纳税款的风险

2. 企业所得税

企业所得税层面的常见"踩坑"情形大类主要包括没有足额确认或者没有及时确认收入的风险、税前列支成本抵扣风险以及税收优惠风险,具体如表4-8所示。

表4-8 企业所得税相关风险

风险	具体内容
未按规定时间确认所得税收入,导致少缴纳当期所得税	根据国税函〔2008〕875号文的规定,不同的销售方式确认销售收入的标准不同,如果已满足收入确认的条件而未确认收入,则存在当期少缴纳企业所得税的税务风险。一般而言,除满足"商品销售合同已经签订,企业已将商品所有权相关的主要风险和报酬转移给购货方""企业对已售出的商品既没有保留通常与所有权相联系的继续管理权,也没有实施有效控制""收入的金额能够可靠地计量""已发生或将发生的销售方成本能够可靠地核算"的收入确认条件外,采取下列商品销售方式的,应按以下规定确认收入实现时间:

续表

风险	具体内容
	①销售商品采用托收承付方式的,在办妥托收手续时确认收入; ②销售商品采取预收款方式的,在发出商品时确认收入; ③销售商品需要安装和检验的,在购买方接受商品以及安装和检验完毕时确认收入,如果安装程序比较简单,可在发出商品时确认收入; ④销售商品采用支付手续费方式委托代销的,在收到代销清单时确认收入
违规"白条"入账	除"不属于增值税应税范围的金额(如违约金)""小额零星交易的收款凭据(向个人支付500元以下)""分割单(如共摊费用的分割单)""支付境外的金额(形式发票)""按规定无法补开或换开发票的金额"外的"白条"入账在税前扣除,导致少缴企业所得税
虚列税务"敏感"的会议费用、咨询费用	企业获得名目为会议费用、咨询费用发票,没有对应证据支撑,真实性、合理性、相关性不足
将业务招待费、销售提成、销售回扣等调整为会议费开具发票	企业为突破所得税税前抵扣上限,将业务招待费、销售提成、销售回扣等调整为会议费开具发票
确实无法偿付的应付款项未确认收入	企业存在确实无法偿付的应付款项长期挂账不处理,除另有规定外,应该按税法规定一次性计入确认收入的年度计算缴纳企业所得税,否则存在少缴所得税的风险
跨年度租金收入未按收入与费用配比原则确认收入	企业出租资产取得的跨年度租金收入若未按收入与费用配比原则确认收入,则存在少缴所得税的风险
处置低值易耗品、废品废料的收入未入账	企业对外处置低值易耗品、一次性损耗的办公用品以及生产经营过程中产生的废品废料,直接入私账收款,存在少缴所得税的风险
获得政府补助不确认收入	除符合不征税条件的财政性资金(专项用途或者代收财政资金、财政拨款)外,其余政府补助在不符合不征税收入的条件下不确认收入,存在少缴所得税的风险
符合不征税条件的政府补助不符合抵扣	企业获得不征税收入,但其所对应的折旧和摊销仍然在税前扣除,存在少缴所得税的风险
以物抵债未确认收入,未缴纳所得税	企业以自有资产冲抵其对外负债,未及时确认收入,产生少缴纳所得税的风险
以自有资产对外投资或者分配给股东未确认收入,未缴纳所得税	企业以自有资产对外投资或者分配给股东,未及时将自有资产按照公允价值确认收入,产生少缴纳所得税的风险
将自有资产用于市场推广或销售、交际应酬、职工奖励或福利、对外捐赠未确认收入,未缴纳所得税	企业将自有资产用于市场推广或销售、交际应酬、职工奖励或福利、对外捐赠,未及时将自有资产按照公允价值确认收入,产生少缴所得税的风险
暂估入账的原材料、工程物资、劳务等采购成本未取得合法有效凭证而税前扣除	企业支付的工程款、原材料采购款、劳务款等可能未及时取得有效凭证,按合同或预算暂估入账和预缴企业所得税,在企业所得税汇算清缴前仍未取得有效凭证而税前扣除导致少缴企业所得税风险

续表

风险	具体内容
研发费用加计扣除不符合税法规定的范围和标准	企业在进行研发费用税前加计扣除归集时，容易出现以下不规范的情况而导致少缴企业所得税风险： ①对既用于研发活动又用于非研发活动的人员人工费用、直接投入费用、折旧费用、无形资产摊销费用，未按照实际发生情况通过合理方法分配归集； ②研发活动直接形成的产品或作为组成部分形成的产品对外销售的，研发费用中对应的材料费用仍加计扣除； ③取得研发过程中形成的下脚料、残次品、中间试制品等的特殊收入，在计算确认收入当年的加计扣除研发费用时，未从已归集研发费用中扣减该特殊收入； ④取得的政府补助，会计处理时采用直接冲减研发费用的方法且税务处理时未将其确认为应税收入的，未按冲减后的余额计算加计扣除金额； ⑤将政策文件列举范围之外的费用项目进行归集并加计扣除； ⑥对文件列举且限制比例的研发费用项目，超额进行加计扣除
利用推迟或者提前确认所得税收入的方式享受税收优惠政策	企业通过推迟或者提前确认增值税收入的方式，将小型微利企业发生的所得税应税销售行为控制在优惠范围内，从而享受小型微利企业纳税人减免所得税等政策
虚列研发费用获得高新技术企业资质享受税收优惠政策，或者享受研发费用加计扣除研发政策	企业把日常生产经营活动列为研发活动，甚至完全虚构研发活动（比如研发项目数量多，研发人员多，但员工人数不匹配；研发项目始终处于研究阶段，没有研发成果；项目重复多项研发；等等），虚列多列研发费用，获得高新技术企业资质享受高新技术企业资质所得税优惠政策或者享受研发费用加计扣除研发政策

3. 印花税

印花税虽然是小税种，税率为 0.5‰ 至 1‰，但也是极容易出错、出现风险的税种，具体如表 4-9 所示。

表 4-9 印花税相关风险

风险	具体内容
按照"当期收入、成本合计"作为申报基数按月按季申报	印花税纳税义务发生时间为合同书立时，且不论合同是否履行，均须缴纳印花税；实际交易发生时才缴税，存在未按期缴纳、漏缴纳印花税的风险
与技术转让有关的合同适用印花税品目混淆	与技术有关的合同，如专利权、专有技术使用权转让书据，印花税品目应适用"产权转移书据"而非"技术合同"，容易错误适用印花税品目
未订立合同仅有单据不贴花	对货物运输单、仓储保管单、财产保险单、银行借据等单据，即使未签合同，也应就单据记载金额计税贴花，否则存在少缴印花税的风险
合同未履行或者终止履行不贴花	企业已签订合同或具有合同性的凭证，因未兑现或不按约兑现终止履行或解除，企业仍应正常缴纳印花税，不得因合同终止相关义务未履行为由不缴印花税，否则存在被补缴税款、滞纳金和罚款的风险
签订电子合同不贴花	企业以电子形式签订的各类应税凭证，应按规定计算缴纳印花税，未计算缴纳印花税的，存在被补缴税款、滞纳金和罚款的风险

续表

风险	具体内容
未注明金额或暂时无法确定金额的应税合同不贴花	对于未注明金额的意向性合同或者金额不确定的框架性合同,企业在订立合同时不缴纳印花税,但根据《印花税法》的规定,应税合同、产权转移书据未列明金额的,印花税的计税依据按照实际结算的金额确定,不能确定的,按照书立合同、产权转移书据时的市场价格确定;依法应当执行政府定价或者政府指导价的,按照国家有关规定确定。如果企业仅因为金额不确定不贴花,则存在被补缴印花税、滞纳金和罚款的风险
租赁合同未按照合同总金额贴花	签订长期租赁合同时,企业应按合同所列总金额缴纳印花税,不能按年租金或者每期租金的金额申报缴纳印花税,否则存在被补缴印花税、滞纳金和罚款的风险

4. 个人所得税

个人所得税层面的常见"踩坑"情形大类主要包括代扣代缴风险、"转换"收入风险,具体如表4-10所示。

表4-10 个人所得税相关风险

风险	具体内容
工资薪金"替票"占比异常	企业以名目为餐费、加油费、住宿费、办公用品发票向员工发放费用,导致企业的生产经营情况、生产规模与从业职工人数、薪酬标准出现异常,员工工资薪酬远低于当地同类行业或者类似行业中经营规模和收入水平相近的纳税人
扣缴义务人没有在规定的时间履行代扣税款的义务	企业向个人支付所得,如向临时雇用人员支付零星运费、支付讲师培训费等,应当依法办理全员全额代扣代缴申报
员工、股东个人借款长期挂账未扣个人所得税	企业账面其他应收款明细科目——员工个人有借款跨年长期挂账一直未收回的,税法上应视同员工、股东个人收入,企业应当按照"工资、薪金所得""股息红利"项目计征个人所得税,并代扣代缴个人所得税
发放员工福利未扣个人所得税	除集体享受的、不可分割的、非现金方式的福利原则上不需缴纳个人所得税外,对于任职受雇单位发给个人的其他福利,无论是现金还是实物,依法均应缴纳个人所得税
为企业员工购买汽车、住房等消费性支出未计入工资薪金计算个人所得税	企业出资金为企业人员(除个人投资者外)支付与企业生产经营无关的消费性支出及购买汽车、住房、电子计算机等财产性支出(所有权不属于企业),应按照"工资、薪金所得"项目扣缴个人所得税
向本单位以外的人赠送礼品未代扣代缴个人所得税	企业在业务宣传、广告等活动中,随机向该单位以外的个人赠送礼品(包括网络红包),以及企业在年会、座谈会、庆典以及其他活动中向该单位以外的个人赠送礼品,未按"偶然所得"代扣代缴个人所得税
员工一次性补偿收入代扣代缴个人所得税适用政策错误	员工与用人单位解除劳动关系取得一次性补偿收入,在当地上年职工平均工资3倍数额以内的部分,免征个人所得税;超过3倍数额的部分,不并入当年综合所得,单独适用综合所得税率表,计算纳税。在员工工资未达到起征点时,企业将超出部分并入综合所得抵减未达起征点数额后,再适用税率纳税,少缴个人所得税
恶意利用一次性补偿收入政策逃避个人所得税	企业为了逃避个人所得税或虚增成本,让同一员工在多个关联企业之间频繁跳槽,利用一次性补偿收入的减免政策,既达到逃避个人所得税的目的,又在所得税前列支了补偿成本,少缴所得税
股权转让收入明显偏低逃避个人所得税	企业自然人股东转让股权时,申报的股权转让收入低于股权对应的净资产份额的,视为股权转让收入明显偏低,存在被核定转让收入补缴税款的风险

17.2.2 财税律师如何利用财务、税务、法律的内在勾稽关系开展综合性尽职调查

17.2.2.1 财务报表上的税务问题

"财税不分家",财务上的异常有时候是税务异常的体现,而在税务稽查环节,财务报表往往是重点稽查对象。企业在财务报表上"动手脚",必然隐藏着税务"猫腻",以下为主要财务科目隐含的税务风险。

1."应收账款"/"应付账款"科目

"应收账款"/"应付账款"科目一般会跟"营业收入"科目进行挂钩比对,一般而言,营业收入变动与应收账款/应付账款的变动呈正相关,如果呈负相关,则可能存在税务风险。若存在应收账款/应付账款本期余额大幅增加,且营业收入发生额较小的情形,则可能存在销售收款长期挂账不确认收入的风险。

2."存货"科目

若"存货"科目存有大量余额长期挂账,则可能存在隐匿无票收入的风险。在税务智能监控系统上,当"(期末存货－当期累计收入)÷当期累计收入>50%",税务系统可能自动判别期末存货与当期累计收入差异幅度异常,企业存在库存商品不真实,销售货物后未结转收入的行为。

若"存货"科目期末余额比期初余额大幅减少,可能存在存货的非正常损失,则需检查是否按规定进行了税务处理。

若"存货"科目期末存货余额大幅度减少,但是同期的营业收入增加极少,则可能存在隐匿收入的风险。

3."其他应收款"/"其他应付款"科目

"其他应收款"/"其他应付款"科目在财务领域常被形象地比喻为"万能垃圾桶",这两个科目,如同企业财务报表中的黑洞,吸纳了那些难以归类或暂时无法明确性质的款项,成为众多企业用以调节账目、平衡报表的得力助手。但在税务稽查层面,其他应收款与其他应付款"摇身一变",成为税务机关眼中的"风险雷区",具体而言:

若"其他应收款"/"其他应付款"科目存有大额借方余额长期挂账,则可能存在虚开发票(资金无法回流)、变相向个人股东分红逃避个人所得税的风险。

若"其他应收款"/"其他应付款"科目存有大额贷方余额长期挂账,则可能存在隐瞒收入、购买虚开发票(资金无法流出)的风险。

4."预收账款"/"预付账款"科目

若"预收账款"科目余额过大,则可能存在迟延确认收入、未按时缴纳税款的风险。在税务智能监控系统上,若预收账款金额占销售收入的比例超过20%,则税务系统可能自动判别

预收账款比例偏大，企业存在未及时确认销售收入的行为。

若"预收账款"科目减少额与"营业收入"不匹配，则可能存在隐匿收入的风险。

若"预付账款"科目余额过大，则可能存在变相向个人股东分红逃避个人所得税的风险。

此外，重大重组事项的涉税事项往往是尽职调查的重点，而当年度的重大重组事项往往会反映在财务审计报告中。下文将以笔者以此前经历的一次尽职调查业务为例详细说明。B国有企业为A国有企业的全资子公司，根据获得的审计报告，2023年，A国有企业作出股东决定，吸收合并B国有企业，并于2023年年底完成工商变更登记。截至B国有企业注销时，B国有企业净资产190万元，其中实收资本为100万元，资本公积40万元，未分配利润与盈余公积50万元。因A国有企业吸收合并B国有企业属于同一控制下的合并，且B国有企业的剩余资产及负债全部由A国有企业承继，故确认A国有企业对B国有企业的长期股权投资与B国有企业净资产的差额90万元计入资本公积。从财务的谨慎性角度出发，同一控制下的企业合并不产生损益，上述财务处理应无可挑剔之处，但后续查阅A国有企业的2023年所得税汇算清缴申报资料，发现A国有企业在申报纳税时，既未按照所得税特殊税务处理方式申报，也未按照所得税一般税务处理方式处理，即未按照国税2011年第34号文第5条"投资企业从被投资企业撤回或减少投资，其取得的资产中，相当于初始出资的部分，应确认为投资收回；相当于被投资企业累计未分配利润和累计盈余公积按减少实收资本比例计算的部分，应确认为股息所得；其余部分确认为投资资产转让所得"的规定，未将40万元资本公积确认为股权转让所得缴纳企业所得税。

17.2.2.2 纳税申报表上的财务问题

在实施税务尽职调查时，标的企业的税务申报资料是必要资料。以收入确认为例，一般而言，企业销售均存在预收或者赊销的情形，如果税务申报的增值税和企业所得税的应纳税金额与财务报表上的收入列示金额一模一样，则企业大概率在会计上存在确认收入的问题，因为大部分不以上市、并购为目标的企业财务以开票金额确认收入，大部分以上市、并购为目标的企业财务以收货时点或者验收时点全额确认收入。

2017年7月，财政部修订发布了新收入准则，即《企业会计准则第14号——收入》，以"控制权转移"替代"风险报酬转移"作为收入确认时点的判断标准，并将"控制权转移"的判断分为5个步骤：一是识别客户合同，二是识别履约义务，三是确定交易价格，四是分摊交易价格，五是确认收入。由此可能带来收入确认在会计与税法上的差异，此类差异还存在增值税与所得税之分。就增值税而言，无论会计上是否确认收入，除特殊情况（房地产预售房屋、金融企业贴息票据、预付卡类业务等）外，企业先开具发票的，增值税的纳税义务时间一般为开具发票的当天；就所得税而言，国税函〔2008〕875号文规定的企业所得税收入确认条件，与2017年前的原收入准则的"风险报酬转移"差异不大，表4-11列举了主要的销售合同类型的税会差异。

表 4-11　销售合同类型的税会差异

销售方式	会计收入确认时点	增值税纳税义务发生时点	所得税纳税义务发生时点	税会差异
直接收款方式	企业应当在客户取得相关商品控制权的时点确认收入。在判断客户是否已取得商品控制权时，企业应当考虑下列迹象：（1）企业就该商品享有现时收款权利，即客户就该商品负有现时付款义务；（2）企业已将该商品的法定所有权转移给客户，即客户已拥有该商品的法定所有权；（3）企业已将该商品实物转移给客户，即客户已实物占有该商品；（4）企业已将该商品所有权上的主要风险和报酬转移给客户，即客户已取得该商品所有权上的主要风险和报酬；（5）客户已接受该商品；（6）其他表明客户已取得商品控制权的迹象	无论货物是否发出，均为收到销售款或者取得索取销售款凭据的当天	企业销售商品同时满足下列条件的，应确认收入的实现：（1）商品销售合同已经签订，企业已将商品所有权相关的主要风险和报酬转移给购货方；（2）企业对已售出的商品既没有保留通常与所有权相联系的继续管理权，也没有实施有效控制；（3）收入的金额能够可靠地计量；（4）已发生或将发生的销售方的成本能够可靠地核算	企业在收款时，如客户尚未接收到该商品（客户未及时提货或商品在途），则会计上与所得税层面不应确认为收入，但增值税纳税义务已经发生，应予纳税
赊销和分期收款方式	^	为书面合同约定的收款日期的当天，无书面合同的或者书面合同没有约定收款日期的，为货物发出的当天	^	（1）在某些情况下，客户已接受商品，会计上以及所得税层面都应确认收入，但由于合同约定的收款时间未届满，增值税纳税义务尚未发生；（2）在某些情况下，货物已发出，但客户尚未收到，会计上与所得税层面不确认收入，但由于无书面合同或合同未约定收款日期，增值税纳税义务发生
托收承付和委托银行收款方式	^	为发出货物并办妥托收手续的当天	为办妥托收手续的当天	在企业发出商品并办妥托收手续的当天，假如客户未收到该商品（商品在途），则会计上不应确认为收入，但增值税纳税义务已经发生，所得税层面应当确认收入
预收货款方式	^	为货物发出的当天。但生产销售生产工期超过12个月的大型机械设备、船舶、飞机等货物，为收到预收款或者书面合同约定的收款日期的当天	为发出商品的当天	（1）预收货款后，在商品发出的当天，如客户尚未收到货物，则会计上不确认收入，但增值税纳税义务发生，所得税层面应当确认收入；（2）对于生产工期超过12个月的大型机械设备、船舶、飞机等货物，预收款日至期末结算前，增值税纳税义务已发生，但会计上与所得税层面并不确认收入
委托其他纳税人代销货物方式	—	为收到代销单位的代销清单或者收到全部或者部分货款的当天；未收到代销清单及货款的，为发出代销货物满180天的当天	为收到代销清单的当天	若收到代销清单的当天，货物并未销售给第三方，则会计上不应确认为收入，但增值税纳税义务发生，所得税层面应当确认收入

17.2.2.3　财务报表上的法律问题

财务报表是业务操作在财务语言上的体现。在综合性的财税法尽职调查中，管理费用和销售费用中的二级科目明细、营业外收入、营业外支出、其他应收款、其他应付款等是律师关注的重点科目。其中,管理费用与销售费用中,如果咨询费用金额占比较大,且企业销售需要借助渠道,则在法律上需警惕商业贿赂的合规问题,如果咨询费用金额占比较大但企业销售不需要借助渠道,则在税务层面需要警惕买卖虚开发票的违法违规风险;若企业当年度营业外收入金额较大,则需要进一步关注对政府补贴与奖励的依赖度以及资产处置等问题;若企业当年度营业外支出金额较大,则需要关注行政处罚、业务赔款(部分企业将业务赔款计入营业外收入而非管理费用)等问题,需进一步关注企业的合规风险以及产品质量问题。

17.2.2.4 法律合同上的财务问题

会计处理是否准确反映了合同条款是尽职调查的核心,尤其是在收入确认、费用分摊、或有负债方面。若会计处理与合同条款发生脱节或者偏离,将预留极大的风险。

以笔者曾亲历的一个口腔连锁机构的收购过程为例。尽职调查中介机构在清理客户业务资料时,发现某口腔连锁机构为招揽客户,向客户发行了一种洗牙洁牙年卡,售价 500 元,且卡上注明年卡消费期间赠送境外旅游一次,后清理客户数量,确定此年卡已经销售 10,000 余张,该口腔连锁机构在财务上直接确认了 500 余万元的收入。尽职调查团队在询问该口腔连锁机构的成本与费用计提问题时,发现当时在发行此卡时,考虑到客户消费服务的黏性,每张卡测算年服务成本约 300 元,总暂估成本为 300 万元;同时该口腔连锁机构认为直接去境外旅游的客户极少,故没有测算境外游成本,也未在会计层面进行任何预提。在此项收购中,收购方的业务部门根据客户消费习惯测算,预计 10%~20% 的客户可能会要求提供境外旅游服务,按照最低境外旅游 500 元 / 人的成本折算补计提了 50 万 ~100 万元的成本,并在收购交易中预留了 10% 的款项在交割满 1 年后支付。果不其然,当收购交割完成后的 1 个月内,该口腔连锁机构的门店陆续出现成群结伴前来的老人,要求该口腔连锁机构安排一次境外旅游。

还有一个案例是某设计公司的收购纠纷问题。某设计公司账面营业收入 2 亿元,净利润为 2000 万元,应收账款约 8000 万元。收购方在收购时,原股东承诺披露的财务报表具有完整性、真实性、准确性。但在收购交割后,收购方发现每收回一笔应收账款,外部渠道商依据渠道协议需要计提 10% 的佣金,8000 万元应收账款的佣金为 800 万元。此外,在账务处理上,该设计公司仅确认了应收账款,并没有确认等比例的销售费用,导致净利润虚增 800 万元,收购方认为原股东存在重大欺诈行为,要求扣减收购价款。

17.3 交易架构搭建

律师作为合同文本起草的不二人选,担负着交易结构设计的重任,尤其是非诉律师,服务的目的不是争强好胜,而是在风险可控的情况下,保证商业目的实现,同时尽量采用交易成本最低的方式成交。

但在资本市场,因交易架构搭建失误而发生交易失败的"奇葩"案例并不鲜见,尤以2015年的北纬通信重组以"被并购方股东无钱交税"而告终最为著名。2014年6月,北纬通信发布重组方案,拟通过发行股份及支付现金的方式以共计3.62亿元的价格收购杭州掌盟软件技术有限公司82.97%的股权,其中现金支付达到近1.5亿元;2014年8月,重组方案由公司股东大会审议通过,并于同年11月获中国证监会核准。但2015年1月,北纬通信突然发布重组交易对方蔡某兵、冯某平、钟某俊、张某苗、马某、马某某《关于终止履行与北纬通信重组协议的函》,内幕核心是6名自然人股东在此交易中共需缴纳个人所得税为7000万~7200万元,但重组交易中的首期现金支付仅为5649.27万元,存在1300万元的税款缺口。此前预判个人所得税分期缴纳失误,杭州税务部门要求其一次性缴清7000多万元个人所得税,最终导致这次重组失败。对这种教训,我们要引以为戒。

17.3.1　资本结构的选择考虑

并购方注入并购标的的资金是全部作为资本金投入,还是全部作为股东贷款投入,还是作为部分资本金、部分股东贷款投入,不仅需要从财务角度考量并购标的的资产负债率、并购方的投资回报率等指标,同时也需要从税务层面考量,尤其是在境外企业收购境内企业时。从税务角度,一个优秀的资本结构规划,能够充分利用股东贷款利息的税前扣除优势,可以有效降低税负,但须同时考虑股债比、债务利息等税前扣除限制。

下面具体举例说明。收购方企业所得税率为15%,标的公司没有负债,总资产和权益资本(仅实收资本)为500万元,预计每年度税前利润为1000万元,所得税率为25%,每股股价为3元,并购方式为股权100%受让,收购后标的公司扩大再生产所需资金为3000万元,即股权受让收购与再投资金总额(总并购资金)为4500万元。再投资金3000万元如何注入标的公司更省税?

表4-12中将假设增资、股东贷款、增资+股东贷款三种模式进行测算。

表4-12　资本结构模式选择

操作方式	标的公司企业所得税/万元	股东企业所得税/万元	增值税/万元	总税负成本/万元	资产负债率测算/%	股东投资年回报率/%
增资(3000万元以3元/股增资)	1000×25%=250	免税	免税	250.00	0÷3500×100%=0	(1000−250)÷4500×100%=16.67
股东贷款(3000万元以3.35%/年借给标的公司)	(1000−1000×3.35%)×25%=241.63	3000×3.35%×15%=15.08	3000×3.35%÷1.06×6%=5.69	262.40	3000÷3500×100%=85.71	(1000−1000×3.35%−241.63)÷1500×100%=48.32

续表

操作方式	标的公司企业所得税/万元	股东企业所得税/万元	增值税/万元	总税负成本/万元	资产负债率测算/%	股东投资年回报率/%
增资+股东贷款（667万元以3元/股增资；2333万元以3.35%/年借给标的公司）	（1000−2333×3.35%）×25%=230.46	2333×3.35%×15%=11.72	2333×3.35%÷1.06×6%=4.42	246.60	2333÷3500×100%=66.66	（1000−230.46−2333×3.35%）÷（1500+667）×100%=31.91

由此可见，当再投资金全部以增资方式注入标的公司时，并没有运用任何财务杠杆，降低了股东投资回报率；当再投资金全部以股东贷款方式注入标的公司时，虽然股东投资回报率提高了，但标的公司的资产负债率可能达到了极限，经营财务风险增加，且受限于2∶1的债资比，股东贷款利息的税前抵扣金额受到了较大限制；当再投资金部分以增资、部分以股东贷款的方式注入标的公司时，标的公司的资产负债率处于合理区间，同时兼顾了股东投资回报率，税负成本最低。

在境外企业收购、投资境内企业测算资本结构时，除税务层面的股债比考量因素外，还需要考虑外债的投注差模式或者宏观审慎模式。其中，投注差模式系指"外资持股比例不低于25%，投资总额明确且高于注册资本"的外商投资企业借用的短期外债余额和中长期外债发生额之和不得超过投资总额与其注册资本的差额，外商投资企业实际可借用外债额度等于外商股东资本金到位比例乘以"投注差"，但《资本项目外汇业务指引（2024年版）》规定外商投资性公司、外商投资租赁公司另有规定。

自《外商投资法》出台后，法规层面已不再要求外商投资企业明确其投资总额，实践中外商投资企业可能已不再设置投资总额，该等情况下，则需适用宏观审慎模式，即对企业跨境融资按风险加权计算余额（跨境融资余额×各类风险加权÷转换因子），并限定其风险加权余额不得超过上限，具体额度计算方式如下：

跨境融资风险加权余额≤跨境融资风险加权余额上限

跨境融资风险加权余额上限＝资本或净资产×跨境融资杠杆率×宏观审慎调节参数（非金融企业为1，其他为1.25）

其中：（1）资本或净资产，非金融企业按净资产计，境内银行按一级资本计，非银行金融机构按资本（实收资本或股本＋资本公积）计，外国银行境内分行按运营资本计，以最近一期经审计的财务报告为准。（2）跨境融资杠杆率，非金融企业为2，非银行金融机构为1，境内银行和外国银行境内分行为0.8。

跨境融资风险加权余额＝Σ本外币跨境融资余额×期限风险转换因子×类别风险转换因子＋Σ外币跨境融资余额×汇率风险折算因子（0.5）

其中：（1）期限风险转换因子，还款期限在1年（不含）以上的中长期跨境融资为1，还款期限在 1 年(含)以下的短期跨境融资为 1.5;(2)类别风险转换因子,表内融资为 1,表外融资(或有负债)为 1。

17.3.2 交易主体的搭建

境内收购方收购境内交易标的时,多以组建的公司或者合伙企业作为 SPV 主体。在实务中,并购者们曾一度认为组建合伙企业性质的 SPV 主体,既能实现控制权的集中,也能获得税务利益。但其实,自《公平竞争审查条例》正式出台后,所谓的"税收洼地"、税费返还政策全部"归零",相较公司收购或者个人直接收购,合伙企业是否属于能够获得最大税收利益的主体,存在巨大的不确定性,以收购主体的类型差异测算税负率,如表 4-13 所示。

表 4-13 不同性质收购主体收购有限责任公司股权的税负率差异

收购主体		收购标的分红	转让所持收购标的股权
公司制 SPV 主体	个人收购方组建公司制 SPV 主体	SPV 主体获得分红免税; SPV 主体以分红方式分配给个人收购方按 20% 计征个人所得税	SPV 主体获得转让收益计征企业所得税; SPV 主体以分红方式分配给个人收购方按 20% 计征个人所得税
		合计税负率 20%	当 SPV 主体所得税率为 25% 时,合计税负率为 40%; 当 SPV 主体所得税率为 15% 时,合计税负率为 32%; 当 SPV 主体所得税率为 5% 时,合计税负率为 24%
	法人收购方组建公司制 SPV 主体	SPV 主体获得分红免税; SPV 主体以分红方式分配给法人收购方免税; 法人收购方以分红方式再分配给背后的个人股东按 20% 计征个人所得税	SPV 主体获得转让收益计征企业所得税; SPV 主体以分红方式分配给法人收购方免税; 法人收购方以分红方式再分配给背后的个人股东按 20% 计征个人所得税
		合计税负率 20%	当 SPV 主体所得税率为 25% 时,合计税负率为 40%; 当 SPV 主体所得税率为 15% 时,合计税负率为 32%; 当 SPV 主体所得税率为 5% 时,合计税负率为 24%
有限合伙制 SPV 主体	个人收购方组建有限合伙制 SPV 主体	单独作为个人收购方取得的利息、股息、红利按 20% 计征个人所得税	SPV 主体将经营所得分配给个人收购方按 5%~35% 计征个人所得税
		合计税负率为 20%	合计税负率 5%~35%
	法人收购方组建有限合伙制 SPV 主体	SPV 主体分配给法人收购方计征企业所得税; 法人收购方以分红方式再分配给背后的个人股东按 20% 计征个人所得税	SPV 主体分配给法人收购方计征企业所得税; 法人收购方以分红方式再分配给背后的个人股东按 20% 计征个人所得税
		当法人收购方所得税率为 25% 时,合计税负率为 40%; 当法人收购方所得税率为 15% 时,合计税负率为 32%; 当法人收购方所得税率为 5% 时,合计税负率为 24%	当法人收购方所得税率为 25% 时,合计税负率为 40%; 当法人收购方所得税率为 15% 时,合计税负率为 32%; 当法人收购方所得税率为 5% 时,合计税负率为 24%

续表

收购主体	收购标的分红	转让所持收购标的股权
个人收购方直接收购	标的公司分配给个人收购方按20%计征个人所得税 合计税负率为20%	个人收购方获得的转让收益按照20%计征个人所得税 合计税负率为20%

表4-13中,不考虑个人合伙人获得经营所得是否存在其他可抵扣的项目,也不考虑法人主体是否存在可抵扣的亏损项目,仅从税负角度考虑,可以认为:

(1)收购方在退出时获得的收益回报不超过40.5万元/年时,个人收购方以组建的有限合伙制SPV主体作为收购主体的综合税负率最低,否则个人收购方直接收购的综合税负率最低。

(2)法人收购方组建有限合伙制SPV主体实施收购,无论是分红还是转让退出,无论法人收购方的企业所得税率为25%、15%和5%,其分配给最终的个人股东的综合税负率最高,除非法人收购方存在大额的可弥补亏损。

(3)对比个人收购方组建公司制SPV主体与个人收购方组建有限合伙制SPV主体的综合税负率,两者的差异与分配的金额、公司制SPV主体享受的所得税税收优惠挂钩,需要具体问题具体分析。

以上收购的标的资产为有限责任公司股权,若为上市公司的股票,则交易主体的差异导致的税负率又有不同,具体如表4-14所示。

表4-14 不同性质主体收购上市公司的税负率差异

收购主体		上市公司分红	转让上市公司股票
公司制SPV主体	个人收购方组建公司制SPV主体	SPV主体获得分红时持股不足12个月的计征企业所得税,持股满12个月的免税; SPV主体以分红方式分配给个人收购方按20%计征个人所得税	SPV主体出售上市公司股票,差额计征增值税; SPV主体获得转让收益计征企业所得税; SPV主体以分红方式分配给个人收购方按20%计征个人所得税
公司制SPV主体	个人收购方组建公司制SPV主体	持股超过12个月的,合计税负率20%。 持股不足12个月,当SPV主体所得税率为25%时,合计税负率为40%;当SPV主体所得税率为15%时,合计税负率为32%;当SPV主体所得税率为5%时,合计税负率为24%	当SPV主体所得税率为25%时,合计税负率约为46%; 当SPV主体所得税率为15%时,合计税负率约为38%; 当SPV主体所得税率为5%时,合计税负率约为30%
公司制SPV主体	法人收购方组建公司制SPV主体	SPV主体获得分红时持股不足12个月的计征企业所得税,持股满12个月的免税; SPV主体以分红方式分配给法人收购方免税; 法人收购方以分红方式再分配给背后的个人股东按20%计征个人所得税	SPV主体出售上市公司股票,差额计征增值税; SPV主体获得转让收益计征企业所得税; SPV主体以分红方式分配给法人收购方免税; 法人收购方以分红方式再分配给背后的个人股东按20%计征个人所得税

续表

收购主体		上市公司分红	转让上市公司股票
		持股超过12个月的,合计税负率20%。 持股不足12个月的,当SPV主体所得税率为25%时,合计税负率为40%;当SPV主体所得税率为15%时,合计税负率为32%;当SPV主体所得税率为5%时,合计税负率为24%	当SPV主体所得税率为25%时,合计税负率约为46%; 当SPV主体所得税率为15%时,合计税负率约为38%; 当SPV主体所得税率为5%时,合计税负率约为30%
有限合伙制SPV主体	个人收购方组建有限合伙制SPV主体	单独作为个人收购方取得的利息、股息、红利按20%计征个人所得税	SPV主体出售上市公司股票,差额计征增值税; SPV主体将经营所得分配给个人收购方按5%~35%计征个人所得税
		合计税负率为20%	合计税负率为11%~41%
	法人收购方组建有限合伙制SPV主体	SPV主体分配给法人收购方计征企业所得税; 法人收购方以分红方式再分配给背后的个人股东按20%计征个人所得税	SPV主体出售上市公司股票,差额计征增值税; SPV主体分配给法人收购方计征企业所得税; 法人收购方以分红方式再分配给背后的个人股东按20%计征个人所得税
		当法人收购方所得税率为25%时,合计税负率为40%; 当法人收购方所得税率为15%时,合计税负率为32%; 当法人收购方所得税率为5%时,合计税负率为24%	当法人收购方所得税率为25%时,合计税负率约为46%; 当法人收购方所得税率为15%时,合计税负率约为38%; 当法人收购方所得税率为5%时,合计税负率约为30%
个人收购方直接收购		当个人出售上市公司股票的,免征增值税; 如为沪深限售股,标的公司分配给个人收购方按10%计征个人所得税; 如为沪深非限售股以及北交所股票,持股满1年免税,持股1月以上不满1年,按照10%计征个人所得税,持股不足1月,按20%计征个人所得税	当个人出售上市公司股票的,免征增值税; 如为非限售股以及定增限售股、新股发行时的配售股,免税; 如为其他限售股,个人收购方获得的转让收益按照20%计征个人所得税
		合计税负率为10%~20%	合计税负率为0~20%

下文以2023年轰动资本市场的同花顺员工持股平台多次迁移需要补税15亿元的案例为例,说明在当年的历史背景下合伙企业与公司持股税收利益的差异,以及其为享受税收利益所作出的一系列操作。

同花顺的员工持股平台石狮市凯士奥信息咨询有限公司持有同花顺9.47%股权,原经营地为福建省泉州市石狮市;2020年3月,石狮市凯士奥信息咨询有限公司迁往北京市海淀区中关村国家自主创新示范区,更名为北京凯士奥信息咨询有限公司。2020年4月30日,北京凯士奥信息咨询有限公司的企业组织形式从有限责任公司转为有限合伙企业,并更名为北京凯士奥信息咨询中心（有限合伙）。同花顺披露的《2022年度业绩说明会交流纪要》中提及，员工持股平台迁往北京市海淀区中关村国家自主创新示范区的理由是《中关村国家自主创新示范区企业组织形式转换登记试行办法》（京工商发〔2010〕131号）允许园区内公司直接变更为合伙企业。2020年6月，北京凯士奥信息咨询中心（有限合伙）迁至上海市宝山区，更名为上海凯士奥信息咨询中心（有限合伙），在上海市宝山区完成合伙企业的核定征收。

为何要如此折腾？核心在于在该事件发生的历史背景下，合伙企业可享受核定征收的优惠政策，而公司则普遍需要按照25%、15%或者5%的税率缴纳企业所得税，但财税2021年第41号文出台后，持有股权、股票、合伙企业财产份额等权益性投资的合伙企业丧失了核定征收的优惠政策，一律适用查账征收方式计征个人所得税。但放在当下环境，对于减持所获得的大额收益，相较公司制形式的员工持股平台，合伙企业形式的员工持股平台可能仍然具有一定的税务优势。

该案例备受关注不在于该员工持股平台是否享受到了税收优惠政策，而是2022年11月，国家税务总局上海市宝山区税务局第十七税务所向上海凯士奥信息咨询中心（有限合伙）发出沪税宝十七通〔2022〕913号《税务事项通知书》和〔2022〕7770号《责令限期改正通知书》，认为该员工持股平台"涉嫌在转换组织形式的过程中未申报缴纳相关税款"，要求按照财税〔2009〕59号文等规定，因企业组织形式转换视同进行清算，责令自行补正申报并补缴税款。若以组织形式变更当日即2020年4月30日的同花顺收盘价119.34元/股测算，则该员工持股平台持股5314.56万股，对应市值高达63.42亿元，若不考虑持股成本以及税收优惠，员工持股平台公司将股票转让给员工持股平台合伙企业，员工持股平台公司应该缴税的企业所得税高达15.9亿元。

同花顺披露的《2022年度业绩说明会交流纪要》中提及，同花顺的董事长亲临现场，公开回应了该员工持股平台补税的问题，认为"征税行为适用法规错误"，转换企业组织形式是北京市海淀区中关村国家自主创新示范区先行先试改革的创举，转换前后的营业执照和税务登记证中的社会信用代码没有发生变化，股东及出资未发生变化，且持有的股票一直在同一企业账上，转换前的净资产未用于作价出资，资产所有权属未发生变化，更从未分配到个人。因此，转换前后，企业和个人均无所得，视同清算并不符合实事求是原则。财税〔2009〕59号文的用词是"转变"，并非上述中关村政策中的"转换"。"转变"与"转换"两者本身存在差别，对于企业和个人投资者而言，"转换"既不会产生股息所得，也不会取得股权转让所得，因此没有应纳税所得。上述说辞虽然存在较多的狡辩成分，但无疑在公开市场上引发了巨大反响。

笔者查阅了该员工持股平台的变更登记发现，2024年2月，该员工持股平台再次迁回北京，再次从合伙企业转回了有限责任公司，该案的后续落幕可能是通过转回方式平息了这场税务风波。

17.3.3 交易方式的选择

投资并购的交易方式大致可分为股权收购、资产收购以及换股收购。

一般而言,股权收购的优势在于可以迅速获得目标公司的业务、资产和市场份额,同时避免对目标公司运营的直接干预,但股权收购也面临一系列风险,如目标公司潜在的法律纠纷、债务问题等。

而资产收购是指收购方仅购买目标公司的特定资产,不承担其负债。这种方式有助于收购方规避目标公司的潜在风险,但无法获得目标公司的全部业务价值和市场地位,也可能因为资产剥离的复杂性而增加交易成本和时间。

相较股权收购,资产收购的税负成本更高,可能涉及企业所得税、增值税及附加税费、土地增值税、契税、印花税等多重税负;而股权收购仅涉及企业所得税、印花税。因此,只要风险可控,就税务成本角度而言,财税律师多不建议采用资产收购的方式获得资产,即使收购目标确定为某一特定资产,财税律师也建议通过先资产剥离、后股权转让的方式实施收购。关于资产剥离的方式,具体可详见本书第 8 部分"重组涉税事项"的内容。

换股收购其实是属于股权收购的一种方式,与现金收购相对应,仅是收购对价的支付方式不同而已,换股收购的特殊优势在于有助于降低收购方的现金支出压力,同时也有利于目标公司的股东分享收购后可能带来的增长收益。换股收购涉及特殊的税务处理,具体可详见本书第 10 部分"收购涉税事项"的内容。

下文以 *ST 恒立(000622)股权收购税务规划失当的案例,来说明收购土地资产的交易方式选择问题。

2016 年 11 月、2017 年 7 月,*ST 恒立将恒通实业 80%、20% 的股权分别作价 23,280.8 万元、5820.2 万元转让给长沙丰泽房地产咨询有限公司。岳阳市主管税务机关认定本次交易为以股权转让为名义的土地使用权转让,须按税法规定缴纳土地增值税。根据 *ST 恒立于 2019 年 9 月披露的《关于转让岳阳恒通实业有限责任公司股权转让完结后续会计核算的公告》,2016 年年底,*ST 恒立计提了股权转让预计将发生的土地增值税 6691.8 万元,具体计算方式如表 4-15 所示。

表 4-15 *ST 恒立拆分前土地增值税测算

项目	数额
不动产转让总价 / 万元	27,813.59
土地取得成本 / 万元	6500
预估搬迁费用 / 万元	4600
可抵扣成本合计[1] / 万元	11,100
增值额[2] / 万元	16,713.59
增值率[3] /%	150.57

续表

项目	数额
适用税率 /%	50
速算扣除率 /%	15
应交土地增值税[4]/ 万元	6691.795

〔1〕可抵扣成本合计＝土地转让成本＋预估搬迁费用。
〔2〕增值额＝不动产转让总价－可抵扣成本合计。
〔3〕增值率＝预估搬迁费用÷可抵扣成本合计。
〔4〕应交土地增值税＝增值额×适用税率－可抵扣成本合计×速算扣除率。

根据《关于转让岳阳恒通实业有限责任公司股权转让完结后续会计核算的公告》披露的信息，实际上，为了降低税费成本，*ST恒立选择了拆分交易法，先将恒通实业不能准确核算成本的旧房进行剥离，由恒通实业采用核定征收方式缴纳了土地增值税373.93万元，其后再进行股权转让，扣除剥离的旧房，恒通实业剩余不动产估值为21,269.84万元，由*ST恒立采用清算征收方式缴纳了土地增值税2940.7万元。本次股权转让合计缴纳土地增值税3314.63万元。具体如表4-16所示。

表4-16 *ST恒立拆分后土地增值税测算

项目	旧房过户	股权转让	小计
收入总额 / 万元	6543.75	21,269.84	27,813.59
简易办法征收增值税 / 万元	311.61	—	311.61
扣除项目金额合计	—	—	—
其中：取得土地使用权的金额 / 万元	—	600.00	6500.00
拆迁补偿支出 / 万元	—	5860.00	5860.00
与转让房地产有关的税金 / 万元	44.40	11.64	56.04
其中：城建税 / 万元	21.81	—	21.81
教育费附加 / 万元	15.58	—	15.58
印花税 / 万元	3.27	11.64	14.91
水利建设基金 / 万元	3.74	—	—
增值额 / 万元	—	8898.20	8898.20
增值率 /%	—	71.92	—
适用税率 /%	6	40	—
速算扣除系数 /%	—	5	—
应交土地增值税税额 / 万元	373.93	2940.70	3314.63
税费合计 / 万元	729.94	2952.34	3682.28

相较于直接转让，*ST恒立通过拆分交易的方式，节约了3377.17万元的土地增值税成本，降低了超过50%的土地增值税成本。但从整体上看，*ST恒立转让恒通实业股权，却被要求缴纳2940.7万元的土地增值税，属于失败的并购重组税收筹划案例，主要原因在于：对于

"名股实地",税务机关倾向于穿透课征土地增值税,*ST 恒立设计并购重组方案时,没有充分考量税收问题,而是在已经选择最为简单的股权转让方案后,才与税务机关沟通如何作税务处理,导致最终承担了高额土地增值税。

17.3.4 股权转让中的税收利益选择

在股权收购重组中,如果标的公司的股东是企业法人,则在发生收购时,相较纯股权转让,转让方的税收利益可以通过以下几个方式获得。

一是"利润分配+股权转让"模式,根据《企业所得税法》第 26 条第 2 项的规定,符合条件的居民企业之间的股息、红利等权益性投资收益,为免税收入,即针对标的企业的可分配利润部分,转让方可以通过分红免税的方式收回。

二是"利润分配+留存收益转资资本+股权转让"模式。根据《公司法》的规定,向股东分配的税后利润以在提取法定资本公积和任意资本公积后的余额为基础的,即营利性企业不可能将全部税收利润全额分配,始终存有计入"盈余公积"科目的利润,这部分留存的利润客观上增加了股权的价值,并且在处置股权时以资本利得的形式表现。根据国税函〔2010〕79号文第 3 条的规定,"企业在计算股权转让所得时,不得扣除被投资企业未分配利润等股东留存收益中按该项股权所可能分配的金额"。所以,在股权收购重组中,"先利润分配、转增资本,再股权转让"是常用节税规划,即对于除公积金以外的未分配利润,实施利润分配,确认股息红利所得,免征所得税,对于法定公积金(根据《公司法》第 214 条第 3 款的规定,"法定公积金转为增加注册资本时,所留存的该项公积金不得少于转增前公司注册资本的百分之二十五")和任意公积金,实施资本公积转增资本,确认股息红利所得,免征所得税,对于剩余净资产,按照股权转让确认财产转让所得收入。

三是"减资+增资+股权转让"模式,即利用国税 2011 年第 34 号文第 5 条的规定,"投资企业从被投资企业撤回或减少投资,其取得的资产中,相当于初始出资的部分,应确认为投资收回;相当于被投资企业累计未分配利润和累计盈余公积按减少实收资本比例计算的部分,应确认为股息所得;其余部分确认为投资资产转让所得"。在新股东入股前,将累计未分配利润和累计盈余公积通过减资的方式实施免税分配,剩余股权通过转让方式实施,新股东以增资方式填补原实收资本减资留下的不足。

下面具体举例说明。股东企业所得税率为 15%,对标的公司长期股权投资的计税基础为 500万元,标的公司实收资本为 500 万元,盈余公积 250 万元,未分配利润为 100 万元,现收购方拟以3 元/股(合计 1500 万元)收购标的公司 100% 股权,标的公司股东如何操作才能更省税?

表 4-17 假设以"股权转让""利润分配+股权转让""减资+增资+股权转让""利润分配+增资+股权转让"四种模式,对法人股东转让控制权的税负进行测算。

表 4-17 法人股东转让控制权的模式选择

模式	操作方式	股东企业所得税
股权转让	股东以 1500 万元出售标的公司 500 万元实收资本	150 万元〔(1500 万元 -500 万元) ×15%〕
利润分配+股权转让	标的公司向股东分配未分配利润 100 万元,股东以 1400 万元出售标的公司 500 万元实收资本	利润分配所得 100 万元免税;转让所得额 135 万元〔(1400 万元 -500 万元) ×15%〕
减资+增资+股权转让	老股东减资至 10 万元,减资价格为 1.7 元/股,减资所得 833 万元;新股东增资认缴 832.35 万入股标的公司;老股东将 10 万元注册资本的股权转让给新股东	减资所得 833 万元(850 万元 ×98%)免税;转让所得税额 98.55 万元〔(1500 万元 -833 万元 -10 万元) ×15%〕
利润分配+增资+股权转让	标的公司向股东分配未分配利润 100 万元,股东以 125 万元盈余公积转增股本,以 1400 万元出售标的公司 625 万元注册资本	利润分配所得 100 万元免税;转让所得额 116.25 万元〔(1400 万元 -625 万元) ×15%〕

但需要注意的是,表 4-17 关于减资步骤属于理论测算,实务中需实际考虑企业业务发展,如维持业务资质、招投标注册资本门槛等,确定减资金额。

17.4 收购涉税条款的拟定与审核

投资并购中的税收条款主要包括税收风险承担条款、包税条款、过渡期损益条款、支付对价条款、付款时间条款和对赌条款等。其中,对赌条款的分析具体详见本书第 11 部分"对赌涉税事项"的内容,以下针对税收风险承担条款、包税条款予以特别阐述。

17.4.1 税收风险承担条款

在并购过程中,转让方承诺标的公司在交割日前不存在税务风险,并进一步承诺标的公司在交割日前所发生的税务风险以及交割日前的行为影响导致在交割日后发生的税务风险均由转让方承担,若发生税务风险,则受让方有权从剩余未付款项中扣除或者直接追索转让方,此是比较常见的转让方承诺与保证条款。该承诺事项并无任何时间要求,于受让方而言甚为有利,但于转让方而言,税务追缴可能因"纳税人、扣缴义务人计算错误等失误,未缴或者少缴税款"存在 3 年或者 5 年的追征期,也可能因当地税务部门执法认定错误而多计征税款;在股权交割完成后,转让方退出标的公司的管理,若后续发生税务风险,受让方为维护税务监管关系而消极应对,此时,转让方没有适当身份与税务部门进行沟通与抗辩,则可能错失抗辩的最佳时机,最终导致风险由转让方承担。

下文以维维股份(600300)出售子公司发生税务风险为例具体说明。维维股份于 2020 年 8 月将原子公司枝江酒业的控股权转让给江苏综艺控股集团有限公司,并约定如税收机关因枝江酒业未缴或者少缴税款而对其进行交割日前税收追溯征收,由该公司负责补缴前述税款。

2024年6月，维维股份发布《关于湖北枝江酒业股份有限公司补缴税款的公告》，称税务机关要求枝江酒业补缴1994年1月1日至2009年10月31日的应纳税费8500.29万元，其中消费税高达7835.29万元，未披露要求支付税务滞纳金。同时，维维股份披露若公司承担补缴上述税收追溯征收款项，则预计影响公司2024年度利润总额约8500万元，当税收追溯征收款项实际发生时，将直接在枝江酒业欠付的1.23亿元款项中予以抵扣。

基于转让方财税律师的立场，笔者认为，交割日前的税务风险并非无条件承担，而应该做如下调整：一是区分是否存在逃税、偷税的情形。如果存在逃税、偷税的认定，转让方承担全部税务风险，否则转让方只承担交割日起追溯前5年内的税务风险，避免标的企业及受让方擅自配合当地税务机关扩大自查范围；二是若发生交割日前的税务风险事件，应当及时通知转让方，并聘请转让方指定的专业机构进行处理，谨防标的企业及受让方在收到税务部门的文书后消极处理，最终使得转让方丧失维权的机会。

↘ 17.4.2　包税条款

包税条款，是指由合同双方约定由一方承担本应由交易对方承担的税负，并约定由承担税负的一方负责缴纳全部税款，交易对方不再承担任何税负的条款。在并购交易中，包税条款的设计也较为常见。在司法实务的历史上，包税条款存在有效与无效之争，目前，关于包税条款有效性的主张处于主流地位。最高人民法院发布的《关于适用〈中华人民共和国民法典〉合同编通则若干问题的解释》第16条第1款规定："合同违反法律、行政法规的强制性规定，有下列情形之一，由行为人承担行政责任或者刑事责任能够实现强制性规定的立法目的的，人民法院可以依据民法典第一百五十三条第一款关于'该强制性规定不导致该民事法律行为无效的除外'的规定认定该合同不因违反强制性规定无效：……（二）强制性规定旨在维护政府的税收、土地出让金等国家利益或者其他民事主体的合法利益而非合同当事人的民事权益，认定合同有效不会影响该规范目的的实现……"按此理解，只要签订包税条款的任何一方当事人实际足额缴纳了税款，包税条款即满足了合法性要件，不存在合同无效事由，法院对其有效性予以认可。换言之，若税务部门针对税法上的名义税负人征税，则税法上的名义税负人不能以交易双方存在有效包税条款为由拒绝缴纳税金；但若税法上的名义税负人垫付了税金，依据包税条款向实际税负人追索垫付税金债务，则法院不能以包税条款无效为由不予支持。

在并购实务中，包税条款可能体现为概括式的表达——"因本次交易所产生的一切税费均由××承担"，也可能体现为列举式的表达——"因本次交易所产生的企业所得税、土地增值税等税费均由××承担"。在司法实务中，此等表述存在巨大的商业风险。

以金创盟公司、爱华康复医院拍卖合同纠纷案［裁判文书号：（2022）最高法民再59号］

为例,金创盟公司作为买方参与司法竞拍资产,未依据拍卖公告第 6 条"标的物过户登记手续由买受人自行办理。拍卖成交买受人付清全部拍卖价款后,凭法院出具的民事裁定书、协助执行通知书及拍卖成交确认书自行至相关管理部门办理标的物权属变更手续。办理过程中所涉及的买卖双方所需承担的一切税、费和所需补交的相关税、费(包括但不限于所得税、营业税、土地增值税、契税、过户手续费、印花税、权证费、水利基金费、出让金以及房产及土地交易中规定缴纳的各种费用)及物管费、水、电等欠费均由买受人自行承担,具体费用请竞买人于拍卖前至相关单位自行查询"的规定,仅缴纳了买受人应缴纳的契税、印花税,最终导致出卖人爱华康复医院承担了因本次拍卖欠缴的城镇土地使用税、增值税、印花税、土地增值税及相应滞纳金合计 6,396,828.42 元,遂出卖人爱华康复医院起诉要求买方金创盟公司返还垫付款项。该案经过一审、二审、再审,双方争议的焦点在于滞纳金以及未列明的城镇土地使用税是否由买方金创盟公司实际承担。最高人民法院最终确认未列明的城镇土地使用税及所产生的滞纳金不由买受人承担。在该案中,司法裁判机构在认定实际税负人是否应当承担税负债务时,确立了几项裁判规则。

一是承担的税种是否于交易过程中发生。城镇土地使用税是基于土地使用权人实际占用土地而征缴的税种,是为提高土地使用效益设置的税种,与土地权属变更无关,不属于"办理过程中"的税费。因此,城镇土地使用税不属于《拍卖公告》第 6 条约定的须补缴税费。

二是交易习惯或者规则对承担的税种是否有预期、可预见。《拍卖公告》未披露欠税情况,且根据《税收征收管理法》第 8 条第 2 款规定的"税务机关应当依法为纳税人、扣缴义务人的情况保密",买受人一般无法从税务机关查询到被执行人欠税信息,故买受人在参与竞买时对承担城镇土地使用税未有预期应属正常。

那么,如果未列明税种的包税条款表达隐含风险,列明税种的包税条款表达是否能够获得司法裁判机构的支持呢?以浣美门窗公司与诸暨一百物流公司建设用地使用权纠纷、买卖合同纠纷案[裁判文书号:(2013)浙绍民终字第 1432 号]为例,买方从卖方处购买一宗土地使用权,并约定转让过程中双方所涉及的一切税费均由买方负责(包括城建税、交易税、水利税、印花税、企业及个人所得税、营业税、土地增值税、交易税、契税、规费等),但卖方申报并缴纳企业所得税后要求买方承担,买方认为承担企业所得税不合理,故双方发生争议。在该案中,浙江省绍兴市中级人民法院认为:"企业所得税的应纳税所得额是以企业每一纳税年度的收入总额,减除不征税收入、免税收入、各项扣除以及允许弥补的以前年度亏损后的余额确定的,企业是否在纳税年度缴纳企业所得税,是根据企业在该纳税年度内是否存在盈利确定的,因此,在本案中,双方当事人在订立土地转让协议书时虽约定了企业所得税的负担,但该笔税款是否实际发生、是否应当缴纳以及数额存在不确定性,买方在此情形下不可能准确理解其应负担的缴纳企业所得税的义务,因此,原审法院认为买方对于企业所得税的缴纳问题存在重大误解,并酌情确定卖方最后实际缴纳的企业所得税及滞纳金由卖方自行负担25%,买方负担75%,应属合理。"该案中明确约定了企业所得税的转移承担,虽然在税额计算上存在不确定性,但法院并未因此而彻底推翻这一约定,而是基于重大误解,对双方就企业所得税的分担问题进行了一定的自由裁量。所以,即使是列明税种的包税条款,也应当注意在交易时计算的准确性,若无法确定准确性,则建议直接明确计算标准(如交易额的××%)。

18 《公司法》2023年修订对企业财税的影响

18.1 《公司法》2023年主要修改情况

《公司法》2023年的修改特别重大，将最近几年的司法实践、司法解释、审判会议纪要等进行了汇总，在保留原有已经经过实践检验的制度基本内容的基础上，本次《公司法》修法进一步明确、完善、改革了很多制度。2023年修改的《公司法》（以下简称新《公司法》）以最高层级法律的形式确立了相关制度变迁的结果，同时也创新性增设了相关规定。

18.1.1 出资承诺须量力而行

为顺应公司登记制度改革，《公司法》在2013年修正时将注册资本由"部分认缴制"改为"全面认缴制"，不再限制股东或者发起人的首次缴纳数额以及分期缴纳期限，有效地降低了市场准入门槛，极大地鼓励了公众的投资积极性，推动了"大众创业、万众创新"。

新《公司法》将有限公司注册资本实缴期限压缩到5年，在第47条第1款规定："有限责任公司的注册资本为在公司登记机关登记的全体股东认缴的出资额。全体股东认缴的出资额由股东按照公司章程的规定自公司成立之日起五年内缴足。"

此外，新《公司法》彻底废除了股份公司的认缴制度，即设立之日必须全部实缴到位；同时新《公司法》第152条规定："公司章程或者股东会可以授权董事会在三年内决定发行不超过已发行股份百分之五十的股份。但以非货币财产作价出资的，应当经股东会决议。董事会依照前款规定决定发行股份导致公司注册资本、已发行股份数发生变化的，对公司章程该项记载事项的修改不需再由股东会表决。"换言之，股份公司引入"授权资本发行规则"并赋予董事会股份发行权，来解决对冲股份公司没有认缴期限的困难。

除了出资认缴期限发生重大变化，若有限责任公司股东未能按期实缴出资，则可能还面临如下风险。

一是发起人股东对公司设立责任承担连带责任。新《公司法》第50条规定"有限责任公司设立时，股东未按照公司章程规定实际缴纳出资，或者实际出资的非货币财产的实际价额显著低于所认缴的出资额的，设立时的其他股东与该股东在出资不足的范围内承担连带责任"，即在设立时的有限责任公司股东之间的出资承诺是连带责任。

二是未实缴到位的股东将面临失权。新《公司法》第52条第1款、第2款规定："股东未按照公司章程规定的出资日期缴纳出资，公司依照前条第一款规定发出书面催缴书催缴出资的，可以载明缴纳出资的宽限期；宽限期自公司发出催缴书之日起，不得少于六十日。宽限期届满，股东仍未履行出资义务的，公司经董事会决议可以向该股东发出失权通知，通知应当以书面形式发出。自通知发出之日起，该股东丧失其未缴纳出资的股权。依照前款规定丧失的股权应当依法转让，或者相应减少注册资本并注销该股权；六个月内未转让或者注销的，由公司其他股东按照其出资比例足额缴纳相应出资。"

三是转让股东转让未实缴出资给受让股东，转让双方对未实缴出资承担连带责任。新《公司法》第88条规定："股东转让已认缴出资但未届出资期限的股权的，由受让人承担缴纳该出资的义务；受让人未按期足额缴纳出资的，转让人对受让人未按期缴纳的出资承担补充责任。未按照公司章程规定的出资日期缴纳出资或者作为出资的非货币财产的实际价额显著低于所认缴的出资额的股东转让股权的，转让人与受让人在出资不足的范围内承担连带责任；受让人不知道且不应当知道存在上述情形的，由转让人承担责任。"为了防止该条滥用，最高人民法院在《关于〈中华人民共和国公司法〉第八十八条第一款不溯及适用的批复》（法释〔2024〕15号）明确规定，新《公司法》第88条第1款"仅适用于2024年7月1日之后发生的未届出资期限的股权转让行为。对于2024年7月1日之前股东未届出资期限转让股权引发的出资责任纠纷，人民法院应当根据原公司法等有关法律的规定精神公平公正处理"。

四是未实缴出资加速到期。新《公司法》第54条规定："公司不能清偿到期债务的，公司或者已到期债权的债权人有权要求已认缴出资但未届出资期限的股东提前缴纳出资。"

18.1.2　股东权利受到多重制衡

18.1.2.1　原则上不能定向减资分红

新《公司法》第224条第3款规定："公司减少注册资本，应当按照股东出资或者持有股份的比例相应减少出资额或者股份，法律另有规定、有限责任公司全体股东另有约定或者股份有限公司章程另有规定的除外。"

此条款虽然原则上禁止了非等比例减少资本，对实现了对公司绝对控制的大股东而言是一种重大制衡，但主要冲击的是投资基金在一级私募股权投资交易结构的设计，即投资基金很难通过非同比减资的方式实现优先退出。

18.1.2.2　"有限责任"并非一直"责任有限"

新《公司法》第23条规定："公司股东滥用公司法人独立地位和股东有限责任，逃避债务，严重损害公司债权人利益的，应当对公司债务承担连带责任。股东利用其控制的两个以上公司实施前款规定行为的,各公司应当对任一公司的债务承担连带责任。只有一个股东的公司,股东不能证明公司财产独立于股东自己的财产的,应当对公司债务承担连带责任。"

此前法人人格否认一般局限于母子公司之间,该条修改将法人人格否认的适用扩大到了关联公司之间,从而使得在法人人格混同在关联公司之间发生后且有逃废债的可能时,扩大了债务责任承担主体,破除了可利用"有限责任"逃废债的行为。

根据《九民纪要》的规定,"法人人格否认"主要包括以下三种情况。

一是人格混同。诸如:资产没有以合理对价方式转移给兄弟公司、母子公司或者股东等关联方名下;资金在兄弟公司、母子公司、股东与公司之间频繁调动,未遵循会计准则进行账务处理;存在多个实体共用同一套人员、股东重叠以及资金或债务界限模糊,导致财务、人员、资金的独立性受损(同时伴随办公地址、宣传资料、银行账户、网站等信息的混同);股东无偿占用公司资金或财产,未在财务记录中体现;股东利用公司资金偿还个人债务,或允许关联公司无偿使用公司资金,而未在财务记录中体现;公司账簿与股东账簿未明确区分,导致公司财产与股东财产无法明确划分;股东个人收益与公司盈利未明确区分,导致双方利益界限模糊;公司财产被登记在股东名下,由股东占有和使用;等等。

二是过度控制与支配。一般体现为实际控制人控制多个关联公司,滥用控制权使多个关联公司财产边界不清、财务混同,利益相互输送,丧失人格独立性,沦为控制股东逃避债务的工具。诸如:先解散公司,再以原来资产、业务、人员新设公司;设立同类型公司,将业务完整装入该公司;关联公司之间进行利益输送,收益归一方,损失却由另一方承担;先从原公司抽走资金,然后再成立经营目的相同或者类似的公司,逃避原公司债务;等等。

三是资本显著不足。主要体现为在公司经营过程中,股东实际投入公司的资本数额与公司经营所隐含的风险相比明显不匹配。股东利用较少资本从事力所不及的经营,表明其没有从事公司经营的诚意,实质是恶意利用公司独立人格和股东有限责任把投资风险转嫁给债权人。由于资本显著不足的判断标准有很大的模糊性,特别是要与公司采取"以小博大"的正常经营方式相区分,因此在适用时要十分谨慎,应当与其他因素结合起来综合判断。

18.1.2.3 禁止大股东滥用股东权利

新《公司法》第21条规定:"公司股东应当遵守法律、行政法规和公司章程,依法行使股东权利,不得滥用股东权利损害公司或者其他股东的利益。公司股东滥用股东权利给公司或者其他股东造成损失的,应当承担赔偿责任。"

新《公司法》第89条第3款规定:"公司的控股股东滥用股东权利,严重损害公司或者其他股东利益的,其他股东有权请求公司按照合理的价格收购其股权。"

新《公司法》修改为中小股东提供了更为彻底的救济路径,即从"事后损害赔偿"到"退出救济"的制度创新,从根本上解决了大股东压制的结构性矛盾。

18.1.2.4 知情权扩展到会计凭证,赋予小股东经济审计权

新《公司法》第 57 条规定,在有限责任公司中,"股东有权查阅、复制公司章程、股东名册、股东会会议记录、董事会会议决议、监事会会议决议和财务会计报告。股东可以要求查阅公司会计账簿、会计凭证。股东要求查阅公司会计账簿、会计凭证的,应当向公司提出书面请求,说明目的。公司有合理根据认为股东查阅会计账簿、会计凭证有不正当目的,可能损害公司合法利益的,可以拒绝提供查阅,并应当自股东提出书面请求之日起十五日内书面答复股东并说明理由。公司拒绝提供查阅的,股东可以向人民法院提起诉讼……股东要求查阅、复制公司全资子公司相关材料的,适用前四款的规定"。

新《公司法》第 110 条规定,在股份有限公司中,"股东有权查阅、复制公司章程、股东名册、股东会会议记录、董事会会议决议、监事会会议决议、财务会计报告,对公司的经营提出建议或者质询。连续一百八十日以上单独或者合计持有公司百分之三以上股份的股东要求查阅公司的会计账簿、会计凭证的,适用本法第五十七条第二款、第三款、第四款的规定。公司章程对持股比例有较低规定的,从其规定。股东要求查阅、复制公司全资子公司相关材料的,适用前两款的规定。上市公司股东查阅、复制相关材料的,应当遵守《中华人民共和国证券法》等法律、行政法规的规定"。

相较《公司法》(2018 年),新《公司法》在股东知情权方面的修改较为重大,具体如表 4-18 所示。

表 4-18 股东知情权修订变化

知情权范围	《公司法》(2018 年)		新《公司法》	
	有限责任公司股东	股份公司股东	有限责任公司股东	股份有限公司持股 3% 股东
法律文件	可查阅复制	未规定	可查阅复制	可查阅复制
财务报告	可查阅复制		可查阅复制	可查阅复制
会计账簿	正当申请可查阅		正当申请可查阅	正当申请可查阅
会计凭证	否		正当申请可查阅	正当申请可查阅
全资子公司	否	未规定	上述 4 类均可查阅	上述 4 类均可查阅

由此可见,有限责任公司的小股东可以聘请专业人士对公司所有财务资料进行查阅,相当于对公司享有了经济审计权。这既是股东身份权固有权利,也是通过赋予小股东权利以制衡大股东滥用控制地位最大的工具。

18.1.3　董事、监事、高级管理人员责任"翻三番"

新《公司法》涉及对董事、监事、高级管理人员的责任表述,多达 25 个条款,相较《公司法》(2018 年)所规定的 9 个条款,几乎翻了三番。新《公司法》具体关于董事、监事、高级管

理人员的责任规定如表 4-19 所示。

表 4-19 新《公司法》关于董事、监事、高级管理人员的责任条款

关键句	责任清单事项	新《公司法》的具体规定
职务侵权,损失赔偿	法定代表人因过错执行职务致害他人,公司担责后可以向其追偿	第11条第3款规定:"法定代表人因执行职务造成他人损害的,由公司承担民事责任。公司承担民事责任后,依照法律或者公司章程的规定,可以向有过错的法定代表人追偿。"
不当利用关联关系,损失赔偿	利用关联关系损害公司利益的,应当承担赔偿责任	第22条规定:"公司的控股股东、实际控制人、董事、监事、高级管理人员不得利用关联关系损害公司利益。违反前款规定,给公司造成损失的,应当承担赔偿责任。"
未催缴股东出资,损失连带赔偿	对董事会未及时履行催缴出资义务负有责任的董事,应当对由此给公司造成的损失承担赔偿责任	第51条规定:"有限责任公司成立后,董事会应当对股东的出资情况进行核查,发现股东未按期足额缴纳公司章程规定的出资的,应当由公司向该股东发出书面催缴书,催缴出资。未及时履行前款规定的义务,给公司造成损失的,负有责任的董事应当承担赔偿责任。" 第107条规定:"本法第四十四条、第四十九条第三款、第五十一条、第五十二条、第五十三条的规定,适用于股份有限公司。"
赞成/协助股东抽逃出资,损失连带赔偿	对股东抽逃出资负有责任的董事、监事、高级管理人员应当对由此给公司造成的损失与该股东承担连带赔偿责任	第53条规定:"公司成立后,股东不得抽逃出资。违反前款规定的,股东应当返还抽逃的出资;给公司造成损失的,负有责任的董事、监事、高级管理人员应当与该股东承担连带赔偿责任。" 第107条规定:"本法第四十四条、第四十九条第三款、第五十一条、第五十二条、第五十三条的规定,适用于股份有限公司。"
赞成违法决议,损失赔偿	董事会的决议违法违规造成公司严重损失的,参与决议并投赞成票的董事应当承担赔偿责任	第125条第2款规定:"董事应当对董事会的决议承担责任。董事会的决议违反法律、行政法规或者公司章程、股东会决议,给公司造成严重损失的,参与决议的董事对公司负赔偿责任;经证明在表决时曾表明异议并记载于会议记录的,该董事可以免除责任。"
赞成/协助公司违规资助,损失赔偿	公司违规为他人取得本公司或其母公司的股份提供财务资助,给公司造成损失的,负有责任的董事、监事、高级管理人员应当承担赔偿责任	第163条规定:"公司不得为他人取得本公司或者其母公司的股份提供赠与、借款、担保以及其他财务资助,公司实施员工持股计划的除外。为公司利益,经股东会决议,或者董事会按照公司章程或者股东会的授权作出决议,公司可以为他人取得本公司或者其母公司的股份提供财务资助,但财务资助的累计总额不得超过已发行股本总额的百分之十。董事会作出决议应当经全体董事的三分之二以上通过。违反前两款规定,给公司造成损失的,负有责任的董事、监事、高级管理人员应当承担赔偿责任。"
任职资格丧失,解除职务	出现法定不得担任公司董事、监事、高级管理人员的情形的,公司应当解除其职务	第178条规定:"有下列情形之一的,不得担任公司的董事、监事、高级管理人员:(一)无民事行为能力或者限制民事行为能力;(二)因贪污、贿赂、侵占财产、挪用财产或者破坏社会主义市场经济秩序,被判处刑罚,或者因犯罪被剥夺政治权利,执行期满未逾五年,被宣告缓刑的,自缓刑考验期满之日起未逾二年;(三)担任破产清算的公司、企业的董事或者厂长、经理,对该公司、企业的破产负有个人责任的,自该公司、企业破产清算完结之日起未逾三年;(四)担任因违法被吊销营业执照、责令关闭的公司、企业的法定代表人,并负有个人责任的,自该公司、企业被吊销营业执照、责令关闭之日起未逾三年;(五)个人因所负数额较大债务到期未清偿被人民法院列为失信被执行人。……董事、监事、高级管理人员在任职期间出现本条第一款所列情形的,公司应当解除其职务。"

续表

关键句	责任清单事项	新《公司法》的具体规定
违反忠实义务,收入罚没	违反忠实义务所得的收入应当归公司所有	第186条规定:"董事、监事、高级管理人员违反本法第一百八十一条至第一百八十四条规定所得的收入应当归公司所有。"
违规执行职务,损失赔偿	违法违规执行职务造成公司损失的,应当承担赔偿责任	第188条规定:"董事、监事、高级管理人员执行职务违反法律、行政法规或者公司章程的规定,给公司造成损失的,应当承担赔偿责任。"
违规损害股东利益,损失赔偿	违法违规损害股东利益的,应当承担赔偿责任	第190条规定:"董事、高级管理人员违反法律、行政法规或者公司章程的规定,损害股东利益的,股东可以向人民法院提起诉讼。"
职务侵权,损失赔偿	执行职务造成他人损害且存在故意或重大过失的,应当承担赔偿责任	第191条规定:"董事、高级管理人员执行职务,给他人造成损害的,公司应当承担赔偿责任;董事、高级管理人员存在故意或者重大过失的,也应当承担赔偿责任。"
受控致公司/股东损害,与控制人连带赔偿	受公司控股股东、实际控制人指示损害公司或股东利益的,应当与该控股股东、实际控制人承担连带责任	第192条规定:"公司的控股股东、实际控制人指示董事、高级管理人员从事损害公司或者股东利益的行为的,与该董事、高级管理人员承担连带责任。"
赞成/协助违反分配利润,损失赔偿	公司违法分配利润给公司造成损失的,负有责任的董事、监事、高级管理人员应当承担赔偿责任	第211条规定:"公司违反本法规定向股东分配利润的,股东应当将违反规定分配的利润退还公司;给公司造成损失的,股东及负有责任的董事、监事、高级管理人员应当承担赔偿责任。"
赞成/协助违法减资,损失赔偿	公司违法减资给公司造成损失的,负有责任的董事、监事、高级管理人员应当承担赔偿责任	第226条规定:"违反本法规定减少注册资本的,股东应当退还其收到的资金,减免股东出资的应当恢复原状;给公司造成损失的,股东及负有责任的董事、监事、高级管理人员应当承担赔偿责任。"
作为清算义务人不履职,损失赔偿	未及时履行清算义务,给公司或债权人造成损失的,应当承担赔偿责任	第232条规定:"公司因本法第二百二十九条第一款第一项、第二项、第四项、第五项规定而解散的,应当清算。董事为公司清算义务人,应当在解散事由出现之日起十五日内组成清算组进行清算。清算组由董事组成,但是公司章程另有规定或者股东会决议另选他人的除外。清算义务人未及时履行清算义务,给公司或者债权人造成损失的,应当承担赔偿责任。"
怠于清算,损失赔偿	作为清算组成员怠于履行清算职责,给公司或债权人造成损失的,应当承担赔偿责任	第238条规定:"清算组成员履行清算职责,负有忠实义务和勤勉义务。清算组成员怠于履行清算职责,给公司造成损失的,应当承担赔偿责任;因故意或者重大过失给债权人造成损失的,应当承担赔偿责任。"
从事董事、监事、高级管理人员禁止行为,收入归公司	不得侵占、挪用公司资金	第181条规定:"董事、监事、高级管理人员不得有下列行为:(一)侵占公司财产、挪用公司资金;(二)将公司资金以其个人名义或者以其他个人名义开立账户存储;(三)利用职权贿赂或者收受其他非法收入;(四)接受他人与公司交易的佣金归为己有;(五)擅自披露公司秘密;(六)违反对公司忠实义务的其他行为。"
	不得将公司资金以其个人名义或者以其他个人名义开立账户存储	
	不得利用职权贿赂或者收受其他非法收入	

续表

关键句	责任清单事项	新《公司法》的具体规定
	不得接受他人与公司交易的佣金归为己有	
	不得擅自披露公司秘密	
	不得有违反对公司忠实义务的其他行为	
	未按章程决议,不得与公司交易	第182条规定:"董事、监事、高级管理人员,直接或者间接与本公司订立合同或者进行交易,应当就与订立合同或者进行交易有关的事项向董事会或者股东会报告,并按照公司章程的规定经董事会或者股东会决议通过。董事、监事、高级管理人员的近亲属,董事、监事、高级管理人员或者其近亲属直接或者间接控制的企业,以及与董事、监事、高级管理人员有其他关联关系的关联人,与公司订立合同或者进行交易,适用前款规定。"
	未按章程决议,不得利用职务便利为自己或者他人谋取属于公司的商业机会	第183条规定:"董事、监事、高级管理人员,不得利用职务便利为自己或者他人谋取属于公司的商业机会。但是,有下列情形之一的除外:(一)向董事会或者股东会报告,并按照公司章程的规定经董事会或者股东会决议通过;(二)根据法律、行政法规或者公司章程的规定,公司不能利用该商业机会。"
	未按章程决议,不得违反竞业禁止义务	第184条规定:"董事、监事、高级管理人员未向董事会或者股东会报告,并按照公司章程的规定经董事会或者股东会决议通过,不得自营或者为他人经营与其任职公司同类的业务。"

18.1.3.1　法定代表人:权利大、风险大、责任大

法定代表人"权利大"主要体现为新《公司法》第11条第1款、第2款的规定,即"法定代表人以公司名义从事的民事活动,其法律后果由公司承受。公司章程或者股东会对法定代表人职权的限制,不得对抗善意相对人"。

根据《九民纪要》的规定,法定代表人或者其授权之人在合同上加盖法人公章的行为,表明其是以法人名义签订合同,除《公司法》等法律对其职权有特别规定的情形外,应当由法人承担相应的法律后果。法人以法定代表人事后已无代表权、加盖的是假章、所盖之章与备案公章不一致等为由否定合同效力的,人民法院不予支持。简言之,就是在发生人章冲突的情况下,原则上认人不认章,除非相对方知道或者应当知道。

法定代表人"责任大""风险大"在新《公司法》中主要体现为第11条第3款的规定,即"法定代表人因执行职务造成他人损害的,由公司承担民事责任。公司承担民事责任后,依照法律或者公司章程的规定,可以向有过错的法定代表人追偿"。法定代表人存在过错,有可归责性,承担责任自不待言。但是,亦有部分规范不考虑法定代表人是否存在过错,直接将其列为被处罚对象,见表4-20。

表 4-20 其他法律法规规范性文件将法定代表人列为被处罚对象的相关规定

责任风险类型	条文规定
企业被纳入失信人员名单后,法定代表人的信息会被公开	最高人民法院《关于公布失信被执行人名单信息的若干规定》第 6 条规定:"记载和公布的失信被执行人名单信息应当包括:(一)作为被执行人的法人或者其他组织的名称、统一社会信用代码(或组织机构代码)、法定代表人或者负责人姓名……"
企业成为被执行人后,法定代表人可能被限制出境	最高人民法院《关于适用〈中华人民共和国民事诉讼法〉执行程序若干问题的解释》第 24 条第 1 款规定:"被执行人为单位的,可以对其法定代表人、主要负责人或者影响债务履行的直接责任人员限制出境。"
企业被纳入失信人员名单后,法定代表人的信息会被公开	最高人民法院《关于公布失信被执行人名单信息的若干规定》第 6 条规定:"记载和公布的失信被执行人名单信息应当包括:(一)作为被执行人的法人或者其他组织的名称、统一社会信用代码(或组织机构代码)、法定代表人或者负责人姓名……"
企业成为被执行人后,法定代表人应被限制高消费	最高人民法院《关于限制被执行人高消费及有关消费的若干规定》第 3 条规定:"被执行人为自然人的,被采取限制消费措施后,不得有以下高消费及非生活和工作必需的消费行为:(一)乘坐交通工具时,选择飞机、列车软卧、轮船二等以上舱位;(二)在星级以上宾馆、酒店、夜总会、高尔夫球场等场所进行高消费;(三)购买不动产或者新建、扩建、高档装修房屋;(四)租赁高档写字楼、宾馆、公寓等场所办公;(五)购买非经营必需车辆;(六)旅游、度假;(七)子女就读高收费私立学校;(八)支付高额保费购买保险理财产品;(九)乘坐 G 字头动车组列车全部座位、其他动车组列车一等以上座位等其他非生活和工作必需的消费行为。被执行人为单位的,被采取限制消费措施后,被执行人及其法定代表人、主要负责人、影响债务履行的直接责任人员、实际控制人不得实施前款规定的行为。因私消费以个人财产实施前款规定行为的,可以向执行法院提出申请。执行法院审查属实的,应予准许。"
特殊类型行政处罚	《反垄断法》第 56 条第 1 款规定:"经营者违反本法规定,达成并实施垄断协议的,由反垄断执法机构责令停止违法行为,没收违法所得,并处上一年度销售额百分之一以上百分之十以下的罚款,上一年度没有销售额的,处五百万元以下的罚款;尚未实施所达成的垄断协议的,可以处三百万元以下的罚款。经营者的法定代表人、主要负责人和直接责任人员对达成垄断协议负有个人责任的,可以处一百万元以下的罚款。"
	《食品安全法》第 135 条第 1 款规定:"被吊销许可证的食品生产经营者及其法定代表人、直接负责的主管人员和其他直接责任人员自处罚决定作出之日起五年内不得申请食品生产经营许可,或者从事食品生产经营管理工作、担任食品生产经营企业食品安全管理人员。"
	《药品管理法》第 118 条第 1 款规定:"生产、销售假药,或者生产、销售劣药且情节严重的,对法定代表人、主要负责人、直接负责的主管人员和其他责任人员,没收违法行为发生期间自本单位所获收入,并处所获收入百分之三十以上三倍以下的罚款,终身禁止从事药品生产经营活动,并可以由公安机关处五日以上十五日以下的拘留。"
企业欠缴税款的,法定代表人可能被限制出境	《税收征收管理法》第 44 条规定:"欠缴税款的纳税人或者他的法定代表人需要出境的,应当在出境前向税务机关结清应纳税款、滞纳金或者提供担保。未结清税款、滞纳金,又不提供担保的,税务机关可以通知出境管理机关阻止其出境。"

18.1.3.2 董事、监事、高级管理人员:忠实与勤勉义务

1. 董事、监事、高级管理人员的忠实义务

何为忠实义务?忠实就是对企业忠诚,忠实义务的核心要求为董事、监事、高级管理人员在履职过程中必须以公司利益为最高准则,禁止利用职权谋取私利或损害公司利益;且当其

自身利益与公司利益发生冲突时，应当维护公司利益，不得利用董事、监事、高级管理人员的地位牺牲公司利益为自己或者第三人谋利。具体而言，包括以下两个方面。

（1）限制关联交易。

新《公司法》对关联交易限制的修改进行了扩大化，即将关联交易向公司如实披露以及正当程序议决等要求，从公众公司推广至全部公司。具体如表 4-21 所示。

表 4-21　新《公司法》对关联交易限制的具体规定

内容	具体规定
不当关联交易损害赔偿	第 22 条规定："公司的控股股东、实际控制人、董事、监事、高级管理人员不得利用关联关系损害公司利益。违反前款规定，给公司造成损失的，应当承担赔偿责任。"
关联交易如实披露并依法审议	第 139 条规定："上市公司董事与董事会会议决议事项所涉及的企业或者个人有关联关系的，该董事应当及时向董事会书面报告。有关联关系的董事不得对该项决议行使表决权，也不得代理其他董事行使表决权。该董事会会议由过半数的无关联关系董事出席即可举行，董事会会议所作决议须经无关联关系董事过半数通过。出席董事会会议的无关联关系董事人数不足三人的，应当将该事项提交上市公司股东会审议。" 第 182 条第 1 款规定："董事、监事、高级管理人员，直接或者间接与本公司订立合同或者进行交易，应当就与订立合同或者进行交易有关的事项向董事会或者股东会报告，并按照公司章程的规定经董事会或者股东会决议通过。" 第 185 条规定："董事会对本法第一百八十二条至第一百八十四条[1]规定的事项决议时，关联董事不得参与表决，其表决权不计入表决权总数。出席董事会会议的无关联关系董事人数不足三人的，应当将该事项提交股东会审议。"

〔1〕上述"第一百八十二条至第一百八十四条"规定事项主要是对公司为股东/实际控制人担保，董事、监事、高级管理人员自我交易（含其关联方），公司不能利用的商业机会给董事、监事、高级管理人员，董事、监事、高级管理人员同业竞争。

（2）禁止"损公肥私"。

"损公肥私"的行为主要体现于新《公司法》第 181 条的规定中，包括以下六种行为：①侵占公司财产、挪用公司资金；②将公司资金以其个人名义或者以其他个人名义开立账户存储；③利用职权贿赂或者收受其他非法收入；④接受他人与公司交易的佣金归为己有；⑤擅自披露公司秘密；⑥违反对公司忠实义务的其他行为。

2. 董事、监事、高级管理人员的勤勉义务

新《公司法》第 180 条第 2 款明确规定："董事、监事、高级管理人员对公司负有勤勉义务，执行职务应当为公司的最大利益尽到管理者通常应有的合理注意。"相较于 2018 年《公司法》，新《公司法》首次对勤勉义务的内涵作出明确界定，强调"公司最大利益"和"合理注意标准"，并扩展了责任主体范围（包括实际控制人、控股股东等"事实董事"）。

18.1.4　其他制度创新

除了本部分前述规定外，新《公司法》在其他制度创新方面也有不同程度的突破。

1. 弥亏方式更多样

2018年《公司法》仅明确以税后利润、盈余公积补亏，且明令禁止以资本公积金弥补亏损，而新《公司法》允许在法定公积金、任意公积金及当年利润不足时，按规定使用资本公积金补亏；若经公积金和利润补亏后仍有亏损，可减少注册资本弥补亏损。

2. 新增股份公司类别股

类别股此前多存在于上市公司中，如优先股等，新《公司法》将归属于上市公司的特殊操作推广至全部股份公司，在第144条中规定："公司可以按照公司章程的规定发行下列与普通股权利不同的类别股：（一）优先或者劣后分配利润或者剩余财产的股份；（二）每一股的表决权数多于或者少于普通股的股份；（三）转让须经公司同意等转让受限的股份；（四）国务院规定的其他类别股。公开发行股份的公司不得发行前款第二项、第三项规定的类别股；公开发行前已发行的除外。公司发行本条第一款第二项规定的类别股的，对于监事或者审计委员会成员的选举和更换，类别股与普通股每一股的表决权数相同。"

其中，"优先或者劣后分配利润或者剩余财产的股份"其实就是俗称的"优先股"；"每一股的表决权数多于或者少于普通股的股份"其实就是《上海证券交易所科创板股票上市规则（2024年4月修订）》中的"表决权差异安排"。未来，笔者认为类别股可以存在如下场景中：

（1）私募股权投资基金的股权投资场景。如标的企业可以给予私募股权投资基金股东优先股地位，似债非债，但又有助于改善标的企业财务结构，进一步放大银行融资的信用额度；而一旦业绩不能实现，优先股转换为普通股，提高投资人在标的企业的话语权。

（2）家族财富传承场景。如在家族财务传承过程中，负责经营的家庭成员持有表决权特别股，不参与经营的家庭成员获得分红优先股。

（3）婚内财产安排场景。如在离婚析产分配婚内共同股权资产时，参与经营的配偶一方获得持有表决权特别股，不参与经营的另一方获得分红优先股，从而更加趋近离婚财产分割的实质公平。

3. 新增股份公司无面额股规则

无面额股，是指股票票面不记载固定金额，仅标明股份数量或占总股本比例的股份类型。新《公司法》第142条规定："发行类别股的公司，应当在公司章程中载明以下事项：（一）类别股分配利润或者剩余财产的顺序；（二）类别股的表决权数；（三）类别股的转让限制；（四）保护中小股东权益的措施；（五）股东会认为需要规定的其他事项。"无面额股是相对于面额股而言的，面额股要求发行价不得低于票面金额（如1元），容易导致公司陷入"股价虚高无人认购"或"折价发行违法"的两难困境。而无面额股机制的增设，让股份公司的发行价按照市场实际估值灵活定价成为可能。

4. 治理机构更加精简

在小型公司中,监事和董事会下设的审计委员会可以择其一,股份公司的董事再无人数限制,进一步降低了公司治理成本。

5. 创立董事会中心主义

对比前后公司法修订内容可知,新《公司法》将股东会权限进行了限缩,如删除了股东会预决算决定权、经营投资方针决定权,总经理权限全部删减,改由章程自行约定,监事会可以不设转而由董事会下属审计委员会代为行使,可见董事会成为当之无愧的权力中心,职权比此前更为集中。

6. 简易合并成为可能

新《公司法》第219条规定:"公司与其持股百分之九十以上的公司合并,被合并的公司不需经股东会决议,但应当通知其他股东,其他股东有权请求公司按照合理的价格收购其股权或者股份。公司合并支付的价款不超过本公司净资产百分之十的,可以不经股东会决议;但是,公司章程另有规定的除外。公司依照前两款规定合并不经股东会决议的,应当经董事会决议。"

为便于理解,以下举例说明,A公司、C公司各自持有B公司90%、10%的股权,A公司股东为D和E,具体股权结构见图4-1所示。

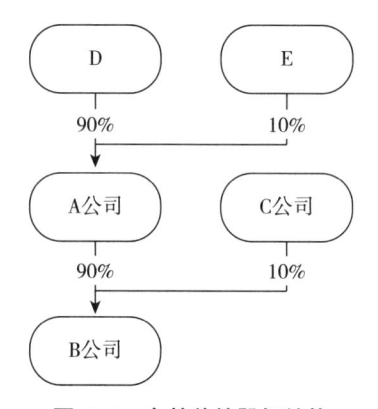

图4-1 合并前的股权结构

若本次A公司拟与B公司合并,合并后B公司注销,而A公司存续。根据新《公司法》的规定,本次合并事项无须经过股东C公司同意,仅需B公司董事会即可决议,但C公司有权要求B公司回购其所持10%股权。

若本次A公司拟与B公司合并,合并后A公司注销,而B公司存续。如果B公司支付给A公司股东D和E的价款不超过B公司净资产10%的,则根据新《公司法》的规定,本次合并事项无须经过B公司股东会决议,由B公司董事会决议即可。

18.2 新《公司法》对财税的影响分析

18.2.1 非货币性出资范围扩大对财税的影响

新《公司法》第 48 条在 2018 年《公司法》规定的"实物、知识产权、土地使用权"三种非货币性资产出资方式的基础上，增加了"股权、债权"两种新的方式，不仅为股东提供了选择权，又能盘活资产价值，其中，股权出资可能会涉及一般性税务处理或特殊性税务处理问题，债权出资可能会涉及债务重组税务问题，税务处理复杂性强，专业性高，股东要提前做好准备，确保税务处理合规。

在税法上，非货币性资产出资被视为转让财产和投资两项行为，对于转让行为，一般会涉及增值税、企业所得税（法人股东）、个人所得税（个人股东）、土地增值税（房产）、印花税、契税等。与此同时，非货币性资产出资必须评估作价，以符合市场公允价值。故需要特别关注如下税收政策。

一是所得税 5 年递延政策。企业主要适用财税〔2014〕116 号文，而个人主要适用财税〔2015〕41 号文。但需要注意的是，财税〔2014〕116 号文与财税〔2015〕41 号文在所得税处理递延纳税方面存在差异，具体差异见表 4-22。

表 4-22　财税〔2014〕116 号文与财税〔2015〕41 号文在所得税递延纳税处理方面的差异对比

类目	财税〔2014〕116 号文	财税〔2015〕41 号文
适用情形	限于以非货币性资产出资设立新的居民企业，或将非货币性资产注入现存的居民企业	包括以非货币性资产出资设立新的企业，以及以非货币性资产出资参与企业增资扩股、定向增发股票、股权置换、重组改制等投资行为
适用条件	无规定具体的适用条件，可由企业自主选择	需要满足"一次性缴税有困难"的条件（实务中一般默认可以选择递延纳税）
递延年度的适用	最长递延期限 5 年且分期均匀	最长递延期限 5 年但无具体分期金额限制，理论上可以全部税额在最后一个年度一次性缴纳
递延的对象	递延的是非货币性资产转让所得，而不是所得税额	递延的是个人所得税额
现金补价的处理	没有现金补价的相关规定	现金部分应优先用于缴税

二是企业改制重组土地增值税政策，即财税〔2009〕59 号文、财税 2023 年第 51 号文等文件的规定。

18.2.2 限制实缴期限对财税的影响

根据新《公司法》第 47 条的规定，有限责任公司的实缴期限为自公司成立之日起 5 年内，

2024年7月1日，国务院《关于实施〈中华人民共和国公司法〉注册资本登记管理制度的规定》第2条第1款规定，2024年6月30日前登记设立的公司，有限责任公司剩余认缴出资期限自2027年7月1日起超过5年的，应当在2027年6月30日前将其剩余认缴出资期限调整至5年内并记载于公司章程，股东应当在调整后的认缴出资期限内足额缴纳认缴的出资额；股份有限公司的发起人应当在2027年6月30日前按照其认购的股份全额缴纳股款。

若企业投资者在规定期限内未缴足其应缴资本额，根据国税函〔2009〕312号文的规定，该企业对外借款所发生的利息，相当于投资者实缴资本额与在规定期限内应缴资本额的差额应计付的利息，不属于企业合理的支出，应由企业投资者负担，不得在计算企业应纳税所得额时扣除。

根据新《公司法》第49条第3款的规定，"股东未按期足额缴纳出资的，除应当向公司足额缴纳外，还应当对给公司造成的损失承担赔偿责任"，股东未实缴出资导致对应利息不能税前扣除的，理论上公司可以且应当要求该股东承担因此不能列支的税款损失。

18.2.3　股东失权对财税的影响

根据新《公司法》第52条的规定，被失权的股权有三种处置的可能，除了直接注销失权股权，形成减资法律事实，其余处置方式可能涉及以下税务问题。

一是强制失权股东将股权转让给第三人（既可能是外部第三人，也可能是其他股东），当失权股东的股权转让价格为0元时，税务局是否认可转让价格公允？

二是公司以0元价格回购失权股东所持股权，按公司库存股处置，后续当公司将库存股转让给第三人（可能是其他股东、员工、其他第三方等）时，若转让价格高于0元，是否会导致前次公司回购失权股东的价格不公允？

笔者认为，失权股权受让人无论是第三人还是公司，0元价格均可以视同公允价格，原因在于股东失权是自始丧失未实缴出资股权所对应的股东权利，包括未分配利润、剩余资产分配权等。即使公司回购后又将股权授予他人，并且转售价格高于0元，也不影响前次公司回购失权股权0元价格的公允性，理由在于公司转售自身股权不属于股权转让，而是发行股权，其中，等同于注册资本面值部分计入实收资本，超出注册资本面值的部分应当计入资本公积。

18.2.4　不同比例减资对财税的影响

新《公司法》公布后，因注册资本实缴制度发生了重大变化，社会层面出现了一股"减资"热潮，即股东为防止后续实缴风险，将未实缴的注册资本以减资方式处理，当股东不是按照同比例实缴时，减资涉及非同比例减资的问题。当"减资"热潮过后，税务系统爆发了新一轮的个人股东减资税务预警，此原因在于根据国税2014年第67号文的规定，公司回购自然人所持公司股权属于股权转让行为,国税 2011 年第 41 号文规定"个人因各种原因终止投资、联营、经营合作等行为,从被投资企业或合作项目、被投资企业的其他投资者以及合作项目的经营合作人取得股权转让收入、违约金、补偿金、赔偿金及以其他名目收回的款项等,均属于个人所得税应税收入,应按照'财产转让所得'项目适用的规定计算缴纳个人所得税"。在实务中,当减资引发股权比例变动时,税务部门会认定属于股东之间的股权转让行为,以笔者此前经历的案件为例,减资的工商变更登记程序已经实施完毕,税务部门在税务系统预警后要求股东之间补充提供股权转让合同予以解释说明,笔者认为,存在不妥之处。

此外,自 2023 年起,因 IPO 市场爆冷,一级股权投资领域频繁出现触发上市对赌失败而回购股权的操作,一般而言,股东退出的价格为投资本金加上按一定投资回报率计算的投资收益。此时可能会面临两个税务层面的问题。

一是若股东在不同时点进入,则股东退出的价格就不同,尤其是股东为个人股东,此时会涉及同一时点退出股东减资价格公允的问题。

二是若公司的净资产数额较大,减资股东按照投资本金加上一定投资收益计算的股权转让价格明显低于按比例计算的净资产值。

是否可以将股东退出对赌失败回购的协议约定作为国税 2014 年第 67 号文所规定的"视为有正当理由"的情形?具体详见本书第 11 部分内容。

18.2.5　补亏减资对财税的影响

以弥补亏损为目的的减资不涉及股东收回投资,标的公司也不涉及资产实质性减少,所以新《公司法》规定这种减资可以采取简易方式,无须"自股东会作出减少注册资本决议之日起十日内通知债权人,并于三十日内在报纸上或者国家企业信用信息公示系统公告。债权人自接到通知之日起三十日内,未接到通知的自公告之日起四十五日内,有权要求公司清偿债务或者提供相应的担保",只需公告即可。

在此情形下,对于标的公司来说,利用注册资本弥补亏损只是在所有者权益内部科目发生变动,同样不会涉及被投资企业净资产的流出。从会计处理上看,通常为:

借:实收资本
　　贷:利润分配 – 未分配利润

标的公司及股东通过减资方式弥补亏损的税务处理暂无明确规定,但存在争议,该争议集中在:标的公司所减少的注册资本用于弥补亏损的金额是否被视为股东对标的公司的捐赠,从而需要作为收入处理?股东所减少的实收资本,是否可以在减资环节确认相应的投资损失,以及如何调整标的公司的投资成本?

部分税务机关认为,实收资本弥补亏损实际上是股东放弃未来收回投资成本的金额,应当视为股东对标的公司的捐赠，按照接收股东捐赠进行税务处理，也就是标的公司减资，股东本可以收回部分投资成本，但这部分可以收回的投资成本转增给标的公司，形成标的公司的营业外收入，从而达到弥补累计亏损的目的。根据国税 2014 年第 29 号文的规定，由于减少的注册资本部分计入未分配利润科目，税务机关可能认为已作为收入处理，因而应当确认为收入计算缴纳企业所得税。

如国家税务总局大连市税务局在 12366 平台答复"我公司实收资本 7 亿元，累计未分配利润 −4.5 亿元。为改善报表结构，经各股东方协商，拟通过名义减资补亏方式进行资源整合，即用实收资本弥补未分配利润，实际净资产不变，企业与股东之间未存在实际现金流。根据国税 2011 年第 34 号文的规定，被投资企业发生的经营亏损，由被投资企业按规定结转弥补；投资企业不得调整减低其投资成本，也不得将其确认为投资损失。按照该条政策理解，如果投资企业不得确认为投资损失，不调减应纳税所得额，那么被投资企业是不是也不应该就弥补亏损确认收入，调增应纳税所得额？请问被投资企业和投资企业有哪些涉税事项"的问题时明确认为，"第一，问题中提到对'被投资企业发生的经营亏损，由被投资企业按规定结转弥补；投资企业不得调整减低其投资成本，也不得将其确认为投资损失'规定内容的理解，我们认为，被投资企业与投资企业属于两个独立的纳税主体，正常经营状态下，不得互相弥补亏损，当被投资企业出现经营亏损时，除非投资企业处置其持有的股权或被投资企业清算，否则投资企业也不得调减其投资成本或确认投资损失。第二，关于企业问题中提到的名义减资弥补未分配利润亏损的问题，我们认为，在企业所得税处理上应当将该事项分为两步，第一步是企业股东减资，确认投资损益，同时被投资企业因为无法实际支付而形成应付款项；第二步是将减少的实收资本返还给企业，企业应付款项减少，作为收入项并入企业收入总额"。

此外，部分税务机关认为不应将减资用以弥补亏损的金额确认为收入。有学者提出，现有减资的涉税政策主要有两个：国税 2011 年第 41 号文适用于自然人股东减资的个人所得税处理；国税 2011 年第 34 号文第 5 条的规定适用于法人股东减资的企业所得税处理。以上两个税收政策是针对股东实质减资并从企业获得了减资款而征收所得税的政策。国家没有出台有关"减资弥补亏损"是否要征收所得税政策之前，依据税收征管的税收法定原则，绝对不可以张冠李戴，将实质减资的涉税政策作为名义减资（简易减资）的征税依据。

但如果税务机关将减资用以弥补亏损的金额认定为股东对标的公司的捐赠，相应的减资金额作为收入在标的公司并入应纳税所得额，那么应当允许股东在减资环节确认相应的投资损失；如果标的公司无须将其作为收入并入应纳税所得额计算缴纳企业所得税，则对于股东来说，不会涉及损益调整以及调整股权计税基础的问题。

以减资弥补亏损还可能引发的税务问题是，企业申报所得税后对减资弥补的亏损是否仍然可以依据《企业所得税法》第 18 条规定的"企业纳税年度发生的亏损，准予向以后年度结转,用以后年度的所得弥补,但结转年限最长不得超过五年"。如果弥补亏损的减资不被视为股东捐赠,而《企业所得税法》第 18 条的立法本意是允许企业在 5 年内将盈亏结转累计后的经营情况作为所得税的纳税事实依据,减资弥补亏损不属于盈亏结转累计后的这种情形,则以减资弥补的亏损应允在企业所得税申报时作应纳税所得额的纳税调减。

18.2.6　资本公积弥补亏损对财税的影响

有很多高科技公司非常值钱(估值高)但不赚钱(前期研发投入巨大),导致出现净资产远高于注册资本但未分配利润大额为负的情况。《公司法》(2018 年)第 168 条第 1 款规定,"公司的公积金用于弥补公司的亏损、扩大公司生产经营或者转为增加公司资本。但是,资本公积金不得用于弥补公司的亏损",值钱但不赚钱的公司由有限责任公司改制成股份有限公司时,涉及资本公积弥补亏损的情况,因此,此类股改的合法性多受到监管机构质疑。

中国证监会在《上市公司监管指引第 1 号——上市公司实施重大资产重组后存在未弥补亏损情形的监管要求》(中国证券监督管理委员会公告〔2012〕6 号)中规定:"上市公司发行股份购买资产实施重大资产重组后,新上市公司主体全额承继了原上市公司主体存在的未弥补亏损,根据《公司法》《上市公司证券发行管理办法》等法律法规的规定,新上市公司主体将由于存在未弥补亏损而长期无法向股东进行现金分红和通过公开发行证券进行再融资。对于上市公司因实施上述重组事项可能导致长期不能弥补亏损,进而影响公司分红和公开发行证券的情形,现明确监管要求如下:一、相关上市公司应当遵守《公司法》规定,公司的资本公积金不得用于弥补公司的亏损。二、相关上市公司不得采用资本公积金转增股本同时缩股以弥补公司亏损的方式规避上述法律规定。三、相关上市公司应当在临时公告和年报中充分披露不能弥补亏损的风险并做出特别风险提示。四、相关上市公司在实施重大资产重组时,应当在重组报告书中充分披露全额承继亏损的影响并做出特别风险提示。"

后来中国证监会创设科创板,为支持科技创新企业,将前期研发费用过高导致累计未分配利润为负的有限公司改制上市,中国证监会发布了《发行监管问答——关于首发企业整体变更设立股份有限公司时存在未弥补亏损事项的监管要求》(已失效),当有限责任公司按原账面净资产值折股整体变更为股份有限公司时存在未弥补亏损,或者整体变更时不存在未弥补亏损,但因会计差错更正追溯调整报表而致使整体变更时存在未弥补亏损的,要求拟上市主体应当自完成整体变更的登记后运行满 36 个月;同时,拟上市主体及中介机构还应在招股说明书中对累计未弥补亏损形成原因、该情形是否已消除及对未来盈利能力的影响以及整改措施(如有)等作出详尽的信息披露,并充分揭示相关风险。

新《公司法》已经剔除亏损企业股改的实质障碍,股东将有更大的动力为公司提供资本支持。在会计处理上,财政部于 2025 年 6 月 9 日发布了《关于公司法、外商投资法施行后有关财务处理问题的通知》(财资〔2025〕101号），明确应当以经审计的上一年度（不早于2024年度）个别财务报表为依据，以期末未分配利润负数弥补至零为限，依次冲减任意公积金、法定公积金，仍不能弥补的，以下列行为净增加的资本公积金数额为限补亏：一是接受用货币，或实物、知识产权、土地使用权、股权、债权等可以用货币估价并可以依法转让的非货币财产作价出资；二是接受以代为偿债、债务豁免方式，或者以货币、实物、知识产权、土地使用权捐赠方式进行的资本性投入。但依法属于特定股东专享或限定用途的资本公积金不得用于弥补亏损，除非取得权属方同意。

在税务上，资本公积弥补亏损仅是企业所有者权益科目内部的调整，企业及股东均不产生所得，也不会侵蚀税基，因此，无所得税问题。但资本公积对标的企业的税务影响是：企业申报所得税后对资本公积弥补的亏损是否仍然可以依据《企业所得税法》第18条规定的"企业纳税年度发生的亏损，准予向以后年度结转，用以后年度的所得弥补，但结转年限最长不得超过五年"？笔者认为，资本公积弥补亏损不被视同股东捐赠，不属于企业盈利形成，而《企业所得税法》第18条的立法本意是允许企业在5年内将盈亏结转累计后的经营情况作为所得税的纳税事实依据，资本公积弥补亏损本质不属于盈亏结转累计后的这种情形，所以，以资本公积弥补的亏损应允在企业所得税申报时做应纳税所得额的纳税调减。

需要注意的是，《公司法》（2018年）不允许资本公积补亏的原因是为了保护债权人利益，新《公司法》实施后，如果公司利用资本公积金弥补亏损后的当年的净利润为正值，那么公司即可以进行利润分配；但此时，补亏的资本公积金并非由公司实现的利润转化而来，"无盈利不分配"是利润分配的一项普遍规则，用资本公积金弥补亏损为公司日后分配利润创造了条件，而资本公积在大多数情况下属于股东溢价出资的一部分，可能留下一个股东变相抽逃出资的漏洞。

18.2.7 公司注销对财税的影响

当公司发生税务风险时，简单的公司注销并不能封堵税务风险的漏洞。公司注销包括两种方式：一是简易注销，二是清算注销。

1. 简易注销

简易注销流程简易，但责任不简单。新《公司法》第240条规定，"公司在存续期间未产生债务，或者已清偿全部债务的，经全体股东承诺，可以按照规定通过简易程序注销公司登记……公司通过简易程序注销公司登记，股东对本条第一款规定的内容承诺不实的，应当对注销登记前的债务承担连带责任"。

以国家税务总局青岛市税务局第三稽查局对青岛某服务公司作出的青税稽三处〔2022〕622号税务处理决定书为例，税务部门认定青岛某服务公司在申报2018年第四季度增值税时，少申报收入 173,814.15 元，属偷税行为。2021 年 10 月 8 日，青岛某服务公司办理简易注销工商登记，注销时全体股东签署《全体投资人承诺书》，承诺"企业申请注销登记前债权债务已清算完结""企业不存在未交清的应缴纳税款，清算工作已全面完结"。税务部门认为，根据最高人民法院《关于适用〈中华人民共和国公司法〉若干问题的规定（二）》第 19 条"有限责任公司的股东……未经依法清算，以虚假的清算报告骗取公司登记机关办理法人注销登记，债权人主张对其公司债务承担相应赔偿责任的，人民法院应依法予以支持"和第 20 条第 2 款"公司未经依法清算即办理注销登记，股东或者第三人在公司登记机关办理注销登记时承诺对公司债务承担责任，债权人主张其对公司债务承担相应民事责任的，人民法院应依法予以支持"的规定，全体投资人应按照投资比例承担青岛某服务公司应补缴税款及滞纳金。新《公司法》进一步明确，若公司在简易注销前存在税款债务，股东对此承担连带责任。具体而言，结合新《公司法》第 204 条，简易注销公司存在历史期间税务问题的，股东承担连带责任应当以其从公司取回的财产为限；若股东未完成出资，应当以其认缴出资额为限承担涉税债务。

2. 清算注销

新《公司法》第 232 条规定："公司因本法第二百二十九条第一款第一项、第二项、第四项、第五项规定而解散的，应当清算。董事为公司清算义务人，应当在解散事由出现之日起十五日内组成清算组进行清算。清算组由董事组成，但是公司章程另有规定或者股东会决议另选他人的除外。清算义务人未及时履行清算义务，给公司或者债权人造成损失的，应当承担赔偿责任。"

新《公司法》把清算责任人确定为董事，而不是股东。公司清算前经营期间的涉税债务属于公司债务，董事作为清算义务人未能及时履行清算义务的，税务机关可以根据新《公司法》规定要求董事赔偿。此时，税款支付主体由公司转变为董事个人。

此外，公司进入清算程序后，清算义务人应忠实、勤勉地履行清算职责，这对保护公司职工、债权人和股东的利益是至关重要的。根据新《公司法》第 232 条第 3 款、第 238 条第 2 款的规定，清算义务人未及时履行清算义务或怠于履行清算职责，给债权人造成损失的，应承担赔偿责任。根据新《公司法》第 236 条第 2 款的规定，公司所欠税款的清缴应优先于公司债权的清偿和股东剩余财产的分配。如清算义务人未履行清算义务或怠于履行清算职责，在履行纳税义务前清偿债务或分配剩余财产，致使公司所欠税款未能完全清缴，税务机关有权要求清算义务人赔偿由此造成的征税权的损失。清算义务人的赔偿范围包括公司应当缴纳但未缴纳的税款、滞纳金等，将恢复征税权完全行使的状态，从而产生间接履行公司纳税义务的效果。

18.2.8 财务负责人的特殊责任

新《公司法》第 265 条规定，"高级管理人员，是指公司的经理、副经理、财务负责人，上市公司董事会秘书和公司章程规定的其他人员"。财务负责人是法定的高级管理人员，多数时候还兼任董事，新《公司法》对董事、高级管理人员的责任都适用于财务负责人。此处，笔者重点探讨的问题是当公司发生补税并附带大额滞纳金时，是否属于财务负责人的失职行为？股东可否要求追责？

如果公司发生补税及大额滞纳金情形，根据新《公司法》第180条第2款的规定，"董事、监事、高级管理人员对公司负有勤勉义务，执行职务应当为公司的最大利益尽到管理者通常应有的合理注意"；第188条规定，"董事、监事、高级管理人员执行职务违反法律、行政法规或者公司章程的规定，给公司造成损失的，应当承担赔偿责任"。财务负责人在此情形下应可以视同执行职务过程中违反税法规定，存在失职，给公司造成了损失，依法公司可以要求赔偿。近些年来，股东起诉管理层要求对税务损失进行赔偿的案例陆续出现。但是税收滞纳金是否属于公司损失，在司法实务中存在较大争议。

部分司法实务认为，税收滞纳金属于公司损失，如该损失由管理层造成，则管理层应当对此承担损害赔偿责任。以汇每极致公司起诉前财务总监张某案为例，汇每极致公司与张某自2016年12月5日至2020年1月16日存在劳动合同关系。2021年6月23日，汇每极致公司收到了国家税务总局北京市税务局第一稽查局的税务处理决定书，认定汇每极致公司存在虚开发票以及收到客户服务款后计入"预收账款"而未确认收入的行为，汇每极致公司需补缴税款并加收滞纳金，共计53,342元。汇每极致公司认为该损失由财务负责人张某的失职或故意行为导致，要求其赔偿经济损失53,342元。法院认为：虚开发票的问题主要是由案外人导致的，不宜认定张某对此存在故意或重大过失，张某不应对因此产生的损失承担赔偿责任。但是关于收到客户服务款后计入"预收账款"而未确认收入的问题，根据原告汇每极致公司提交的《部门职能说明书》《岗位说明书》《转正申请表》等证据，原告的税务工作由财务部负责，被告张某作为财务部门的负责人，负有审核原始单据、会计凭证、事前做好税务筹划、规避税收风险的职责，故原告的税务工作属于被告的职责范围。原告因收到客户的服务款后计入了"预收账款"，未确认收入的违法事实被税务机关课以补缴税款并加收滞纳金的处理，未确认收入的行为与被加收滞纳金的结果之间有直接因果关系。结合被告长期从事财务工作且为财务部门负责人的实际情况，被告应当具备正确处理纳税事务的专业能力，其应当知悉应当确认收入的时点，其在收到服务款项后未尽审核职责确认收入，应属在主观上存在重大过失。但考虑到劳动关系不同于一般的民事关系，用人单位提供生产资料和劳动条件，享有劳动成果，劳动者在履行劳动合同过程中给用人单位造成损害，在一定程度和范围内属于用人单位的经营风险，应由用人单位承担。在确定损害赔偿责任时，应在综合考虑劳动者过错程度、损害后果、劳动者收入水平、规章制度相关规定和劳动合同相关约定等因素后，在用人单位和劳动者之间合理分配风险和损失。该案中，被告作为财务部负责人，未必经手报税工作的全部流程，故其仅对其应尽未尽的审核职责承担后果。综合该案中被告的过错程度、收入情况、损害后果等因素，法院酌定被告赔偿原告损失 15,000 元。

但亦有部分司法实务认为，税收滞纳金不属于公司损失，若公司为此承担了税收罚款，且公司遭受税务罚款的结果系由管理层造成的，则该等罚款金额应当由管理层承担损害赔偿责任。以江苏省无锡市中级人民法院作出的（2020）苏 02 民终 547 号民事判决为例，2018 年 8 月 8 日，当地稽查局向冶金公司送达了《税务处理决定书》，追缴冶金公司 2013 年、2015 年、2016 年印花税 6969.3 元，追缴 2005 年、2006 年、2007 年、2008 年、2009 年企业所得税 849,821.03 元，责成冶金公司补扣代缴 2013 年、2014 年、2015 年、2016 年个人所得税 402,498.78 元，并按规定加收滞纳金；同日，税务部门送达《税务行政处罚决定书》，对冶金公司处罚款 718,694.19 元。冶金公司股东黄某源认为前法定代表人、董事长和总经理黄某民存在过错，遂向法院提起诉讼，请求判决黄某民向冶金公司赔偿稽查局作出税务行政处罚、税务处理造成的滞纳金损失 854,475.61 元和罚款 718,694.19 元。法院在该案中认为：一是未按期缴纳加收的滞纳金，是纳税人对占用国家税金造成的国家损失作出的补偿，这种情况下，滞纳金的性质并不是执行罚，而是税款孳息，仍属于税收征收行为，因此滞纳金 854,495.61 元不应认定为冶金公司的损失。二是黄某民为公司法人代表、董事长兼总经理，公司未设副总经理，其属于直接经验决策者，其履职期间发生公司违反税收法律法规、补缴税款、加收滞纳金、处罚款等问题，给公司造成损失是客观存在的，黄某民举证 2009~2012 年公司的财务预算或者决算报表、董事会或股东会决议，证明税务违法行为是股东明知且集体决策所致。但是根据"以合理的技能水准、合理的谨慎和注意程度去处理公司的事务"标准，不能认定黄某民在公司税务违法行为上已经尽到作为董事长兼总经理的忠实和勤勉义务，故其存在过错。考虑到公司实际损失情况及黄某民的过错程度，酌定黄某民承担赔偿责任即款项 473,236 元。

需要注意的是，税务确定性在我国相对稀缺，如果对财务人员课以严格责任，财务人员在可能承担个人责任的恐惧下，在面对是否构成欠税存在疑义时，会倾向于选择多缴而不是少缴。

18.2.9 突破法人人格追征税款债权

股东对公司以认缴的出资为限承担责任是一般性原则，但存在法人人格被否认的例外。

如果一项欠缴的税款，其法定纳税义务人是公司，则税款责任应以公司自有财产为限，股东在认缴出资的范围内承担相应的责任。

当欠缴税款的公司存在资不抵债的情形时，税务机关可以调查欠缴税款的公司是否与股东、与关联公司之间存在法人资格否认的情形，如果存在，即使公司资不抵债，也可以让股东、其他有偿债能力的关联公司对税款承担连带支付的责任。

在公司存在偷税行为的情况下，征管过程中如何引入股东连带责任、关联企业连带责任机制暂时还缺乏具体、明确的规定。现行法体系框架下，行政法层面尚没有授权税务机关在特定条件下向股东追征公司所欠税款的规定，即税务机关目前在行政法律上不可能将股东作为其行政行为的相对人来行使相应的税收征管权力。不过，所有的追偿基于新《公司法》上的请求权可将责任延伸至股东、关联企业。

此外，新《公司法》对出资责任期限、提前加速、设立时出资义务连带的规定，属于对债权人有利的追债手段，也为税务机关的税款征收提供了延伸手段。

18.2.10　类别股转让价格公允性成疑

类别股的权利内涵不一致，所以发行价格可以不一致；因为流动性不一致，持有主体资格不一致，所以转让价格也会存在差异。不同的类别股之间还可以因约定事项触发而实现自愿或强制转换，转换前后的类别股价格也很可能存在差异。

股权交易一向是税务机关关注的重点，未来多样化的股权交易必然会对税收征管带来新的挑战：不同类别的股权是否可以估值不同，估值不同的基础是什么？优先股究竟是债还是股，如何进行具体的会计和税收处理？类别股之间进行转换，带来权利内涵的变化，也带来经济价值的转换，这种类别股转换算不算应税交易？诸如此类问题，留待后续税务实务验证。